广东省社会科学院老专家出版资助项目

广东省社会科学院老专家出版资助项目

文思余瀋

——社会经济史散论

叶显恩 著

社会科学文献出版社
SOCIAL SCIENCES ACADEMIC PRESS (CHINA)

《学思余沈》序

蔡鸿生[*]

在史学界的园地里，我和叶显恩先生相逢于青年时代，经历过数十年间的风风雨雨，如今已从同系同事变成清交素友。承他约我为文集撰序，自知力不从心，只得序其所能序，庶几免交白卷。

显恩先生出于梁方仲教授门下，学有渊源，是明清经济史领域的后起之秀。早年一鸣惊人，因研究徽州佃仆制度蜚声学界。随后专注于岭南地区，从珠三角到海南岛，对城乡关系和社会变迁问题，做出别开生面的分析。境界日高，可喜可贺。

从总体的印象来说，我觉得叶先生是深植慧根的学人，有建树、有后劲、能伐木、能雕花。虽然人过中年，但仍在字里行间澄心静虑，只争朝夕，与"退而休矣"不可同日而语，他是与时俱进的。

黑格尔有言："没有人能够真正地超出他的时代，正如没有人能够超出他的皮肤。"像同时代人的命运一样，既为风云儿女，就难免随波逐流。幸好惊雷过后，叶先生回归学术原点，辛勤笔耕，修成正果。行文至此，心有所感而难以为喻，忽然想起"扬州八怪"的郑板桥。这位一代名士，并非靠"七品官"起家，而是凭诗书画流芳后世。我想，在学术道路上，显恩先生之"显"，也是自发心光，一步一个脚印走出来的。

---

* 蔡鸿生，中山大学历史学系教授。

序末，借郑诗代言，为《学思余沈》问世志贺：

四十年来画竹枝，日间挥写夜间思。

冗繁削尽留清瘦，画到生时是熟时。

2020 年 4 月 20 日

学思常新，学术长青

——叶显恩先生《学思余沈》序

李庆新

记得 20 世纪 90 年代，荷兰著名汉学家包乐史（Leonard Blussé）教授访问广州，曾经和我讨论学界明清中西关系研究的状况，他说广州地区有"两个伟人"，一位是中山大学历史系的蔡鸿生教授，一位就是你们广东社科院的叶显恩教授，学问做得特别好。包乐史教授精通近代亚洲海洋历史、荷兰东印度公司与中西贸易研究，对国内相关学者自然了如指掌，他对蔡老师、叶老师的高度肯定和特别评价，我自然完全赞同。

蔡老师、叶老师都是 80 年代初我在中山大学读书时的老师，蔡老师给我们年级上过世界史必修课课程，叶老师没有给我们上课，但是久闻大名，时常听闻师友提到。叶老师是海南临高人，1962 年从武汉大学历史系毕业，来到中山大学历史系，师从著名经济史大家梁方仲先生，得先生治学之真传，打下厚实的学术根基和研究基础，以徽州的佃仆制度为研究方向，撰写毕业论文，与徽学研究结下了不解之缘。复得吴晗、向达、严中平、李文治、彭泽益等前辈名家点拨，眼界大开，学问不断长进。研究生毕业后留校任教，经过艰苦努力，于 1983 年完成并出版了《明清徽州农村社会与佃仆制》一书，获得国内外学界高度好评，傅衣凌、王毓铨、杨国桢、施坚雅（G. William Skinner）、魏斐德（Wakeman）等大家均以不同方式推介叶老师在徽学与明清经济史研究上的创见和建树。徽学发展至今已成为显学，叶老师贡献巨大，被誉为"徽学泰斗"。

1984 年 7 月，我从中大毕业分配到广东社科院历史所中国古代史研究室工作。稍后，叶老师从中大调到历史所，我们既是师生，也成了同事。年富力强的叶老师加盟历史所，组建经济史研究室并担任室主任，为我院增添了一位术业专精且富有领导能力的经济史学科带头人。在叶老师带领下，以刚从大学出道的青年学者为骨干，经济史研究室大力推进明清华南农村社会经济史与珠江三角洲研究，成为改革开放初期我国经济史研究的南方重镇，不仅在省内，在国内亦开风气之先，领风气之先。

叶老师认为，学问之道不能闭目塞听、闭门造车，排斥新的研究方法和吸收新的见解。人类科学技术的进步和人文学科的成就，本是在互相交流、互相启迪中取得的。作为一名学者，既要在自己的领域中勤奋耕耘，又要洞悉学术的整体。没有学贯中西的学识，没有高瞻远瞩的视野和情怀，没有自甘寂寞的艰苦劳作，是不可能写出真正恒久的、自成一家的著作的。所以，他非常重视与各国学者之间的交流。八九十年代，多次出访美国、欧洲、日本、东南亚各国的著名学府，受聘为访问学者或客座教授，在国际学界享有盛名。乘着改革开放春风，他携手中山大学、暨南大学等兄弟单位同行，在广东历史学会支持下，1984 年创建了广东明清经济史研究会（后改为广东中国经济史研究会），叶老师当选会长，举办一系列学术交流活动，韦庆远、刘永成、庄吉发、刘石吉、徐泓、黄宗智、滨岛敦俊、西川喜久子、滨下武志、片山刚、魏斐德、赵冈、王业键、伍若贤、郑培凯、李弘祺、孔飞力、华琛、苏耀昌、魏安国、科大卫、萧凤霞、罗多弼、穆素洁等国内外著名学者，都曾光临广东经济史讲坛。1987 年，广东明清经济史研究会联合中国社会科学院历史研究所、经济研究所、近代史研究所、中国第一历史档案馆、厦门大学、中国人民大学清史研究所、中山大学历史系、东北师范大学明清史研究所等机构，联合在深圳市举办了"国际清代区域社会经济史暨中国第四次学术研讨会"，国内外学者 200 余人出席，此次规模空前的明清史、经济史国际学术盛会，有力推动了国内经济史，特别是珠江三角洲经济史研究。数年之间，广东社会经济史研究风生水起，气象一新。作为历史所青年后学，我有幸参与上述一些学术活动的具体事务，从中学习，获得锻炼，受益匪浅。

叶老师秉持崇真求实理念，精于思，勤于研，敏于行，坚毅地在学术前沿跋涉前行，始终走在时代前列，以新思维开辟学术新天地。80 年代以后，他将研究重点转移到改革开放的前沿热土珠江三角洲，将海洋社会经济史引入区域经济史研究，倡导建构具有岭南特色的"区域体系"（Regional System）理论与研究方法，在整体史、世界史视野下推动区域社会史研究向更高层次发展。叶老师聚焦于明清北方士民的南迁与珠江三角洲的开发，广州市场转型与珠江三角洲的商品性农业、手工业的兴起，沙田开发、宗族组织与商业化，水上运输与地方墟市网络，华侨、侨汇与珠江三角洲经济的演进等问题，取得众多新进展、新建树，出版了《珠江三角洲社会经济史研究》《明清广东社会经济研究》《广东航运史（古代部分）》《徽州与粤海论稿》等重要著作。

2016 年，叶老师荣休归故里，初心不改，壮心不已，老而弥坚。怀着对故土的赤诚热爱和执着的学术追求，2016 年主持创立了海南省临高文化研究会，出版"临高学研究丛书"，召开全国性学术研讨会，开辟了一个有区域特色的多学科交融的海南历史文化与南海研究崭新领域，目前已经奠定基础，初见成果。

叶老师是学术界的长青树，笔耕不辍，成果常新。2018 年由海南出版社出版了自选集《叶显恩集》（上下册，收入"琼崖文库"），最近复将一批旧作或未刊之稿，汇编成册，涉及古代岭南海洋文化与海上丝绸之路，广东交通、航运、造船、商业、贸易、墟市、宗族、土地、赋役、人口，以及清史研究的一些问题、对区域史研究的理论思考、师友交谊之忆记与学术成果之推介，内容甚为丰富，颇为可观，至为感佩。遵叶老师之嘱，勉为其难写下这篇短文，将就以充序言。

李庆新

2024 年 9 月 24 日

目　录

海上丝绸之路与广州 …………………………………………………… 1

岭南文化与海洋文明 ………………………………………………… 23

移民与珠江三角洲海洋经济化 ……………………………………… 40

广东古代航运史的几个问题 ………………………………………… 79

明清广东水运营运组织与地缘关系 ………………………………… 96

明代广东的造船业 …………………………………………………… 108

晚明珠江三角洲区域社会情态的史实记录

　　——《盟水斋存牍》简介 ………………………………………… 117

华侨与南海贸易 ……………………………………………………… 123

晚清华工出洋与珠江三角洲社会 …………………………………… 133

大庾岭道的开凿与广州贸易 ………………………………………… 151

香山文化与买办商人 ………………………………………………… 157

略论珠江三角洲的农业商业化 ……………………………………… 168

地利、传统市场与珠江三角洲的海外贸易 ………………………… 189

明清珠江三角洲土地制度、宗族与商业化 ………………………… 214

珠江三角洲的社会变迁

　　——从栖息于历史的角落到充当历史的通道 ………………… 234

封建宗法势力对佛山经济的控制及其影响 ………………………… 245

关于清中叶后珠江三角洲豪族的赋役征收问题 …………………… 258

徽州和珠江三角洲宗法制比较研究 ………………………………… 265

雍正承缵大统是康熙意旨还是改诏篡夺？ …………………… 282

略论雍乾时期社会经济的结构性变迁及其历史地位 ………… 295

地权、法权与家族主义 ………………………………………… 316

论社会经济史的区域性研究 …………………………………… 326

我与区域社会经济史研究 ……………………………………… 335

谈社会经济史的区域性研究 …………………………………… 350

继承史学传统，反映时代精神

　　——我对清史编纂原则和体裁文体的意见 ……………… 356

中国社会经济史学的重要奠基者

　　——《无悔是书生：父亲梁方仲实录》序 …………… 361

体悟中西文化之源流，开拓史学新天地

　　——《梁方仲遗稿》序 …………………………………… 372

执着追求、一丝不苟的儒雅学者梁方仲 ……………………… 381

斯人已去，精神永存

　　——纪念傅衣凌先生逝世 20 周年学术研讨会上的发言 … 396

以档治史取得辉煌成就的典范

　　——纪念韦庆远教授明清史学术研讨会上的发言 …… 398

为人和为学的完美结合

　　——彭雨新先生百年诞辰纪念会上的发言 …………… 403

黄宗智先生八十大寿祝辞 ……………………………………… 405

遨游于学海，与东西方汉学家对话

　　——评介金应熙先生遗著《国外关于中国古代史的研究述评》 … 407

评介《华北的小农经济与社会变迁》 ………………………… 413

《中国传统社会经济与现代化》序 …………………………… 422

《傅衣凌治史五十年文编》跋 ………………………………… 438

明代海外贸易史研究的巨大创获

    ——评介李庆新《明代海外贸易制度》一书 …………………… 440

李庆新《濒海之地——南海贸易与中外关系史研究》序 …………… 444

余思伟《中外海上交通与华侨》序 …………………………… 448

苏耀昌《华南丝区：地方历史的变迁与世界体系理论》序 ………… 451

塞纳河畔寻访莎士比亚书店 ……………………………………… 455

附录：我与区域社会史研究

    ——访叶显恩研究员 ……………………………………… 459

后　记 ……………………………………………………………… 470

海上丝绸之路与广州

　　港市的兴起与繁荣，是同商路的开通、交通的便捷联系在一起的。我国古代的对外海上交通，大致分东向、南向两途。广州是南向一途中的要港。它从秦汉时岭南一都会发展成为吴晋南朝时期南海交通的枢纽，唐宋时期世界性海洋贸易圈东方的中心。尔后除元代外，广州一直是中国海上贸易的主要港市，历久未衰。这固然同它所处的地理位置、水运交通条件、封建皇朝的政策、各地海港的分布及彼此间的联系状况等密切相关，但以广州为起点的中西方海上商路的开通和发展，也不失为一重要原因。

　　中国与西方的水陆交通，出现很早。大致以唐中叶为界，在此之前，以陆上交通为主，此后则转以海上交通为主。中国输出的商货主要是丝织品、漆器、陶瓷等，尤其丝绸最为世界各地所欢迎。19世纪末，德国地质学家李希霍芬对古老的陆上的中西贸易通道，用"丝绸之路"名之。以此代替"汉道"之称，既包含丝绸对世界文明史的意义，又带有浪漫的情调。因此，"丝绸之路"这名称一经出现，便很快为人们所接受。中西方的海上商路也被称为"海上丝路"①。应当指出，"丝路"是一广泛的概念。它并非专指具体的特定的航道，而是泛指大致的路线。它又非单指运输丝绸之路，而是商道的代称。本文拟就海上丝路的兴起、形成、发展以及广州在海上丝路中的地位和作用，发表一些浅见，以就正于海内外学者。

---

　　① 唐末以后，中国大量陶瓷经过这一海上商路源源地运往南海和印度洋沿岸各地，所以又有人称之为"陶瓷之路"。到了清代雍乾时期，茶叶又取代丝、瓷成为主要输出商品，若称此商路"茶叶之路"亦未尝不可。总之，丝绸之路、陶瓷之路，皆是商道的代称。

一 秦汉以岭南海上门户为起点的海上丝路的兴起

早在先秦时期，岭南地区已与南海沿岸各地发生海上交往。① 自秦设置桂林、南海和象郡等三郡起，尤其秦故将赵佗统一岭南地区建立南越国之后，岭南与南海各国的海上交往又有所发展。汉元鼎五年（前 112）平定南越国，岭南地区直属于汉王朝的统治之下。汉代经济的发展，为扩展与南海沿岸地区的交往提供了物质基础。船舶制造业发展到比较成熟的木帆船阶段，能制造上有重楼、下有十桨一橹的楼船，出现了第一次造船业高潮。航海技术也有明显进步，总结航海技术的著作计达 136 卷之多。南海区域内，汉朝的海舶已"无远弗届"。关于南向海上交通一途，最早的最明确的记载是《汉书·地理志》，据载：

> 自日南障塞、徐闻（今雷州市原海康县城）、合浦（今广西北海市北面）船行可五月，有都元国；又船行可四月，有邑卢没国；又船行可二十余日，有谌离国；步行可十余日，有夫甘都卢国。自夫甘都卢国船行可二月余，有黄支国②，民俗略与珠崖相类。其州广大，户口多，多异物，自武帝以来皆献见。有译长，属黄门，与应募者俱入海市明珠、璧、流离、奇石、异物，赍黄金杂缯而往。所至国皆禀食为耦，蛮夷贾船，转送致之。亦利交易，剽杀人。又苦逢风波溺死，不者数年来还。大珠至围二寸以下。平帝元始中，王莽辅政，欲耀威德，厚遗黄支王，令遣使献生犀牛。自黄支船行可八月，到皮宗；船行可（八）〔二〕月，到日南、象林界云。黄支之南，有已程不国（今斯里兰卡），汉之译使自此还矣。③

---

① 详见叶显恩主编《广东航运史（古代部分）》，人民交通出版社，1989，第 24 页。
② 一般认为即今印度东南部的康契普拉姆。
③ 《汉书》卷二十八下《地理志》，中华书局，1962，第 1671 页。

2

从以上记述看，西汉政府译使率领的船队所到的地方，自日南、徐闻、合浦入海，沿着海岸先后到达中南半岛（包含马来半岛）、印度东南海岸、斯里兰卡等地，当属无疑。因船小，抗风力差，不宜深海航行，故西汉政府的船队只能沿着北部湾沿岸及中南半岛沿岸航行。一般的说法，船队到了马来半岛的克拉（Kra）地峡东岸后，便舍舟登陆，步行十多天，经过缅甸境内的夫甘都卢国而到达西岸，再西航经孟加拉湾抵达印度东南部[①]。此时前往印度还是海陆接驳。在当时的条件下，直达还不可能。转船是通常的，中国丝绸就是这样辗转流布西方。至于印度与红海、地中海之间的海上交往，至晚于公元前 1 世纪已经发生。

西汉以后，通过这条海上丝路的交往愈加频繁。东汉永宁元年（120），"掸国（今缅甸）王雍由调复遣使者诣阙朝贺，献乐及幻人，能变化吐火，……自言我海西人。海西即大秦也。掸国西南通大秦"[②]。从缅甸将大秦（罗马）的幻人（魔术师），转献与东汉王朝一事，也可见经过中间站，中国与西方海上交往之一斑。永建六年（131），叶调国（今印度尼西亚）曾派使臣前来中国"贡献"[③]。延熹九年（166），"大秦王安敦遣使自日南徼外献象牙、犀角、玳瑁"[④]。这是罗马首次经海上直接和中国进行交往的记载。

由上可见，汉代已存在以印度为中间站的海上中西交通。这是一条由中西双方共同开辟的相对于陆上的海上商路。东汉西域交通断绝后一段时间，罗马市场上丝织品反而增加的事实，说明这条海上商路在东西方贸易中已占有愈来愈重要的位置。

基于当时的造船、航海技术水平，船舶在行驶中，白天只能以沿岸标志定位，夜间则以天体星宿做航导。同时，船体小，装载的淡水、粮食等生活必需品有限，客观上需要在一定距离内从途中的港口予以及时补给。这样，汉王朝与东南亚各地密迩的交趾湾沿岸便自然地形成徐闻—合浦—

① 参见许云樵《古代南海航程中之地峡与地极》，《南洋学报》第 5 卷第 2 辑，1948 年。
② 《后汉书》卷八十六《南蛮西南夷列传》，中华书局，1965，第 2851 页。
③ 《后汉书》卷六《顺帝纪》，第 258 页。
④ 《后汉书》卷八十八《西域传》，第 2920 页。

日南等中外船只往来的古老的港口。

番禺（今广州）也是当时岭南的一大港市。番禺处于西、北、东三江的交汇处，南面又濒临浩瀚的南海，其作为岭南水运的枢纽，自然天成。番禺城的起源甚早。在比《史记》成书早30年的《淮南子》中，提到秦始皇派50万大军进攻南越时，有一军便"处番禺之都"。《史记·货殖列传》也说："番禺亦其一都会也。珠玑、犀、玳瑁、果布之凑。"① 当时全国十九个都会中，番禺是其中之一。《汉书·地理志》则说："粤地……处近海，多犀、象、毒冒、珠玑、银、铜、果布之凑，中国往商贾者多取富焉。番禺，其一都会也。"② 当时番禺，只承担来自交趾湾各港市海外商品的转运，或是来自东部沿海一带的沿岸贸易③，可谓一集散海外奇珍异宝的都会，虽不是海上丝路的启发港，但有转运海上丝路运来的商品的功能。

番禺本具有海河港的潜在功能，通过三江可同岭外各地相交通，浮海而出可抵南海沿岸各地。就番禺所处的潜在地理环境因素看，它取代日南、徐闻、合浦的地位而成为南海交通的枢纽，在所必然。

二 吴晋南朝海上丝路的形成、兴旺与广州
南海交通枢纽地位的确立

古代的航道，既有通商贸易的意义，也有公使往来通道的内涵。当然，公使朝贡也具有贸易的性质。秦汉时期，南向的海上交通，多限于带有贸易性质的公使往来，民间的贸易还是偶发性的，尚未经常化。到了吴晋南朝，这一情况发生了变化。孙吴立国，倚重水运，特别注重发展水上交通。由于当时的造船和航海技术比秦汉有所进步，船舶载量增大，已不必靠沿岸逐站补给生活用品，船舶性能较前精良，坚硬度提高，可冲破险阻，经深海区而过，这就有可能另辟便直的航道。因此，吴晋时期，开通了自广

① 《史记》卷一百二十九《货殖列传》，岳麓书社，2001，第735页。
② 《汉书》卷二十八下《地理志下》，中华书局，2002，第1329—1330页。
③ 参见李东华《梯山航海——海外贸易的发展》，刘石吉主编《民生的开拓》，台北：联经出版事业公司，1982，第463页。本文之写作，得益于李东华先生大作之处甚多，特致谢忱。

州启航，经海南岛东部海面，直穿西沙群岛海面而抵达东南亚各地的航线。它大大缩短了从广州到东南亚各地的航程，直接导致了徐闻、合浦的衰微，为广州港市潜在优势的发挥提供了机遇。

吴孙权兼并刘表领地之后，其势力不断向岭南扩展。建安十五年（210），吴交州刺史步骘抵达番禺，登高望远，"睹巨海之浩茫，观原薮之殷阜，乃曰：'斯诚海岛膏腴之地，宜为都邑'"①。建安二十二年，交州治所从广信（今广东封开）迁至番禺，岭南的政治中心又回归番禺。这无疑也提高了番禺作为一个港市的地位。孙吴政权于黄武五年（226），决定将合浦以北划为广州，广州之名自此始。这在客观上对广州港市的发展发生了深远的影响。由广州首航，穿越海南岛东部、西沙群岛海面而至东南亚的航线一经开通，又奠定了广州作为南海交通枢纽的地位。

黄武五年，康泰受孙权派遣出使东南亚各国，历时十多年，回来后所写的《扶南传》说："涨海（南海）中倒珊瑚洲，洲底有盘石，珊瑚生其上也。"② 这如实描写了西沙群岛暗礁像磁石一样，船只一旦开进去，便有被吸引搁浅的危险。1957 年，广东省博物馆西沙群岛考古调查中，在西沙群岛的北礁采集到南朝的六耳罐、陶环，证实了这条航线的存在。

这条航线出现之后，自当摒弃沿岸航行、水陆接驳而通往印度的传统航道，改为穿过马六甲海峡，直驶波斯湾和红海地区。航经这条海上丝路直抵广州的记载，频频见诸文献。西晋太康二年（281），大秦王遣使前来中国时，就先直航广州③。据东晋高僧法显的《佛国记》记载，他在义熙八年（412）从印度回国，因遇飓风而漂至青州（位于今山东半岛），没有按照预定的登陆点在广州上岸。他的记载透露了从印度、斯里兰卡到广州间的航程，共分两段：第一段为从印度恒河口的多摩梨帝国（今 Tamluk 港）起航，经狮子国，至耶婆提（今爪哇）；第二段为耶婆提—广州。前段航行需三个月，后段航程约需五十天。从能准确判断行程所需的时间看，商人

---

① 郦道元：《水经注》卷三十七《浪水》，陈桥驿点校，上海古籍出版社，1990。
② 《太平御览》卷六十九《地部三四》，中华书局，1960 年影印本，第 327 页。
③ 殷巨：《奇布赋及序》，《艺文类聚》卷八十五《布帛部》，上海古籍出版社，1965。

已经常来往于这一航线，并积累了丰富的经验。

六朝时期，由于佛教的极力东传，南朝历代王室又对海外贸易持积极态度，因此，僧侣、中外使节、商人沿着海上丝路络绎不绝地前来，益使其兴旺发达。据冯承钧《中国南洋交通史》考证，继法显之后，更有多位中外佛教高僧是沿着这一海上丝路来广州的。前来广州通商的国家和地区已有大秦、天竺、狮子国（斯里兰卡）、罽宾（克什米尔）、占城（越南南方）、阇婆、扶南（柬埔寨）、金邻（泰国暹罗湾岸边）、顿逊（泰国西南部）、狼牙修（泰国南部）、槃皇（马来半岛的彭亨）、丹丹（马来半岛南部）、婆槃（加里曼丹岛北部）、诃罗单（爪哇岛）、干陀利（苏门答腊巨港）、婆利（印度尼西亚的巴厘岛）等。中国的海舶则以广州为始发港，穿过马六甲海峡、横渡孟加拉湾、阿拉伯海进入波斯湾，经幼发拉底河而至今伊拉克等地，或沿阿拉伯半岛沿岸进入红海，经转运而与地中海相交通。马斯欧迪于947年撰写的《黄金草原和宝石矿》一书提到，5世纪上半叶，在幼发拉底河的古巴比伦西南希拉，常有人看见印度和中国船在此停泊①。

广州自从充当海上丝路的始发港之后，愈加繁荣。此时，各国前来广州者，"舟舶继路，商使交属"②。邻近交州湾港口的东南半岛的一些国家，此时也舍近求远，径来广州通商。例如扶南国与日南港密迩，却"遣商货至广州"③。各国输入的商品主要有象牙、犀角、珠玑、玳瑁、玻璃器、吉贝（棉布）、郁金、苏合、沉檀等。从广州输出的以丝绸、漆器为大宗，还有从高凉郡（今阳江、高州一带）运来的"生口"（奴隶）④。广州百货汇集，应有尽有。梁武帝得到广州贡献的蕃货，曾高兴地说："朝廷便是更有广州。"⑤ 当时有谚曰："广州刺史但经城门一过，便得三千万也。"⑥ 可见随着商品货币经济的发展，广州官僚的贪欲也因之剧增。《南史》记载：

---

① 参见桑原骘藏《波斯之东洋贸易港》，《唐宋贸易港研究》，转引自邓端本编著《广州港史（古代部分）》，海洋出版社，1986，第39页。

② 《宋书》卷九十七《夷蛮传》，中华书局，1974，第2399页。

③ 《南齐书》卷五十八《东南夷传》，中华书局，1972，第449页。

④ 《梁书》卷三十三《王僧孺传》，中华书局，1983，第470页。

⑤ 《南史》卷五十一《吴平侯景传附子劢传》，中华书局，1975，第1262页。

⑥ 《南齐书》卷三十二《王琨传》，第578页。

"广州边海，旧饶，外国舶至，多为刺史所侵，每年舶至不过三数。及劢至，纤毫不犯，岁十余至。"① 经梁朝的萧劢革旧刷新，来船便顿然从岁三数至增到十余至。虽不知年至海舶的最高额，但即使岁至十余艘，在当时的条件下，广州的对外贸易已显繁荣了。

珠江水系的航道，又为疏散广州聚集的海外商品提供了方便条件。由广州通往岭北、岭东、岭西和沿海的水道四通八达。优越的地理条件，是广州南海交通总枢纽的地位牢固持久的重要原因。

隋朝结束了近三百年的南北分裂对立局面，重新建立一个统一的国家，并继承吴晋南朝重视海上交通的传统。大业三年至六年（607—610），隋炀帝派遣常骏、王君政等出使赤土国（马来半岛北部）。他们是从广州出发的，当时东南亚十多个国家和地区都直接到广州贸易。广州依然是国内最重要的对外贸易港口。

三　唐宋广州的极盛与海上丝路的繁荣

唐代是开创中西方海上丝路新纪元的重要历史时期。汉代以来，中西方交通以横贯中西的陆上丝路为主。自唐中叶以后，海上丝路取代陆上丝路而成为中西交通的主要通道。唐宋时期，海上丝路臻于极盛。兴盛数世纪之久的广州，也达到极盛之境。

唐代海上丝路的繁荣与广州的极盛，是与中国安定统一局面的出现，经济的发展，东西方政治、经济形势的变化密切相关的。

统一的唐王朝顺应民心，采取休养生息、安定社会、发展经济的政策，从而推动历史的进步，取得崇高的历史地位。其发展经济的一项重要措施是致力于开辟商道，发展了通向西方的海上丝路。

唐初实行均田制和租庸调制，尤其唐太宗实行的轻徭薄赋政策，刷新政治，有力地推动了经济发展。丝绸产地本在北方，入唐以后，长江流域的丝织品，上自川蜀，下至吴越，皆已臻极发达之境。民间的手工业，如

---

① 《南史》卷五十一《吴平侯景传附子劢传》，第1262页。

定州富商何明远竟然家有绫机五百张①。陶瓷器兴起，且有取代漆器之势，名瓷所出之地，北至邢，西至蜀，再由中部长江流域，及于东南之闽越②。船舶制造的基地，如广州、明州、越州、润州、常州、苏州、杭州等皆负盛名。唐代制造一种大船，长达 20 丈，可载六七百人③。还有一种名曰"俞大娘"的大舶能载重万石④。凡此种种，为海上丝路的繁荣提供了足够的物质条件。中国经济重心的日渐南移、江南和东南沿海的渐次开发，也都有利于进一步将注意力转向海上交通贸易。

国内交通系统的改善，也有利于海上丝路的发展。隋代开辟的沟通南北的大运河成为唐代南北交通的大动脉。唐代又不断完善驿道设施，广州与长安相距数千里，快马三日可达，尤其开元四年（716）凿辟大庾岭道，把控粤赣咽喉的险峻山路，整治成荡荡坦途，使运河的南北大通道经赣江、北江而南伸至广州，大大缩短了丝绸之路的启发港广州与内地联系的路程。咸通年间（860—874），高骈又整治自广州通安南的水道，使交广间交通愈加便捷⑤。

政府的政策对海上丝路的发展尤为重要。唐立国后，不仅实行较开明的政治，而且实施对外开放政策，广泛与世界交往，当时便出现了七条国际海陆通道——五条陆道、两条海道⑥。可谓国门敞开，条条道路通李唐。为了适应海外贸易的需要，至迟于开元二年，在广州已有市舶使之设，直隶朝廷。这是国内唯一掌管海外贸易的机构，它的职能是掌蕃货、海舶贸易之事。唐文宗大和八年（834），唐王朝再次宣布对外商采取"任其交往

---

① 《太平广记》卷二百四十三《治生》"何明远"条，中华书局，1961。
② 李剑农：《魏晋南北朝隋唐经济史稿》，中华书局，1963，第202—205页。
③ 玄应：《一切经音义》卷二《大般涅槃经》第八卷"大舶"条，台北：新文丰出版公司，1980年影印本。
④ 王谠：《唐语林》卷八，上海古籍出版社，1987。
⑤ 《旧唐书》卷十九《懿宗本纪上》、卷一百八十二《高骈传》，中华书局，1975。
⑥ 详见《新唐书》卷四十三下《地理志七下》，中华书局，1975。这里所说的五条陆道是：从营州入安东道（去朝鲜），自夏州通大同云中道（去蒙古），自中受降城入回鹘道，自安西入西域道（去中亚），自交州通天竺道（去印度）。两条海道：由登州启航去高丽、日本，从广州启航往印度洋沿岸国家的广州通海夷道。

通流，自为贸易，不得重加率税"①；"常加存问"，以示"绥怀"的政策。在华的外籍人，政治待遇上一视同仁。对有才干又自愿入仕者，唐王朝一概量才录用。这种开明的、平等互利的政策，吸引了众多的外国使节、学者、留学生、僧侣、商人，他们纷至沓来，竟达数十万之众。这对海上丝路的繁荣都起了直接的推动作用。在唐代，东西方的政治和经济形势也发生了有利于海上丝路畅通的种种变化。7世纪，唐王朝传统的贯通中西的内陆丝路通阻无常。8世纪中叶，陇右、河西相继沦陷于吐蕃之手。中唐之后，中西方的交通自然越发依赖于海路。

南海上的交通，萧梁时期（502—557），波斯已出现于从海路入贡的行列。570年（陈太建二年），波斯萨珊王朝占领阿拉伯半岛南端，使波斯湾成为印度洋交通的中心。尔后其势力更不断地渗入东南亚，进而抵达中国的南方口岸。继此之后是大食帝国的兴起。7世纪初，穆罕默德创建伊斯兰教。阿拉伯人乘其宗教的力量，拼命向外扩张，向东消灭波斯萨珊王朝，占领中亚及印度西部；向西占据中东、埃及、北非及西班牙。8世纪初期，已形成一个横跨欧亚非的大帝国。它继承了萨珊王朝的海上力量，大力拓展东向的海上贸易。在南亚，印度河口和锡兰岛依然是该地区的贸易中心。东南亚地区，室利佛逝于671年（唐上元二年）兴起，并且不断扩张其势力，北控马六甲海峡、南扼巽他海峡这东西方海上丝路必经的两条水道，成为东南亚地区的贸易中心。中国商人和阿拉伯商人在南海、印度洋上的商业活动，终于将中国和三大地区的贸易中心——大食、印度河口和锡兰岛、室利佛逝连接起来。

中国东向的海上通道，即与朝鲜、日本的交通，也发生了变化。7世纪末之前，日本来华在登州上岸，称为北路。8世纪前期，日本来华已径渡东海而到达长江口，比前便捷多了；750年以后，利用东北季候风直航浙江沿岸，顺风十日可抵。后来甚至从日本可径航温州、台州、广州等地。日本、朝鲜来华登陆口岸的南移，尤其直航广州，其意义是深远的。它意味着中国传统的东向和南向分途贸易于此时出现衔接趋势。换言之，以广州为起

---

① 《全唐文》卷七十五，上海古籍出版社，1990，第3页。

点的中西海上丝路开始向东伸展，接通朝鲜、日本。它标志着以中国广州为东方中心的世界性海洋贸易圈趋于形成。

关于以广州为起点通向西方的海上丝路，唐人贾耽的《广州通海夷道》有详细记载。贾耽把从广州至巴士拉港的航线作为东路航道，地点大致包括今越南、马来西亚、印度尼西亚、斯里兰卡、印度、巴基斯坦、伊拉克等国境内沿海港口；把阿拉伯半岛沿岸、亚丁湾、红海航线称为西路航道，地点大致包括今沙特阿拉伯、阿拉伯联合酋长国境内的沿海港口；把巴士拉作为东西路商道的交会点。巴士拉是波斯湾早期的贸易中心，有运河和大食重镇末罗（在巴士拉以南祖贝尔地方）相通。这条航线的途次，用今的地域名称说，即船从广州出航，经大屿山以南，扬帆西行二日，到海南岛东北角。南航二日到海南岛东部的独珠山。再折向西南航行三日，到越南岘港东南的占婆岛。又往南二日，到越南归仁以上的燕子岬。再行一日，抵达越南的芽庄。半日到藩朗。又两天，到昆仑岛。又行五天，到马六甲海峡。海峡南北宽约百里，北岸是马来半岛，南岸是苏门答腊。从苏门答腊东南部的旧港东航，四五天可达爪哇岛。爪哇岛是南洋正中的一个最大岛屿。从苏门答腊旧港一带西行海峡三日，到布罗瓦尔诸岛，北岸是马来半岛西岸的吉打。复从布罗瓦尔岛西航，抵今棉兰海中。西航五天，到今苏门答腊海岸中的婆罗师巴群洲。续航六天，到尼科巴群岛。转北航行四天，到锡兰。锡兰的北部和印度南岸只距百里。西航四天到今印度西南角喀拉拉邦的奎朗港。这是印度的南境。再西北航，进入阿拉伯海，经过十余处小国，到印度西岸，再西北行二日，到孟买附近巴洛奇。继续沿岸北航，再行十天，抵巴基斯坦境。经过五处小国，抵达海港喀拉奇东部，这是印度河的出海口。又从喀拉奇西行二十天，经过二十多个小国，到波斯湾的巴巴丹一带，当地人在海湾口立华表，夜间点燃火炬于其上，以做导航信号。由此进入波斯湾，湾内航行一日，到幼发拉底河口的巴士拉。在此转换轻舟，溯河而上，二日就到大食帝国的重镇末罗。再由驿道西北行，就是大食帝国京城巴格达了。以上是东路航道。自印度南境的奎朗到巴士拉，是沿东岸航行，西岸以西就是大食帝国境内。沿着阿拉伯半岛沿岸，经红海，绕一个圆圈，又回到巴士拉，这就是所谓西路航道①。

贾耽的记载，确凿地表明中国的海舶从广州启航，历南海、印度洋，云帆高挂，涉彼狂澜，直驶巴士拉港②。这一航线开通的时间，在唐代之前当属无疑。晚近学者根据其他资料的研究，也几乎一致认为中国帆船跨越印度洋达红海地区的时间，最迟应在5世纪前后③。由中国和亚非人民共同开辟的这条航道是当时世界上最长的航线，长度不下一万四千公里④，其历史意义，将永垂史册。

随着广州通海夷道的开通、世界性海洋贸易圈的形成，广州得到迅速的发展，成为世人瞩目的港市。

广州充分利用了其海、河港口的功能。其泊港在扶胥镇，即今黄埔、庙头一带。隋开皇（581—600）中期在那里建有南海神庙，世称波罗庙。海商先在海神庙祭祀，方由此出海。内河有石门、大通、白田等作为外港，以供商船停泊，接驳货物。广州市区有可供船舶避风的内港。广州城前宽阔的江面，也可供商船停泊。广州的港口，已逐渐发展到能容纳海舶大小千艘，城区不断向西南发展，商业区扩张到城外。

广州对外贸易之繁盛，从前来经商的国家和地区之广泛、商舶之繁多、商货之丰富可以看出来。真人元开撰的《唐大和尚东征传》曾记载天宝年间各国来舶之盛况："江中有婆罗门、波斯、昆仑等舶，不知其数。并载香药、珍宝，积载如山。其舶深六七丈。狮子国、大石国、骨唐国、白蛮、赤蛮等往来居住，种类极多。"⑤柳宗元也说，同广州有海运交通往来者，"由流求、诃陵，西抵大夏、康居，环水而国以百数"⑥。唐代以前没有来往的国家和地

①《新唐书》卷四十三下《地理志七下》，这里不再引录原书古地名。

② 为了证实这条航道通行的实际可能性，1980年，阿曼航海家根据《天方夜谭》中阿拉伯商人辛伯达的故事，驾驶中世纪阿拉伯的帆船，由波斯湾启航，沿着这条海上丝路，最终抵达广州。

③ 参见田汝康《十七世纪至十九世纪中叶中国帆船在东南亚洲船运和商业上的地位》，《历史研究》1956年第8期。

④ 参见汶江《唐代的开放政策与海外贸易的发展》，《海交史研究》1988年第2期。

⑤ 真人开元：《唐大和尚东征传》，汪向荣校注，中华书局，1979，第74页。

⑥ 柳宗元：《岭南节度使飨军堂记》，《柳河东集》卷二十六，上海人民出版社，1974，第441—442页。

区，此时也"重译而至了"。大历四年（769），岭南节度使李勉到任，革弊兴利，尽力推行对外商的优恤政策，各国来船剧增，先是"西南夷舶岁至才四五"，次年"至者，乃四十余柁"[1]。韩愈在《送郑尚书序》中也说："外国之货日至，珠、香、象、犀、玳瑁、奇物，溢于中国，不可胜用。"[2] 广州港市的景象，诚如刘禹锡所云："连天浪静长鲸息，映日帆多宝舶来。"[3]

广州商货辐辏，奇珍异宝和香料等舶来品尤为丰富。不少外商在广州经营宝货生意，吸引各地客商前来交易，形成国际性的珠宝市场。丝绸、漆器和陶瓷等传统中国出口商品也以广州为集散地。其余百货，杂陈市肆。"雄番夷之宝货，冠吴越之繁华"[4] 确非虚词。

外国人沿此丝路前来广州留居者，有大食、波斯、天竺、狮子国、真腊、诃陵等国商人，据说有十余万之众。有的留居数十年而未归。唐王朝为了便于管理，指定城西南濠东岸蕃舶码头区作为外国人的居住地。于是便出现了历史上的所谓"蕃坊"。蕃商有不同的宗教信仰，以宗奉伊斯兰教者为最多。在蕃坊，设有蕃长处理其内部事务。唐王朝还采取保护外商财产的政策。如凡外商客死广州者，原规定"官籍其资，满三月无妻子诣府，则没入"[5]。后来改为认领财产不受三个月为期的限制，表示唐王朝充分保护外侨的权益。一般地说，蕃商和华人相处甚洽，有的还"嫁娶相通"。当时同住广州的人，语言、风俗各异，舶来品充塞市场，一派国际性港市的气氛。

由于声名远播，繁盛一时，当时的外国人甚至有把广州误称为中国者，例如"印度俗呼广府（广州）为支那，名帝京（长安）为摩诃支那也"[6]。作为海陆会同之冲的广州，"为众舶所凑"，各国海商"重九译"而来，已成为一个向国际开放的、世界东方的大港。

五代割据期间，闽越政权因经济自成体系，独立发展，需要通过外贸

---

① 《新唐书》卷一百三十一《李勉传》。
② 韩愈撰，朱熹考异，王伯大音释《朱文公校昌黎先生集》卷二十一，《四部丛刊》本，商务印书馆，1936。
③ 刘禹锡：《再酬马大夫》，《刘梦得文集》外集第五卷，《四部丛刊》本，商务印书馆，1936。
④ 《全唐文》卷八百二十七，中华书局，1983，第8717页。
⑤ 《新唐书》卷一百六十三《孔巢父子传》，第5009页。
⑥ 赞宁：《宋高僧传》卷二《唐广州制止寺极量传》，范祥雍点校，中华书局，1987，第31页。

来增加财源，因此致力于招徕外商，鼓励华商下海贩蕃。岭北商人下海贩蕃顿然增多，同这一政策有关。它开了尔后华商大量下海，变被动为主动局面的先河，对宋、元海商的大量贩运海外产生了深远的影响。

赵宋立国伊始，便设置"市舶司"，"掌蕃货、海舶、征榷、贸易之事，以来远人，通远物"①。在唐代的基础上，宋、元的市舶管理更加严密和制度化。宋代设市舶司达七处之多，有的在其下有市舶务（或坊），形成两级建制机构，标志着宋代海外贸易的扩大。南宋因偏安杭州，以东南沿海为其经济核心区，益加重视海上贸易。

两宋一改过去等外商前来贩运的被动局面，主动走出去，以力操南海、印度洋贸易的主动权。当时陶瓷从海上丝路的大量输出，具有划时代的意义。品种繁多，名窑频出。关于从广州启航通过海上丝路输出宋瓷的情况，目击当时情景的朱彧在《萍洲可谈》（成书于北宋末年）中写道："船舶深阔各数十丈，商人分占贮货，人得数尺许，下以贮物，夜卧其上，货多陶器，大小相套，无少隙地。"② 装载出洋贩卖的陶瓷采取"大小相套"，以减少体积的装运方法。这是唐代以来几百年积累经验的结果。1977 年，在珠江口外伶仃岛附近打捞到唐代的陶瓷，小四耳缸及碗均套在大四耳缸内。海南岛东部陵水县海滩出土的青瓷碗，也是十个一捆堆放着，体现了当时包装运输的高超水平。宋瓷运销日本、占城、真腊、三佛齐、阇婆、天竺、大食，以至远达东非海岸的层拔（今坦桑尼亚）等广大亚非地区。除瓷器外，传统的丝织品及五金原料（金、银、缗钱、铅、锡）等也占重要地位。通过以广州为起点的海上丝路而与海外交往的地区比前益加广泛，尤以东洋地区（即婆罗洲以东，主要为今菲律宾群岛）和印度洋地区的东非海岸为主要③。宋代之所以能将唐代启开的海上丝路繁荣的格局维持并推进，是有其原因的。宋代国力虽然软弱，但经济实力却大为增强。晚近学者的研究，多认为我国农业生产力的高峰是在宋代出现的。农业之进步又引起手

---

① 《宋史》卷一百六十七《职官七》，中华书局，1977，第 3971 页。
② 朱彧：《萍洲可谈》卷二，中华书局，2007，第 133 页。
③ 参见李东华《梯山航海——海外贸易的发展》，刘石吉主编《民生的开拓》。

工业的发展，这是海贸得到发展的物质基础。

宋代广州也依然保持其繁盛的格局，是船舶继路、商使交属、海外商货的集中地。据文献所载，什么"番禺宝货所聚"，"广州宝贝丛凑"，等等，不一而足。其繁荣景象，正如时人程师孟诗云："千门日照珍珠市，万瓦烟生碧玉城。山海是为中国藏，梯航尤见外夷情。"[1] 外国商人梯山航海，纷至沓来，有的则带妻儿在广州居住。神宗熙宁年间（1068—1077）已是"城外蕃汉数万家"。外国人居住区，沿唐人之称为"蕃坊"。广州蕃坊，"海外诸国人聚居，置蕃长一人，管勾蕃坊公事，专切招邀蕃商入贡，用蕃官为之，巾袍履笏如华人"[2]。

随着广州外贸的繁荣，市区内港设施改善，扶胥镇作为蕃舶聚泊之港，也极其繁盛。南宋杨万里有诗云："大海更在小海东，西庙不如东庙雄。南来若不到东庙，西京未睹建章宫。"[3] 诗中把扶胥镇波罗庙（东庙）比作汉代著名的建章宫，可见它在时人心目中的地位之崇高。

宋代广州依然是世界性海洋贸易圈东方的中心。市舶司的设置，以广州为最早，朱彧在《萍洲可谈》中也指出："崇宁初，三路各置提举市舶司，三方唯广最盛。"[4] 直至南宋初年，广州的市舶收入，仍然"倍于他路"[5]。

四 广州对外贸易主港地位之失而复得
与明清海上丝路的扩展

宋室南渡，政治中心移至杭州。唐代兴起的泉州，因政治地理的变化而得到迅速的发展。除广州作为世界性海洋贸易圈在东亚地区的中心外，中国东南沿海港市，如登、莱、楚、扬、明、越、温、台、泉州等，皆日渐纳入这一贸易圈的范围，尤以扬州为最重要。当时的泉州，则是广州和扬州海

---

① 王象之：《舆地纪胜》卷八十九"诗下"引程师孟《题共乐亭》诗，中华书局，1980。
② 朱彧：《萍洲可谈》卷二《番坊番商》，《守山阁丛书》本。
③ 杨万里：《题南海东庙》，《诚斋集》卷十八《南海集》，《四部丛刊》本，商务印书馆，1919。
④ 朱彧：《萍洲可谈》卷二，第132页。
⑤ 徐松：《宋会要辑稿》职官四十四之十四，中华书局，1957年影印本，第3370页。

上交通间的转口站。五代南方割据独立时，福建局促东南隅，在闽政权的倡导下，海外贸易益加繁荣。泉州也因而成为南海贸易的另一港埠，得到独立发展。入宋之后，福建的海商下南海、浮高丽者日益增多，贸易地区不断扩大，贸易额不断增长。南宋偏安杭州，以东南沿海为其统治的重心，具有海洋性国家的特点，为增加其财源而倚重海贸。因而与杭州密迩的泉州益显重要。同时泉州为杭州输送舶来品远较广州便捷，颇占地利。再者，宋代福建的手工业，如铜器、铁器、陶瓷、纺织等发展显著。如果我们把视野扩及当时海洋贸易的背景，就不难发现：中国传统的向东和向南的分途贸易，此时由于政治地理的变化，衔接点正日渐从广州移往泉州。因此，泉州得到迅猛发展。南宋末年，泉州的舶政由蒲寿庚主持。他的先祖曾在广州蕃坊任蕃长，素享声望。他出任提举市舶使，自可起招徕蕃商的作用。南宋晚期，泉州对外贸易之繁盛，堪与广州相颉颃。宋元之交，终于凌居广州之上。

入元之后，朝廷对海外贸易依然实行开放、鼓励的政策。采取官本的方法，即由官方出资造船，并给营商资本，选择擅长经商者出海经商。所得利息，官方得七成，经商者得三成。此外，还有私舶贸易。蒙古帝国地跨欧亚，是世界上最大的对外贸易国家。

有元一代，广州作为中国主港的地位虽为泉州所取代而退居其次，但仍不失为一个繁荣港市，依然在海上丝路上发挥其重要作用。元世祖刚平定江南，便于至元十六年（1279）派遣杨庭璧从广州启程出使俱蓝国（今印度尼西亚西南岸奎隆）招徕贸易。至元二十三年，印度半岛的马八儿、须门那、僧急里、来来，苏门答腊岛的南无力、马兰丹，尼古拉群岛的那旺，马来半岛的丁呵儿、急兰亦僻、苏木都剌等相继前来广州进行贸易。真腊、占城、流求诸地蕃舶也逐年前来通商。"象、犀、珠玑、金贝、名香、宝布，诸凡瑰奇珍异之物，宝于中州者，咸萃于是。"① 至治二年（1322），鄂多立克到广州时写道："该城有数量极庞大的船只，以致有人视为不足信。

---

① 杨翮：《送王庭训赴惠州照磨序》，《佩玉斋类稿》卷四，《景印文渊阁四库全书》第1220册，台湾商务印书馆，1986，第84页。

确实，整个意大利都没有这一个城市的船只多。"① 并说广州之大，三倍于中世纪名城威尼斯。至正六年（1346）到过广州的中世纪四大旅游家之一阿拉伯人伊本·白图泰在他的《伊本·白图泰游记》中也说："秦尼克兰（广州）是一大城市，街市美观，最大的街市是瓷器市，由此运往中国各地和印度、也门。"② 据陈大震于大德年间撰写的《南海志》的记载，来广州贸易的国家和地区达 140 个以上。

广州较之于泉州，从历史传统因素、地理条件看，皆明显处于优势。它之所以降格屈居泉州之下，是政治等因素一时起作用的结果。所以，当朱明王朝一建立，广州又恢复了作为中国主要港市的地位，并且牢不可拔地保持至 19 世纪 50 年代，才为上海所取代。

明初于宁波、泉州和广州分别设置市舶提举司。指定宁波通日本，泉州通流求，广州通占城、暹罗和西洋诸国。从各市舶司分管各国市舶的区域范围看，广州包揽了南向一途的广阔区域。十分明显，广州主港的地位已被恢复了。我们还看到，有明一代，其他市舶司有罢革之时，而广州市舶司却一直未曾关闭。孙蕡所写的《广州歌》道："岧峨大舶映云日，贾客千家万家室"③，生动地描绘了元末广州海舶云集，商业繁荣的景观。入明之后，益加繁盛。正统年间王莹写的《重修羊城街记》中说："豪商大贾，珠物奇货，亦于斯萃焉。"④ 嘉靖以后，市区越发繁荣。旧有的城区已经不能提供足够的商业活动场所。城南门之外一带因以成市，"东西亘六七里，人烟辐辏，货贿山积，盖合城繁华之所都也"⑤。屈大均也指出，这一带"香珠犀象如山，花鸟如海，番夷辐辏，日费数千万金"⑥。但是，明代广州的繁荣并不能说明当时中国对外贸易的发展，如果放眼世界，便不难发现明代正处于海洋贸易的低谷。

---

① 《海屯行纪·鄂多立克东游录·沙哈鲁遣使中国记》，何高济译，中华书局，1981，第 64 页。
② 《伊本·白图泰游记》，马金鹏译，宁夏人民出版社，1985，第 552 页。
③ 《孙西庵集》卷三。按：学者多引用此诗句，认为作于明初。据汪廷奎先生对此诗所做的考据，断定为元末。详见汪廷奎《孙蕡〈广州歌〉内容的时代和写作时间》，《广东史志》1997 年第 1 期。
④ 黄佛颐编《广州城坊志》，仇江等点注，广东人民出版社，1994，第 32 页。
⑤ 黄佛颐编《广州城坊志》，第 32 页。
⑥ 屈大均：《广东新语》卷十七《宫语》"濠畔朱楼"条，中华书局，1985，第 475 页。

众所周知，明代同期是欧洲从黑暗的中世纪向近代社会转变的历史时代，亦即西方资本主义产生、崛起的历史时期。在明代，本大可利用宋元原有的海贸优势，趁世界历史上新旧社会嬗递之际而产生的相互激荡之时机，梯航辘迁于海外，一争高低。在这一重大抉择面前，明王朝的创建者朱元璋做出了错误的决策。他改变了前朝海外贸易自由的方针，实行闭关禁海的政策和备战的海防体制，颁令"禁濒海民不得私出海"，规定"擅造二桅以上违式大船，将带违禁货物下海，前往番国买卖"者，"枭首示众，全家发边卫充军"[①]。明初的这种关门主义的消极政策，固然与海防等因素有关，但更重要的原因，还是朱元璋的农本思想。他认为中国无求于外，外国则有求于中国。他的农本思想、小农意识和对外国孤陋寡闻，使他对海外贸易持巩固政权的考虑高于经济利益的权衡。

朱元璋的子孙在执行其祖制定的这一闭关禁海政策过程中，虽有宽严、弛张之差，乃至隆庆元年（1567）以后实行有限度的开海贸易，但其宗旨并没有发生根本性变化。明代后期，在西方首先崛起的葡萄牙、西班牙、荷兰和英国等国家，以前所未有的速度发展国内生产力，并利用其坚船利炮到东方来开拓殖民地，寻找市场。面对这一挑战，朱元璋的子孙因不了解时代的脉息，不能做出积极的反应，反而一味妄自尊大，斥东来的西方殖民者为夷，并以宗主国自居，甚至误认他们之东来是向中国进贡、输诚和向化。他们以贡舶制度来与四邻通好，搜求奇珍玩巧。由官方统制的有限量的市舶贸易，严重地禁锢了商品经济的发展，也窒息了海舶制造业的发展。唐、宋、元居于世界领先地位的中国海上贸易，从明代起，步步龟缩。永乐年间，郑和下西洋的壮举主要目的在于宣扬国威，怀柔藩属。搜罗奇珍异宝固然也是郑和的使命，但主观上不是为了发展彼此互利的贸易关系。永乐末年以后，中国的海舶已不涉足印度洋面，海上丝路只限于印度洋以东的亚洲海面了[②]。

① 《明太祖实录》卷七十，"中研院"历史语言研究所校印本，1984，第1300页；《大明律附例》卷十五《关津》，修订法律馆，光绪三十四年版；陈仁锡：《皇明世法录》卷四十七《平刑》，台北：台湾学生书局，1965。
② 参见田汝康《十七世纪至十九世纪中叶中国帆船在东南亚洲航运和商业上的地位》，《历史研究》1956年第8期。

朱明王朝的海禁，不可能杜绝与邻近国家的民间贸易往来。自明初起，私自下海通番便一直不断地发生。正统以后，民间冲破海禁，百十为群，结伴走私于东南亚各国者日多。嘉靖年间，更发展成与官府对抗的连舡结队的武装海商贩运集团。汪直、林凤、林道乾等就是当时横行海上的著名武装贩运集团的首领。隆庆元年实行引票制。持有引票者可以合法前往指定地点贸易。每年引票限在88—110艘。这一松禁之举，仅是海禁之门的一道缝隙罢了。但是，正是这些在海防薄弱处走私贩运和在海禁体制所提供的夹缝中挣扎的持引票的海商，以及西班牙商人的共同努力，使传统的丝路又得到扩展。

嘉靖四十四年（1565），西班牙以墨西哥为基地占领菲律宾之后，每年派1—4艘载重300吨至1000吨（有时重至2000吨）的帆船，横渡太平洋，来往于墨西哥的阿卡普鲁可（Acapulco）与菲律宾的马尼拉之间。运来的主要是秘鲁、墨西哥出产的白银，以换取在马尼拉市场上的中国生丝和丝绸为主，以丝货为主的中国商品源源地流入南美洲。美洲拥有强大购买力的丝货市场随着这条新辟的海上丝路的畅通而蓬勃发展起来。葡萄牙人、荷兰人也先后从欧洲绕过好望角，沿着传统的印度洋、南海丝路前来中国沿岸进行海盗式的掠夺活动。葡萄牙人于嘉靖三十二年以非法手段占据澳门之后，便以印度西南岸的果阿为基地，发展果阿和澳门间的贸易。万历六年（1578）至崇祯四年（1631），广州每年夏、冬两季举行定期集市，开市每次数星期或长达数月，中国各地商人源源运来丝绸等商品，以供外国商人选购。葡萄牙商人从澳门来到广州的定期集市上，收揽所有的丝货，把其中一部分运往菲律宾出售而大取厚利。荷兰殖民者驻台湾第三任长官讷茨写道，葡萄牙商人"每年两次到广州（那边每年举行两次盛大的集市）去购货，他们确从这种通商中获得了比马尼拉商人（按：指西班牙商人），或我们（指荷兰商人）更多的利润"[1]，颇有垂涎之态。天启六年（1626），一艘从澳门开往马尼拉的葡萄牙船，载运货物价值在50万公元以上。到了

---

[1]《关于中国贸易问题的简要报告》，厦门大学郑成功调查研究组编《郑成功收复台湾史料选编》，福建人民出版社，1962，第115—116页。

崇祯三年，一艘自澳门开往马尼拉的葡萄牙船，载运货物价值升至150万公元左右。对于他们在马尼拉搜括运走的银币，菲律宾检察总长孟法尔坤于崇祯八年说："有过去中国商人运走的三倍那么多。"① 葡萄牙人在广州集市上所搜购丝货的另一部分则运往印度的果阿。据统计，1580—1590年（万历八年至十八年）从澳门运往果阿的生丝每年为3000余担。到崇祯八年，每年多至6000担。每担白丝澳门售价约为80两，印度售价达200两，除去运费及其他支出，利润达100%以上。运往果阿的丝货及中国其他商品，除在印度消费外，有一部分运往葡萄牙出售②。中西海上丝路，几乎为葡人所垄断，直至17世纪，荷兰商人海上势力兴起，东来南海地区时，才改变了葡人独占的局面。荷兰人以爪哇为基地，争与中国商人做丝绸、瓷器等中国货物的贸易。荷兰殖民者于天启四年强据台湾后，又在那里收购生丝、瓷器等货物运回欧洲各地。

从上可见，尽管朱明王朝实行海禁，但是由于中国海商和西班牙人的努力，终于新开出太平洋丝路：中国—菲律宾—墨西哥。这条丝路一直维持至19世纪初，长达二百多年。也正是在明中后期，南海、印度洋丝路接通由葡萄牙人、荷兰人开辟的绕过好望角的航线而进入大西洋。应该说，丝路已扩展到三大洋而环遍全球。

清代基本继承明代对外贸易的体制和政策。尤其清初，为困毙、消灭郑氏的抗清势力，曾厉行海禁政策。沿海的海贸遭到十分沉重的打击，使海上丝路奄奄一息③。明代后期中国海商凭其精良的产品尚能勉强支撑的优势，于此时日渐式微。到康熙二十四年（1685），取消禁海令，设立粤海关、闽海关、浙海关和江海关，开海贸易之后，海上丝路方得一线生机。但中国海贸的被动局面，并没有改善，而且日甚一日。到了18世纪，资产阶级不断取得政治革命的胜利，并且从原始积累向产业革命过渡。西方列

参见全汉昇《自明季至清中叶西属美洲的中国丝货贸易》，《中国经济史论丛》第1册，香港：新亚研究所，1972。
② 参见全汉昇《略论新航线发现后的海上丝绸之路》，《"中央研究院"历史语言研究所集刊》第57本第2分，1986年。
③ 参见叶显恩《徽州与粤海论稿》，安徽大学出版社，2004，第271页。

强以其勃兴的经济实力向世界各地扩展。幅员广阔的文明古国——中国，自然成为它们争夺的对象。它们纷至沓来，不同于往后的19世纪用坚舰利炮来攻打中国的门户，而是采取贸易的形式，进行经济上的渗透和掠夺。中国因而被卷入更广阔的世界市场。此时中国的海贸已转为以西方各国为主要对象，通往大西洋的丝路之兴旺已远超通往波斯湾、红海的丝路。乾隆四十九年（1784），美国的"中国皇后"号循太平洋丝路首次直航广州，虽显姗姗来迟，但中美直接通商一经开创，贸易额便与日俱增。

面对西方各国纷纷前来要求通商的形势，康雍乾祖孙三帝并没有做出积极的反应。他们在治理国内问题上，不愧为英明有为之君主。但传统农本思想的羁绊、传统的思维方式，使其习惯于同别人的昨天、前天相比，不乐于同别人的今天、明天做比较。他们依然以泱泱大国自许，将与外国通商，视为"加惠远人，抚育四夷"。当"夷情恭顺"时，以通商为怀柔手段；当"外夷桀骜"时，则以停止贸易为驾驭机宜。

康熙年间，海关制度的建立，意味着古老的市舶司制度的结束，是关税管理体制的一个进步。洋货行（或称十三行，康熙五十九年联合成公行）的出现，则标志着行商居间贸易体制的确立。清王朝对海贸既不做直接的控制，又不放手民间自由经营。在对外贸易扩大的情况下，把行商制作为管理海贸的中间环节，亦即外商与官府间的缓冲器。随着西方资本主义国家产业革命的进展，英国等国家在中国这样偌大的国度推销其产品的要求愈加迫切和强烈，急于同中国东南沿海各口岸建立更广泛的贸易关系。清王朝本着防夷为第一要务的宗旨，于乾隆二十二年，把中西贸易仅限于广州一口，广州独占中国对外贸易的鳌头（一直保持至鸦片战争后的19世纪50年代），并健全中西贸易体制：粤海关负责征取税收并管理行商，十三行负责同外商贸易并管理约束外商，指定黄埔港为外国商船的停泊所，澳门为各国商人的共同居留地。这四个环节又各自成一套制度。

到了雍乾时期，中国在国际市场的颓势不断显露，东南亚市场已日渐丧失。18世纪中叶，被称为中国丝市的马尼拉市场已被西班牙占夺，中国商人同西方商人经历着一个彼此消长的过程。到19世纪20年代，在东南亚市场上，中国商人处境越发恶化，同一向友好的暹罗、越南等国家，虽然保持正常的贸易，但入侵这些国家的欧洲殖民者的势力日益强大。印度尼西亚各岛已为荷兰、英国占夺。中国的帆船只能在其势力所不及的地区，如加里曼丹岛等地活动。勉力在马来海峡附近地区活动的中国帆船，也已沦为荷兰、英国殖民者的中介人。菲律宾群岛市场更是丧失几尽。可见东南亚各国市场上中国商人的贸易，经历了从明代的绝对优势到清代的日渐缩小而最终丧失。

在与西方各国的直接贸易中，中国也日渐趋居劣势。海贸与航运是联系在一起的，清王朝对造船的种种限制，扼杀了原居优势的造船业。相反，英国等西方国家，对海贸极力扶持，以飞快的速度发展其航运业；西方国家产业革命逐渐展开与深入，能够为市场提供越来越多的产品，而中国的产品并没有多少变化。因此，到了19世纪，中国在国际市场上便难逃衰败的厄运。这反映出中国传统农业社会终于屈服于新兴的西方工业社会。

综上所述，中国的对外海上交通起源甚早，大致分为东向和南向两途进行。由于各种条件的限制，南向一途的要港在岭南沿海。早在秦汉时期，海上丝路已经兴起，启发点则在日南、徐闻、合浦。沿着海岸在南海地区活动，到印度需在马来半岛克拉地峡上岸，经水陆接驳。番禺（广州）也是一要港，但主要从事转运，是一集散奇珍异宝的都会。

吴晋南朝时期，随着造船和航海技术的进步，开通了由广州起航的穿过海南岛东部海面，经西沙群岛直航东南亚地区的新航线。海舶可以穿过马六甲海峡，进入印度洋而抵达波斯湾、红海地区。这一通往印度洋的海上丝路的开通，确立了广州南海交通枢纽的地位，并导致了徐闻、合浦的衰落。

唐代是开创中西海上丝路新纪元的历史时期。李唐王朝由于对自己政治、经济实力的自信，实施对外充分开放的政策，有七条国际海陆通道伸向四邻。最负盛名的是"广州通海夷道"。从中唐起，海上丝路成为通向西方的主道。以东方的唐王朝和西方阿拉伯帝国为轴心的世界海洋贸易圈趋于形成。当时海洋贸易，在西亚与东非地区以阿拉伯为中心，在南亚以印度河口和锡兰岛为中心，在东南亚以室利佛逝为中心，在东亚则以中国的广州为中心。由于海洋贸易圈形成的影响，中国登陆口岸传统的东向和南向分途贸易有衔接、合并成一点的可能。以广州为起点的海上丝路,又向东北伸展,接通了朝鲜、日本。广州也因应迅速繁荣,臻于极盛之境,并以世界东方大港而闻名于世。宋元继承唐代开放海外贸易的政策,并有所推进。

南宋偏安杭州。与杭州密迩的泉州,因政治地理的变化而崛起。因政治因素的作用,传统的东向和南向的分途贸易日益明显地在泉州衔接。多种短期性起作用的因素合力促成泉州港市地位的上升。南宋晚期,泉州已呈现出可与广州相颉颃之势,宋元之交及有元一代便取代广州成为中国对外贸易的主港。

无论是考虑历史传统因素,还是从地理形势着眼,广州较之于泉州皆处于明显的优势。所以,朱明王朝一立国,对外贸易中心的地位便回归广州。到了清代乾隆二十二年,广州还成为中西贸易的独口通商口岸,可谓独占对外贸易的鳌头。

明代一反唐宋元的开放政策,采取禁海和备战的体制。郑和下西洋的壮举震撼今古,但主要不是致力于互利的海贸发展,而是为了宣扬国威,怀柔藩属。明代及清代的禁海政策扭转了中国向海洋经济发展的趋向。但是,民间的海上贸易是不能禁绝的。在中国海商和西班牙商人的共同努力下,开辟了横越太平洋的中国—菲律宾—墨西哥的海上丝路。以丝绸为主的中国商货源源地沿此丝路流布南美洲。明中后期,葡萄牙、荷兰人也绕过好望角而进入印度洋、南海丝路,极力打入东南亚市场。从明末至清,我们看到海上丝绸之路已从南海、印度洋、太平洋扩展到大西洋,直接与西欧国家贸易。

从五代起,中国海商开始变被动为主动,下海贩番者日多。宋元中国海商大量下海经商,形成主动的局面。明初起,海商力量顿然受挫;永乐末年后,中国的船舶已不在印度洋上出现,唯在东南亚的市场上依然保持优势。入清之后,中国在世界海洋贸易市场上颓势不断显露,传统的东南亚市场也日渐丧失。到了 19 世纪,终于陷入衰败的厄运。

与张难生合作。原刊于《中国社会科学》1992 年第 1 期;
英文本刊于 *Social Sciences in China*, No. 2, 1992, pp. 191–214。

岭南文化与海洋文明

文化是人类历史的产物。它伴随着人类的出现而产生，并不断地发展。

十里不同风，百里不同俗。江河湖海，山地高原，寒温气候，等等，都对文化产生影响，使其各具特色。文化是多种多样，千差万别的。我们把它分门别类，是为了叙述的方便。

初始人群因居住地域不同，而且处于彼此隔绝的状态，其文化一开始就有鲜明的地域特征。大致说来可分为内陆农耕文化、高原游牧文化和海岸地带海洋文化三大类。

内陆农耕文化，以封闭、保守、安土重迁为其特征，是一种有根的文化。发迹于黄河中下游的古老的中原文化即典型的农耕文化，在政治上表现为皇权专制和官僚政治。

高原游牧文化，以轻土重财、游荡成性、四野为家为特征，是一种无根的文化。其游牧常有1000公里以上的距离。具有弱肉强食的强权思想，以勇武掠夺杀戮为能事，血液即饮料，人头即酒杯。男人的天堂在马背上。蒙古人之所以一度横扫欧亚大陆，正是源自这种剽悍尚武的文化。

海岸地带海洋文化，具有重商、冒险、开放、进取的特性。海是传播文化的桥梁，易于集纳各种文化，海洋文化是一种杂交的文化。欧洲学者认为，希腊半岛、意大利半岛、伊比利亚半岛、英伦诸岛、斯堪的纳维亚半岛等欧洲地区，其腹心地带距海岸线不超过500公里，本质上属海洋文化。海洋文化所孕育的重商、冒险、开放、扩张的精神，则是欧洲人自大航海时代以来能够称雄全球，并创造近代文明的原因。欧洲人因此而引以自豪。

三大类文化的划分，始自德国的哲人黑格尔。学术界多沿用此说。在黑格尔看来，处于南欧海岸地带的希腊、意大利是海洋文化的代表，是文明的故乡。他也承认中国是一文明古国，是文明的摇篮，并向四边辐射。但中国的文明却停留在初始阶段。原因是中国是内陆文明，是保守的、封闭的文化，没有海洋文化。

其实，黑格尔的这一看法，是傲慢的偏见。中国是一个半大陆、半海洋的国家。中国有漫长的曲折的海岸线和众多的岛屿，良港纷呈，最适合于自南到北的沿海人群与海洋互动。其创造的海洋文化与其自身的存在一样悠远。南海沿岸的岭南地区尤其如此。

早在四五千年前的高栏岩画中，便已经记载了香山先民与海洋互动的情景。岭南处南海之滨，浮海可与对面环南海周边的弧形岛国做文化交流，进而与各大洋交通。岭南地缘的特点使其在中国海洋文化中处于特殊的地位。也正因为如此，岭南成为中国两千多年海上丝绸之路的发祥地、东西文化交流的前沿。

一个民族、一个地区的文化往往是多元的。唯有文化是多元的，彼此撞击，处于流动的状态，才能避免枯萎僵化，才能保持生机活力。作为一个半大陆、半海洋的国家，中国既有大陆性的传统，即具有以农为本，实施官僚政治和皇权专制的农耕文化；又有海洋性的传统，即重视商业，富有开放、冒险进取精神的海洋文化。这两种文化在中国既有交叉辐射，又有先后发展的过程。内陆文化的传播经历着从北到南的传播过程；海洋文化则相反，是从南到北。

中国的传统文化亦即内陆农耕文化，一直处于主流地位；海洋文化虽然不断发展，却历来被边缘化。唯到近一百多年来，海洋文化（就本质而言，即商业文化）才在南方引领潮流，并在岭南结出近代化和民主革命的成果。海洋文化的故乡岭南，也自然成为近代化和民主革命的策源地。

岭南地区的文化显然也是多元的。其中内陆的传统农耕文化和海洋文化是岭南文化两个重要的基因。经过长期的融合，迄19世纪中叶以后，终于结成以海洋文化为主要特质的岭南文化硕果而引领潮流。

一 岭南文化之我见

就地域文化而言，岭南居南海之滨，有漫长的海岸线，显然属于海洋文化的范围。

岭南地区是古代越人先民生息繁衍之地。凭借舟楫而渔，是他们获取食物的主要手段。当风平浪静之时，便靠竹木筏和独木舟在浅海湾里航行，彼此往来，做部落间的产品交换。因而古来就有"越人擅舟"的说法。《淮南子·人间训》中说：

> 九疑之南，陆事寡而水事众。于是民人被发纹身，以像鳞虫；短绻不绔，以利涉游。短袂攘卷，以便刺舟。[1]

广东处于九疑之南，自属所指的范围。这里描绘的越人装束，正是为了适应水上"涉游"活动；所说的"陆事寡而水事众"，意味着在同水、陆的关系中，与水的关系更为密切。这是岭南本属海洋文化的写照。

岭南的海洋文化，在不同时期，有不同的内容和特点。上古时代，以渔猎为主，大量的贝丘遗址说明以海产为食；中古时期，海上贸易不断发展并趋向繁荣鼎盛；近代，始有现代意义港口的开辟并做初步海滨资源的开发，尤其是中西文化的交流和碰撞益加强烈。总之，岭南海洋文化是随着中国海洋利用开发的深化，不断汲取海外文化而得到不断发展的。

但是，岭南本身固有的海洋文化，并没有得到独立的发展，而是受到中原文化的剧烈影响。海洋文化所具有的开放、包容的特性，使其容易吸纳、消融中原文化和其他外来的文化。这是岭南文化富有生机活力的缘由。

岭南文化是经过融汇百越文化，吸纳中原文化和海外文化而形成的。

先秦时期，岭南并无统一的君长。秦代建立象、桂林、南海三郡，赵佗建立南越国，对各地方族群的酋领也没有实行有效的控制。直至唐、宋，

---

① 刘安：《淮南子》卷一，中华书局，1998，第38页。

地方族群的豪酋，依然拥有强大的割据势力。唐代设置岭南道。这里的道，意味着以道路为控制线，没有道路相通的深山险阻地区，控制力依然薄弱。随着开发的深入，政治管辖才不断加强。

秦始皇发五十万大军经略岭南，揭开了岭南历史新的一页，为岭南吹进中原文化的新风。赵佗实施的"和集百越"的政策，促进了百越文化的融会。尔后，中原王朝相继出兵南来征伐，如汉武帝元鼎五年（前112），路博德率"楼船十万"征讨南越。东汉光武帝建武十八年（42），马援率师平定征侧、征贰起事。这些军事行动必将带来中原的文化。战后留下的部众，以及后来因动乱而先后移入的北方士民，如晋代的"永嘉之乱"，尤其是北宋末年的"靖康之乱"迁入的集团性移民，成为传播中原文化的载体，起到移风易俗，促进岭南人文、制度、民俗不断内地化的作用。

中原文化向岭南的传播，主要以移民为载体，并依靠先后开通的三条主要干道：秦、汉以越城岭道为主，从京都长安、洛阳南来，沿湘水经灵渠，入漓水，顺西江进广州；六朝主要取骑田岭道（桂阳道），而大庾岭道也日显重要，两路皆入北江顺流抵广州；唐代中叶以后，就以大庾岭道为主了。南雄、韶关一带是大庾岭道移民路线的第一站。

移住岭南的士民带来了中原的物质文化、制度文化和精神文化。但唐代之前，移民主要是因军事南来而留下的部伍，对岭南文化的革新力度不大。岭南应对自然的能力低下，生产力发展水平还很落后。岭南越人，在古籍上称为南蛮，有疍、俚、僚等，总称百越，沿溪洞而居，均无君长。除在海河捕捞外，就是"火耕水耨"，诚如西汉成书的《淮南子》所说"陆事寡而水事众"。《史记·货殖列传》记载："楚、越之地，地广人稀，饭稻羹鱼，或火耕而水耨。"① 其后，《汉书》《晋书》《隋书》等史书，都有类此的记载。这些史书的记载是泛指江南，或楚越之地。但农业生产发展水平较高的江南地区尚且采用火耕水耨，遑论相对落后的岭南地区。据徐陵《广州刺史欧阳頠德政碑》记载，岭南地区，于6世纪下半叶，还是"火耕水耨，弥望原野"。这一耕作方法至唐代依然流行未衰。《唐大诏令集》也

---

① 《史记》卷一百二十九《货殖列传》，中华书局，2000，第2472—2473页。

有相同的记载:"岭南诸州居人,与夷獠同俗,火耕水耨。"① 事实上,刀耕火种、火耕水耨和初步精耕细作,是三种依次递进的耕作方法,从秦汉至隋唐的1100多年中,一直并存于珠江三角洲地区。

我们从考古发现,越王墓的建筑,已经雄伟精致得令人惊叹。但不能以此类推周围社会的文化水平。沿溪洞而居的黎人,是干栏式的建筑;即使作为中国海上贸易中心的广州,还只是边陲地区的汉人城市,唐代时依然多是茅房,经常闹火灾,后来才逐步改为瓦石结构。

从制度文化看,岭南存在奴隶制。据文献记载,"岭南以口为货,其著阻处,父子相缚为奴"②;"越人少恩,生男女必货视之"③;"高凉生口(奴隶)"④,至唐代仍然是一出口货。有的地方官将"生口"半价买来再卖,从中渔利。在南朝,这是南海太守的一项收入。凡到南方当长史者,京师权要皆托代购南人为奴,唯孔戣拒绝代购,故此事被记在传中。隋唐时期,俚(黎)族的豪酋以冯冼氏、宁氏势力最强大。冯冼氏控制从珠三角至东京湾东北部的广大地区,控制着当时的海上贸易,包括奴隶出口。

从精神文化看,最值得自豪的是岭南不仅是佛教从海上"西来初地",还是独创南宗顿教的六祖惠能的故乡。惠能削发开禅的光孝寺、开庭讲法的南华寺,成为佛教文化的圣地。但就总体来说,岭南远较中原文化落后。椎发文身,短袂攘卷。部落内部通婚,即所谓"嫁娶之法,得取同姓"(《旧唐书·南蛮传》)。辟居深山的一些少数族,流行杀人祭鬼的陋俗。"贞观(627—649)初,或告盎叛,盎举兵拒境",盎,即冯盎,冼夫人的孙子。唐太宗下诏将讨之。魏徵谏曰:"王者兵不宜为蛮夷动,胜之不武,不胜为辱。"⑤ 具有汉、黎族血统的冼夫人之孙冯盎仍然被视为"蛮夷"。

人类对自然环境的应对能力是衡量文明程度高低的一个尺度。岭南自然条件恶劣。《史记》记载:"江南卑湿,丈夫早夭。"《汉书》记载:"南

① 宋敏求辑《唐大诏令集》,洪丕谟等点校,学林出版社,1992,第520页。
② 曾国藩纂《经史百家杂钞》(下),岳麓书社,1987,第992页。
③ 《童区寄传》,《柳宗元集》,中华书局,1979,第476页。
④ 《梁书》卷三十三,中华书局,1975,第470页。
⑤ 《新唐书》卷一百一十《冯盎传》中华书局,1975,第4113页。

方卑湿，其众半羸。"① 《后汉书》亦载："南州（指岭南一带）水土温暑，加有瘴气，致死亡者十必四五。"② 卑湿的自然环境有利于生物的成长，也容易滋生病菌，尤其烟瘴流行，对人体是极为不利的。毒蛇、猛兽横行，对人们的活动亦一威胁。就是到了五代南汉时（10世纪中叶），东莞城郊还有群象出没，危害农作物。古代越人干栏式的建筑，正是为适应这种自然环境而建置的。西汉时的南越王赵佗说"其众半羸"③；南宋人周去非也说人"率皆半羸，而不耐苦作，生齿不蕃"，之所以羸弱，周去非的解释是因为"五谷湿而不甘，六畜淡而无味，水泉腥而黯惨，蔬茹瘦而苦硬"④。可见从赵佗至周去非经历 1300 余年，人们羸弱的体质并没有多大的变化。有学者估计，魏晋南朝时期，岭南人口的平均寿命在 30 岁。我们知道，农业生产并非单纯的自然再生产过程，它是以人类对生物自然再生产过程的干预为特征的，人类不仅要适应自然，而且要改造自然。而在当时的生产技术条件下，没有强壮和足够的劳动力，莫说提高农业生产力水平，就是单从量上推进农业生产也是做不到的。今天有人多为患之恐惧，当时却是唯恐人不够多啊！

岭南的经济重心，先是河内附近的红河三角洲，而后兴起的是珠江三角洲。岭南这两大黄金三角洲，也先后成为岭南的两大文化中心。

岭南文化之所以长期阻滞，是因为南海周边缺乏多种文化的冲击，缺乏如同埃及、希腊、罗马这种各有特色的三种文明通过地中海的交流促进地区文化的发展，所以相对中原文化显得落后。

岭南文化发生巨大的变化是在北宋末年珠玑巷移民之后。

珠玑巷的传说，从明初起，口耳相传，家喻户晓。今已经成为珠三角，包括从珠三角移居海外的华人社区，老少耳熟能详的故事。这是他们先人移住珠三角的集体记忆。这一传说之所以如此流行不衰退，是因为珠玑巷

---

① 《南粤王赵佗上汉文帝书》，臧励和选注《汉魏六朝文》，崇文书局，2014，第4页。
② 《后汉书》卷八十六《南蛮西南夷列传》，中华书局，1965，第2938页。
③ 《南粤王赵佗上汉文帝书》，臧励和选注《汉魏六朝文》，第4页。
④ 周行己：《岭外代答》卷四，《周行己集（外一种）》，陈小平点校，浙江古籍出版社，2015，第361页。

移民，是集团性的移民，其带来的中原文化（内陆农耕文化）对岭南影响之巨大，非以前的历次移民所能比拟。自此之后，岭南人文冉冉兴起，逐渐摆脱蛮夷习俗，迄明，岭南文化焕然一新。诚如潘耒序《广东新语》所言："粤东为天南奥区，人文自宋而开，至明乃大盛，名公巨卿，词人才士，肩背相望。"[①]

珠玑巷移民的一个重要成果是，他们带来的中原文化与南越人的文化相融合而形成广府语系文化。

这里需要特别指出的是，珠玑巷移民的到来所引发的珠三角围垦造田，是湿地农耕的一次革命。先是沿珠江干流修筑堤围，开垦沙田，继而深化开发，实施农业商业化。尤其是他们所创造的桑基鱼塘生态农业，是中国农耕文化的旷世遗产，被联合国教科文组织称誉为"世间罕有美景、良性循环典范"。

桑基鱼塘，首先在南海、顺德和高鹤三县交界处出现。万历年间（1573—1620），顺德龙山乡基塘面积已约占耕地面积的1/3，南海九江基塘面积于明末更高达耕地面积的8/10。而且九江、龙山、龙江和坡山等四乡，相连成片，形成一个以九江为中心的以蚕桑养鱼为业的商业化专业区。蚕桑区虽受清初"迁海"之祸的惨重摧残，但到18世纪前后，得到了恢复，且有所发展。南海西樵山附近的乡村相继发展成基塘区，形成以九江为中心，包括原有的龙山、龙江和坡山，以及不断发展起来的邻近西樵山的海洲、镇涌、金瓯、绿潭、沙头、大同等在内的连成一片的商业性桑基鱼塘专业区。其生产的广纱粤缎，专为出口贸易提供产品。

桑基鱼塘是由水体、陆地和蚕丝三个子系统组成的。我们知道，生物和周围环境是一个互相依存的统一体。两者之间通过不断进行物质循环和能量交换来保持平衡。桑基鱼塘的生物和环境也是如此。桑基鱼塘中的塘基陆地子系统，只具有作物的初级生产品，即桑叶；鱼塘水体子系统具有初级生产品即浮游植物，还有次级生产品，即鱼；蚕丝子系统，即养蚕产丝。蚕桑子

---

① 屈大均：《广东新语》，《续修四库全书》史部第 474 册，上海古籍出版社，1996，"潘耒序"第 450 页。

系统充当前两个子系统的联系环节。基面种的桑叶，用来喂蚕，这意味着陆地子系统与蚕丝子系统发生了联系；蚕丝子系统的产品除丝货外，其初级产品蚕沙（屎）和蚕蛹可投入鱼塘，喂养池中的浮游生物和鱼。这又意味着蚕丝系统和水体子系统联系起来。鱼屎、水生物的代谢产物及其死亡后的残体等有机物，有的在微生物作用下分解成有机养分，供浮游生物生长需要，有的沉淀成塘泥。塘泥在冬季戽泥而回到基面，以肥桑树。这又意味着水体子系统和陆地子系统联系起来。物质和能量通过桑叶、蚕沙和蚕蛹、塘泥进行反复交换，把三个子系统联结成一个完整的农业生态系统。三个子系统间互相依存，互相促进，彼此不断循环往复，从而保持了生态平衡。

至于蚕丝子系统，除作为陆地和水体两个子系统的联系环节外，由于产品蚕茧可制成高价的丝货，因而由此演绎出农、牧、渔、副相结合的经济架构，并由此带动众多的经济部门，诸如蚕桑业、养蚕业、缫丝业、丝织业、制糖业、花卉业、果木业、鱼花（苗）业等行业。又由此而引发商业外贸、运输业的勃起。以出口为导向的贸—工—农的经济体系因而形成。

这种集约化、专业化、多样化的农业经营，合理利用农业本身的自然环境，使之互为条件，互相依托，互相促进，形成水陆结合的良性循环的生产体系。这是我国历史上最早开辟经济与环境、资源、社会协调发展的途径；是实现生态效益、经济效益和社会效益三统一原则，并取得可持续发展的伟大创举。

桑基鱼塘既脱胎于精耕细作的传统农业，又与旨在自供自给的传统农业有本质的区别。它根据海上贸易的需求，注入海洋文化的精神，使之孕育出为出口贸易服务的众多产业部门，其中蚕丝业率先实施近代化，成为珠三角的经济支柱。

珠三角的桑基塘生态农业，是借农耕文化之体，注入海洋文化之魂的产儿，也是"天人相参""天人相协"的最优化形式。它是将低洼易生水患的湿地深挖，"取泥覆盖四周为基，中凹下为塘"，"基种桑，塘蓄鱼，桑叶饲蚕，蚕矢饲鱼，两利俱全"[1]。蚕桑业和养殖业互相依托，互相促进，形

---

[1] 光绪《高明县志》，高明县地方志编纂委员会，1991，第72页。

成水陆互动的良性循环的生态型农业。

桑基鱼塘生态农业已经成为海洋文化的一大亮点，由它而引发出珠三角的种种奇迹。尤其自近代以来，随着桑基鱼塘生态农业的扩大和日益完善，辟居一隅的珠三角，后来居上，充当海洋文化的代表，引领时代潮流，成为商业革命和产业革命的先驱、民主革命的故乡。

珠玑巷移民全方位地促进了珠三角文化的发展，立下了旷世不朽的功德，其后人自难以忘怀。这一对珠三角的开发具有划时代意义的事件，经过明清两代的不断演绎，变成珠三角人家喻户晓的"珠玑巷"传奇。它成为表彰其先人业绩的口头纪念碑。

从桑基鱼塘生态农业中，我们看到传入岭南的传统稻作文化，被注进海洋文化而改造成服务于海上贸易的农耕文化；我们还看到传统的宗族文化，传入岭南之后，也不是宗族制度简单的移植，而是进行了适应性改造，被赋予海洋文化的内涵。

明中叶，由于私人海商的兴起，商业的发达，岭南的经济和文化得到长足的进步，一些寒门弱姓也冲破高门大族的垄断而组建起宗族组织。他们着力扩大宗族制经济功能的一面。有的宗族直接经营产业，有的甚至已经出现向经济实体转变的趋向。宗族内部也相应出现利益分沾，而不是传统的余缺互济的道义经济。经商致富之后，又通过发挥货币经济的力量直接谋求与士绅并列的社会名流地位，没有完全恪守"官本位"的价值观。也正因为如此，宗族组织在农业商业化、商业企业化、乡村工业近代化中，充当了或为支持者，或为组织者的角色。其商业行为也越出常轨，并发出以商立国的呼唤，充满崇商重利的精神。这显然是做了适应商业文化亦即海洋文化的改造。

从以上例子，可以看到岭南文化如何经过吸纳中原文化后创造出适应海洋经济的新文化。

广府语系文化、闽南语系文化（东越人文化与中原文化交融后形成），以及明代传入的客家语系文化（中原文化中独立发展的一支）等，成为岭南文化的三种重要基因；还有从海上传入的西方文化，为岭南注入了新的文化基因，因而岭南文化益加丰富，多彩多姿。同时，这种多种文化的杂交，犹如血统杂交一样，形成了岭南文化巨大的进化优势。由于岭南地理的特点，其文化尽管含有多种文化基因，但没有改变海洋文化的主要特质。

二 海洋文化的成长与北渐

海洋文化，如前所说，它是以重商、重利、开放为特征，而区别于以农耕、官僚专制政治为特点的内陆文化。具体一点说，就是人类从事海洋活动中所创造的物质财富、活动方式及相关的人际关系，以及精神产品等，尤以海上贸易活动所产生的物质文化和精神文化为主要。这里只能着重说说海上贸易及其表现的商业精神。

岭南背倚五岭，面临南海，有珠江水系纵横交错，形成水路网络。海岸线曲折，便于舟楫行驶；湾澳众多，可充当良港。受季候风的影响，南海的海流有夏季从西南向东北，有冬季从东北向西南流动。这种东北/西南流向的季候风海流，恰恰同广东省的海岸线走向相同，有利于沿海舟楫的行驶。

从地缘历史的角度看，岭南的区位优势是显而易见的：一有珠江水系聚集内地产品，经天然良港转输海上；二有季候风吹送，帆船行驶便捷；三有邻近的环南海周边的弧形岛国，即东南亚地区，可通过南海而做彼此间的经济文化交流。又可径经大西洋、太平洋通往世界各地。正因为如此，如前所述，岭南成为中国海上贸易的发祥地，具有两千多年海贸历史的中国海上贸易的故乡。这一地缘的特点造就了岭南的文化旨蕴。

作为越人故地的岭南，可以说利用海洋的历史，就如同它本身的历史存在一样悠远。大量贝丘遗址的发现——作为考古的片段，已可释读出生于斯息于斯的岭南人从事海洋采集与捕捞，依海为生的远古海洋文化。在珠海市高栏岛宝镜湾发现的四五千年前的岩画，也显现了当时船只和人物的风貌。岭南人"被发纹身，短绻不绔"，擅于涉游划船，古来就有"越人擅舟"的美誉。两千多年前，已经与南海沿岸各地有来往。在南海区域内，不仅是"无远弗届",而且至迟在汉代已从岭南沿海番禺(广州)、徐闻、合浦等港口启航,以印度为中间站而通往红海、地中海沿岸。这是一条由中外各族人民共同开辟的海上商路,开了长途海上贸易的先河。这一壮举,犹如今日的航天一样为世人所瞩目。它显然同航海造船技术密切相关。当时已能制造上有重楼,下有十桨一橹的楼船;有繁多的总结航海技术的著作问世;出现了第一次航海高潮。

需要特别指出的是,岭南的优势更在于海陆经济荟萃,内外双向辐射。雄居海河交汇的岭南要枢——广州,因天时地利而兴,港市兼得。约3世纪以降,由于穿过海南岛东部海域直抵南沙群岛的航线开通,广州除在元代一度降格,次于泉州港市外,一直是南海交通的首冲、东方国际性港市、中国海贸中心。明清时期,广州还成为岭南经济巨区的中心地。

根据唐人贾耽的记载,至迟5世纪,中国的海舶从广州启航,历南海、印度洋、波斯湾,云帆高挂,直驶伊拉克的巴士拉。这条由中国和亚非人民共同开辟的"广州通海夷道",长达14000多公里,是当时世界上最长的航线。广州港,"连天浪静长鲸息,映日帆多宝舶来"①;其市面,"雄番夷之宝货,冠吴越之繁华"②。

宋代依然保持唐代繁荣格局。时人程师孟有诗云:"千门日照珍珠市,万瓦烟生碧玉城。山海是为中国藏,梯航尤见外夷情。"③千家万户都在做珠宝生意,客商是梯山航海、纷至沓来的外国人。

从海上"重九译"而来广州的海商、公使、高僧等,分属东非、西亚、中东、东南亚各国人,在唐代,据说有"十万"之众,语言、风俗各异。舶来品充塞市场,广州是一个向国际开放的世界东方大港,洋溢着海洋文化的氛围。广州市有专供外国人聚居的所谓"蕃坊",有南海神庙、扶胥港(黄埔港)、镇海楼,以及华林寺、光塔、怀圣寺、先贤古墓等东来宗教的圣地。这些海洋文化遗迹,林林总总,广州简直是一座天然的海洋文化博

---

① 刘禹锡:《再酬马大夫》,《刘梦得文集》外集第五卷,《四部丛刊》本,商务印书馆,1936。
② 《全唐文》卷八百二十七,中华书局,1983,第8717页。
③ 王象之:《舆地纪胜》卷八十九"诗下"引程师孟《题共乐亭》诗,中华书局,1980。

物馆。至于岭南其他地方的海洋文化遗址、文物（包括海底沉船的遗物），
更不胜枚举。

广州的繁盛，历唐、宋、元、明、清而未衰落。除在元代因政治地理
的变化，一度降格为仅次于泉州外，一直是中国海上贸易的中心。即使在
元代，广州商业依然繁盛未衰。孙蕡在元末写的《广州歌》中说："岿峨大
舶映云日，贾客千家万家室。"[①] 可见海舶充满港口，富商大贾云集。

明代，中国海贸主港的地位越发稳固。主管海贸的其他港市的市舶司
有罢革之时，而广州的却一直未曾关闭。广州"香珠犀象如山，花鸟如海，
番夷辐辏，日费数千万金"，成为"金山珠海，天子南库"。[②]

万历六年至崇祯四年（1578—1631），在广州举行相当于今日广交会的
国际性定期贸易集市，历时数星期至数月不等。葡萄牙等国商人可直接在
集市上与名为"走广"的江南商人做买卖。清乾隆二十二年（1757），广州
更被确定为与西方独口通商口岸。西方各国商人直接前来广州，在广州十
三行商人的中介下做商品交易。广州十三行商人取代徽、晋商人成为国内
首富。例如，伍秉鉴（1769—1843）积资达 2600 万两白银（折约 5600 万
美元），被认为是当时世界上最大的商业资本。

广州独享近两千年繁盛的中国海贸中心地位而不衰。以广州为中枢的
沿海地带，积淀了厚重的以海上贸易为主要内涵的海洋文化。

海上贸易的北向扩展是海洋文化北渐的重要标志。南洋航线和北洋航
线沿岸的港口，一般地说，也呈现出从南至北地逐渐兴盛的过程。江南地
区和运河沿岸，以及京师达官富人所消费的舶来品，也就是通过海上贸易
进口的奢侈品，主要是靠从海贸中心广州运往供给的。由此还带动了海上
舶来品运输线上城市的兴旺。据学者研究，唐代扬州是因广州海上贸易的
需求而兴起，而贸易繁荣。[③] 沿着海岸线由南而北日渐成长的海洋文化，必
然向内陆不断辐射。以内陆为基地的海上进出口商品，就是传播海洋文化

---

① 孙蕡的《广州歌》，征引者众，多认为写于明初，此取汪廷奎先生考证得出元末之说，见
  汪廷奎《孙蕡〈广州歌〉内容的时代与写作时间》，《广东史志》1997年第1期。
② 屈大均：《广东新语》，《续修四库全书》史部第474册，第701页。
③ 王赓武：《南海贸易与南洋华人》，姚楠编译，中华书局香港分局，1988。

的载体。在我看来，唐中叶出现的从广州经北江越大庾岭，沿章水进赣江，入鄱阳湖，经长江转运河而抵京都的南北水运大通道的开通，也正是为了适应海上贸易的需要。这一水运大通道，也是海洋商业文化北渐的通道。它见证了海洋文化向北扩张的过程。[①]

三　海洋文化成为岭南文化的主要特质并引领潮流

浩渺无际的海洋，启开人们的心智与胸怀。海面是湛蓝柔顺的，但又可倏忽巨浪翻天。变幻莫测的海洋，引发人们奇思妙想，使人的思维敏锐活泼。借助舟楫遨游海中，可破浪而前，凌波而上，锻铸人们的胆识和智慧，养成人们坚韧勇敢的性格。海洋孕育岭南人，岭南人则以对大海的深切了解和超凡的领悟力，创造出与内陆不同的文化。人依存于海而创造海洋文明，海洋则因人而演出种种传奇，变化万千，沧桑而富丽。

大海对岭南人并非吝惜，并非如同黑格尔所说的"（中国）没有分享海洋所赋予的文明"[②]。相反，南海对岭南人的赠予是丰厚而慷慨的。岭南人从海洋吸吮的不仅是物质营养，还饱含着丰厚的精神养分。

从广州俯拾即是的海上贸易遗址、遗物中，以及透过富有海贸特色的风俗、语言、器具等社会生活的各个方面，都可看出丰富的海洋文化。16世纪50年代葡萄牙人租借的澳门，19世纪40年代后英国逐渐占夺的香港，更是岭南海洋文化的典型城市。

妈祖文化、龙母文化与北帝神庙、南海神庙，也是海洋文化的产儿。

海洋文化与内陆农耕文化是大相径庭的。海洋文化是开放的，不画地为牢，容易萌发越过地域，走向四方的观念。它敢于冒险，勇于开拓，博大宽广，崇商重利，富有创新精神。

正是海洋文化孕育了近代的中国首富集团——广州十三行商人。它是

[①] 关于岭南海上贸易的有关问题，可参阅拙作《海上丝绸之路与广州》（与张难生合作），《中国社会科学》1992年第1期；又发表在 Social Science in China，No.2，1992，可供参考。

[②] 黑格尔：《历史哲学》，王造时译，生活·读书·新知三联书店，1956，第146页。

继徽商、晋商之后最大的商人集团，而且拥有的资本超越前者。

过去，因国内资料阙如，关于广州十三行商人经营活动中的许多商情，一直沉埋在黑暗之中。随着荷兰、丹麦、瑞典、印度和美国等国家有关档案的发现、整理和利用，其鲜为人知的史实慢慢地浮出水面。

据西方学者的研究，18世纪，广州华商已经经营广州与欧洲间货运的帆船贸易。据荷兰和瑞典有关18世纪50年代至70年代广州帆船贸易的档案记录，至少有27艘、至多达37艘的中国帆船经常出入于广州。投资于这一帆船贸易的有广州十三行商人，也有外国商人。据瑞典档案记载，在37艘帆船中，不少于9个华人商号和13位华商有所投资，另外还有7位充当管理者。有的帆船属于十三行商人如潘振承、颜瑛舍、陈捷官等所有。帆船的货仓，往往为外商所租用。根据美国学者范岱克（Paul A. Van Dyke）博士以1763年为例所做的估算，广州帆船所承担的广州对外贸易货运量已占总量的30%，约略与英国的货运量相等，余下的40%由各国来广州的货船分担。从此可见广州帆船货运在当时世界船运中的地位。

以十三行商人为代表的广州豪商，已如同其印度、美国商人伙伴一样，成为国际性的商人。华商输出中国的茶叶，棉、丝、糖等商品，而同各国的国际商人联结一起，同时利用他们的关系在亚洲以外的地区营运其商业资本。

18世纪中叶，广州十三行的主要商人之一同文行潘振承（1714—1788），已经与英国东印度公司发生贸易关系。他本人曾有几次马尼拉之行，并能用英语与西班牙语洽谈生意。他在东南亚其他港口也有贸易关系。早在1753年，潘振承已经与东印度公司发生贸易往来，在18世纪70年代开始投资于瑞典东印度公司。在当时国际贸易关系中，以瑞典的铜、铁和木材等产品，换取在加地斯（西班牙西南部之一海港）的西班牙银，这些银后来流入广州。他与西班牙人也有过密切的合作联系。他死后，其子继承了约2000万西班牙银元的财产。

19世纪初，丽泉行商潘长耀（1759—1823）租用美国的货船来贩运货物。中国和外国的商人都因期货交易体系中资产流动问题遭受过损失。许多美国商人因营运的需要而向中国人大量借钱，潘长耀是债主之一。美商借债逾期不还，单在费城，便有21名商人欠他的债款达50万美元。为此，潘长耀在1815年写信给美国麦迪逊总统，抱怨美国商人欠他100万美元还没有偿还。在那个时代，这是一笔巨大的财富。

伍秉鉴是19世纪最著名的广州十三行商人。他不仅通过充当美国人的代理商销售中国和欧洲的商品，而且仰仗他与各国商人的关系，建立起其庞大的世界性商业网络。

从上可见，广州的豪商已经置身于当时的国际市场之中，与传统的中国商人的经营理念不啻天壤之别。广州华商的商业网络不仅越过传统的南海水域伸展到欧美各地，而且与国际的贸易网络相交织，甚至已经直接投资于欧、美各地。

海洋文化，涉及一个民族、一个地区对外的态度。海洋文化的故乡——岭南，之所以成为中西文化的交汇地，正是源自海洋文化。自魏晋南朝起，海外的僧侣、中外使节、商人，都沿着海上丝路前来广州，或由广州转往京都。正如古籍所载的："舟舶继路，商使交属。"①

随着广州通海夷道的开通（时间约在5世纪）、世界性海洋贸易圈的形成，广州得到迅速的发展，成为世人瞩目的港市。外国人沿海上丝路前来广州留居者，有大食、波斯、天竺、狮子国、真腊、诃陵等国商人，据说有10余万之众，有的留居数十年而未归。为了便于管理，官府指定城西南濠东岸蕃舶码头区作为外国人的居住地。于是便出现了历史上的所谓"蕃坊"。蕃商有不同的宗教信仰，尤以宗奉伊斯兰教者为最多。在蕃坊，设有蕃长处理其内部事务。唐王朝采取保护外商财产的政策。一般地说，蕃商和华人相处甚洽，甚至有的"嫁娶相通"。当时同住广州的人，语言、风俗各异，舶来品充塞市场，一派国际性港市的气氛。

由于声名远播，繁盛一时，当时的外国人甚至有把广州误称为中国者，例如"印度俗呼广府（广州）为支那，名帝京（长安）为摩诃支那"②。作

① 《宋书》卷九十七《夷蛮传》，中华书局，1974，第2399页。
② 赞宁：《宋高僧传》卷二《唐广州制止寺极量传》，范祥雍点校，中华书局，1987，第31页。

为海陆会同之冲的广州，"为众舶所凑"，各国海商"重九译"而来，广州已成为一个向国际开放的、世界东方的大港。

到了明代，广州依然繁盛一时，号称"金山珠海，天子南库"。

因明末方济各·沙勿略（Francis Xavier）、罗明坚（Michel Ruggieri）和利玛窦（Matteo Ricci）等一大批耶稣会士的相继东来，中国正式接触西学，在岭南开始了东西文化的交流、碰撞和融合。迄于乾嘉厉行禁教，西洋近代文学、历学、数学、物理、医学、哲学、地理、水利等学科，建筑、音乐、绘画等艺术，也在此时从岭南传入。

近代以降，由于西方文化日益东渐，作为东西文化交汇地的岭南，外来与本土文化间的撞击益加激烈，彼此间的融合也越发加速。岭南固有的海洋文化，也愈加生机勃发，发展到极致，终于成为中国海洋文化的代表和中心地，直至今日，充当引领时代潮流的主角。

海洋贸易与国家兴衰隆替联系在一起。从西方各国资本主义发展中心嬗递顺序看，是先威尼斯而阿姆斯特丹，而伦敦，而纽约。这同其所代表的国家经济发展水平相一致，且循着海岸线而推移。

历史上称雄的国家依次为葡萄牙、西班牙、荷兰、英国、美国，这同其海洋势力的强大顺序也是一致的。这都验证了"强于世界者必盛于海洋，衰于世界者必先败于海洋"这一共识。

世界历史也证明：正是海洋文化，铸造了海上丝绸之路。历史上的长途海上贸易为欧洲资本主义提供了资本原始积累，导致"亚洲造就欧洲"。黑格尔认为，海洋的意义是鼓励人类重视商业利润，向海外发展，从而引发重商主义，引领经济体制的发展方向。重商主义是资本主义发展的前提。16世纪东方航线开通之后，以东印度公司为代表的西方殖民扩张主义者相继东来。正是他们在东方取得的高额商业利润，引发了欧洲经济体制的变化，造就了欧洲。

今日，广东的地区生产总值占全国GDP的1/8，税收占全国的1/7。这样强大的经济实力，也是与海洋文化相关联的。

海洋文化的特点，决定它容易得文明的先机，容易冲破思想的牢笼，富有创新和革命的精神。岭南之所以成为中国重要的侨乡,之所以有带浓重外来宗教色彩的洪杨革命的爆发、康梁变法维新思想的出现,之所以充当了中国民族资本近代工业化先行者、民主革命的策源地,是与海洋文化结下的硕果分不开的。我国改革开放以来,珠三角人抖擞精神,挥戈跃马,充当市场经济的领头羊,并取得骄人的成就而为世人所瞩目,也正是拜海洋文化所赐。

岭南人凭借海洋而得大自在、大悲欢、大成就。海洋与岭南历史的兴衰陵替,沉浮变幻,息息攸关。海洋文化也随之而日渐繁茂,枝叶扶疏。迄至近代,岭南文化终成为海洋文明的代表而引领时代之潮流。

今日,全球正面临人口增长与资源短缺的矛盾。解决矛盾的途径也在于海洋。我们对海洋的利用才刚刚开始。海洋的开发,前景广阔,已成为可预见的未来人类文明的出路。强化海洋意识,大兴海洋文化,应当是与岭南崛起、中国崛起攸关的问题。

本文根据 2007 年 7 月"澳门社科界学者研修班"讲话稿整理而成,并呈交同年 9 月"香山文化与海洋文明"研讨会讨论。作者只就这一题目做漫谈,也可说是一些断想。如此内涵丰富广博的题目,不是这么一篇短文所能说清楚的。挂一漏万,失误亦在所难免,尚请方家和广大读者指正。

本文后刊于林有能等主编《香山文化与海洋文明:第六次海洋文化研讨会文集》,广东人民出版社,2009。

移民与珠江三角洲海洋经济化

珠江三角洲位于南海①北岸。南海的东南岸逶迤着诸多弧形的岛国，港湾众多，为古代海上贸易活动提供了良好的环境。处于南海北岸的珠江三角洲先民，生于斯，食于斯，往往利用海上资源为生。在南海开采的珠玑、玳瑁等珍奇产品，"一箧之物，可资数世"②，是古人艳羡的奢侈品；他们开展海上贸易，使当地的港湾成为古代海上"丝绸之路"的起点③。宋代北方士民移住后，利用滨海区位和南海资源的优势，汲取中原先进农耕文化，建立起区别于内地的既从事农耕，又依靠海洋、仰资海洋，耕田服务于耕海的经济形式。先以南来的北方士民的移入为契机而进行对海岸带滩涂的开发，并以海洋贸易为导向，实施商业化，变海岸带为发展海洋经济的基地；尔后又以不断移殖海外的华侨的反馈来推动近代化和海洋经济化，是这一经济形式的主要内容。这里所说的海洋经济化，指的是以从事出口生产、出口贸易，以及服务于海洋经济活动为最主要生计。

本文旨在探讨处南海北缘海岸带的珠江三角洲，如何以北方士民的移入为契机，汲取中原先进的农耕文化，将沿岸不断外延的滩涂，开发成适应海洋贸易需要的农业商业化基地；作为海洋贸易的前沿地带，珠江三角洲又如何通过向海外移民，促进其自身的近代化和海洋经济化。

---

① 南海面积约为 350 万平方公里，占中国沿边五大海区总面积的 74%，是最大且十分重要的一个海区。

② 《晋书》卷九十《吴隐之传》，中华书局，1974。

③ 参见张难生、叶显恩《海上丝绸之路与广州》，《中国社会科学》1992 年第 1 期；又 *Social Sciences in China*，No.2，1996，pp.191–214。

一 宋代北方士民的南迁与南海北缘浅海湾滩涂的开发

珠江三角洲位于南海的北缘，中国的南陲，广东省的中南部，处于北纬 21°55′—23°73′，东经 112°45′—114°33′。它与围绕南海的东南亚弧形岛国，隔海相望，具有优越的海洋经济区位优势①。它原是一个多岛屿的浅海湾。西、北、东三江从不同的方向流入其中。三江带来的巨量泥沙，不断地在这浅海湾中淤积；又由于世界海洋平面升降变化的巨大影响，这一浅海湾反复经历着由陆至海和由海至陆的交替沉积的复杂过程。到了全新世晚期，即距今两千多年前，古海湾终于被沉积物不断淤浅而逐步形成岭南最大的冲积平原。流入这一古海湾的西、北、东三江各自形成三角洲。此外，还有谭江、绥江、流溪河和增江等小河也直接流入这古海湾而形成各自的小三角洲。这些大、小三角洲，相互穿插、相互连接，形成了复合三角洲平原。因古海湾原主要由地盘断裂陷落而成，以珠江口漏水湾（狮子洋和伶仃洋）为界，西北江三角洲地势呈西北向东南倾斜，东江三角洲则由东北向西南倾斜。从这一地貌，仍可隐约看出地盘断裂的痕迹。

珠江三角洲的地域范围，学术界尚未取得一致的看法。其源出自划分的标准有争议。有人主张以河流分汊处为三角洲的顶点，有人认为应以潮流能到达的河段为范围，还有人以有否海河交互沉积层为准。又因三角洲的边缘有过渡地带，不易划清界限。一般地说，狭义的三角洲（亦称小三角洲）是指以原三水县的私盐滘（今称思贤滘）、原东莞县的石龙为顶点，南至珠江口海岸地区。其范围包括今天的广州、佛山和江门三市区，中山

---

① 从今天的人文地理看，它处于东亚新月形地带的中点。东亚新月形地带拥有世界经济大国之一的日本，有韩国、中国台湾地区、中国香港地区和新加坡的所谓"亚洲四小龙"，还有近年经济发展引人注目的泰国、马来西亚等。珠江三角洲正是处于东京、首尔与曼谷、新加坡之间。它作为我国的南大门，是通往东南亚和欧、美的交通枢纽。尤其随着交通信息的发达，今日的珠江三角洲已成为亚太地区海、空交通的辐合点。以广州为中心，1000公里为半径作圆，武汉、台北、海口等囊括其中，如以 3500 公里为半径作圆，则包括东京、大阪、平壤、首尔、上海、北京、兰州、马尼拉、文莱、新加坡、曼谷、仰光和加尔各答等亚太地区的重要城市在内。可见它在亚太地区经济发展中占有战略的地位。

市、珠海市，南海、番禺、顺德、新会、鹤山、斗门等地全部，以及东莞、深圳两市和高要、高明、三水、台山、开平、增城、博罗、宝安等八地的一部分，土地面积为 17200 平方公里，占广东省面积的 9.6%。

广义的三角洲（亦称大三角洲）则以小三角洲为主体，包括其外围平原，如肇庆盆地、清远盆地、惠阳盆地、广花平原、潭江谷地、四会平原等。其范围：西自肇庆，东至惠州，北起清远、佛冈，南至沿海岛屿，包含广州、佛山、江门、中山、东莞、肇庆、惠州、深圳、珠海等九市区和南海、番禺、顺德、新会、台山、开平、恩平、高要、高明、鹤山、新兴、三水、四会、花都、从化、增城、博罗、惠阳、龙门、宝安、斗门等二十一地，以及清远、佛冈两市、县的一部分。土地总面积约 48000 平方公里，占广东省面积的 26.7%，比小三角洲面积约大两倍。

珠江水系和南海相通，继而可通各大洋。这种自然条件使珠江三角洲有可能成为"海洋总汇之地"，"河、海分汇之区"，使珠江三角洲居民便于从事水上生计，依靠海洋，仰资海洋，又为当地海洋贸易提供了优越的条件。

从珠江三角洲的地形、气候、土壤、水文、植被等自然因素看，它既适宜于发展多种亚热带经济林木和水果，适合于发展多种经营的农业经济；又可利用便捷的水上交通输入周边的非生物资料（如矿铁等）发展手工业；又因其南面浩瀚的南海提供了丰富的海洋生物和矿物资源，可使当地居民从事与海洋相关的经济活动。这是一处具有海洋经济[①]特点的区域。

潜在的优势，如果没有现实的需要，没有遇到机遇，是得不到利用和发挥的。早在秦汉时期，已有军事性的移民入住岭南地区[②]，其目的在于政治上的控制，而非拓殖。尔后中原士民也不断地零星地迁入珠江三角洲北缘的丘陵、台地；但是三角洲内部的岛屿却寡有移住，这是因为自然条件

[①] 这里所谓"海洋经济"，是指面向海洋、仰资海洋，以经营海洋贸易为主，包括从事与海洋贸易相关的海上运输业、商品性农业、手工业等经营活动。它是相对于以农业活动为主的大陆经济而言的。

[②] 刘安《淮南子》卷十八《人间训》记载："（秦始皇）又利越之犀角、象齿、翡翠、珠玑，乃使尉屠睢发卒五十万，为五军：一军塞镡城之岭，一军守九疑之塞，一军处番禺之都，一军守南野之界，一军结余干之水。三年不解甲弛弩，使监禄无以转饷，又以卒凿渠，而通粮道。"

恶劣。汉末至隋统一前的四百年间，岭南地区较之北方是相对安定的。晋砖刻文就有"永嘉世，天下荒，余广州，皆平康"①。广州自晋代起，成为南海交通的首冲；唐代，更加繁盛一时，以世界东方大港著称②。但是广州的繁荣，并没有引起周边地区的开发。对此曾华满先生和日本学者中村久四郎等曾提出"广州发展的核心性""广州的特殊繁荣"的解释架构，尽管此说近日遭到一些学者的质疑，但仍然缺乏支持质疑的证据③。广州所在地珠江三角洲农业生产的发展却是缓慢的。《史记·货殖列传》记载："楚越之地，地广人稀，饭稻羹鱼，或火耕而水耨。"其后，《汉书》《晋书》《隋书》等史书，都相继有类此的记载④。这些史书的记载泛指江南，或楚越之地。但农业生产发展水平较高的江南地区尚且采用火耕水耨，遑论相对落后的珠江三角洲。据徐陵《广州刺史欧阳頠德政碑》的记载，岭南地区，于6世纪下半叶，还是"火耕水耨，弥望原野"⑤。这一耕作方法至唐代依然流行未衰。《唐大诏令集》也有相同的记载："岭南诸州居人，与夷獠同俗，火耕水耨。"⑥ 事实上，刀耕火种，火耕水耨和初步精耕细作，是三种依次递进的耕作方法，从秦汉至隋唐的一千一百多年中，一直并存于珠江三角洲地区。

---

① 广东省博物馆藏。

② 张难生、叶显恩：《海上丝绸之路与广州》，《中国社会科学》1992年第1期。

③ 唐代广州的繁荣，是因海外贸易发达，并非周围地区经济发达所使然。这种"特殊的繁荣"，中外学者已有论列，请参见曾华满《唐代岭南发展的核心性》，香港中文大学，1973；中村久四郎《唐代之广东》，《史学杂志》第28编第3、4、5、6号，1915年；张难生、叶显恩《海上丝绸之路与广州》，《中国社会科学》1992年第1期。关于曾华满提出"核心性"发展的研究架构，对之表示质疑者，可参阅刘健明《再论唐代岭南发展的核心性》（周天游主编《地域社会与传统中国》，西北大学出版社，1995）一文。

④ 《史记》卷一百二十九《货殖列传》，中华书局，2000，第2472—2473页。《汉书·地理志》："楚有江、汉川泽之饶。江南地广，或火耕水耨，民食鱼稻，以渔猎山伐为业"；《晋书·食货志》："晋元帝大兴元年（318）诏曰：……江南良田，旷废未久，火耕水耨，为功差易"；《隋书·地理志》："江南之俗，火耕水耨，食鱼与稻，以渔猎为生"。按：关于火耕水耨，渡部忠世、樱井由躬雄编『中国江南の稲作文化：その学際的研究』（日本放送出版协会，1984）一书的第一章做了专门的论述，所论甚详。国内者如彭世奖《"火耕水耨"辨析》（《中国农业》1987年第2期），可资参考。

⑤ 徐陵：《广州刺史欧阳頠德政碑》，《徐孝穆集》卷九，《四部丛刊初编》本，商务印书馆，1929。该版本将"頠"误作"顾"。

⑥ 宋敏求编《唐大诏令集》卷一百零九，洪丕谟等点校，学林出版社，1992，第520页。

珠江三角洲的初步开发，始自宋代。这是以大量流民的移入为契机的，也同江南的开发，农业生产上所出现的第一次"绿色革命"分不开。江南地区存在的低洼沼泽地，历来是一难以处理的问题，宋代通过修筑堤围来排涝，将它改造成围田、圩田高产水稻区。此外还开辟出淤田、沙田、山田、葑田、涂田等农田类型。农具也得到改进。可锻铸铁（俗称熟铁）之应用于农具，促使耕犁的多用途化和手耕铁农具的出现；具有早熟和抗旱性能的占城稻（即后来的籼稻）被推广；矮株桑和植桑园林化得到发展，农艺学取得了进步，这一切使我国的传统农业臻于成熟①。宋代成为农业经济划时代发展的朝代。

草莱未开的岭南，较之于经过数百年开发的长江流域，自当更有经济发展的潜力；江南开发的经验，又使以洪水经常泛滥成灾、沼泽低洼之地难以处理为其特点的，与江南条件近似的珠江三角洲的开发成为可能。因此，宋代以降，北方士民从江南迁徙岭南者，日益增多。他们先越过南岭，寄寓南雄地区，然后继续南移至珠江三角洲。这从现存的岭南各族姓的宗谱中可找到例证②。

南来的移民是取自然水道作为迁移路线的。唐开元四年（716）大庾道开凿后，开通了由运河经长江入鄱阳湖，溯赣江、章水而上，越大庾岭，接北江，贯通南北的水道。越过南岭而来，"下浈水者十之七八焉"③。南雄、韶关一带是这一移民路线的第一站。

关于北方士民迁入珠江三角洲的经过，近人黄慈博编著的《珠玑巷民族南迁记》一书，提供了研究这一问题极为丰富的史料。此书是作者从诗文集、族谱中摘出有关记载珠玑巷移民珠江三角洲的资料，加以考核、编排而成。手刻印本，不分卷，共49页，于1957年由广东省中山图书馆印行。该书所辑之资料，采自珠江三角洲各宗族的族谱，计达四十余种。这些族谱几乎都在明清年间修撰。关于他们先祖南迁珠江三角洲的原因、经

① 参见许涤新、吴承明主编《中国资本主义发展史第一卷：中国资本主义的萌芽》，人民出版社，2003，第8页。
② 黄慈博编著《珠玑巷民族南迁记》，广东省立中山图书馆油印本，1957。
③ 余靖：《武溪集》卷十五《浈水馆记》，《广东丛书》本，1946。

过，尽管彼此间有种种歧异，但都说是来自南雄的珠玑巷。记载一次集体南迁较为完整的是《东莞英村罗氏族谱》（手抄本）。据此谱说，宋季，有宫妃苏氏被废黜，流落京都街头。苏氏为南雄牛田坊商人黄贮万所收留，并携回家。后皇上行敕复取苏妃，久查访未着而作罢。一日，黄贮万家仆因与主人有隙，上京泄露苏妃事，南雄牛田一带悸祸纷纷南逃。以罗贵为首的珠玑里居民三十三姓九十七家，团集商议，以为南方烟瘴地面，土广人稀，必有好处。于是即"签名团词赴县陈告，准立文案、文引，仍赴府告准案结引，立号编甲"，浮浈水而南下，时在绍兴元年仲冬。

此谱附有申请路引词、官府公牍，似彰彰可考，无容置疑。但如果对这一记载略加考察，即可发现其讹舛纰漏之处甚多。内中收录的所谓宋代行文，既非当时之式样，且把明清时期的省、府等地方建制载于其中。由于族谱记载的歧异，以及对某些记载难以理解，对南迁之史事，不少人已提出种种疑问。连究心于乡梓、宗族事务的霍韬，在《霍渭厓家训》中，也说其祖先霍氏迁来南雄之年代有种种说法，未知孰是，并指出南雄朱玑巷再徙南海之原因，有不同说法，且已无文献可资稽考①。

据文献记载，北宋末年的确发生过较大规模的北方士民移入南雄地区的事件，靖康元年（1126），北宋都城汴京陷落，宋高宗仓皇南逃。中原士民一部分随高宗进入太湖流域，大部分随隆祐太后前往赣南。据《宋史·高宗本纪》记载，建炎三年（1129）六月，宋高宗诏谕中外："以迫近防秋（笔者按：防秋即防金兵秋侵），请太后率宗室迎群神主如江表；百司庶府非军旅之事者，并令从行。朕与辅臣宿将，备御寇敌，接应中原。官吏士民宾属南去者，有司无禁。"② 由杨惟忠率领护卫太后的军队有万人。估计随同隆祐太后南来者当有数万人之众。他们沿赣江先抵洪州，继而到吉安，终达虔州（今赣州市）。护卫太后的万人将士，沿途溃散、叛逃，抵虔州时已不满百人。在金兵步步追击下，这些逃散的兵士当会南下跨过大庾岭避难。当隆祐太后自虔州往临安后，原随同太后南逃的这部分士民便沿赣江

① 霍韬：《霍渭厓家训》，孙毓修编《涵芬楼秘笈》第2集，北京图书馆出版社，2000。
② 《宋史》卷二十五《高宗本纪》，中华书局，1985。

的上源章水继续南来，跨过大庾岭，寄寓南雄。李心传在《建炎以来系年要录》中就此事写道："时中原士大夫避难者多在岭南。"① 这些士大夫就道时所携带的随行人员和族人，以及邻里乡党中的大部分人，当随同他们跨岭避难。

粤北地区山多田少、土地贫瘠。自唐代以来，人口密度已跃居广东省的首位②。北来的士民，利用当地的崇山峻岭来当战乱的避难所犹可，要在那里定居，实属不可能。所以，他们稍作喘息，便顺着北江水道，南移至北江中游的谷地，乃至尚待开发的肥美的珠江三角洲，是理所当然的了。

宋代北方士民移入珠江三角洲规模较大的有三次。一次是前述的宋室南渡期间，拥随隆祐太后南来的士民，先到南雄地区暂住之后，经过了解岭南各地的自然资源、人文景观，并经筹划，终于采取继续南迁珠江三角洲的行动。罗氏族谱等书所记载的以罗贵为首的三十三姓九十七家的迁移，当是这一次迁徙中的一个集团性的行动。据《珠玑村三十三姓九十七人流徙铭》记载的名单，今可考者有十三人③。族谱记载：罗贵一家，男丁六口，女丁一口，男仆五口，女仆三口，共十五口；麦秀一家兄弟五人，家属共达二百余口；冯元昌一家七兄弟，家属人数阙如，想来也当属不少。从这几家的人口数类推，九十七家迁移集团的人口总数可达数千人④。这一次陆续迁入珠江三角洲的人口数当以万计。

有两次是发生在南宋末年、元代初年。一次是咸淳六年（1270），因潮州王兴领导的义军转战于广州，广州属下各县人口在战乱中死亡或逃散，人口剧减，故"诏徙保昌（即南雄）民实广州"⑤。一次是德祐二年（1276），元军挥戈南下，元将吕师夔攻陷南雄、韶州，宋守将曾逢龙、熊飞先后战死。为避兵燹，那些于北宋末年及以后移居南雄地区的北方士民，又于宋

---

① 李心传：《建炎以来系年要录》绍兴三年（1133）三月癸未条，中华书局，1956。
② 参见徐俊鸣《隋唐宋元间广东人口分布变迁的初步分析》，《岭南历史地理论集》，中山大学学报编辑部，1990。
③ 黄慈博编著《珠玑巷民族南迁记》，第9~11页。
④ 见《东莞英村罗氏族谱》，罗氏手抄本；《新会沗水都莲边里麦氏家谱》；《番禺市桥谢氏族谱》。
⑤ 简朝亮：《简氏族谱》（顺德南岸）。

末元初继续顺北江南迁至珠江三角洲。

除上述的三次较大规模的移民珠江三角洲之外，南宋都城临安陷落后由文天祥、张世杰先后拥立的赵昰、赵昺小朝廷转战于东南沿海，后为元朝所灭。其逃散的皇室成员、朝廷官僚和士卒，当改名换姓隐匿于珠江三角洲一带。宋末帝赵昺在崖山投水自尽后，其宗室成员就"更易姓名，潜迹山中"①。我们知道，在德祐二年赵昰流闯闽、广海上时，据区仕衡（顺德陈村人）的估计，尚有江淮兵一万，诸路民兵二十万，正规军十七万②。到 1279 年崖山之役，当张世杰与元将领张弘范决战时，宋军还有兵民二十余万。这些人除战死外，多逃匿闽、广一带，尤以珠江三角洲一带为多。他们显然也作为一支劳动力加入开发珠江三角洲的队伍。正由于宋代，大量人口迁入三角洲地区，又因随着三角洲的开发，人口不断增殖，人口呈直线上升的趋势，宋元间三角洲的人户已跃居广东的首位③。

族谱关于南迁岁月及其缘由，因作者是明清时人，唯据之于传说。传说自不能视为信史，只能从其隐喻中理解历史。有的传说所显露的往往寡于其丰富的隐喻。

前述的用文字记载的族谱，说是迁自珠玑巷；据实地调查，单寒弱族，以及被歧视为贱民的蜑户等口耳相传的"口头族谱"，同样说他们的祖先迁自珠玑巷。终年浮荡江海水上的蜑民，甚至嘲笑一些珠江三角洲足趾甲凹陷的族群。说他们从珠玑巷迁来时，因贫穷从陆路步行，趾甲也被弄破了，以至于子孙趾甲凹陷。他们有钱坐着船南来，所以趾甲完好④。

笔者于 1985 年夏和 1990 年春，两度专往实地考察，在南雄城北通往大庾岭道上，确有一名曰"珠玑巷"者，巷长约 1500 米，巷之石刻匾额犹存。面对这充满传奇色彩的古巷，作为与这一传说无关的局外人的笔者，已浮想联翩，陷入深沉的历史思索之中，难怪身为珠玑巷后裔的明清文人墨客、官宦士大夫每当途经此地时要下马凭吊盘桓，留下许多歌咏感慨的

① 见《新会三江赵氏族谱》。
② 咸丰《顺德县志》卷二十二，第 5 页。
③ 参见徐俊鸣《元代广东经济地理初探》，《岭南历史地理论集》。
④ 参见陈忠烈、罗一星《1989 年在三水县卢苞镇的田野调查报告》（未刊稿）。

诗文（按：黄慈博《珠玑巷民族南迁记》一书收有这些诗文）。

为什么区区小巷竟如此神奇地成为源发珠江三角洲各姓氏，乃至疍民的圣地呢？清代番禺人黎遂球在《度梅岭记》中说，北宋末年，中原诸豪杰"卜居珠玑巷，不过寥寥数十家（按：此地段确只能容纳数十户），姓氏俱异。何吾乡诸大姓，俱云从彼至哉！"① 《中山翠微韦氏族谱》收录的《珠玑巷考》一文的作者，也认为旧谱称祖后居珠玑巷，"一巷之微，安能容百数十家？故省志载其地而略其人，最为有识"②。他们或怀疑，或表示不解。

其实，关于迁自同一地方的传说，并非广东所仅有。日本学者牧野巽早已指出，除广东流行迁自南雄的传说外，华北一带有同迁自山西洪洞县大槐树的传说，山西北部有迁自山西马邑乡的传说，客家人有迁自福建宁化县石壁洞的传说，湖南人有迁自江西的传说，四川人有宋元时僖宗③扈从的传说和现代的湖广传说，云南民家有迁自明代南京的传说，广西壮族有迁自山东青州的传说④。凡此种种传说，皆各有深意焉。今人陈乐素教授对珠玑巷移民的传说撰专文做过解释。他认为战乱流徙他乡者，总忘不了故乡。把珠玑巷作为中原和江南的象征，代表南迁者的故乡。其已不仅限于纪念南雄的珠玑巷，而且含有纪念广泛的中原和江南故乡的意义了。这种各大族源自珠玑巷的传说，具有促进同宗、同族以至同乡团结互助的作用⑤。这里的确道出了其中的一些奥妙。因历来相信岭南的大族，如"梁文康、霍文敏诸望族，俱发源于此"⑥，一些世居的单姓弱族，出自攀附这些名宗大族的动机，也假冒认同，以求庇护，当亦是其中一个原因。

我们从族谱所载的珠玑巷移民申请路引词、官府公牒一类文件的措辞看，可以判断这一传说盛行于明代。自明中叶始，尤其至清代中叶，是移

---

① 黎遂球：《莲须阁集》卷十六，《粤十三家集》，道光二十年（1840）刻本，第13页。
② 韦勋表等：《中山翠微韦氏族谱》卷十二《杂录》，光绪三十四年（1908）刻本。
③ 按宋元两代皇帝庙号均无称"僖宗"者。
④ 牧野巽『牧野巽著作集・第五卷・中國の移住傳説』御茶の水書房、1985。
⑤ 陈乐素：《珠玑巷史事》，《学术研究》1982年第6期。
⑥ 康熙《广东通志》卷二十三《古迹》"南雄府保昌县珠玑巷"条；雍正《广东通志》卷五十三《古迹》。

住者深入珠江三角洲内部开发的时期。各族姓源自珠玑巷的传说，有助于消融以祖籍意识为基础的团体壁垒，促进彼此间的认同，起到整合移住者群体的作用。正因他们意识上的认同点从祖籍和神明信仰转移到珠玑巷的传说，我们未曾发现移住者在开发这块滩涂过程中，以祖籍地缘或以神明信仰圈为基础的群体间，发生大规模冲突纠纷的记载。他们能顺利地对三角洲水网区进行有效的治理与开发，无疑是与此有关的。

移住者以珠玑巷的传说为认同点整合起来，显然有利于与世居民众相抗衡。移住者依靠对开发三角洲做出的贡献，加之自明代中叶起在科举仕宦上取得成功[1]，便反客为主，不是他们归附当地的群体、本地化，而是当地群体归附他们，认同于珠玑巷的移民。至于他们之所以将所谓申请路引词、官府公牍一类文件载诸族谱，且历代口碑相传，当是与他们在站住脚之前，担心当地"势恶"制造事端，日后产生"入住权"的纠纷有关。譬如罗贵集团移入珠江三角洲之前，就曾了解当地是否有"势恶把持"，先做如何与土人处置的思想准备。将所谓路引和官府公牍载入族谱，正是为了争得入住权的合法化[2]。这反映了入住权在当时的重要性。随着明中叶以后为争夺沙田（滩涂）开发权产生的矛盾尖锐化，入住权的确立，成为沙田开发权合法化的标志。

南移的这些士民，说是来自中原，而中原的范围是不断扩大的。到了

---

[1] 通过商业化，取得经济实力以培养子弟，然后经科举考试而进入统治集团。如明中后期农民出身的伦文叙和伦以训、以谅、以诜父子获得"四元双进士"之誉。养鸭户出身的霍韬、冶铁户出身的李待问等，都从社会的底层上升为朝廷重臣。入清之后，科举仕宦者更多。他们成为地方控制的强大势力。西川喜久子「珠江三角洲の地域社会と宗族·郷紳」『北陸大学紀要』第 14 号、1990、129–149 頁；松田吉郎「明末珠江三角洲デルタの沙田開發と郷紳支配の形成過程」『社會經濟史學』第 46 卷第 6 号、1981、55–81 頁。

[2] 入住权，有时历代百余年而未曾取得。据《南海甘蕉蒲氏家谱》记载，南宋末年蒲甫山从广州迁至顺德县之蒲庐。三传至蒲胜，又迁往南海之西鸦。因无户籍，"托人檐宇，他族实逼"。后由于与杜胜宇有结兰之谊，故于明洪武二年（1369）再迁至甘蕉村。又传至第三代蒲观美时，尽管田地广辟，家室安居，但"仍挂籍于人，借户输税"。对未能注籍编图，焦虑万分。直至永乐二十二年（1424），蒲镜兴才得以开户于南海甘蕉籍，编为沙丸堡之十图十甲。自此时起，才感到"乡园已异旅居，井里益相守望"了。关于这一问题，可参阅陈春声《明清珠江三角洲家族制度发展的初步研究——香港中文大学科大卫博士在广东省历史学会的讲演》，《清史研究通讯》1988 年第 1 期。

唐代，湖北、江苏都算中原了①。其中不少人是从江南地区迁来的，自可说是来自中原。当他们来到珠江三角洲时，可耕之地早为世居民众所占有。他们只能落户于生产条件相对恶劣的地方。他们面临的是将低洼的、卑湿的冲积平原开辟成田。那里布满浅海、沼泽，洪、涝、咸灾害经常为患，如果不修筑堤围以防洪、防咸并排涝，就无法垦种。江南修筑圩围、改造沼泽地的经验给他们提供了借鉴。南海北缘的珠江三角洲浅海湾滩涂的开发因此兴起。先是在三角洲顶部的干流修筑堤围，继而不断下移，深入三角洲的底部；堤围原是防水患以耕浮露之滩涂，自明中叶起，尤其清代乾嘉年间，便在浅海中拍围，以促进滩涂之成陆，然后将成陆的滩涂垦辟成田。

据史籍记载，宋代近三百年间，主要沿西、北、东三江干流两岸修筑堤围，尤以西江沿岸为多。在海坦和沿海边缘的冲积平原也建有堤围，如东莞南部滨海一带的咸潮堤和番禺县黄阁之东的黄阁石基等。堤围计有10余处，大小28条。据不完全的资料统计，堤长达66024丈。修堤固定了河床，加速了水流，以水攻沙，有利于防止河床淤塞，保持水道畅通。其目的主要是防洪、防潮。但是一些原被潦水浸没的江边、海边之地，也被垦辟为田。例如新会外海、三江、睦洲和中山小榄四沙，都是在宋代垦辟，并有居民聚居②。据不完全的资料统计，宋代的堤围，捍卫农田面积达24322顷。

元代在对前朝旧堤作加高培厚的修缮的同时，集中在西江沿岸继续修建新堤，计有11处，堤围34条，长50526丈，捍卫田地面积2332顷。元代的堤围规模比宋代小，捍田面积一般在百顷以下，最大者为500顷，最小者仅得1.8顷。但技术有所提高。例如西江支流高明河西岸堤围多建有石窦，暗珠堤外有石坝，秀丽围内有间基③。从河床上下游水位差值考虑，堤

① 周大鸣：《斩不断的历史——许倬云先生访谈录》，叶显恩、卞恩才主编《中国传统社会经济与现代化：从不同的角度探索中国传统社会的底蕴及其与现代化的关系》，广东人民出版社，2001。
② 参见卢子骏《湖莲乡志》，1946；赵善庭《赵氏族谱》（新会三江），宣统刻本；蔡垚曦《新会乡土志》，光绪刻本；李喜发《李氏族谱》（中山榄镇），民国刻本；《中山乡土史资料》，1960年油印本。
③ 光绪《高明县志》卷十《堤岸》，光绪二十年刻本。

围的高度也都比宋代时修的高。

宋、元所建的堤围均散布在珠江三角洲的西北部及东部地区。由于堤围固定河床，水流加速，泥沙被冲积在堤围以下的南部地区。这就加速了甘竹滩以下的中山县北部平原的浮露。

到了元末，原来处于海中的三江、睦洲、五桂山、大黄圃、潭洲、黄阁等大小岛屿，已因泥沙淤积成陆而与北部的平原基本连在一起。人为的开发，加速了三角洲的发育。西北江三角洲的前缘已推至古井、西安、港口、下河、横档、黄阁一线；东江三角洲的前缘则伸展到漳澎、道滘一线。范围比前大为扩大。

在修筑堤围的同时，已利用水车进行农田灌溉，并已使用轻便的曲辕犁，用于深耕的铁搭和适合南方水田作业的耖、耘荡等农具。精耕细作阶段基本的农业生产技术都已掌握，因而农业生产有了发展。南宋时，粮食不仅能够自给，而且有余粮输往闽、浙①。蚕桑业虽早在汉代已见诸文献记载，但得到较大的发展亦在宋代。北宋末年修的最大的一处堤围，以"桑园"命名，可见当时已种植了不少蚕桑。从每年向北宋政府奉纳丝绢②，亦可佐证。半野生的果树，已经广泛利用，主要的果树种类，当时都已具备了。

九江、桂洲、沙湾连线以北的南海、顺德、番禺一带，村落日趋稠密，呈现出初步的繁庶。芦苞、官窑、金利、青岐等原有居民点，更趋繁盛。胥口、三水、大通、扶胥等，则已发展成市镇。据元代陈大震修的《南海志》记载，单以南海县统计，长河渡有金利、丹灶、奇石等33处，横水渡有宁口、西岸、官窑等45处③。从当时的水上交通看，居民当已比较稠密。从广州至紫泥、沙湾、市桥一带地区，成为当时封建官吏聚居和活动频繁

---

① 《宋史》卷四百零一《辛弃疾传》："闽中土狭民稠，岁敛则籴于广"；又卷三十五《孝宗本纪》：淳熙九年（1182），"籴广南米赴行在（杭州）"。
② 据李心传《建炎以来朝野杂记》甲集卷十四《财富》"东南折帛钱"条记载，广东于南宋绍兴中年每岁奉纳的绢四千六百多匹。转引自梁方仲编著《中国历代户口、田地、田赋统计》，上海人民出版社，1980，第302页，"乙表"20。
③ 广州市地方志编纂委员会办公室编《元大德南海志残本（附辑佚）》卷十《河渡》，广东人民出版社，1991，第88—90页。

之地。外海至新会一带，也渐趋繁荣。珠江三角洲南部原分属南海、番禺、新会、东莞四县的五桂山一带岛洲，也于绍兴二十二年建置香山县，治所设于石岐。这标志着当地人口有了较大的增殖。

宋代珠江三角洲的开发，除前述的移民带来了劳动力，又带来了先进的生产技术等因素外，同当时的政治、经济形势，也甚有关系。宋代北部边境不宁，辽与西夏时时扰边，金兵更深入淮河地区，大肆侵扰。北宋对北方，意在防御而不是进取，把经济发展的注意力放在江南和东南沿海。南宋偏安杭州后，更是如此。宋代以向南发展来求得出路。经济重心南移的趋势，江南低洼地垦辟的成功，促进宋政权对珠江流域，尤其珠江三角洲开发的关注。宋政府所采取的鼓励垦荒、以兴修水利为对官僚考绩的根据等措施，对发展农业生产是起了积极作用的。明清两代则在宋元的基础上扩大开发范围，开发的深度又有突出的增进。

宋元修筑堤围多限于西北江三角洲西北部和东江三角洲东部。明代在宋元基础上，继续在西北江干流及其支流修筑堤围。有明一代276年中，共筑堤181条，长达220399.75丈，比宋、元两代堤围长度之和116550丈多近一倍①。修筑的堤围伸展到甘竹滩附近一带的河涌沿岸。西江、北江干道及其支流，基本筑上了护水堤围。因工程规模大小不一，收益也各有区别。大的如丰乐围，护田面积达700顷，其他的都在三五百顷。筑堤技术也有所进步。西北江三角洲顶部的堤围，采用石料修筑的逐渐增多，宋元两代在高要县修建的土堤，此时也多改为砌石堤，换用石窦。明代还创造了载石沉船截流堵口的方法②。尤其值得注意的是海滩围垦方面取得很大的发展。如果说宋代已将沙滩围垦成田的话，那么大量围垦沙田则从明代开始。明代沙滩浮露成陆范围，主要在香山县北部和新会县南部一带。其他如番禺县南部和东莞县西部也有浮露。明代前期，人们已在香山北部浮露成陆的

---

① 参见佛山地区革命委员会《珠江三角洲农业志》编写组编印《珠江三角洲农业志》（初稿）第2册，1976。

② 冯式宗《桑园围志》（光绪十五年刊本）："明洪武二十九年，九江陈处士博民，塞倒流港……洪流激湍，人力难施，公取大船，实以石，沉于港口，水势渐杀。遂由甘竹滩筑堤越天河，抵横江，络绎数十里。"

西海十八沙和新会东南部的海坦垦辟。明中叶以后扩展到围垦浮露成陆的东海十六沙和禺南一带。东莞西部海滩也有一些围垦。不仅围垦"已成之沙"，就是"新成之沙"也做拍围、垦种。开始与江海争田，扩大耕地面积。据粗略的统计，包括军屯与民垦共万顷以上。香山县随着西海十八沙和东海十六沙的成陆，已不是孤悬海外，而是与大陆相连接。

应当指出，由于宋元修筑堤围，加速泥沙淤积，在明代不到三百年中，西北江三角洲的前缘已经推展到磨刀口附近。沿海的黄杨山、竹篙岭、五桂山和南沙等岛屿，已与北部陆地相接连。原来的三角洲冲积平原面积比前扩大近一倍。东江三角洲也往前推移至漳澎、道滘一线以下。

清代，修筑堤围的分布从甘竹滩一带向南伸展到三角洲的漏斗湾内部和沿海地带。修筑的堤围有272条，比明代增加了50%以上。其扩展的范围则比明代增一倍有余，相当于宋、元、明三朝堤围分布的范围。至清末，堤围已遍布三角洲的河网地带。筑堤技术较于明代也有了进一步发展。堤围在距河岸二三里处修筑。筑堤材料改为泥石并用。注意选泥，"以老土为佳"，"堤根宜阔，堤顶宜狭，堤无太峻"。新旧堤交界处"用铁杆力筑，层层夯硪，期于一律坚实"，并于堤边"栽种草根"。还创造了有效的护堤方法即栽柳，"卧柳、长柳相兼栽植"；或栽种"菱苇草子"。于临水的堤面要"密栽芦苇或菱草"，以使"即有风不能鼓浪"[1]。在堤围的修筑和护围方面都积累了较完整的经验。围垦沙田方面，也比明代有进展。"昔筑堤以护既成之沙，今筑堤以聚未成之沙；昔开河以灌田，今填海以为陆。"[2] 海坦的围垦已从"新成之沙"扩展到"未成之沙"，与海争田更为迫切。原来浩瀚的浅滩，陆续变成了耕田。例如香山县蜻蜓洲山"昔在海中，今皆成田，有民居"。蜻蜓洲以北的粉洲山、横山"四际巨浸，今成潮田"[3]。漏斗湾内的万顷沙，在清末也淤积成陆，并围垦成田。

从上可见，明清两代，堤围修筑的范围愈加扩大，滩涂得到大规模的

---

① 道光《南海县志》卷十五—十七。
② 道光《南海县志》卷十五—十七。
③ 道光《香山县志》卷一。

开发。人为的开发加速了滩涂的发育，珠江三角洲平原因而不断地向海域伸展。珠江三角洲的范围从唐代的浞水—江门—桂洲—沙湾—黄埔一线，不断地向南延伸。到了清末，终于形成西江、北江和东江分别从今日三角洲的虎门、蕉门、洪奇沥、横门、磨刀门、泥湾门、虎跳门和崖门等八个口门出海的自然景观。

三角洲滩涂开发的加深，还表现在农业生产技术水平的提高。推广双季稻，采取农作物间作、套作、混作、轮作等方法，提高复种指数，这样既可扩大耕地面积，又可充分而有效地利用、保持地力，使之趋向集约化的耕作。在耕作、选种、栽培、施肥、密植、田间管理等民间农艺学方面，均有了长足的进步。而且注意因地制宜，根据节令做出合理的农事安排。尤其令人瞩目的是明中叶以后创造出独特的"桑基鱼塘"型生态农业。

从上所述，可见宋元南迁的北方士民与原有居民一道，经过数百年艰苦卓绝的拓殖，终于将这块处于南海北缘的海岸带、岛丘林立的浅海湾，开辟成适应于海洋经济活动的人文环境。

二 以海上贸易为导向的商业化

16世纪是地理大发现，开通东方航线，葡萄牙人强据澳门并以此作为远东贸易中心①，出现世界贸易新格局的时期。作为中国海上贸易的中心广州，也因应发生了历史性的变化。广州贸易冲破出口贸易从属于进口贸易的传统格局，从而使出口贸易取得独立的发展。广州一改如前所述的"特殊性"的发展模式，与其所在地珠江三角洲的经济发生了日益密切的联系。

---

① 葡萄牙人于嘉靖三十二年（1553）强据香山县澳门后，以此为基地，先后建立起以与印度果阿、日本长崎和菲律宾马尼拉为主的贸易网络，并通过果阿与欧洲发生贸易关系。因广州是中国海贸的中心，葡人利用澳门与广州密迩且交通便捷的区位优势，通过广州取得其所需要的货物，实际上把中国变为其腹地。自万历六年至崇祯四年（1578—1631），每年在广州举办的夏、冬两季的定期集市上，葡人是其主顾。他们大量采购珠江三角洲和国内各地运来的商货，这对珠江三角洲的商业化是起推动作用的。关于明中叶后澳门在海外贸易中所起的作用，请参阅全汉昇《明代中叶后澳门的海外贸易》，《中国近代经济史论丛》，台北：稻禾出版社，1996。

广州市场的转型与珠江三角洲的深化开发产生了互动的关系①。自明中叶始，珠江三角洲开发的日益深化，除前述的将三角洲内部的滩涂开垦为沙田外，还表现为商业化的不断加深。

首先，以出口贸易为取向，扩大经济作物的种植，出现了各种经济作物的专业化种植区。

随着东南亚地区市场的不断开拓，以及通过东南亚市场而转运欧洲和南美地区，出口商品不仅需求量大，品种也增多，已经扩及民生日用商品，尤以丝、糖、铁器、陶瓷等为大宗。又因广州市场的转型，贸易的对象已从特权阶层扩大到民间的普通老百姓。农户也从"随其乡宜以为货"②，到"以市场取向为货"。商品性农作物的种植是根据市场的需求来确定的。其中已经有部分商品通过海洋贸易输往海外。嘉靖《广东通志》记载："东洋贸易，多用丝……回易鹤顶等物；西洋贸易，多用广货，回易胡椒等物。"③

这里所谓的东洋，主要是指菲律宾。当时的马尼拉生丝市场，是太平洋丝路的中转站，对丝货的需求量很大。16世纪末，墨西哥丝织业有14000多人，其需要的原料生丝，就靠广州的海商运往马尼拉丝市，然后由西班牙商人转运去供应。根据全汉昇先生的研究，江南蚕丝业的迅速发展同马尼拉丝市的影响是有密切关系的④。广州的所在地珠江三角洲，也在这一市场取向的刺激下，创造出"桑基鱼塘"这一以蚕桑与水产养殖相结合的生态农业经营形式（详下）。所生产的广纱、粤缎等丝绸，以及糖、果箱、铁器、蒲葵等所谓"广货"，成为输往东南亚各国的主要产品。正如关心乡梓事务的岭南学者屈大均所指出的：

> 广之线纱与牛郎绸、五丝、八丝、云缎、光缎，皆为岭外京华、

---

① 参见拙作《明代后期广州市场的转型与珠江三角洲社会变迁》，《明史研究专刊》1998年第12期。

② 屈大均：《广东新语》卷二《地语》，《续修四库全书》史部第474册，上海古籍出版社，2002，第32页。下引《广东新语》俱用此版本。

③ 嘉靖《广东通志》卷六十六《外志三》"夷情"上。

④ 全汉昇：《中国经济史论丛》，香港：新亚研究所，1972，第459页。

东西二洋所贵。①

　　广州望县，人多务贾与时逐。以香、糖、果箱、铁器、藤、蜡、番椒、苏木、蒲葵诸货，北走豫章、吴、浙，西走长沙、汉口，其黠者南走澳门，至于红毛（指在东南亚的荷兰殖民者）、日本、琉球、暹罗斛、吕宋。帆踔二洋，倏忽数千里，以中国珍丽之物相贸易，获大赢利。农者以拙业力苦利微，辄弃末耜而从之。②

为了适应市场的需要，番禺、东莞、增城等县成为甘蔗的专业化种植区。明末其蔗糖收入已占农户总收入的4/10③。蒲葵的种植以新会为中心，香山的古镇次之。香，以东莞为产地④。茶，多集中在南海西樵山、广州的河南岛⑤、肇庆的鼎湖和宝安的怀度山等地⑥，大良附近的基塘也有零星的种植⑦。水草，以东莞、宝安为产地⑧。鱼花，以南海九江所出为最负盛名⑨。果木业迅速发展，逐步形成专业化区域。其范围以广州为中心，南至番禺的大石、沙湾、古坝，东至黄埔、菱塘，西南至顺德的陈村、南海的平洲、番禺的韦涌等地一片老沙围田区⑩。其中以陈村的果木最负盛名⑪。

---

① 屈大均：《广东新语》卷十五《货语》"纱缎"条，第28页。
② 屈大均：《广东新语》卷十四《食语》"谷"条，第1页。
③ 屈大均《广东新语》卷二十七《草语》"蔗"条云："粤人开糖房者多以致富，盖番禺、东莞、增城糖居十之四，阳春居十之六，而蔗田几与禾田等矣。"范端昂《粤中见闻》也有相同的记载。此书晚出于屈大均书，汤志岳先生在为他校注的《粤中见闻》所写的前言中，已经指出"资料袭用"于《广东新语》。
④ 屈大均：《广东新语》卷二《地语》"茶园"条、卷二十六《香语》"莞香"条。
⑤ 参见嘉靖《广东通志》卷十三《舆地志一》。
⑥ 屈大均：《广东新语》卷十四《食语》"茶"条。
⑦ 万历《顺德县志》卷之十《杂志》第九"俗产"条记载："斩附郭之田为圃，名曰基，以树果木。荔枝最多，茶、桑次之。"
⑧ 卢祥（明中叶人）《莞草》诗云："苑彼莞草，其色芃芃，厥土之宜，南海之东，……宜之为席，资民衣食，邑之攸名，实维伊昔。"见崇祯《东莞县志》卷七《艺文志》，广东省立中山图书馆藏民国抄本。
⑨ 屈大均：《广东新语》卷二十二《鳞语》"养鱼种"条。
⑩ 参见《珠江三角洲农业志》（初稿）第6册。
⑪ 金堡（康熙时人）《岭海焚余》记载："顺德有水乡曰陈村，周回四十余里，……居人以种龙眼为业，一望无际，约有数十万树，荔枝、柑橙诸果居其三四。比屋皆焙取荔枝、龙眼为货以致富。"参见屈大均《广东新语》卷二《地语》"陈村"条。

珠江三角洲有"食香衣果"之谚①。这一果木区，在明清交替之际，虽遭到沉重的打击，但到康熙晚期（18世纪前后）得到恢复，而且东莞北部和增城西南部低丘陵地带的原有果木区得到了进一步的发展。

最具特色的是"桑基鱼塘"专业区，这是一种以蚕桑业与水产养殖相结合的生态型农业经营。所谓"桑基鱼塘"，即将低洼易生水患的土地深挖，"取泥覆四周为基，中凹下为塘，基种桑，塘畜鱼，桑叶饲蚕，蚕矢饲鱼，两利俱全"②。这种经营形式使蚕桑业和养殖业互相依托，互相促进，形成良性循环，既改造利用了低洼土地，又增加了经济效益。通过生态系统中的物质转变规律实现农业资源更新发展。"桑基鱼塘"型的生态农业把我国传统农业推至极致阶段。它首先在南海、顺德和高鹤三县交界处出现。万历年间（1573—1620），顺德龙山乡基塘面积已约占耕地面积的1/3③，南海九江基塘面于明末更高达耕地面积的8/10④。而且九江、龙山、龙江和坡山等四乡，相连成片，形成一个以九江为中心的以蚕桑养鱼为业的商业化专业区。蚕桑区虽受清初"迁海"之祸的摧残，但到18世纪前后，得到了恢复，且有所增进。南海西樵山附近的乡村相继发展成基塘区，形成以九江为中心，包括原有的龙山、龙江和坡山，以及不断发展起来的邻近西樵山的海洲、镇涌、金瓯、绿潭、沙头、大同等⑤在内的连成一片的商业性基塘专业区。

乾隆二十二年（1757），广州被确定为中西贸易独口通商口岸。广州对东西贸易的垄断，有力地刺激了珠江三角洲的蚕桑业。因此，出现了"弃田筑塘，废稻树桑"的高潮，形成一个"周回百余里，居民数十万户，田地一千数百余顷"的专业蚕桑基地⑥。咸同年间，因欧洲产丝国蚕病引起的产丝不足，江、浙蚕丝的出口又由于太平天国运动而受阻，丝价上涨，珠

---

① 屈大均：《广东新语》卷二《地语》"茶园"条，第32页。
② 光绪《高明县志》卷二《地理·物产》，第30页。
③ 据民国《重修龙山乡志》记载，万历九年清丈土地的结果，龙江乡田、地、山、塘44974亩，其中塘8124亩，占耕地总面积的18%。当时基面略比塘面小，加上塘面占30%多。
④ 顺治《九江乡志》卷二《生业》。
⑤ 康熙《南海志》卷六《风俗》。
⑥ 李文治编《中国近代农业史资料》（一），三联书店，1957，第82页。

江三角洲又掀起"废稻树桑"的热潮，蚕桑区不断扩大。到20世纪20年代，珠江三角洲的蚕桑区除原有的基地南海、顺德和香山外，已经扩及新会、三水、番禺、鹤山、东莞等十余县，桑田面积达万顷左右，操蚕桑业者达200余万口，蚕茧年产量为三四十万担，价值6000余万元①。蚕桑业成为商品性农业的主要支柱。

以经营某一经济作物为业的农户，如香户、花户、果木户、蚕桑户、鸭户、鱼花户等专业户，也因应广州市场的转型，迎合出口贸易的需要而兴起。

其次，为适应出口贸易的需求，农产品加工业勃然兴起。农产品加工业主要有制糖、制茶、果品加工、织草、葵扇等行业。尤其是缫丝和丝织业和蚕丝业。

蔗糖，是明清时期的传统输出商品。19世纪七八十年代，每年向海外出口在一二十万担，也偶有达30多万担的②。因受到菲律宾新兴糖业的影响，90年代后出口减缩。但是这种减缩并非如海关统计所示的那样严重。珠江三角洲的蔗糖如同其他出口商品一样，有相当数量是用民船运往香港的，因而没有列入海关统计内③。进口的所谓洋糖，往往是由出口的土糖倒流国内的伪称。之所以出现这一现象，是因资本主义列强的洋货享有减免子口税、厘金等国内关卡税收的特权，出口的土糖反流国内变成洋糖，比纳税较重的土糖处于更有利的地位。甲午战争后，日本侵占我国盛产蔗糖的台湾，控制台湾蔗糖业，从而构成对我国出口蔗糖的威胁。此后出口蔗糖日渐减少，20世纪初，陷入衰微。

---

① 参见刘伯渊《广东省蚕业调查报告书》，广东省地方农林试验场，1922；考活·布士维《南中国丝业调查报告书》，黄泽普译，岭南农科大学，1925。

② 见海关的贸易报告。例如1874年红糖、白糖的出口量为187942担，1875年为266215担。详见广州市地方志编纂委员会办公室、广州海关志编纂委员会编译《近代广州口岸经济社会概况——粤海关报告汇集》，暨南大学出版社，1995，第133页。

③ 《1874年广州口岸贸易报告》中说："在广州，它只能提供外国船务情况，而没有可靠的根据来估算实际进出口的货物情况。这里有相当大的进出口贸易是由民船来往广州及广州以东或以西的沿海各小镇与属于外国的两个自由港即香港和澳门之间所进行的。"见《近代广州口岸经济社会概况——粤海关报告汇集》，第106页。

制茶业，18 世纪 20 年代，茶叶出口已升为中国出口贸易的首位。18 世纪末 19 世纪初，茶叶贸易已成为世界价值最大的单项商品①。19 世纪 50 年代，因对外通商口岸的陆续开放，安徽、浙江和福建的茶叶已改由上海、福州出口；60 年代汉口开埠后，两湖、江西的茶叶也就近由汉口输出。广州出口的茶叶，主要由本省出产，或由西江沿岸输入原料，再经广州的河南制茶厂加工。鹤山、香山、番禺、新会、南海、清远等县的产茶区，自乾隆年间起不断扩大种茶面积。但适合种茶的土地有限而制约了茶园的扩大。因此，着力于发展茶叶加工业。广州的珠江南岸（今河南）是经营茶叶加工和茶叶交易的地区。那里茶庄、茶行，比屋相连。设有茶叶加工厂。也有茶商按照市场的需求，深入外省茶区，设立茶庄，示范制茶，教会茶农生产适合市场需求的茶叶。鸦片战争前夕，茶商就曾到湖南茶区示范，先使安化茶农改制红茶。因红茶价高利厚，各县竞相仿制。此为湖南制作红茶之始。尤其值得注意的是，根据西方人的口味，研制出一种用花熏染而带有花香味的所谓"花茶"的新品种。在海外享有盛誉的珠兰香茶，即于此生产。熏茶用的珠兰、茉莉花在今广州珠江南岸的庄头种植。"花茶"中的橙香白毫也深受青睐。其原料则采购自西江上游和贺县等地。现将1882—1891 年茶叶出口及珠兰香茶和橙香白毫茶在出口总量②中的比例统计如表 1 所示。从表 1 中可以看到，80 年代中叶后，茶叶出口渐趋衰落。这是因为受到印度、锡兰和日本茶先后在国际市场上崛起的排斥。唯珠兰香茶凭其特殊的品味，尚能支撑一段相当长的时间。

织草业，以东莞、宝安县为基地。至晚于明中叶，已有一部分居民以采集水草，纺织席、绳为业，以此为衣食之源③。清代之后，自军铺（今东莞厚街附近）至虎门一带的千顷卤田，皆产水草，可供织席。织席业中已出

① 参见叶显恩《地利、传统市场与珠江三角洲的海外贸易》，《珠江三角洲历史、地理、经济情况及南洋华侨发展史》，香港第二届世界华商大会筹备委员会，1993。
② 《粤海关十年报告》（一）（1882—1891），《近代广州口岸经济社会概况——粤海关报告汇集》，第 847—901 页。
③ 卢祥：《莞草》，崇祯《东莞县志》卷七《艺文志》。

表1　1882—1891 年广州口岸茶叶出口情况统计

单位：担，%

年份	红茶	绿茶	出口总计	珠兰香茶	珠兰香茶占比	橙香白毫	橙香白毫占比
1882	121933	1491	123424	80401	65	19055	15
1883	110349	1144	111493	78377	70	14466	13
1884	104244	666	104910	82443	79	8306	8
1885	130571	533	131104	99876	76	13027	10
1886	102210	682	102892	75948	74	8709	8
1887	119160	235	119395	88536	74	7690	6
1888	94409	42	94451	73606	78	5875	6
1889	77754	150	77904	65111	84	2411	3
1890	63573	8	63581	52160	82	4090	6
1891	25664	3	25667	15057	59	1920	7

资料来源：《粤海关十年报告》（一）（1882—1891），《近代广州口岸经济社会概况——粤海关报告汇集》，第 860 页。

现雇佣关系[1]。道光年间，利用万顷沙栽种水草，以加速沙坦淤积。当时草田已有一万多亩[2]。鸦片战争后，因水草、草席的外销量日增，东莞的草织业得到迅速发展。同治、光绪年间，东莞厚街乡已有一万多人从事草织业。当时道滘有"黄祥记""国顺"等店号，从事水草加工出口。据广州海关统计，自 19 世纪 70 年代起，出口量不断增加。单草席一项每年低的有七八万卷，80 年代末至 90 年代已高达 20 多万卷，1889 年便达 228929 卷。但是，自 19 世纪 80 年代起，日本草席迅速发展。90 年代后，已构成对珠江三角洲草席出口的威胁。20 世纪初，草席每年出口尚能维持在 10 万卷左右。1901—1906 年，运到香港的"街市草"（作市场绑肉、菜用的草）每年达 18000 担，扭草 25000 担。第一次世界大战前夕，东莞的草田面积达 26000 多亩，年产量约 35 万担[3]。因第一次世界大战的影响，水草外销受阻，很多草田改种水稻。水草生产趋向衰落。战后虽得到复苏，抗日战争期间，

---

① 雍正《东莞县志》卷十二之十《烈女传》："陈氏，名阿申，……嫁刘姓，家贫，为人织席。"
② 宣统《东莞县志》卷九十九《沙田志一·公牍》。
③ 刘炳奎、方玉成：《东莞草织业简史》，中国人民政治协商会议广东省委员会文史资料研究委员会编印《广东文史资料》第 15 辑，1964。

又横遭摧残，直至解放前夕，仍未能挽回衰败的局面。

葵扇是一古老的产品，至少可追溯到晋代①。明、清作为"广货"流布四方。新会的西沙头、西涌、黎乐（今礼乐）等地以此为生计之源。鸦片战争后，"葵扇主要运往美国，也有少量运往欧洲作为装饰之用"②。从海关的十年报告看，19世纪80年代，出口呈现增加的趋势（详表2）。此外，诸如为出口而生产的爆竹、铁器、以醋姜为主的蜜饯果品，也都是值得注意的行业。

表2　1882—1891年草席、爆竹、葵扇出口情况

年份	草席（卷）	爆竹（担）	葵扇（千把）
1882	122247	38536	2654
1883	141132	54455	4975
1884	85504	49271	8128
1885	72839	27831	7276
1886	137852	65361	14569
1887	140018	55892	9103
1888	155605	53313	10258
1889	228929	51773	9524
1890	177645	40521	13733
1891	208825	36483	12222

资料来源：《粤海关十年报告》（一）（1882—1891），《近代广州口岸经济社会概况——粤海关报告汇集》，第864—865页。

蚕丝业在出口贸易中尤其令人注目。蚕丝业在珠江三角洲，本有悠久的历史，但一直得不到发展。丝货（包括生丝和粤缎、广纱等丝织品）作为一种农产品的加工产品而大量投入市场，完全是在出口贸易的需求下出现的。如前所述，16世纪，由于太平洋丝路的开通，需求日益增大的马尼

① 《晋书》卷七十九《谢安传》。
② 《粤海关十年报告》（一）（1882—1891），《近代广州口岸经济社会概况——粤海关报告汇集》，第865页。

拉丝货市场的强烈刺激，引起珠江三角洲蚕丝业的兴起。明中叶，因它属初露头角，不为国内有关商业记载的文献作者所注意。实际上，其丝织品的质量在某些方面已超过江南地区的产品。沈廷芳乾隆《广州府志》引嘉靖《广州府志》云：

> 粤缎之质密而匀，其色鲜华光辉滑泽。然必吴蚕之丝所织，若本土之丝，则黯然无光，色亦不显，止可行于粤境，远贾不取。粤纱，金陵、苏、杭皆不及。然亦用吴丝，方得光华，不褪色，不沾尘，皱折易直，故广纱甲天下，缎次之。①

屈大均在《广东新语》中说：

> 广之线纱与牛郎绸、五丝、八丝、云缎、光缎，皆为岭外京华、东西二洋所贵②。

珠江三角洲输出"广货"，购回江南的吴丝，巧织成广纱、粤缎，以供出口。在这里，以出口贸易为生产的导向是明显的，也说明其贸易已具有促使资源配置优化的意义。

日显重要的珠江三角洲蚕丝业，因广州被确定为独口通商口岸而得地利，加之乾隆二十四年，严禁丝货出口，后改为只允许土丝（指粤丝）和二蚕湖丝出口，又使之受益，生丝的出口与日俱增。传统的手工缫丝方法是手车缫丝。它和蚕桑业是连在一起的。作为一种家庭副业，它流行于南海、顺德和香山一带蚕桑区。当地诗人陶靖节有诗云："相见无杂语，但道桑麻长。"③ 又有一首竹枝词写道："呼郎早趁大冈墟（按：大冈墟在蚕丝核心区顺德龙山乡），妾现蚕缫已满车。记问洋船曾到几，近来丝价竟何如。"④ 蚕

---

① 乾隆《广州府志》卷四十八《物产二》，第21—22页。
② 屈大均：《广东新语》卷十五《货语》"纱缎"条，第28页。
③ 冯式宗：《九江儒林乡志》卷三《风俗》。
④ 张臣：《祝枝词》，嘉庆《九江乡志》卷十二。

丝区农户的经济生活，在乾嘉年间已开始与海外丝市连在一起。丝市的动向成为农户关心的话题。

早在明后期以粤缎、广纱驰誉海外的丝织业，入清以后也以佛山为重要产地。清初佛山的丝织业已增至十八行，计有八丝缎行、什色缎行、元青缎行、花局缎行、宁绸行、蟒服行、牛郎纱行、帽绫行、绸绫行、花绫行、金彩行、扁金行、对边行、栏杆行、机纱行、斗纱行和洋绫绸行①。清中期益加繁盛。早在雍正年间（1723—1735），广州已有机行的设立，聘请江、浙师傅前来传授丝织技术，分有蟒袍行（朝袍行）、十八行、十一行、金彩行和广纱行等五个行。产品多种多样。工人有三四万之众。②

18世纪20年代，丝货在中国出口商品中已退居茶叶之后，但就珠江三角洲而言，丝货却升为首位。它作为生丝产地，在明代尚默默寡闻，乾嘉年间已大露头角，成为生丝出口的重要产地。珠江三角洲的生丝在国际市场上真正具有竞争力，则要到19世纪70年代以后。这同海洋贸易格局的变化、土丝为机丝所取代有密切关系。

1869年11月苏伊士运河的正式通航，缩短了到欧洲的航程，以及1871年6月上海经伦敦到旧金山，新加坡到香港海底电缆的接通，信息传递的便捷，使海洋贸易发生了巨大的变化。海外市场对生丝的需求日益扩大，因而前述的咸同之际珠江三角洲掀起的"废稻树桑"高潮，就是在这一背景下出现的。1872年，英国驻广州领事馆的商务报告指出："粤丝出口的增长是很显著的，并且已达到几年来没有预期到的数量和重要地位……（粤丝售价的提高）大大地刺激了这一贸易，向来种稻的大片土地现已经或正在辟为桑林。因此，每年的出口都可望增加。"③ 海关副税务司班思德在论述1859年至1871年中国丝类贸易时指出："中国运销外洋之丝类，生丝实占极大部分，大抵由沪、粤两埠输出。……广州输出之数，初时仅占全国总额8%，嗣后该省蚕丝事业愈加发展，故输出数量，亦见增进。迨至同治

---

① 只有十七行，原文如此。广东省文史馆：《广州编织业概况》，内部资料。
② 广东省文史馆：《广州编织业概况》。
③ 姚贤镐编《中国近代对外贸易史资料》第3册，中华书局，1962，第1488页。

九、十年（1870—1871），输出之丝约占总数的四分之一。"① 广州生丝出口量，19 世纪五六十年代还只占全国出口量的 8%，到 1870—1871 年，已跃升至 1/4，并保持增长的趋势②，展现出生丝出口的大好前景。正如《1878 年广州口岸贸易报告》中所说："在出口货物中，丝及丝织品是迄今最重要的品种。"③ 但是，与此同时也面临危机。这就是手车缫丝的质量已经不适应市场的要求。进口中国生丝的英、法丝业界对中国生丝的质量提出严重警告，要求改进缫制和包装质量④。

南海县华侨陈启源在这一机遇与危机并存的情况下，于 1873 年创办"继昌隆"丝厂，引进机器缫丝工艺，使生丝质量和劳动生产率皆得到提高。

机缫丝一投入市场，出口量便急剧上升。机缫丝出口量始见于 1883 年的海关统计。该年为 1254 担，占该年生丝出口量 9556 担的 13%。仅过两年后，机缫丝增至 3437 担，首次超过了手缫丝（土丝）。尔后迅速发展，终于取代了手缫丝（详表 3）。19 世纪 80 年代"广州机缫几乎独占了欧洲大陆市场，成为那里的意大利生丝的廉价替代物"⑤。1911—1929 年，珠江三角洲生丝的出口量为 3 万至 5 万余担，价值达"四至五千万之巨"，占广州外贸出口总值的 50%—60%。如果把水结、丝织品等出口值一并计入，可占广州出口总值的 70%—80%。⑥ 蚕丝业已经成为珠江三角洲，乃至广东全省的经济支柱。

---

① 班思德：《最近百年中国对外贸易史》，海关总税务司统计科译印，1931，第 124 页。
② 参见刘伯渊《广东省蚕业调查报告书》；考活·布士维《南中国丝业调查报告书》。
③ 《近代广州口岸经济社会概况——粤海关报告汇集》，第 215 页。
④ 汪敬虞：《关于继昌隆缫丝厂的若干史料及值得研究的几个问题》，《学术研究》1962 年第 6 期。
⑤ 《近代广州口岸经济社会概况——粤海关报告汇集》，第 862 页。
⑥ 广州《七十二行商报》报道，转引自顺德方志办《顺德修志》1990 年第 59 期；饶信梅：《广东蚕丝业的过去与现在》，《国际贸易导报》第 1 卷第 7 号，1930 年。又本立在《顺德蚕业的历史概况》，（《广东文史资料》第 15 辑）中说，1920—1929 年为广东蚕丝的全盛期。蚕丝产量似为可靠的估计，年产量约为 10 万担。如包括蚕丝全部产品，则年产在 14 万—15 万担，因除蚕丝外每年出口的水结、茧壳等有 4 万担左右。1918—1920 年每年输出的水结蚕茧及丝织品为 53458 担，1923—1931 年每年输出的水结蚕茧及丝织品为 48782 担。

表3　1881—1901年珠江三角洲机缫丝与手缫丝消长状况

单位：担，%

年份	手缫丝	占比	机缫丝	占比	总计
1881—1882	11526	—	—	—	11526
1882—1883	8302	87	1254	13	9556
1883—1884	8978	76	2857	24	11835
1884—1885	3116	48	3437	52	6553
1885—1886	2567	37	4457	63	7024
1886—1887	8462	54	7158	46	15620
1887—1888	4207	33	8720	67	15927
1888—1889	1760	26	5123	74	6883
1889—1890	4928	33	10219	67	15147
1890—1891	3278	24	10317	76	13595
1891—1892	4659	28	12146	72	16805
1892—1893	4171	18	18687	82	22858
1893—1894	1951	11	16438	89	18389
1894—1895	2159	11	18179	89	20338
1895—1896	2474	11	20629	89	23103
1896—1897	2411	10	22210	90	24621
1897—1898	1933	8	22727	92	24660
1898—1899	2655	7	34055	93	36710
1899—1900	2375	6	34612	94	36987
1900—1901	1037	3	31038	97	32075

资料来源：《粤海关十年报告》（一）（1882—1891）、《粤海关十年报告》（二）（1892—1901），《近代广东口岸经济社会概况——粤海关报告汇集》，第862、915页。

　　最后，商品性手工业如铁冶业、陶瓷业、棉纺织业等勃然兴起，并纳入出口贸易的轨道。

　　佛山于广州西南部距20公里处。地处西江、北两江干流通往广州的要冲上。佛山铁冶业和石湾陶瓷业本是适应农业商业化的需要而于明中叶兴起的。这是因为甘蔗种植的扩大，引起制糖业的兴起；制糖业的发展，又需要铁锅以熬煮糖浆，需要陶缸以蓄糖。由于铁器和陶瓷产品的精良，在明代中后期，已有部分纳入出口贸易的轨道。佛山的铁锅等铁器，已"南走澳门，至于红毛（荷兰）、日本、琉球、暹罗斛、吕宋"① 等。石湾的陶瓷，则正如屈大均所指出："石湾之陶遍二广，旁及海外之国。谚曰'石湾缸瓦，胜于天下'。"②

棉纺织业的兴起，也是由于出口贸易的推动。珠江三角洲气候潮湿，不宜于棉花的生长，故种植甚少。明清间，珠江三角洲与棉花产地中心松江建立糖棉贸易关系，正是为了交流各自盛产的农产品。买棉织布，是为了自给。18世纪下半叶，英国千方百计地输入其羊毛织品和棉纺织品，以力图打开中国广阔的市场。但英国输入的曼彻斯特布，不仅不受欢迎，中国出产的南京布（因南京一带用一种紫花织成而得名，是以松江为中心的江南地区出产的优质棉布）反而流往英国等欧美地区，制成欧美绅士的时髦裤子，人们竞相崇尚，并由此而在美国人衣料史上掀开了新的一页。于是英国人改用"三角贸易"的对策，将其产品输入印度，换得印度的棉花和鸦片，再用来输入中国，以换取中国的茶和丝货。珠江三角洲利用英国运来的棉花，发展棉纺织业。佛山是其重要基地，设有22间棉花行户，经营棉花业务。当地生产的"南京布"，在质量与颜色上皆胜于曼彻斯特布而输入英国。这里进口原料，输出成品，在进出口贸易中收到了增值效益。土布，经在佛山加工染成所谓"长青布"，输往新加坡③。

烟花爆竹的出口，自19世纪70年代至90年代，都在二三万担至五六万担之间徘徊（1882—1891年情况详表2）。这一产品几乎都运往美国市场。自80年代中期起，美国提高此项商品的进口税。于是，烟花爆竹的出口受到了损害。

珠江三角洲的商业化是随着海洋贸易的发展、出口产品的增进而逐步加深的。始自明中叶的商业化，到乾嘉年间，据时人龙廷槐对广州府（所辖范围大体相当于今的珠三角）各县所做的从业结构的统计，当时已大约

① 屈大均：《广东新语》卷十四《食语》"谷"条，第1页。
② 屈大均：《广东新语》卷十六《器语》"锡铁器"条，第25页。
③ 参见叶显恩《地利、传统市场与珠江三角洲的海外贸易》，《珠江三角洲历史、地理、经济情况及南洋华侨发展史》。

有 30%的人口直接或间接服务于商品流通的各个环节①。就是说,珠江三角洲当时约 500 万人中,已有百万以上的人是借商业为生计的。如果再把从事以出口贸易为导向的商业化农业和手工业的烟户包括在内,则绝大部分的居民都已卷入外向型的商品经济活动中去。

到了 19 世纪末至 20 世纪 20 年代,蚕丝区已是靠出口为生计,海洋经济化了。商业化是以取得足够的粮食供应为前提的。清代中叶以前,主要靠广西米从便捷的西江输入;近代以后则转为依靠洋米。据笔者实地调查,顺德就因七七事变爆发后被切断出口和洋米的输入而饿死不少人②。

珠江三角洲作为海洋贸易的基地,还表现在作为中国海洋贸易中心的广州,自明中叶起发生了历史性的转型,不断地加强与珠江三角洲经济的联系,将其作为贸易腹地的核心区。清代乾隆二十二年广州被确定为独口通商口岸而垄断中西贸易,更给珠江三角洲提供传统市场与地利之便。处于珠江三角洲南端的澳门,于嘉靖晚期也不断发展起来,成为远东的贸易中心。清代又充当广州的外港,成为广州对外贸易的缓冲之地。鸦片战争后香港的崛起,与广州、澳门,在珠江三角洲的地域内形成三足鼎立,更加强了珠江三角洲海洋贸易基地的地位。

三 移殖海外者以其反馈推动家乡的海洋经济化

零星移往海外的华侨,源远流长,可追溯至秦汉。但作为华侨因聚居海外而形成社团或社区,则在明代后期③。这主要是由懋迁梯航的珠江三角洲商人留居东南亚地区繁衍子孙而形成的。

---

① 龙廷槐:《初与邱滋畲书》,《敬学轩文集》卷二,清道光二十二年龙元伟刻本。

② 据 1990 年冬,笔者与日本大阪大学滨岛敦俊、片山刚教授在顺德县锦湖镇云路村实地调查的口述资料。

③ 秦汉时期已有华人移居朝鲜和越南。在过去视为藩属国民,并没有视之为华侨。宋代,文献上出现关于华人在东南亚的一些国家或地区建立殖民地的片鳞只爪的记载,但缺乏实证性的资料。明初,南海人(一说澄海人)梁道明曾被聚居三佛齐(今属印度尼西亚)的华侨推为首领,一度建立地方性的政治实体;郑和下西洋时,南洋地区确实存在一些华侨社团,但只是偶发性个案,并没有形成风气。

在明初海禁严厉的时代，已有人做海上走私贸易，文献上往往称之为"通番"。据文献记载，洪武二十六年，香山县三灶岛吴添进就已"通番"①。明代中叶以后，"通番"的现象，愈加普遍与频繁。明人郑晓说"（广东）人逐山海、矿冶、番舶之利，不务农田"②。

所谓"通番"，一是勾通前来广州的番船，私相交易。例如，嘉靖年间（1522—1566），每当外国商船一到，广州附近的游鱼洲居民（内有船夫、海商）就会同居住广州濠畔街的外省富商驾驶多橹船只，满载瓷器、丝绵、私钱、火药等违禁商货到洋船上卖给外商，又向外商买回洋货。当时南海人霍与瑕说：

> 近日……番夷市易，皆趋广州。……广东隔海不五里而近乡名游鱼洲，其民专驾多橹船只接济番货，每番船一到，则通同濠畔街外省富商搬磁器、丝绵、私钱、火药违禁等物，满载而去，满载而返。追星趁月，习以为常，官兵无敢谁何。比抽分官到，则番舶中之货无几矣。③

海商与外商相勾通，负责接应洋货，充当"接引之家"④。"接引之家"亦称"窝主"。他们为番货提供仓贮，并包揽推销接应的洋货，从中渔利。这种人一般都兼充外商与华商间非法贸易的中介人。

二是经营帆船海外贸易。海上帆船贸易，早在宣德八年（1433），广东的海商便"假朝廷干办为名"取得合法地位，造舟"擅自下番贸易"⑤。正统以后，"广东民多挟大舸入海，与夷市"⑥。自明中叶起，海商驾双桅，挟

---

① 杜臻：《闽粤巡视纪略》卷二"香山"条，沈云龙主编《近代中国史料丛刊》第2辑，台北：文海出版社，1983，第26页。
② 张萱：《西园闻见录》卷六十二《兵部》"广东"条，哈佛燕京学社印，1940，第23页。
③ 霍与瑕：《霍勉斋集》，沈乃文主编《明别集丛刊》第3辑第18册，黄山书社，2016，第157页。
④ 严从简：《殊域周咨录》卷八《暹罗》按语，中华书局，1993，第284页。
⑤ 《明宣宗实录》卷一百零三"宣宗八年七月八日己未"条，"中研院"历史语言研究所校印本，1984，第2308页。
⑥ 民国《福建通志》卷三十四列传二十四《黄光升传》，1922年刻本。

私货，"百十为群，往来于东、西洋"①。屈大均曾指出，"广州望县，人多务贾与时逐"，"其黠者，走澳门，至于红毛（指在东南亚的荷兰殖民者）、日本、琉球、暹罗斛、吕宋。帆踔二洋，倏忽数千里，以中国珍丽之物相贸易"②。明人王忬也指出："自嘉靖二年，宋素卿入扰后，边事日堕，遗祸愈重。闽、广、徽、浙无赖之徒，潜匿倭国者，不下千数。居成里巷，街名大唐。"③ 前往日本贸易的广东商人，主要在长崎，并形成"广东帮"。1678 年，广东人在长崎修建圣福寺，旨在表明崇信佛教，划清与被取缔的基督教的关系④，又可以作为联络乡谊和维护商帮利益的会所。这些广东海商当含有前引的屈大均所指出的"帆踔"日本，"以中国珍丽之物相贸易"的珠江三角洲商人。明万历时人周玄炜也说："闽、广奸商，惯习通番，每一舶推豪富者为主，中载重货，余各以己资市物往，牟利恒百余倍。"⑤ 这里所谓"重货"，即集资者共同购买。没有出资者，在船上当员役水手。正如顾炎武所说的"富者出资，贫者出力"⑥。

贸易的范围是东南亚洲各地，尤以马尼拉为最重要的据点。万历、崇祯年间，《马尼拉帆船》一书记载："每年驶抵菲律宾的大型货船大都来自广州和澳门，有 200 吨的，也有 250 吨的，还有少数 300 吨的。小货船（patoches）的载重量为 100 吨至 150 吨。"⑦ 一些备办货物来广州与外商直接交易的内地商人，在夏、冬两季广州定期市集上看到葡萄牙商人运丝货到马尼拉贩卖有利可图时，竟然将卖不出去的货物用自己的船运往海外销售。荷兰驻台湾第三任长官讷茨给国王的报告中写道：

---

① 郭春震：《备倭论》，乾隆《潮州府志》卷四十《艺文》，第 37 页。
② 屈大均：《广东新语》卷十四《食语》"谷"条，第 1 页。
③ 王忬：《王司马奏疏》，陈子龙等选辑《明经世文编》卷二百三十八，中华书局，1962 年影印本。
④ 参见朱德兰《明治时期长崎华商泰昌号和泰益号国际贸易网路之展开》，（台北）《人文及社会科学集刊》第 7 卷第 2 期，1995 年。
⑤ 周玄炜：《泾林续记》，孙毓修编《涵芬楼秘笈》第 8 集，第 37 页。
⑥ 顾炎武：《天下郡国利病书》卷一百《广东四》，清蜀南桐花书屋刊本，第 28 页。
⑦ 转引自维·罗·加西亚《马尼拉帆船（1739—1745 年）》，中外关系史学会编《中外关系史译丛》第 1 辑，上海译文出版社，1984，第 177 页。

中国是一个物产丰富的国家，它能够把某些商品大量供应全世界。中国人把货物从全国各地运到他们认为有现款购买它们的市镇和海港。……但后来他们运往广州市集上的货品的数量如此之大，以致葡萄牙人没有足够的资金购买。……参加这些市集的商人们看到他们的货物卖不出去，就用自己的船，责任自负地把货运往马尼拉、暹罗、望加锡等地去。[①]

广州商人在国内外已经建立相互联结的网络，当他们到达东南亚各国时，自有已经在此居住的华侨为之接应，并准备好回程的商货。哥尔勒民斯·德·侯德猛《航海日记》记载：

[1596 年，万历二十四年，在下港（万丹）] 侨居的中国人……个个手提天秤前往各村腹地。先把胡椒的分量秤好，而后经考虑付出农民应得的银钱。这样做好交易后，他们就在中国船到达前，预先把胡椒装好。他们购得的胡椒两袋可按十万缗钱等于一个卡迪（Cathy）的价格卖出。……这些装去胡椒的中国船，每年正月间有 8 艘至 10 艘来航。每船只只能装载约 50 吨。[②]

这里没有说明这些船来自中国何处，但当时去万丹的船都是从漳州和广州启航的。当广州商人从海外回到广州时，则有揽头负责接应。屈大均在《广东新语》中说："以通商故，闽粤人多贾吕宋银至广州。揽头者就舶取之，分散于百工肆，百工各为服食器物偿其值。"[③] 这里是说，揽头向舶主海商取得银两，用以分发给制造服食器物的手工业者，作为预支工本。手工业者再按照揽头所规定的式样规格制造产品用来抵偿。从此可见，在明代晚期，海商已通过"揽主""窝主""接引之家"等建立起商业网络。

---

① 《关于中国贸易问题的简要报告》，厦门大学郑成功历史调查研究组编《郑成功收复台湾史料选编》，福建人民出版社，1962，第 119 页。

② 转引自岩生成一《下港（万丹）唐人街盛衰变迁考》，《南洋问题资料译丛》1957 年第 2 期。

③ 屈大均：《广东新语》卷十五《货语》"银"条，第 5—6 页。

海上贸易是在官宦之家庇护或参与下进行的。诚如屈大均所指出，"民之贾十三，官之贾十七"。他们"遍于山海之间，或坐或行，近而广之十郡，远而东、西二洋"①。

清代海商活动的范围已不止限于东南亚洲各地，其涉足的地域更广阔了。"自海禁既开，帆樯鳞集，瞻星戴斗"②，往来于海外各地更为频繁。正如《南海九江关树德堂族谱》所记载："（海商）远涉重洋，经商于异域，获厚资。满载而归者，所在皆有。"③ 他们依然采用"富者出资，贫者出力"的合伙方法，没有出资者，在船上当员役水手。道光八年，克劳弗特《使暹日记》记载，来往南海的闽、广海船，除筹集资金造船外，还邀集具有航海经验和技术的人充当船上员役水手。出资多者任船长，船上的重要职员火长、财副和总杆三人给予补贴外，其余一概不发工资。所有员役按规定挟带私货，附船贩卖牟利④。他们中有的"潜处番疆，逗留不返"，繁衍子孙，成为华侨。

鸦片战争之后，由于上海取代广州成为中国对外贸易的主要港口。广州港市的衰落，使大批为广州贸易服务的行业，陷入停顿或衰微；珠江三角洲数以万计、十万计的船夫、舵工、水手、商伙等"借外来洋船以资生计者"，成为生活无着的游移人。由此而引起的经济混乱，以及而后"红兵"起义、土"客"械斗而引发的社会动荡，导致成批的劳动者移往海外，以谋生路。还有一更深层的原因，是人口的压力⑤。从此时起至 19 世纪末，大凡海水所到之处，都有珠江三角洲人的踪迹，尤以美洲和大洋洲等地为主要。据笔者推论，自 19 世纪 40 年代至 20 世纪初，珠江三角洲出洋的华工达三四百万之谱⑥，因而成为我国重要的侨乡。

---

① 屈大均：《广东新语》卷九《事语》"贪吏"条，第 28 页。
② 梁廷枏：《粤海关志》卷五"口岸一"，《续修四库全书》史部第 574 册，第 509 页。
③ 《南海九江关树德堂族谱》卷十七《皇清直隶州州同达轩关君墓志铭》。
④ 参见田汝康《十五至十八世纪中国海外贸易发展缓慢的原因》，《新建设》1964 年第 8、9 合期。
⑤ 参见叶显恩《明清珠江三角洲人口问题》，《清史研究论文集》第 6 辑，光明日报出版社，1988。
⑥ 叶显恩、韦庆远：《晚清华工出洋与珠江三角洲社会》，叶显恩：《珠江三角洲社会经济史研究》，台北：稻乡出版社，2001。

海商懋迁海外而留居异域，或以"苦力贸易""猪仔（女的称'猪花'）贩运"（赊单苦力）等形式被掠往海外当劳工而形成的华侨社团、社区，是海商建立商业网络中在海外一头的网点。侨居东南亚的华商，除通过其散置网，推销接应商品外，还传递信息，使家乡对远方异国的商情了如指掌，对各种经济机会做出积极的反应。他们对珠江三角洲做出的种种的反馈，诸如投资于沙田的开发，引进作物新品种，提供商业信息、企业经营的经验和知识、先进技术等，对推动当地的农业商业化、农产品加工业和商业性手工业的发展，做出了历史性的贡献。

将部分的商业利润，投入滩涂的开发，是包括海商在内的商人对家乡的一个重要贡献。要将滩涂开垦成良田，工程浩繁，费用巨大，历时长久。先要抛石拍围，淤积成陆后再于四周筑大基，内筑棋布的小基。要先植芦荻，再易种以草，继种香蕉、虾稻等耐咸作物。须经数年、十几年，乃至数十年方可成田。曾参与开辟沙田的龙廷槐（乾嘉时人）说，"计其圈筑之费与年岁之久，其值亦与买置中腴之田相比"①。据笔者的研究，一般地说，一亩白坦的工筑费为 10 余两，加上花息银 2 两，收回成本要 15 年左右②。嘉道时人陈在谦也说："有沙田十亩者，其家必有百亩之资而始能致之也；有百亩者，必有千亩之资而始能致之也。"③ 可见承垦沙田者，非大族势家、商贾富户不可。一般的贫民小户是不可能染指的。

引进作物的新品种，也是侨居海外的海商对珠江三角洲的一个贡献。例如陈益于万历十年首先从安南将耐旱、高产作物番薯引进其故乡东莞，即一例④。

华侨中的一些精英，将在侨居地学到的一些新技术和一些近代经营管理知识，以及积蓄的资本带回珠江三角洲创办近代的企业。最为突出的是

---

① 龙廷槐：《敬学轩文集》卷一。

② 参见拙稿《明清珠江三角洲商业化与社会变迁》第四章"宗法土地制度与商业化"，中山大学出版社，2020。

③ 陈在谦：《与曾勉士论沙田书》，《广东文征》第二十三卷，第 2 册，香港珠海书院出版委员会，1973。按：陈在谦，广东新兴人，嘉庆甲子（1804）举人，官清远县教谕。

④ 杨宝霖：《我国引进番薯的最早之人和引种番薯的最早之地》，《自力斋文史农史论文选集》，广东高等教育出版社，1993。

华侨陈启源，他带着在越南于法国人建的丝厂学得的知识和多年积累的资金，于 1872 年回到家乡南海县简村。次年创办继昌隆丝厂，率先引入先进的机器缫丝工艺，并加以改进。机器缫丝提高了劳动生产率，产品质量又远胜于手工缫丝。在国际市场上，厂丝的价格较土丝高出约 1/3，而且销路通畅。机器缫丝业一经出现，"各处闻风兴起，纷向南海、顺德产蚕地方竞相设立"机器缫丝厂[①]。19 世纪 80 年代初，南海、顺德有 10 余家。80 年代中后期，增加到五六十家。19 世纪末 20 世纪初又陆续增建新厂。单顺德一县，于 1911 年已有 142 家以上。到了 20 世纪 20 年代，珠江三角洲的机器缫丝业已增达 200 余家[②]。值得注意的是珠江三角洲较之于江南地区，是晚兴起的蚕丝区，但在清末民初，珠江三角洲机器缫丝厂设立的数量、资金以及工厂的规模均超过江南，其中一个原因是资金上享有海外华侨商人汇款的优势[③]。由于机器缫丝厂的大量发展，厂丝逐步取代土丝，至 20 年代，如前所述，丝货（包括水结和丝织品）出口价值约占广州出口总值的 70%—80%，成为广州外贸的主体产品。蚕丝业不仅和侨汇成为珠江三角的两大经济支柱，而且也是广东全省的经济支柱。这里应当指出，陈启源创办的继昌隆机器缫丝厂，着中国民族工业近代化的先鞭，具有划时代的意义。

19 世纪初，澳大利亚华侨马应彪创办先施百货公司，郭乐、郭泉兄弟开办永安百货公司，蔡兴、蔡昌兄弟开设大新百货公司等。这著名的三大百货公司的总部虽然都设在香港，但对珠江三角洲的影响是巨大的。先施和大新还在广州开设有分公司。该三大公司都有在广州开设旅馆业等，而且皆兼营储蓄业，"隐然商店与银行相结合"[④]。

---

① 民国《顺德县续志》卷三，第 26 页。

② 参见程耀明《清末顺德机器缫丝业的产生、发展及其影响》，广东历史学会编《明清广东社会经济形态研究》，广东人民出版社，1985。

③ 参见 Robert Y. Eng, *Economic Imperialism in China: Silk Production and Exports, 1861-1932*, Berkeley：University of California Press，1986，p. 183。伍若贤教授在这部研究中国丝业的专著中，将广东实即珠江三角洲与江南的蚕丝业，就工厂的设置、技术、投资、劳动力、原料（蚕茧）等方面做了比较。

④ 参见林金枝、庄为玑《近代华侨投资国内企业史资料选辑（广东卷）》第 16 章第 3 节"广东华侨投资的百货业"，福建人民出版社，1989；谭仁杰《永安公司创始人郭乐》，《广东文史资料》第 62 辑，广东人民出版社，1990；陈醒吾《马应彪与先施公司》，（转下页注）

又如美国侨商陈宜禧于光绪三十二年回台山，自己筹款，自己设计，修筑新宁铁路。时间上虽然稍迟于潮汕铁路，但它是纯粹由民族资本兴建的头一条铁路。

航运业的近代化，也主要是由海洋经济的产物近代买办商人推动的。众所周知，鸦片战争后，上海很快取代广州成为中国对外贸易的中心，原与西商有种种联系的买办、通事、跟随、仆役等人，同西商一起转移上海。19 世纪四五十年代，中西贸易中的掮客、通事、买办有一半是广东人。有人甚至说，50 年代上海有 8 万广东人。此说不确，但其人数在当时上海人口中占比例之高是毋庸置疑的，而且人口的素质亦高。19 世纪 70 年代，由洋务派官僚李鸿章创办的上海招商局，几乎都是由珠江三角洲，尤其是香山县的买办商人支撑的。先后主持局务的唐廷枢、徐润和郑观应都是香山人。香山县买办郭甘章在 70 年代初，也已在香港置有多艘轮船，从事航运业了。他们在广东地区着重发展内河和沿海内港的小轮船化，并仿照西方致力于以广州港市为中心的航道网络和港口、码头的建设①。70 年代中期，华商梁定荣在家乡佛山创办广德泰轮船公司，"置海舶，由粤直走天津"②。自光绪二十四年清朝政府颁布《内河行轮章程》后，小轮船公司蜂起。光绪二十六年全省小轮已达 200 艘。其中洋商的小轮船只占极小部分③。珠江三角洲的水网区南海、番禺、顺德、香山等县，不仅乡镇间有互通小轮船，而且与邻县、佛山、省城等地也有轮船往来，甚至"凡在略有市廛交易之乡墟，

（接上页注④）《广州工商经济史料》，《广东文史资料》第 36 辑，广东人民出版社，1986。按，陈醒吾以先施百货公司文具部副部长（1919 年担任）的身份回忆说，先施创办于 1910 年。但综合多方面资料做出判断，创办的时间应当在 1900 年。最有说服力的是先施公司 25 周年纪念册上就写明 1900—1924。见林金枝、庄为玑《近代华侨投资国内企业史资料选辑（广东卷）》，第 562 页。

① 参见叶显恩《粤商与广东的航运业近代化：1842—1910》，张伟保、黎华标主编《近代中国经济史研讨会 1999 年论文集》，香港：新亚研究所，1999。关于上海公共租界内粤籍人及其在客民中的重要性，叶文"注" 26 已引用冯尔康教授赠阅的《清代广东人在上海》一文（未刊稿）的数据（见该书第 212—213 页），于此不赘。

② 民国《佛山忠义乡志》卷十四《人物八·货殖》，1926 年刻本，第 3 页。

③ 参见蒋祖缘主编《广东航运史（近代部分）》，人民交通出版社，1989，第 82 页。

每日间小轮经过开行，纵或无二次，亦必常有一次"①。1911年广东拥有的内港小轮船310艘，占全国同年内港小轮船的1/3以上，仅次于包括上海在内的江苏省②。内河的轮运（含九龙、拱北的内港轮运数）达170余万吨③。成为全国航运业的一支重要力量。

台山的公益埠和香洲商埠，同样是由侨商伍于政等开辟的。1903年在香港创办的四邑轮船公司、1910年在广州创办的侨轮公司等，也是出自侨商之力④。华侨还在能源、工矿，以及银行、百货公司等方面，建立起近代企业。作为民族工业，有的还属国内所首创。例如，旅日华侨卫省轩于光绪四年在佛山开办巧明火柴厂，美国华侨黄秉常、李荣邦1890年在广州开设的发电厂等。华侨开办的金融业，也令人注目。银行、银号（钱庄）和侨批业（经营侨汇业务）等，几乎遍布整个侨乡。20世纪20年代，顺德甚至成为广东省金融业的中心⑤。

商人根据从海外反馈的市场信息，迎合西方顾客的喜爱、嗜好而创制了花茶、彩瓷等新产品。如前所述，花茶就是纯粹为迎合西方人的口味、喜爱而研制出来的。又如所谓"广彩"陶瓷，也是完全为投西方人的所好而在广州创制的。据文献记载，"其器物购自景德镇，彩绘则粤之河南厂所加者也"。这里是说贩运来景德镇烧造的白瓷器，在广州的河南、西村设厂开炉烘染。"另雇工匠，仿照西洋画法"，"制成彩瓷，然后售之西商"⑥。

受中国传统文化的重要内容——乡土、家族观念的驱使，侨居各地的华侨，将积攒的资金，汇回家乡。19世纪末20世纪初，侨汇成为珠江三角洲经济的重要支柱之一。这些侨汇，除部分用于侨眷的消费外，其余的被投入当地的建设。关于侨汇，我们尚缺乏完整的确切的数据。最早的估计

---

① 参见蒋祖缘主编《广东航运史（近代部分）》，第83页。
② 参见蒋祖缘主编《广东航运史（近代部分）》，第85页。
③ 参见蒋祖缘主编《广东航运史（近代部分）》，第85页。
④ 参见叶显恩《粤商与广东的航运业近代化：1842—1910》，张伟保、黎华标主编《近代中国经济史研讨会1999年论文集》。
⑤ 林金枝、庄为玑：《近代华侨投资国内企业史资料选辑（广东卷）》第6章"广东华侨投资的各类工业"、第17章"广东华侨投资的金融业"。
⑥ 刘子芬：《竹园陶说》，《东方杂志》第23卷第16号，1926年。

数字是 1877 年美国加利福尼亚州上议会（参议院）所说的美国华侨汇款平均每年为 1 亿 8000 万美金。又据旧金山总领事黄遵宪查银行汇票总簿的记录，20 世纪头几年，华侨汇款回广东省的最多一年为一千五六百万元，古巴、秘鲁、西贡（今胡志明市）、新加坡等地汇款未计在内①。这仅限于一国一地的数额。有人估计，珠江三角洲要县每年可达数千万元。侨汇不仅为家乡的商业化和沙田的开发提供了资金，而且成为家乡的近代化建设的资金来源。据不完全统计，自 19 世纪六七十年代至抗日战争前，华侨在珠江三角洲的投资达 2 亿 4000 万元。其中工矿业为 2125 万元，占总投资的 8.8%，商业服务业、金融业、交通业为 8778 万元，占 36.5%，房地产业为 1 亿 3188 万元，占 54.7%②。

这里不难看出，侨居海外的华侨，坚持和发扬中国源远流长的传统商业文化，以其商业的成功，以及以其从西方学得的先进技术和经营管理的知识，来促进或具体帮助家乡的商业化和近代化。处于三角洲边缘的广州、澳门和香港，一直是中西文化的交汇地、与世界各国往来的通道。从汉代的"译长"到近代的买办，从唐宋的"蕃坊"到近代的洋行，三角洲历来就有服务于外贸的专门人才，就有专辟为外商居住之地和由外商设置的商务机构。有的外商因久居三角洲而加入当地户籍。珠江三角洲作为海洋经济的前沿地带，当地人或参与其事，或耳濡目染。他们既汲取了西方有用的知识，又没有照搬西方的一套进行商业化和近代化。例如，农业的商业化是在保持小农的基础上进行的，而不是西方的农场式；蚕丝区进行缫丝工业化时，200 多间机械缫丝厂，也分布在乡村、墟镇，而不是城市。20 世纪 80 年代以来，珠江三角洲乡镇企业发达，应该说是有历史渊源。

综上所述，由于古老的广州港市经济的特殊性，它的繁荣并不能带动其所在地珠江三角洲经济的进步。北宋以前，珠江三角洲依然是一片局促南隅、沉睡未醒的荒服之地。宋代以降，北方士民的南迁，尤其宋室南迁、

① 参见郑林宽《福建华侨与华侨汇款》，福建省政府秘书处统计室，1940，第 26 页。
② 数据为原文估算，参见许檀《鸦片战争后珠江三角洲的商品经济与近代化》，《清史研究》1994 年第 3 期。

偏安临安之际,北方士民的集团性移住,为珠江三角洲提供初步开发的机遇;宋、元围筑堤围,兴修水利,正是其初步开发的标志。明中叶广州市场的转型,又为珠江三角洲提供了新的机遇,从而使其进入了开发深化的阶段。三角洲人善于把握机遇,做出合理的抉择。他们一方面将这片浅海滩涂开发成适合种植经济作物的良田;另一方面以外贸为先导,开拓市场,以出口贸易带动各行业的发展,不断地推动农业商业化,使珠江三角洲变成海洋经济的基地。

珠江三角洲人本是由北方的士民不断移住,并和当地原有居民融合而成的;自明代晚期以降,又不断流布海外,尤其鸦片战争后,大量移殖海外,流布四方。历史造就他们敢于开拓、敢于创新、勇于冒险的精神。浓郁的乡土观念,又使他们以其事业的成功经验、以其从西方学得的先进技术和经营管理的知识,来促进或具体帮助珠江三角洲的近代化和海洋经济化。清末民国年间,珠江三角洲已实现了以出口贸易为主体的海洋经济化。但是,他们并没有照搬西方的一套,例如,农业的商业化是在保持小农的基础上进行的,而不是西方的农场式;缫丝工业近代化时,200 多间机械缫丝厂,也分布在乡村、墟镇,而不是城市。近年来珠江三角洲乡镇企业的发达,应该说是这种历史的合理传承。

顺带指出的是,1978 年以来,中国实现了从计划经济向社会主义市场经济的转变,珠江三角洲人面对这一历史潮流性的转型,再次迅速做出抉择,率先按照社会主义市场经济的轨道运作。在短暂的二十年间,取得了举世瞩目的成就。这绝非偶然,同样是当地人与侨居各地的华侨、华人在这块充满产业革命精神的土地上,携手共创的结果。

附记:

承审稿人提出许多改进意见,特致谢忱。

又,本文定稿后读到 Sucheta Mazumdar, *Sugar and Society in China: Peasants, Technology, and The World Market* (Cambridge and London: Harvard University Asia Center, Harvard University Press, 1998) 一书。此

书作者以广阔的视野，丰富的阅历，站在世界史的高度，详细论述了以广东为重点的中国蔗糖的生产与运销海外各地的情况，本文来不及汲取该书的研究成果，颇感遗憾。笔者已组织人员正在翻译成中文，拟由广东人民出版社出版。

本文原刊于朱德兰主编《中国海洋发展史论文集》第 8 辑，台北："中研院"中山人文社会科学研究所，2002。

广东古代航运史的几个问题

一　优越的自然条件和源远流长的水运传统

广东背倚五岭，面临南海，有珠江水系纵横其间。地势北高南低，河道南流，河海互相沟通。中南部的珠江三角洲，河涌密布，湖沼星罗。东南西三面滨海，海岸线曲折，其长度居全国各省之首位，且湾澳众多，可充良港。广东沿海岛屿星列，其数目仅次于浙江、福建。它所濒临的南海，东与太平洋相接，西与印度洋相通。其地理形势，正如顾祖禹的《读史方舆纪要》所描述："广东之地介于岭海间。北负雄韶，足以临吴楚；东肩潮惠，可以制瓯闽；西固高廉，扼交邕之噤吭；南环琼岛，控黎夷之门户。而广州一郡，屹为中枢，山川绵邈，环拱千里，足为都会。"①

西江、北江、东江和流溪河诸水构成珠江水系。西江为珠江水系的主流，发源于云南省东部，自云贵高原而下，贯穿两广，流入南海，总长2167公里。北江发源于江西省信丰县大石山，流经广东的南雄、始兴、仁化至曲江，这一段称为浈水。浈水在曲江与发源于湖南临武县麻石砗的武水交汇。自曲江以下，始称北江，流经英德、清远而达三水，这一段水道共长445公里。北江和西江在三水思贤滘相汇，然后分汊入海。东江发源于江西省安远县姐妹岗，流经广东的和平、龙川、河源、紫金、惠阳、博罗、增城、东莞等县，注

---

① 顾祖禹：《读史方舆纪要》，贺次君、施和金点校，中华书局，1994，第4590页。

入狮子洋，共长 522 公里。还有流溪河发源于广东从化七星岭，南流至原南海县和顺附近与官窑水相会，经广州入狮子洋，长 160 公里。珠江水系之外，粤东地区主要河流有韩江、榕江、练江，较小的溪流有南溪、北溪、黄岗溪、龙江、赤岸水等。粤西地区，有鉴江、漠阳江、廉江、九洲江等。原属广东省的海南岛，有南渡江、昌江和万泉河等，这些河流均流汇南海，海河沟通。加之粤中地区湖泊星罗，交织成一派水乡泽国的地理环境。

广东处于低纬度的位置，最北的乐昌县处于北纬 25°31′，大陆区最南端（雷州半岛）处于北纬 20°9′。海南岛的最南端为北纬 18°10′，海岛最南为南沙群岛的曾母暗沙以南，约在北纬 4°，南距赤道仅 400 余公里了。北回归线横穿广东省大陆区中央。地跨热带，面向热带性的海洋，形成热带、亚热带季风气候。雨季长，河流的洪水期也较长，约 4 月间涨水，9 月间下落，内河具有水量丰盈、经冬不冻的特点。南海因受季风的影响，进入南海的海流有暖流和寒流两种。夏季由于西南季风的吹送，有一股称为季风海流的暖流从爪哇前来，循东北方向，经南海流向台湾海峡。冬季由于东北季风的吹送，菲律宾以东暖流的一支由巴士海峡流入南海，沿逆时针方向，流向越南海岸；另一股寒流（中国海流），也同时乘东北风沿海南下，经台湾海峡而进入南海，流向海南岛东岸。这种东北—西南流向的季风海流，恰与广东省海岸线走向相同，有利于沿海水运的发展。

暖热多雨潮湿的气候，适合水域和陆地生物的繁殖。广东陆地到处林菁茂密，飞禽猛兽出没其间。海河水域水产丰富，尤以牡蛎、文蛤、魁蛤、海蛏、蚬（淡水贝类）等为最。广东的海河为广东古代先民储蓄着取之不尽的食物。

得天独厚的自然条件，使广东的越人先民自古以来就与水上活动结下不解之缘。他们择水滨而居，始以采拾贝类为业，继而以舟楫捕捞鱼类。因此越人以擅长"涉游刺舟"著称。这一遗风在广东的所谓疍民、龙户、卢亭一类的渔民中，依然保留，世代承袭不衰。他们以"舟楫为食"，长年累月地生活在烟波浩渺的河海之上。水上世家，专业易精，有利于航运和造船技术的提高。广船与福船并称，享誉于世，历久而未衰，绝非偶然。

从秦、汉起，中国海上贸易的主要对象是南海诸国。因此，海上贸易发端于南方，交趾、徐闻、合浦、番禺（今广东广州）等港市随之兴起。到了孙吴时期，因交州刺史部所管辖的岭南地区内部，已形成红河水系和珠江水系这两个各具特色的经济区，所以孙权决定以合浦为界，一分为二，其南划为交州，其北划为广州。广州之名自此始，并且一直保持至今。交广分治，加强了广州港市的地位，又因造船业和航运技术的进步，海上交通进入"近洋航运"阶段。所以自晋代起，广州取代交趾、徐闻等港市的地位，跃升为南海交通的首要港口。唐宋元时期，海贸空前发展，航运进入了"远洋航运"阶段。自晋代至鸦片战争前，广州除元代由于政治原因而降格为仅次于泉州外，一直保持中国主要港口的地位。鸦片战争之后，广州的主要港口的地位，为上海所取代。历史上主要港市的嬗递依次为：交趾、广州、上海。

优越的自然条件和越人"善用舟"、海贸发达的历史传统，使广东的水运业特别发达。从水运兴起之早、航海与造船技术之精、海河航运范围之广、客货运输量之大等方面考察，不难看出古代广东航运在全国处于独占鳌头的地位。

二 广东古代航运史的分期及各个时期的特点

广东航运史的发展，大致经历如下的四个时期：战国及其之前，处于早期的水运活动阶段；秦、汉、吴、晋、南朝，有了开拓性的进展；隋、唐、宋、元，则取得了空前的发展；明、清，进入了繁盛与危机期。

战国之前，蛰居岭南的越人先民，滨水而居，取食、生息于这片泽国中。各部落之间互不相属，交换甚寡，尚未出现统一的君长。其水上活动的主要内容是采拾、捕捞海河中的贝类和鱼类等水中生物。他们通过内河，已与岭北有交通往来；沿着海岸也已同邻近的东南亚地区有偶发性的联系。但当时的船只粗糙、原始，航行技术落后，水上航运还处于早期阶段。

秦、汉王朝建立之后，对军事上的航运需要，有力地推动了岭南水运的发展。秦始皇派遣五路大军南征，主要经由民间早已存在的水道商路。为了转输军饷，曾对一些河道做了疏浚，尤其是灵渠的开凿，沟通了长江水系和珠江水系。西、北两江是通向岭外乃至中原的水道。西江的地位尤为重要，经桂江，过灵渠，进湘江，与中原相交通；循西江溯源而行可抵云、贵，乃至四川。水路的开通和改善，对秦汉在岭南推行郡县制，实行直接的统治，起了重大的作用。海运于河运之后兴起。秦汉时，已可以沿着海岸进行长距离的航行了。南海区域内已"无远弗届"，与东南亚各地发生了贸易往来。秦汉的船舶，发展到了比较成熟的木帆船阶段，出现了历史上第一次造船业的高潮。航海技术也大有进步，普遍采用借助星宿定位的方法。据《汉书》记载，已有一系列总结航海技术的著作行世。吴晋南朝的历代统治者，都倚重水运。尽管北方处于战乱，但岭南的偏安局面，使广东的航运在汉代基础上，得到了初步的发展。秦汉时，与印度沿岸的交通还需要转运；晋代之后，不仅可直通印度洋沿岸、阿拉伯海，而且还可通往红海、波斯湾。海上航线的不断扩展，交通地区的逐步扩大，内河航道的改善，造船和航海技术的发展，都说明秦、汉、吴、晋、南朝是广东航运的拓展期。

隋唐宋元，是广东航运的发展期。就全国而言，唐代之前，对外交通贸易是以陆路为主的。跋涉山川、横越沙漠，兼以途中盗贼作祟，商客往来，至为艰险。贯通中西的"丝绸之路"，在交通运输和中外交往中极一时之盛。海上的交通贸易，则处于次要的地位。约于3世纪以后，由于海上航线的开辟，《新唐书》上记载的"广州通海夷道"的开通当在唐代之前，至唐代，海路日显重要。唐代奠基的对外贸易自由的开放政策，在宋、元两代又得到了推进。对外贸易自由的开放政策，直接推动了海上帆船贸易的发展。8世纪，由于阿拉伯商人在海上兴起，形成了以东方的唐王朝和西方的阿拉伯帝国为轴心的国际海洋贸易圈。原为南海交通首冲的广州，也跃升为世界东方的大港。广州繁荣一时，被视作"金山珠海"之地，为海内外所艳羡。应当指出，当时广州之繁荣，是水运交通之发达和对外贸易繁盛之结果。正因为广州港市的勃兴，市舶贸易的扩大，南北商货往来的急剧增加，与经济发达的江南及中原地区间的贸易联系日益密切，促成了唐开元四年（716）开凿大庾岭道。从此，北江和赣江组成南段通道，与北段通道大运河相衔接，构成贯通南北的水运大通道。1127年宋室南渡，南宋朝廷偏安杭州。政治地理的变化，促进泉州之兴起。加之中西方的国际贸易圈形成之后，中国传统向东和东北亚地区与向南和东南亚地区分途进行的海上贸易，出现了两路衔接的趋势。作为两路贸易的衔接点，泉州自当趁势发展①，宋元之交，终于凌驾于广州之上。广州于元代虽降格为次于泉州的港市，但一到明代，又恢复了中国主要港市的地位。唐宋元时期，造船业和航海技术，也相应继秦、汉之后再次出现了高峰。宋代指南针运用于航海，水密舱的设置、钉接榫合法等，是这一时期杰出的航海和造船的技术成果。无论是从航线的开辟、水道的治理、港口的规模、造船与航海技术的进步，还是从水运的客货流量，都可看出唐宋元时期的广东水运已取得长足的发展。

明清两朝是水运发展转型的时期，也是繁盛与危机并存、充满矛盾的时期。明代一反宋元对外贸易自由、鼓励发展海贸的传统，厉行海禁，只允特许的国家以朝贡的形式进行贡舶贸易。隆庆元年（1567）之后，虽允许到南洋一带贸易，但实行定额、定点的引票制。这种凭引票到指定地点贸易，只不过是海禁之大门启开一道缝隙罢了。船舶制造业，也因而一反宋元发展海舶之大势，转为增加舟船品种和数量，注意因地制宜，提高船体强度，以适用于内河行驶和海防体制的需要。明初出现的集全国造船技术之大成的郑和船队，是古代造船史上的一个高峰，以后由于海禁的影响，进行远洋航海的大型船队已不复再现。富有冒险精神的广东海商，虽冲禁走番，梯航懋迁于海外，但其活动已龟缩回南海水域范围之内了。由于受到刚兴起的世界资本主义经济影响，珠江三角洲和韩江三角洲等地加速开发，农业商业化兴起，出现了商品经济兴起的势头。这些商品需要进入流通领域，以实现其价值。明代广东境内的水运业，就是因此而得到发展。

---

① 参阅李东华《宋元时代泉州海外交通的盛况》，中国海洋发展史论文集编辑委员会主编《中国海洋发展史论文集》第1辑，台北："中央研究院"三民主义研究所，1984。

水运航道经过新辟或疏浚，已初步形成航运网络，尤以珠江三角洲最为密集。沿海湾澳和河流要津，设有港口、津渡和码头。以广州为全省交通的枢纽，各地区又日渐形成集散一方商货的港市。小港口和津渡，则作为小地区产品调剂，或与大、中港市运输商货往来而起作用。大、中、小港口的相互配套，已具雏形。港、市合二而一，形成一体。这些都标志着明代的广东已出现了初具规模的水运体系。

清初为消灭郑成功父子的抗清势力，曾实行"坚壁清野"式的迁海令。广东沿海水运惨遭打击，几乎断绝了与南洋各地的交通往来。明后期以来的东南亚市场上，以武力为后盾，采取贸易与掠夺相结合的西方殖民者趁机扩大其势力；粤闽海商凭传统的优良产品在东亚市场上勉强支撑的优势，也于此时日渐丧失。降服郑克塽，收复台湾之后，清王朝取消禁海令，并于康熙二十四年（1685）设粤海关，开海贸易，广东水运方获转机。乾隆二十二年（1757），关闭江、闽、浙三关，指定广州为中西贸易独口通商口岸之后，全国进出商品在此吐纳，广东水运出现前所未有的繁荣景象。远洋帆船的艘数、吨位，进出口货流量及其品种，都比以前增加，水运的管理机构与制度也越发严密和完备。水运航道沟通、衔接、整治、疏浚，都超乎前朝。港口之勃兴与扩大，布局之趋向合理，而且相配成套，以及造船种类之增多，都标志着水运之兴旺。清代中期，广东沿海运输已与内河运输紧密相连为一体，形成一个纵横南海，通贯西、北、东三江，兼带岭北的巨大运输网络。如果说水运体系，于明代还只是初具规模的话，清代中期已经基本形成。古代水运业在此时臻于全盛。这里必须指出，古代广东水运的繁盛，是在指定广州为全国独口通商，把全国各地纳入其对外贸易腹地的情况下出现的，因而只能视之为一种特殊的繁荣。如果结合其他因素做纵向和横向的比较、考察的话，还可发现其繁荣的背后隐藏着衰退和危机。正因为如此，我们称明清两朝的广东水运为繁荣与危机并存的时期。

三　水运与政治统治、社会经济的关系

人类社会的运输活动是伴随生产活动而出现的。天然河道是人们生产、

生活的重要条件。当挖井技术还没有发明之时，人类是滨水而居的，始以拾集水中贝藻，继而捕捞水中鱼类，虽也采集植物及猎取陆上动物为食，但水中生物是其重要食物之源。岭南的先民借助一叶扁舟所从事的渔猎活动，就已构成生产工具、产品和劳动者相结合的水上运输。可见水运是最早的经济活动之一，它是与人类相伴而出现的。

阶级社会出现之后，水运系统是统治阶级用以实行有效统治的工具。西方著名的历史学家汤因比将交通系统视为统一国家赖以生存的首要组织①，足见他对水运之重视。在古代，自然的水道是交通的主要干线。如果没有开凿沟通长江与珠江水系的灵渠，很难设想秦始皇能够有效地经略岭南。当中国历史上第一次大一统的王朝——秦以及之后的汉出现时，其政治、经济重心均在中原地区，黄河水系是其依赖的主要通道。当时南方尚待开发，对落后的南方边陲地区，只要有水道可通，中央政权便足以对之进行控制了。唐宋元时期，政治中心虽然依旧，但经济重心已移往江南，没有隋朝开辟的沟通南北的运河，也很难设想能够保持第二次大一统的局面。从唐宋国运的兴衰消长同运河的畅通、阻碍密切相连看，也可证明这一点②。就广东地区而言，当秦始皇经略岭南，推行郡县制时，所有的郡县均设在有水道可通的要地，其目的也是利用自然水道对所管辖的地区范围进行有效控制。

对水运系统的利用，在唐代之前及其之后是有所不同的。唐代之前，在自给自足的经济结构之下，交换是很少的。长距离的水运货流，多限于海外的奇珍异宝、香料和传统的出口产品丝绸、漆器等，以及由国家专卖的盐、铁和漕粮等。此外，几乎没有其他民生日用品。客运方面，除逃避战乱的流民外，平时乘搭的富商大贾、官僚和公差使客，为数甚微。唯有用于军事与邮传等政治目的的水运，诸如军士调遣，其量最大。秦始皇遣师经略岭南、汉武帝派楼船水师征讨南越、晋代卢循起义在岭南的水战等军事行动，对广东水运的影响尤其巨大。正是由于中央政府对岭南的多次用兵，广东的内河航道和沿海航道，才得到不断的改善。这一阶段，发展

① 参见阿诺德·汤因比《历史研究》下卷，郭小凌译，上海人民出版社，2010。
② 参阅全汉昇《唐宋帝国与运河》，《中国经济史研究》上册，香港：新亚研究所，1976。

航运业的主要动力源自政治性的目的。

如果说，唐代之前主要是做政治性的运输；那么，唐代之后则转以经济性的运输为主。宋代，是中国社会生产力迅速提高，商品经济发展的朝代，也是局促于南海之滨、荒服的岭南得到初步开发的时期。广东水运的商货结构开始发生变化，即商品的运输量日益增加，尤其到明中叶之后，随着农业商业化在珠江三角洲等地抬头，民生日用商品不断地涌向市场，经水运进入流通市场的商货量超过了政治性的水运量，水运货流结构的变化取决于社会经济发展的状况。而社会经济的繁荣与水运的发达是相互促进、互为因果的。

南北水运的沟通，首先给岭南社会经济带来的，是顺河道而来的移民。移民意味着劳力资源和文明信息的输入，因而促进了这块深株丛薄、烟瘴弥漫的岭南地区之开发。从秦军戍五岭起，中原士民迁入岭南未曾间断。较大规模的移民，则在南宋建炎年间、宋季元初和元末明初。在这三个时期，北方士民成群结队地南徙，或举族南迁。他们经大庾岭道进南雄，再顺北江南下珠江三角洲等地。今天的南海、番禺、顺德、香山、东莞和新会六地是其较集中的迁移地。他们之南来，固以战乱为导因，但同广州繁盛一时，素享富名，耳听口传，误认广州地区为"金山珠海"，亦有关系。珠江三角洲本是一片浅海、湖沼星罗，河涌交织如网的水乡泽国。南徙的北方士民和世居民众一起，一面筑堤围以防洪、潮、咸等自然灾害；一面斩荆披棘，围垦沙田。《永乐大典》记载："建炎以后，中原士大夫避地留居者众，俗化一变，于是衣冠礼度，并同中州。"说明南宋以降，百粤民族之礼度始为中原文化所融合。经宋元两朝的长期努力，又经明清两代全面深入开发，创造出"桑基鱼塘"这一高经济效益、循环生产、多种经营的、独特的生产形式。珠江三角洲一跃而进入全国先进经济区的行列。又如兴梅地区，宋末元初，北方士民稍稍迁至。"草莱未开"的荒服之地，才增多居民点，稍获开发。可见通过水运而输入的劳力资源和生产技术，对一个地区的开发起着十分重大的作用。

水运与商品经济之间的关系尤为密切。广州作为中国海贸的主要港口，只与中国各个经济中心点以及南海各地，乃至印度、西亚、东非沿岸主要商埠发生贸易往来，因此其交通航线也是只限于通往这些经济中心点和商埠。聚集于广州的奢侈品，与广州周围的珠江三角洲和省内各地几乎没有关系。因此，广州市场对这些地区没有产生刺激力。这一情况，至明中叶以后才发生了变化。

珠江三角洲在明代进入了全面深入的开发期。兴修水利、围垦沙田的速度愈加迅速，商品性农业开始抬头。当地的土特产，通过三角洲的河网区运入市场。自明中叶起，由于市场力量的刺激，尤其自从粤商开拓马尼拉生丝市场，与西班牙商人开辟的通往墨西哥的太平洋丝路相接通之后，在国际市场取向的影响下，农业商业化的势头日益炽烈。经济作物如甘蔗、蒲葵、荔枝、龙眼、香蕉等，形成了各自的中心产地，并相应出现了农产品加工业。尤其是蚕桑业的发展最为迅速。南海、顺德于明后期出现的以蚕桑养鱼为专业的"桑基鱼塘"生产形式，到了清代愈加发展。这种由农业、手工业商品化所形成的开放型的经济，恰恰同珠江三角洲四通八达的水运条件相适应。

韩江三角洲水运条件虽不及珠江三角洲，却优于省内其他地区，因而也就具有促进商品经济发展的较大的潜在力。自从根据咸丰八年（1858）签订的中英条约的规定，开辟汕头（条约中原定潮州，后改此）为商港之后，资本主义国家利用其潜在的水运优势，把它作为倾销其商品和掠夺中国原料的据点。市场对当地的刺激力愈来愈强烈，加之人口压力日重等因素的合力作用，商品性农业和手工业才得到迅速的发展。

粤北、粤西和海南岛地区，社会经济的发展水平则相对落后，商品性的农业，还只限于经济作物的传统产地。商品性的手工业也还未得到显著的发展，究其原因，当然是多种因素合力作用的结果。但毫无疑问，水运条件是其中一个原因。粤北，乃崇山峻岭之区。在古代，沿北江，越骑田岭和大庾岭，可同中原沟通。唐代开凿大庾道之后，通过北江同岭北的经济交往较前便畅。南来的北方士民，先居此地。因得中原文明风气之先，粤北地区先得到开发，经济发展比各地为快，一度执岭南经济之牛耳。但因其发展经济的条件毕竟不如珠江三角洲，所以北方士民继续南迁。条件优越的珠江三角洲，便是他们所瞩目之地。粤北地区的先进经济地位，终为珠江三角洲所取代。即使是后起的韩江三角洲，经济发展水平也领先于粤北地区。粤西地区，水运条件也不如韩江流域，更不能与珠江三角洲相比拟。粤西的河流多独流入海，不相交汇，流量又有限。海南岛四面环海。中部绵亘着五指山，地形中间高，四周低平，河流从不同方向流入海，内陆的水运甚为不便。从长远看，海南岛雄踞南海之中，具有极其优越的水运潜在优势。但在当时，尚未出现发挥这一潜在优势的机遇。区域内部的水运不便畅，却直接影响到经济的开发；而经济得不到开发，又影响水运条件的改善。两者是相互影响的。

我们知道，在近代交通工具出现之前，各地的信息，几乎都是靠水运传播的。市场信息的传入，可直接影响商业化农业和手工业的产业结构。带进外地先进的技术文化，可起推动生产、提高文化水平、移风易俗的作用。不难看出，作为越人故地的岭南地区，于明清时期，一改"南蛮"风尚，最先浸染西方近代之文明，经济上一跃而进入先进地区之行列，与它四通八达的水运，得风气之先，创风气之首，有着密切的关系。

水运与市镇的兴衰、经济区域的形成，也有密切的关联。古代郡县城市位置的确立，固然以便于行政管理为最优原则，但水运交通条件也是必须考虑的。从广东省所有中型以上的市镇定位看，显然都考虑了水运是否方便这一条件。以岭南重镇广州而论，它作为岭南的政治中心和商业都会，历两千多年而未衰，正因为它处于海、河航线的交叉点，兼有海、河港口的功能，具有交通中枢的地位。次一级的市镇，即府州治所在的肇庆、惠州、潮州、韶州、连州、高州、雷州、嘉应州、钦州、琼州和罗定等，无不处于水运路线的要冲。即使各县的治所，也都有或大或小的河流经过。至于因商品经济发展的需要而兴起的市镇的定点，则纯由水运条件着眼了。佛山、石龙、小榄、陈村、江门等，都是因处于水运网线的交叉点上，便于集散一方的商品而兴起的。就是贸易腹地只具几公里的小墟市，在水乡泽国的三角洲地带，也把水运当作其选点的一个条件。水运条件的变迁，往往影响到市镇的兴衰和地位。那些商业性的市镇尤其如此。佛山镇的繁荣，就同水运条件的变化，有直接的联系。佛山成为一个聚落，相传"肇于汴宋"。它在宋元时期，并没有得到多大的发展。朱明建立后，开建户籍时，把佛山村与周围的十五村合划为佛山堡，编为八图（里）。按里甲编制，可见它尚未形成市镇。正统、景泰间，佛山始露头角，拥有"凡三千余家"。它地处佛山涌要冲。佛山涌西通北江、西江干流，东流至广州与流溪河交汇。从广州起航，原经石门水、官窑水，而进入北江和西江干流，比通过佛山更直捷。但是明代晚期起，官窑水日益淤塞难行，改为取道于佛山涌。佛山的地位也因此日显重要。从西江、北江通往广州者，必先问津佛山。佛山涌给佛山带来了繁荣。"商贾以（之）为财源"（道光六年《清浚佛山涌港记》），曾多次修浚，不断加宽，使航道不断改善。珠江三角洲农业、手工业商品化的发展，又为它提供了愈来愈多的货源。清代前期，被誉为"天下四大聚"之一。佛山是以冶铁业起家，并以此负盛名的。但本地无铁矿。清朝政府规定广州、南雄、韶州、惠州、罗定、连州、怀集等地生铁，必须输往佛山而后加工（李振翥：《两广盐法志·铁志》）。铁器的原料和产品皆系粗重之物，如果佛山没有四通八达的水运，是适应不了这一运输的需要的。这里应当指出，在水运发达的珠江三角洲，除佛山的手工业较发达外，并没有出现手工业的市镇。当地的手工业多分布在广大乡村。即使清末出现的机器缫丝厂，也是以乡村为基础，分布在顺德、南海各地。这同当地水运便捷，城乡有水路相通，亦甚有关系。从此又可见，水运条件，还影响到一个地区的经济职能特征。又如，石龙处于东江下游分流岔口上，扼东江之孔道，清代晚期，因转口运输的关系而繁盛一时，与广州、佛山、陈村合称为"广东四大镇"。到了清末，广九铁路通车，其转输商货的作用剧减，石龙也因之而衰落。江门，因水运便畅，"远则高、廉、琼、雷之海舶，近则南（海）、顺（德）、香（山）、宁（新宁）、恩（平）、开（平）之乡船，往来杂沓，乾嘉时号称繁盛"。道光中期，因水道不够畅通，也曾"寝衰"（道光《南海县志》；同治《新会县志》）。随着水道的改善，江门于 19 世纪末又恢复繁荣，成为香港、澳门贸易的要港。市镇的盛衰兴替，同水运是密切相关的。

　　水运同大、小经济区域的形成，也有着密切的关系，中心市镇是一个经济区域的核心。中心市镇的等级是与由其拥有的贸易腹地所形成的经济区域及其贸易量的大小相适应的。对于一个拥有广阔腹地的市镇，没有水运条件，简直是不可思议的。它既不能收集输送当地的产品，起到将生产和消费联系起来的功能，更谈不上为邻近地区做转运贸易。包括广东、广西在内的"岭南地区"这一地理概念，至迟在南北朝已经使用。但作为一个经济区域，其形成当在清代。这是由于横贯两广的广义的珠江水系，长期起统合作用的结果。这一区域的中心地是广州。在清代，巨大海舶的制造虽然没有什么进步，但小型的帆船却有了较大的改进，显得灵活、快速。快速廉价的水运运输工具，使广州的贸易腹地有可能深入两广的各个中型的市镇以及某些墟市。本地所缺少的档次较高的商品，均可取给于广州。特别值得注意的是，从明、清之际起，广西的粮食源源不断地从西江运到广州，换回广东（主要是珠江三角洲）的"服用百货"，诸如食盐、布料、铁器等。广州也因而成为最大的米粮市场。广州犹如岭南经济区的心脏，通过水运网络，使各地区的商货相互交流。由于资源、地形、河流等的因素，加之社会异俗，各地区的水运条件、经济发展水平，以及内部的联系都呈现出各自的特点。因此，岭南经济区域内也形成了若干个各有特点的经济区。在广东已大体形成珠江三角洲区、粤东区、粤北区、粤西区和海南岛区等五个经济区。珠江三角洲区，是由西、北、东三江所交汇组成的水运线网长期起统合作用而形成的。商品性的农业和手工业得到了较大的发展，出现了专业的商品农业区。社会经济发展水平最高。因此，它成为岭南经济区域的核心区。这一经济区，以佛山为其经济中心。佛山距广州20公里，是作为广州的卫星城而起作用的。粤东区，主要由韩江水系统合而成，以潮州为其经济中心。19世纪60年代汕头崛起后，潮州的经济中心地位才为汕头所取代。先是潮州，后由汕头起着区内外商品吐纳口的作用，19世纪60年代之后，汕头还起到跨区域转运商品中心的作用。这是由于汕头处于东南沿海航线的要冲，又有航线直通东南亚各国。闽、浙的特产，两广的商货，乃至东南亚各国的商品，都可在这里做转运贸易。因此，汕头的发展同岭南经济区域之外的海内外有关经济区域的联系十分密切。粤北区，由北江及其支流武水、湟水（连江）和浈水统合而成。大体上说，是以韶州为其经济中心，但是，这一经济中心对各地经济的统制力较薄弱。其原因固然同该地区商品经济相对落后、交换不大发达有关，而与区内缺乏交叉的水运线，又受众山所阻隔，亦甚有关系。粤西区，三面环海，由沿海水运线及漠阳河、鉴江、罗江、九洲江、廉江、钦江、防城江等所构成的水运线网统合而成。内河水运线的运输能力较低，对本地区间经济上的统合力也显薄弱，之所以把它视为一个经济区，是因地理位置上形成一个单元，经济发展水平也大致相近。商品经济发展水平较低，内部经济交流不够频繁。因而，没有形成明显的经济中心地。该区的合浦、高州和海康三个较大的市镇中，以海康更显得重要。海南岛区，孤悬海外，中部山区的经济落后，有的尚未开发。沿海地带低平，居民靠农业和渔业为生。内陆水运颇为不便，唯靠环岛四周的水运来统合全岛的经济，因商品经济发展水平甚低，即使沿海地区，交换也不很发达。琼州府城为一岛之经济中心。但是，它在经济上对岛内各地的统制力甚弱。在广东省五个经济区内，各自又形成了若干个互有差异、各具特点的小的经济区域。而每一个小的经济区，也都各有其水运系统。例如粤北区，可分为三个小区，即以连州为中心的湟水（即连江）系统区，南雄为中心的浈水系统区，以韶州为中心的北江中游及其支流武水系统区。连州以输出矿石、木材为主，南雄、韶州除同连州一样输出矿石、木材换回日用百货外，还兼有转运贸易的功能。必须指出，这里强调水运在加强中心市镇对其腹地的经济统制力，促进经济区域的形成中的重要性，并非否定种族、习俗、文化等人文因素和历史传统所起的作用。任何一个历史变化，都是多种因素合力起作用的结果。绝不能用单一的因素，或单线的因果关系，来加以解释。但总的说来，"城因水兴，水为城用"这一点却是确凿无疑，为历史证明的。

四　闭关禁海政策对水运的影响及其产生的后果

海上帆船贸易，是水运的重要内容。中国是一个拥有漫长海岸线的国家，它为海贸提供了广阔的天地。海贸的起源甚早，其发祥地则在广东。据战国时期著作《逸周书》记载，伊尹奉商王汤（公元前 1600—前 1588 年在位）之命，定"四方献令"言："正南……请令以珠玑、玳瑁、象齿、文犀、翠羽、菌鹤、短狗为献。"正南出产珠玑、玳瑁者正是南海。如果记载属实，殷商控制的南方地区已与南海地区发生贸易关系。刘安《淮南子》一书说，秦始皇搜求"越之犀角、象齿、翡翠、珠玑"是其经略岭南的原因之一。据此已可得知，战国时楚国势力或许已伸及南海北岸，至少已与南海地区发生贸易往来。司马迁《史记·货殖列传》列举的汉初 19 个大城市中，以广州等 9 个为最重要。他说："番禺，亦一都会也。珠玑、犀、玳瑁、果布①之凑。"从此可见，广州已是集散南海各地奇珍异宝之都会。关于海贸的最明确的记载，是《汉书·地理志》。据此书记载，自汉武帝时起，政府派遣的海舶，在译使率领下，从徐闻出海，"市明珠、璧、琉璃、奇石、异物"。海贸中经吴、晋、南朝，到了唐代，才获得蓬勃的发展。这是唐王朝确立的对外贸易自由的开放政策所带来的。经济上，唐王朝实行任外商来往、自由贸易的政策，官府对外商还"常加存问"，"以示绥怀"。首都长安和广州都成为国际性的都市。诚如顾炎武所说的："禁网疏阔，夷人随商翱翔城市。"这种开放政策，显示了唐王朝的强大和自信。宋元两代，又把唐代奠定的海贸自由的开放政策大大推进了一步，使之趋向完备与严密。由于海贸的空前发展，宋元时期，单就海上交通运输而言，已进入鼎盛期。当时中国商业之发达、手工产品之优良、海舶规模之巨大与性能之良好，均处于世界领先的地位。

继元朝之后，朱元璋创建了明王朝。明代正处于海上帆船贸易大有可为之势和大有可为之时。

众所周知，明代同期是欧洲从黑暗的中世纪向近代社会转变的历史时代，亦即西方资本主义先后产生、崛起的历史时期。明代，本大可利用宋元原有的海贸优势，趁世界历史上新旧社会嬗递之际而产生的相互激荡之时机，梯航懋迁于海外各国，一争高低。如能继承宋元对外贸易自由的开

---

① 对果布的解释，众说纷纭。其中一说认为果布即吉贝，亦即棉布。

放政策，发展海贸，则可能影响中国历史的进程。在这一重大的抉择面前，明王朝的创建者朱元璋做出了错误的决策。他改变了前朝海外贸易自由的方针，实行闭关禁海的政策和备战的海防体制，颁布"禁濒海民不得私出海"（《明太祖实录》卷七十），规定"擅造二桅以上违式大船，将带违禁货物下海，前往番国买卖"者，"枭首示众，全家发边卫充军"[1]。我们知道，没有二桅以上的大舶是不能前往南海诸番国的。诚如明人南海霍与瑕说的：既然"不能走海，则不作大艚"（《上潘大巡广州事宜》）。明初的这种关门主义的消极政策，固然与防范当时的张士诚、方国珍余党纠同沿海居民卷土重来以及防范倭寇、外国势力与朝廷内奸勾结等因素有关，但更重要的原因，还是朱元璋的农本思想。他认为中国无求于外，而外国有求于中国（见《皇明祖训》）。他对亚洲邻国之外的各国又缺乏了解。他的农本思想、小农意识和孤陋寡闻，使他对海外贸易持巩固政权的考虑高于经济利益的权衡。

朱元璋的子孙，在执行其祖制定的这一闭关禁海政策过程中，虽有宽严、弛张之差，乃至隆庆元年以后实行有限度的开海贸易，但其宗旨并没有发生根本性变化。明王朝因切断了同南海以外国家的来往[2]，对海外各国的信息更是懵然无知。明代后期，在西方首先崛起的葡萄牙、西班牙、荷兰和英国等国家，正以前所未有的速度发展国内生产力，并利用其船坚炮利到东方来开拓殖民地，寻找市场。面对这一挑战，朱元璋的子孙因不了解时代的脉息，自当不可能做出积极的反应，反而一味妄自尊大，斥东来的西方殖民者为夷，而以宗主国自居，甚至误认他们之东来是向中国进贡、输诚和向化，可见其孤陋寡闻和妄自尊大，不减于其祖。他们以贡舶制度来与四邻通好，搜求奇珍玩巧。官方统制下有限量的市舶贸易，严重地禁锢了商品经济的发展，也窒息了海舶造船业的发展。缺乏竞争的海洋帆船贸易，是不能趋向繁荣的。因此，唐、宋、元居于世界领先地位的中国的

---

① 陈仁锡《皇明世法录》卷四十七《平刑》，台北：台湾学生书局，1965。

② 据印度历史学家的研究，永乐二十二年（1424）前后，中国帆船与印度间的联系便已中断。从此以后，中国帆船航行的范围缩回印度洋以东亚洲洋面。参见田汝康《17—19世纪中叶中国帆船在东南亚洲》，上海人民出版社，1957，第2—5页。

海上帆船贸易，从明代起，步步龟缩。明永乐末年后，已不涉足印度洋面，活动范围缩回印度洋以东的亚洲海面。就是亚洲海面的帆船贸易，除隆庆元年后有一部分持引票的帆船外，其余的都是富有冒险精神的闽粤海商之所为。违法冒险之举，往往不从长远计，所造之海舶远比宋元逊色了。

值得注意的是，明中后期（16 世纪下半叶至明末）南海水域的帆船贸易形势，日渐向不利于明王朝的方向发展。15 世纪末 16 世纪初，葡萄牙人和西班牙人开通西方航线之后，西方殖民主义者接踵东来。在南洋群岛，形成东来的西方殖民者划地分据的局面。南洋各国对中国的传统贡舶贸易，几乎停止了。葡、西、荷等国东来的西方殖民者，不以分割南洋群岛为满足。他们一方面将其控制的地区之产品与中国交易，另一方面在觊觎中国，寻找可乘之机。葡萄牙于嘉靖三十二年（1553）窃据澳门，更鼓励了他们的野心。

自从正德后期和嘉靖年间，东来的西方殖民者始露其侵略魔爪；加之日本贡使宋素卿和宗设为争夺合法贡使地位，彼此攻杀，造成宁波一带的祸乱；以及闽、粤"海盗"以倭寇为旗号在沿海活动，明王朝加强了海防备战的体制，增加了海上缉捕力量。这对民间兴起的海上走私贸易是一严重的打击。

清代前期，依然实施闭关禁海政策，清初尤为严厉。康熙二十四年（1685）设粤海关、江海关、闽海关和浙海关四关，宣布开海贸易。它标志着市舶制度的结束，海关制度的确立。然而，清廷实际上对海上交通贸易仍然做了种种限制，有的则严加禁止。自乾隆二十二年（1757）起至鸦片战争前，限定广州为单一对外通商口岸；外贸限于通过行商进行，采取行商居间的贸易体制，即由广州十三行操纵、垄断进出口贸易；对外商的活动也做了各种限制和防范；严禁商民私自出海，不许商民侨居国外，严禁制造超过一丈八尺的双桅船，载重不能超过 500 石（40 吨），舵工不能超过 28 人。吕宋等地也禁止前往贸易，有的商品如硝黄、铁器等严禁出口，传统出口产品丝绸也限制出口。如前所述，就广东而言，清代中期的海上帆船贸易比前发达，可谓臻于"全盛"。然而，这是以关闭其他三关为代价，规定以全国各经济中心为其贸易腹地的情况下出现的一种特殊的繁盛。繁盛隐藏着危机。明晚期粤、闽海商在马尼拉等南洋市场上所处的优势，也于清代失去。到了19世纪40年代，鸦片战争失败，五口通商之后，中国开始陷入半殖民地的境地。中国被视为禽肉，西方列强纷至沓来，争相插手分割。在遭受资本主义国家的蹂躏、掠夺中，广东首当其冲。通过鸦片战争，广东人民对西方资本主义国家的凶恶面目和清朝统治者的腐败无能，认识最深刻。因而，他们的反抗斗争也最强烈。英国等列强可以打败清军，甚至攻进广州城，却无法控制广州城及其周围的乡村。五口对外通商之后，由于上海的水运条件比广州优越，19世纪50年代，上海取代广州成为对外贸易的中心便势所必然了。从19世纪70年代起，广东的对外贸易虽有起色，但因航权、关税权日渐为外国资本主义所侵夺，加之西方轮船业兴起，1850年以后，欧洲轮船开始在东南亚各国口岸行驶，各国机轮航业公司纷纷宣告成立，享誉多时的广船已不能与之匹敌，因而不可避免地逐渐走向衰落。

从上可见，明、清闭关禁海政策的实施过程，是中国传统商品的国外市场不断衰退的过程，是我国手工业制造业、商业、船运业在国际市场上所享有的优势地位不断丧失的过程，也是中国从国际上享有的先进地位日渐降低，终于趋向落后、受辱于西方资本主义国家的过程。中国之落后、人口过剩等弊病，实滥觞于明初，朱元璋难辞其咎。这里是就航运业的兴衰而做的历史的反思。笔者无意把历史的过错归咎于单一的因素或某一个人，但"闭关禁海"确是一个重要的原因。

本文系叶显恩主编《广东航运史（古代部分）》绪论，人民交通出版社，1989；题为《广东古代水上交通运输的几个问题》，刊于《广东社会科学》1988年第1期。

明清广东水运营运组织与地缘关系

广东素以水运发达而著称。明中叶，随着商品经济的兴起，水上运输愈加发展。关于广东水运史的问题，迄今为止尚乏人做系统的专门研究。王洸教授编著的交通海运丛书，也只着重论述清同治十一年（1872）招商局建立后所开创的近代航运业的情形。在此之前的水运虽有提及，但未加详论。有鉴于此，1985年至1987年，笔者与同事谭棣华、罗一星先生着力搜集鸦片战争前广东水运史的有关资料，并亲往珠江水系的干流及沿海各港口做实地考察，搜集有关文物和口碑资料，我们已将初步的研究成果，由笔者任主编，写成《广东航运史（古代部分）》①一书，这里仅就远洋贩运、沿海与内河贩运和短途水上运输三个方面，分别考察水运的经营组织，并对它与地缘的关系做一初步的探讨。

一 远洋贩运经营组织与"嘉靖倭寇"集团

中国有悠久的远洋航运传统，宋、元尤盛。明代至清代鸦片战争之前，一反前朝的开放政策，或严厉实施海禁，或有限度地开海贸易，致使远洋的贩运业在东南亚的地位从明代晚期的勉强维持优势到清代的日渐衰颓，广东固有的水运优越条件和历史传统等长期起作用的因素，不仅得不到发挥，反而被窒息于闭关禁海的政策之下。

---

① 叶显恩主编《广东航运史（古代部分）》，人民交通出版社，1989。

在闭关禁海的政策体制下，沿海的商船户只能在政府体制的夹缝中挣扎，即在海防薄弱之处从事走私贩运，或持引票①（隆庆元年，1567 年以后）合法贩运于海外，或连船结队做武装集团性的贩运。无论是走私商舶，抑或持引票的合法商舶，一般都以一船为经营组织单位，由一人或数人筹措资金置办船只和商货，即所谓独资经营或合资经营。独资经营者，由出资者本人亲任或指派舶主（船长）；合资经营的则推财雄者为"舶主"，明人郑燮曾这样形象地描述舶主与合资者之间共营运的情形："舶主为政，诸商人附之，如蚁封卫长，合并徙巢。"② 船上舵工水手人数视船的规模③而定，一般在十多人至六十多人④。这些船员由船主从其家族、亲戚或乡邻招募而来。船主负责筹办主要的商货，其余的商货由船员自筹随船出海贩卖⑤。自筹的商货量，按船员在船上的职掌做出不同的规定。职掌越重要，所带的商货越多。贩卖私货所得的利润，便是他们在船上工作的报酬。还有一种情形是，除私带商货随船贩卖赚取利润外，还由船主从红利中抽取一定成数来分给船上员工⑥，作为他们工资的一部分。这样，船员不仅是雇员，也是船上商货的主人，甚至是整艘船的主人。这种互惠的关系，加强

---

① 官府颁发的引票是有限额的，始时一年 40 张，万历二十五年增至 117 张，这是引票最多的一年。

② 张燮：《东西洋考》卷九《舟师考》，谢方校点，中华书局，1981，第 1 页。

③ 明代造船业没有承继宋、元发展海上船舶之大势，而是转为增加舟船的品种和数量，提高坚硬性能，以及因地制宜，以适用于内河行驶和海防体制的需要。如著名的海商集团首领汪直在高州所造的"舟艇联舫，方一百二十步，容二千人，木为城为楼橹，四门其上，可驰马往来"者，以及海瑞之孙述祖在海南岛所造的首尾 28 丈、桅高 25 丈之大舶，是继郑和下西洋的宝船之后所仅见的。有清一代也没有这么庞大的船，多在三四百吨之谱。详见本书《明代广东的造船业》一文。关于造船所需的金额，参阅郭松义《清代国内海运贸易》，中国社会科学院历史研究所清史研究室编《清史论丛》第 4 辑，中华书局，1982，第 103 页。

④ 黄叔璥：《台海使槎录》卷一《赤嵌笔谈》，中华书局，1985。闽粤艚船，"每船出海（船主）一名、舵工一名、亚班一名、大僚一名、夹碇一名、司杉板船一名、总辅一名、水手二十余名或十余名"。又严嵩《南宫奏议》（陈子龙等选辑《明经世文编》卷二百一十九，中华书局，1962 年影印本）记载："嘉靖年间，潮阳海船二十一只，梢水一千三百名。"平均每船 61.9 名。

⑤ 周玄炜：《泾林续记》，孙毓修编《涵芬楼秘笈》第 8 集，北京图书馆出版社，2000。

⑥ 参阅许涤新、吴承明主编《中国资本主义发展史第一卷：中国资本主义的萌芽》，人民出版社，1985。

了船员的主人感，诚如郭实腊（Charles Gutzlaff）所描述，船上管事人员形成一个集团。其主要目的是下海贸易，行船是次要的事。每个人都是股东，有权在船上携带一定数量的货物。不管船到哪里，都可做买卖。什么时候到达目的地，他们并不十分在意①。

在清代中后期，竟有众多的小商贩共同营运。嘉庆九年（1804），不到一千吨的帆船，往往由一百多名小商贩集体购置，一千吨以上的商船则常载有二三百名小商贩，小商贩在船上各有其舱位，情形"与广州近郊的墟镇相仿佛"。各个技工，如象牙雕刻工人、油漆画匠、铁匠、金银匠等，各有舱位出售自己特制的商品②。这些小商贩出自同一个地域，船上的组织，形同陆上墟市社会组织的移植。

至于连舡结队的武装海商贩运集团，是明代嘉靖年间（1522—1566）出现的。从事远洋贩运的海舶，本有结伙结伴的习惯。到了15世纪末以后，葡萄牙等西方殖民者相继东来，时时窜入中国海疆骚扰，导致贡舶制度与海上走私贩运之间矛盾的加剧。为了合力反抗官军捕缉，海舶往往结成帮派，推其中的强者为舶头，前往南海诸国或日本，从事贩运活动。明人郭震春对这一情形曾做这样的描述：他们"驾双桅船，挟私货，百十为群，往来于东、西洋间"③，船上备有武器，本出自卫，但遇到有机可乘之时，他们也劫掠无自卫能力的商船，走上了一面贩运、一面掳掠的道路，又由于葡萄牙人和日本人的插手，后来发展到与官军相对抗。历史上的所谓"嘉靖倭寇"④，就是这样出现的。著名的"海盗"，如饶平林国显、许朝光、林凤，诏安吴平、曾一本，澄海林道干等，就是嘉靖年间横行海上的

---

① Charles Gutzlaff, *The Journal of Two Voyages along the Coast of China in 1831 and 1832*, pp. 44-47，转引自聂宝璋编《中国近代航运史资料第一辑：1840—1895年》上册，第57页。

② 参见田汝康《十五至十八世纪中国海外贸易发展缓慢的原因》，《新建设》1964年第8、9合期。

③ 郭震春：《备倭论》，乾隆《潮州府志》卷四十《艺文》；又，万表：《海寇议前》，袁袠辑《金声玉振集》，中国书店，1959。

④ 近年来，经过学者们的研究，已经纠正了所谓"嘉靖倭寇"是外来侵略的传统观点。学者们几乎都认为"倭寇"中固然有真倭（日本海盗），但主要是由中国的海商组成的，其领导权操在中国舶头手中。关于"嘉靖倭寇"的成因，请参阅张彬村《十六世纪舟山群岛的走私贸易》，中国海洋发展史论文集编辑委员会主编《中国海洋发展史论文集》第1辑，台北："中央研究院"三民主义研究所，1984。

漳、潮海商贩运集团的首领。他们以处于闽、粤两省分界处、官府控制薄弱的南澳岛[①]为根据地，联络闽、浙商舶，在海上进行亦商亦盗的活动。他们活动的范围，不仅在东南沿海，而且遍及南洋群岛的海域。这些海商集团都是由许多小集团组成的。他们按垂直的军事组织设有首领和各级头目。但是，首领除对其自身的小集团具有绝对指挥权外，对其他的小集团的控制力却是有限度的。他主要是在各小集团间起协调的作用。各帮派、各集团，是随着形势和利益分配的变化而不断改组或重新组合的。隆庆元年实行引票制之后，海禁松弛，海上集团性的武装走私贩运形式衰落了。正如明人谢杰所指出："寇与商同是人，市通则寇转为商，市禁则商转为盗。"[②]这里是就大体而言之的。至于零星的偶发的海寇式的贩运形式，是贯穿明清两代之始终的。

二　内河沿海商船组织与口岸会馆

内河沿海的运输，可分为盐铁运输、水驿运输和私营商船运输三个系统。

盐、铁是国家统制的商品。它由封建政府特许的商人承包贩运。在明代，属盐课提举司管辖，清代属盐运使司。贩运过程采取引票制（引，即盐引；票，即运铁的凭据，曰"旗票"），严格控制商人的盐、铁贩运数量和贩运地点。这类型的船户是受制于盐、铁商人的专业队伍。明嘉靖时人东莞盐商陈一教估计，当时广东盐船"大约不下数千，各船水手多寡不等，大约不下数万人。此数万人者，勇健精悍之夫，俗称之为后生"[③]。嘉靖以后，因广盐销售地被淮盐侵夺，陈一教上奏疏抱怨说："载盐的船千艘皆无用而停泊于内河，驾船之夫数万人皆无靠而流离外海。"[④] 指出这些人因无

---

① 南澳岛时属广东饶平县。该岛有鸡母澳、宰猪澳、龙眼沙岛、云盖寺澳、清澳等海澳，可以泊船，有险可据。东可通日本，南可通南海诸国，是中国南洋航线上的中继站和转运站。
② 谢杰：《虔台倭纂》上卷《倭原》二，北京图书馆古籍出版编辑组编《北京图书馆古籍珍本丛刊》第 10 册，北京图书馆出版社，2000。
③ 陈一教：《复通盐路疏》，《广东文征》卷八《奏疏》，香港珠海书院出版委员会，1973。
④ 陈一教：《复通盐路疏》，《广东文征》卷八《奏疏》。

业可就，被迫流离海上，投奔前述的许朝光、曾一本等海商贩运集团，充当其船夫水手。由此可见，这些船夫水手是受雇于盐商，领取工食过活的。但他们并非自由的雇佣劳动者，从"俗称之为后生"可知，"后生"是明、清时代为主人所豢养长大的所谓义男、义子之类的别称，与船主具有主仆名分。由于盐、铁的贩运有很强的封建性，船上的舵公、水手是按较强的封建隶属关系组织起来的。

水驿是通过水路传布政令和运输官府物资、上供物品的邮传机构。西江、北江、东江和韩江四条主要河流皆设有水马驿或水驿。各水马驿和水驿设有舟船，以供使用。所设之船，是有定额的，且分为站船、快船、小船、红船、浅水船等不同名目。水驿船夫是作为一种封建徭役，佥派沿海州、县民夫轮流充当的。这一类船户为数不多。

行驶在内河沿海的私营商船是商品流通的承担者。船的规模较远洋海舶小，由个人独资制造并置货贩运者居多。船上的舵工、水手等员役人数，从数人至十多人，乃至四五十人不等。这些员役如同海舶一样，由船主从宗族、乡邻招募而来。他们形成一个依附于船主的小团体。船主和船员间的关系，在一定程度上带有封建的隶属性。盐船使用的"后生"，也存在于私营船商之中。从明代将领俞大猷《呈总督军门张条议三事》一文可以得证。俞大猷在此文中说道：东莞县乌艚和新会的横江船，"其船各系富家主造，其驾船之人名曰后生，各系主者厚养壮夫"①。这些被豢养壮大的"后生"，对其主人自然有封建的隶属关系了。某一商船往往以贩运某一货商为主，有相对固定的货源地和经销地。据碑文记载，高要县陈延标等90家船户，专在该县的新江、马安、白土、思福、东安、挞石等地，"搬运缸瓮、砖瓦、杂货"，并兼往广西梧州、东安、西宁运米，经由高要、新兴、广宁、四会、三水售卖②。这显然是由于乡情地谊的牵引，这一地区的船户久而久之，逐步形成经营同一门类的商货和相对固定的行驶航线。行驶同一

---

① 俞大猷：《洗海近事》卷三上，《正气堂全集》，廖渊泉、张吉昌整理点校，福建人民出版社，2007。
② 见《奉督宪批行藩宪给示勒石永禁滥封碑》。

航线的船户，由于共同克服人为和自然险滩的需要，也自当结成帮派。例如，行驶北江上游的船只，每逢险峡，流旋石逼，需要等候数船来齐，合力拉绳，方能渡过峡口。这些船户势必结成帮派，以便互相救援。

商船户和同一地区的其他人士，常常会同在他们寄居的沿海及沿江岸上建置会馆、天后宫之类神庙。万历之前，在各口岸建立的会馆，寥寥无几；之后，逐步增多；清代就更加普遍了。这同内河、沿海长途贩运业之发达成正比。清末海关自1891年起，每十年出版一次商务报告，在第一次、第二次所调查的大小34个设有会馆的商埠及非正式商埠城市中，有广东省属会馆37座，其中以岭南或广东为馆名者14座，这些会馆当以广府亦即珠江三角洲的商人为主，加上以广州或广州府属下县名会馆者4座共18座，占全省会馆总数的1/2；以潮州或其属下县名会馆者6座，仅次于广州府①。会馆的分布表明了广东内河沿海商船户活动范围之广阔。从珠江三角洲和潮州商船户在各口岸所建的如此众多的会馆看，这两处地区商船户的贩运最为活跃，其势力之雄厚为其他地区所不及。

会馆是所在口岸的某一地区同乡会。创建会馆的目的：一是联络乡谊，通过祭祀神祇和聚宴，为同乡排难解纷，办理善举，以敦乡谊，增强凝集力；二是分析商情，共商对策，以谋本地区商船户的共存共荣。嘉庆十八年（1813）苏州《嘉应会馆碑记》中写道：

> 姑苏（苏州）为东南一大都会，五方商贾，辐辏云集，百货之盈，交易得所，故各省郡邑贸易于斯者，莫不建立会馆，恭祀明神，使同乡之人，聚集有地，共沐神恩。
>
> 我五邑（按：嘉应、平远、长乐、兴宁和镇平）之人，来斯地者，无论旧识新知，莫不休戚与共，痛痒相关。②

这里几乎把会馆的功能都谈及了。会馆和行会不同。它不像行会那样禁止

---

① 参见何炳棣《中国会馆史论》，台北：台湾学生书局，1966。
② 上海博物馆图书资料室编《上海碑刻资料选辑》，上海人民出版社，1980。

竞争，反而鼓励同乡积极进取，并帮助解决遇到的困难。例如，清代上海广（州）肇（庆）会馆，设有金钱借贷的业务，帮助解决商船主资金周转的短缺①。又如，嘉庆年间，闽、粤商船载货入天津口岸，规定按货物时价定税方能出港。因时价变动无常，往往一时难以估定而延搁时日，但是白河结冰，失去出港之期，商船便遭受损失了。后终由天津闽、粤会馆出面与官府交涉，得先以最近三年中货物的平均价格估定②。

没有会馆的沿海、江浒口岸，则建有天后宫之类神庙，它既是某一地区商船户邀神祈福之地，也是船户集会之所。当神诞之时，船户举行拜祭盛典。有关商船户的事宜，皆可借聚会之机予以商议。可见神庙虽无会馆之名，却多少带有会馆之实。

三　短途运输与疍民

短途水上运输是指津渡和商埠、口岸等交通要冲的江面或海域上所进行的短距离的客货摆渡。津渡分为横水渡和长水渡。横水渡是河的两岸来往过渡，长水渡则是河网区市镇间的专线航船。据万历《广东通志》的统计，全省共有津渡 706 处。到了清代晚期，有较大的增加。据不完全的统计，已增达 1426 处③。它反映了渡船户的队伍愈来愈大。

津渡中分官渡和私渡两种。官渡由政府征发民夫充船户，形同服徭役，由官府给工食，渡船收入充官饷。有的官员捐资设渡，并购置渡田，以田租收入充当渡船维修费用及船夫工食。这也称官渡。私渡，在明代多由某一宗族或大户出资建置，其收入作宗族活动经费。也有的由宗族设置，免费摆渡，以便利行人，称义渡。私渡多带有封建慈善事业的性质，并非作为一种谋取利润的行业来经营。其船夫由宗族招募。他们行驶的航线，只

---

① 参见全汉昇《中国行会制度史》，台北：食货出版社，1978。
② 参见全汉昇《中国行会制度史》。
③ 此数是据道光《广东通志》所载，并增补该志所不载者。但这一统计是不完全的。咸丰《顺德县志》作者郭汝诚指出，顺德县旧志记载，津渡已有 105 处。而道光省志只载 18 处，相差甚远。

限于固定的渡口。到了清代的中后期，由个人经营的私渡才逐渐增多。有的津渡由疍户承充的叫"疍家租渡"①。

交通要冲河、海水面上的短途摆渡，则主要由疍民充当。广东各州、县凡有河、海之处，皆有疍户。尤以珠江三角洲河网区为最多。明代约有50万人，清代增至百万左右②。乾隆（1736—1795）末年，聚集在广州和佛山的"各项船只不下万计"③，其中绝大多数当系疍民的"疍家艇"。疍民"以舟为宅"，终年浮荡于河海之上。他们被编入专门的户籍。仿民户的里甲或保甲制加以编制，由河泊所专管。他们具有适应水上环境的生态和经济特点。一般地说，他们以捕鱼、运输、编竹为业④。珠江三角洲的疍民还参与了沙田的开发和种植。民国以后，随着海、河地貌的变化，沧海桑田，有的疍民已经陆居，从事各种职业。但没有陆居的疍民依然从事传统的行业。大凡生活于交通要冲海、河水面者，皆以运输为主。他们一家一艇，一艇就是一经济组织单位。其经营组织的规模，视家中的劳动力而定。每艇两人以上。撑船者多是妇女。一般是一人在后站起来操两橹撑水，一人在前面坐撑一橹。他们的子女一旦成长，又可分出去分住一艇，组织小家庭。因为他们既没有采取雇佣劳动的方法来扩大经营，又不断地分家，所以其一艇一家小规模的经营组织形式，经历千百年而未曾变动。他们是据入息的多寡而择地他迁的，但并不等于他们没有相对固定的停泊点。他们也有家族意识，同一家族者，多停泊在同一地方。根据陈序经于20世纪40年代的田野考察，三水县河口的疍民，凡吴姓舟艇停泊在西北一带，邓姓则集中在西南一带。肇庆的疍民也大致按姓氏聚泊⑤。有的冬、春分住一个地方，正像春去秋来的燕子一样。乔迁新处同样聚泊一起。惠州的疍民

---

① 有关津渡的详细情况，请参阅拙作《广东航运史（古代部分）》第四章第四节、第五章第五节。
② 对疍民人数的估计，众说纷纭。明代人数的估计，系据笔者在《广东航运史（古代部分）》一书中所做的估计。清代人数则采自陈序经《疍民的研究》（商务印书馆，1946）一书。
③ 《议详省城佛山地方不许设立船行》，见《广东清代档案录》卷四《市厘·粮食·海防》，广东省立中山图书馆编《海外广东珍本文献丛刊》第20册，广东人民出版社，2016。
④ 顾炎武：《天下郡国利病书》卷一百《广东四》。
⑤ 参见陈序经《疍民的研究》。

迁至香港新洲岛后，依然按原来的地缘关系居住。有的疍民也修家谱或族谱，如广州沙南的疍民就修有族谱；也偶有建祠堂者，三水河口吴氏宗祠即一例。修家谱、建祠堂者，为数是不多的。其宗族观念远不如陆上人发达。这主要由于他们缺乏维护宗族和世系的经济基础，即没有如陆上人拥有族田等公共财产，加之身份地位卑下，被划入贱民阶层，备遭贱视，受到种种的禁限，如不准上岸定居，不许与陆上人通婚，不准入校读书，不准参加科举考试，等等。他们浮家泛宅，一叶扁舟，日以渡人为业，即想读书，也没有机会。不识字，使他们无法谱序其世系亲属关系，久长的世系自当不易辨别了。

在明代，一个区域的疍民多推其骁勇强悍者为酋长，有事众疍民听其号令。他们因身份卑下，受压迫剥削深重，所以富有反抗精神。明正统十三年至景泰元年（1448—1450），顺德县人黄萧养起义期间，疍民酋长称"区疍家"者，就率疍船500艘，配合黄萧养围攻新会县城[1]。嘉靖、万历年间，雷州、廉州一带有著名的疍民酋长如苏观升、周才雄，广东中部海面上则有梁本豪、梁本明、马本高、石志和布尚韬等酋长，他们都曾率疍众出没于海上，从事打劫活动。明末清初，则有酋长徐、郑、石、马等四姓，"常拥战船数百艘，流劫东西二江"[2]。海、河，乃疍民生活之源。清初强行实施迁海令[3]，断其生路，珠江三角洲的疍民酋长周玉、李荣，"以请驰海禁为名"[4] 发动起义，参加起义的船只达数百艘。从上可见，疍户在反抗封建压迫剥削的斗争中，表现出相当强的凝聚力。

疍民虽有共名，但按地域分操广府语、客家语和闽南语。因此，地缘和语缘便成为他们结帮的根据。平时的区域性组织，主要靠天后宫或洪圣庙等庙宇来维护。他们除宗奉五代以内的祖宗外，明清时期就是奉祀天后

---

[1] 道光《新会县志》卷十三《事略》上；光绪《新会乡土志》卷三《明代寇乱》。

[2] 屈大均：《广东新语》卷十八《舟语》"疍家艇"条，中华书局，1985，第486页。

[3] 为了防范郑成功为主力的南明武装力量与东南沿海人民抗清斗争勾连起来，清廷于顺治十四年至康熙十四年，先后颁布5次禁海令，规定将江苏、浙江、福建、广东、山东等五省沿海居民内迁50里。在这50里内房屋尽行销毁，"寸板不得下水"。

[4] 樊封：《南海百咏续编》"凤凰岗"条，刘瑞点校，广东人民出版社，2010，第161页。

宫或洪圣庙等神祇了。闽、粤两省江浒海边无不建有天后宫或洪圣庙①。但对一个疍民来说，奉祀哪一神庙却是固定的，除非他迁往别地。因此，神庙便成为他们聚会的场所。例如，香港新界元朗河流通南坑的中间有一高耸的大树，树之西曰"疍家湾"，树之东曰"疍家埔"。他们在大树下合建天后庙作为共同奉祭的场所，尔后当地的许多约束性的习俗规条都是在这里制定的，正如在该庙树立的《重修古庙碑记》中所说的："假神庙为会所，纷榆成自治之规。"②

四 商船帮与地缘关系

如前所述，远洋贩运商舶、沿海内河贩运商船，以及短途营运的津渡、疍家艇，均按照各自的特点组织营运，而且皆按实际之需要组成帮派或社团，以维护共同的利益并对外竞争。这三种类型的商船经营组织虽各具特点，但都贯穿着一个共同原则，即地域。

一艘船作为一个经营组织单位的小集团，船主可按亲属原则（包括血缘关系和假拟的抽象亲属关系）为基础组织起来，但仍需以地域关系为补充。至于各商船之间组成的帮派或社团，亲属原则就愈显得不够了。大凡帮派、社团，皆属保护自己并用作对外竞争。亲属原则之不足，必求助于地缘关系。因此，地域原则便成为商船或社团的主要依据。商船帮或社团的地域范围，是视其势力之大小亦即其势力能否与其他帮派相抗衡而定的。例如，潮州商船于清初已在上海活动。嘉庆年间（1796—1820）建立潮州八邑（潮阳、海阳、澄海、饶平、揭阳、普宁、丰顺、惠来）会馆，作为地域性组织。随着商船势力的发展，潮州八邑会馆内终于分化成三个帮派，即潮（阳）惠（来）帮、海（阳）澄（海）饶（平）帮和揭（阳）普（宁）丰（顺）帮。各帮一俟羽翼丰满足以自立之时，便独自成立公所或会

---

① 《重修大埔旧墟天后宫碑记》，科大卫等编《香港碑铭汇编》第 2 册，香港：市政局，1986，第 536、581 页。

② 《重修大埔旧墟天后宫碑记》，科大卫等编《香港碑铭汇编》第 2 册，第 536、581 页。

馆。潮惠帮先于道光十九年（1839）成立潮惠公所，后来于同治五年（1866）又建置会馆。从这一事例看，基于地域原则组成的同乡，会呈现发散式（divergent）演变，产生三个新帮派。但是，有的小地域的帮派，因势孤力弱，需要依附财雄势大的帮派，或需要联合起来时，又呈现出辐合式（convergent）的演变。以广东、岭南为会馆名称者就有这类情况。珠江三角洲操广府语的商船势力最雄厚，他们往往以岭南或广东的代表自况，用广东或岭南作会馆名，可吸收岭南或广东其他地方的商船以边际群加入，从而扩大其势力。帮派社团竞争得愈厉害，其组织愈加严密。帮派、社团的组织形式是因需要而有所不同的。疍民的竞争性不强，其帮派社团也不明显，唯有在政治斗争时，方显现出来。

地缘关系不仅是一黏合剂，它使同一地区的商船户组成帮派、社团，而且由于乡情的牵引，贩运活动中也形成地域性的特点。例如，就大致而言，远洋贩运是以操闽南语的潮州商船为主，内河航运则几乎为操广府语的珠江三角洲商船户所垄断。

商船户本以四海为家，但其地域观念依然如此浓烈。我们看到，他们客居异地时，依然念念不忘桑梓故居，对家乡慈善事业无不解囊相助，依然保持与家乡文化的联结。会馆集会仪式、宴饮、娱乐等，无不沿用故乡的旧俗。他们把寄居外地作为权宜之计，回归故乡才是他们最终的心愿。所谓"叶落归根""衣锦还乡"，正是这种心态的写照。

在传统的农业社会中，地缘观念使商船团结互济，共同对付封建势力的盘剥压迫。这对当时的贩运活动是起了积极作用的。但是，这顽固的地缘观念和高度发达的地缘组织，往往妨碍客居的商船户之文化整合于寄居地的文化之中。他们不大愿意向寄居地原本的居民认同学习，因而也就不能对新的环境做出积极的反应，改变经营组织形式，以求发展。远洋贩运而寄居海外的华人聚一地而居，形成保持华人文化特质的唐人街即一例。地域观念还妨碍超地域的用业缘组织起来的行业组织的出现。例如，贩与运长期结合，长途航运明显地从贩运分离出来形成独立的近代航运业，迟至19世纪70年代招商局成立才出现，这当是其中的原因之一。中国地域观念是长期形成的。正如何炳棣先生在《中国会馆史论》中指出：它同儒家孝的礼俗和法律，同官吏籍贯限制的行政法，以及科举制度有关①。另外，它同中国的社会的乡族组织亦有关系。它加强了小群意识，成为培植区域间互相排斥的地方主义的渊薮，在中国社会经济向近代化过渡的进程中显然起到了推迟、阻碍的作用。

顺带指出，一般地说，地缘与语缘往往是一致的。但基于广东复杂的历史原因，就大的语系而言，存在着广语、闽南语和客家语三种。这三种语系的分布与行政区划并非完全一致。漳州和潮州分属闽、粤两省，但因同操闽南语，所以这两地商船户为主建立的会馆，往往以闽粤会馆为名，可见方言原则在商船户的组织中也是起作用的。

本文原刊于《广东社会科学》1989 年第 4 期。

---

① 参见何炳棣《中国会馆史论》。

明代广东的造船业

关于明代广东造船业问题，迄今尚无专文论述。本文先追述明代之前广东造船业发展的大势，继而论述明代造船业的概况，最后探讨明代造船业发展大势改向的原因及其产生的影响。

一

广东位于祖国的南陲，其东、南、西三面濒临南海，通过南海可与太平洋相接，又可与印度洋相通。广东的大陆区内，有众多的河川，尤其珠江三角洲更是密集的河网区。得天独厚的自然环境为造船业、航运业的发展提供了优越的条件。

造船业的进步取决于社会航运业对船舶生产的旺盛需求。广东因渔猎活动的需要，古代便以造船业发达著称。蜑居广东的越人，自古就"以船为车，以楫为马，往若飘风，去则难从"①。秦汉时期，由于南海水运的拓展，广东的造船业首次出现了高峰。汉初，赵佗统治南越时代，已有"越王造大舟，溺人三千"②之说，可见造船业规模之大。最能代表当时造船业先进水平的是楼船。这种船上置有重楼，备有十桨一橹。番禺（广州）是当时楼船制造中心之一。汉光武帝建武十七年至十九年（41—43），马援进

---

① 袁康、吴平辑录《越绝书》，乐祖谋点校，上海古籍出版社，1985，第 58 页。

② 光绪《广州府志》引《南越志》，清光绪五年刻本。

兵交趾时,带领大小楼船2000余艘①。它反映了造船能量之大。广东的造船业,经吴、晋、南朝的持续发展,到唐宋时期,愈加发达。所造之船,载量益增,设备日周,元代益臻其极。广船的特点是:船体庞大、上层建筑(即甲板以上部分)优越、附属设施完备。船体的钉接榫合法、水密舱的设置等,都是当时世界上最先进的造船工艺。宋人周去非《岭外代答》卷六"木兰舟"条记载:海舶有数百人居其上,"中积一年粮,豢豕酿酒其中"。其船体规模之大,当可想见。西方人根据目击材料写成的游记中说,元代,海舶上的房室已达五十间之多,甚至有百间以上者②。宋元年间,来往南海、印度洋、波斯湾间的海舶,多系中国船,"皆制造于广州、泉州两处"③。从船舶的规模、设备、性能看,唐宋元时期广东继秦汉之后,出现了古代造船史上的第二次高峰。这同自唐代始,实行对外开放、贸易自由的政策,有着密切的关联。广州通海夷道的开通,以及与南海诸国海上交通网的形成,意味着中国的海上贸易有了巨大的发展。8世纪以后,由于阿拉伯商人在海上的崛起,形成了以西亚阿拉伯(大食)帝国和东亚唐王朝为两轴心的世界性海洋贸易圈。宋、元两代,又把唐代确定的对外开放、贸易自由政策,大大推进了一步,出现了海上帆船贸易空前繁荣的局面。向海外发展,非海舶无以成行。广东古代造船史上第二次高峰的出现,正是唐宋元三朝海上交通贸易发展的产物。

二

明代,广东的造船业没有承续宋元发展海上船舶制造业之势,而是转为增加舟船品种和数量,提高坚硬性能,以及因地制宜,向适用于内河行驶和海防体制需要的方向发展。郑和船队的规模是明代所仅见的。这是宋元造船业高峰的余波,以后看不到这样规模庞大的海舶了。嘉靖之后,船

---

① 《后汉书》卷二十四《马援列传》,中华书局,1982。
② 《马可波罗游记》,陈开俊等合译,福建科学技术出版社,1981;又参见桑原骘藏《蒲寿庚考》,陈裕菁译,中华书局,1954。
③ 《伊本·白图泰游记》,马金鹏译,宁夏人民出版社,1985。

体较大的海船，在广东虽偶有出现，却未曾得到发展。

广东 11 个府中濒临南海的 8 个府，均有造船场所。尤以潮州、广州和高州为中心。由于所谓防御"倭寇"的需要，沿海防卫问题一直为朝野士宦所关注。沿海防线以广州、肇庆两府沿海为中卫，南头、北津是其要寨；潮、惠为东卫，以柘林、碣石为要寨；高、雷、廉、琼为西卫，以白鸽、白沙为要寨。各要寨均布有 30 艘至 80 艘不等的战船①。成化之前，各要寨战船多在广州制造。洪武二十三年（1390），海南卫中所千户崇铭、后所百户林茂就被派往广州打造战船，驾回海南卫备倭②。韩雍于成化元年（1465）出任两广总督后，便备粮饷，买料于南海县，雇匠造船 500 艘。每 10 艘外有一哨船③，以便探逻。随着倭寇、海盗活动的频繁，后来各寨多自己制造、修理战船。

从明代造船的种类看，"凡舟车之制，曰黄船，以供御用；曰遮洋船，以转漕于海；曰浅船，以转漕于河；曰马船、曰风快船，以供送官物；曰备倭船、曰战船，以御寇贼"④。这里所列的是全国就其用途，大体而言。实际上其名目是十分繁杂的，在广东，单以战船而论，"各寨船式虽多，实用者少"。经权衡诸船之优劣利弊，考虑广东沿海水域的特点，酌定战船为福船、沙船、白艚、唬船、乌船和渔船等六种。"福船者，闽式也"；沙船原是江苏崇明县船式；白艚是广东潮州和福建漳、泉一带所使用的船；唬船原出自浙江，广东仿制，郭棐认为"凡打造，虽用广材，仍须照依浙式，斯为两得其宜"；乌船者，广东和浙江、江苏、福建皆制造使用；渔船者，本是海边渔民所制造，各兵寨见其便捷，便"仿而造用"。

从上可见，广东虽素以"广船"著称，但也根据本地水域特点，对外地的船式，"参而酌之"，仿制使用。制造的船式，多种多样，大小相互配

---

① 万历《广东通志》卷一八《武备》载：南头、屯门额设大小兵船 80 只；广海、望峒澳 38 只；柘林始 13 只，后增至 34 只；碣石、靖海、甲子门等澳 34 只；白鸽门 35 只；北津寨 61 只；白沙寨 61 只。

② 正德《琼台志》卷十一。

③ 万历《广东通志》卷九《兵下》。按：这 500 艘战船和 50 艘哨船共耗资 2 万两，每艘平均耗资 36 两。

④ 王圻：《续文献通考》卷五十三《职官三》，上海古籍出版社，1988 年影印本。

合，可分别用在内港、外洋，分担哨探、接济、攻坚、追击等任务。

《明史》卷九十二《兵志四》记载："广东船，铁栗木为之。视福船尤巨且坚。"此可谓概括了广船总的特点。屈大均指出："广之蒙冲（艨艟）战船胜于闽艚。其巨者曰横江大哨，自六橹至十八橹，皆有二桅，桅上有大小望头、云棚，……此戈船之最精者。"①

艨艟是战船的概称。其大者曰"横江"，以新会制造的最佳。其小者曰"飘风子"，"大、小拨桨"。还有称"乌船"者，其中船底皆白的，称为白艚；船底黑色的，称为乌艚。乌艚以东莞制的最负盛名。

战船和民船，在构造上，本没有什么区别，只不过装备不同而已。明初，有军卫官旗作弊，将官用战船私卖与客商改作民船事。洪武三十一年就此降旨严禁②。从此可见，经过改装的战船和民船，是可以互用的。著名的战船如横江和乌艚，就本是民间所造。正因为如此，官军往往征用民船。隆庆万历时人东莞尹瑾在《海防要务策》中云："先年六寨（笔者按：指柘林、碣石、南头、北津、白鸽门和白沙）借用民船，可暂不可久。故汛地空虚，盗贼尤炽。近（按：指万历年间）改官船，与福建事例同。船常在寨，甚可经久。"③事实上，万历之前已有官船，前已述及。但风汛季节，海盗活跃之时，官船感到不足，便往往借用东莞的乌艚和新会的横江等船，以补充战船，巡逻防守。此两种船都曾成为戚继光战船行列中的主力舰队。嘉靖二十四年（1545），就有110艘横江船参加戚继光的抗倭水师。

民间的商船，其规模比战船大，制造亦远为精良。成化（1465—1487）以后，官船日增，征用民船充战船的情况日减，但官船不如民船质量好。制造战船的"承委人员，每多染指，铺行办料，通同匠人作弊。于是因陋就简，狭其制，稀薄其料，徒具一船"④。所役使的工匠，因劳役、生活条件恶劣而往往消极怠工，敷衍差事。所造之船，质量自当低劣。而民间私造之船，乃系船主、商人身家性命，对船的坚固、性能，以及船体设备如

① 屈大均：《广东新语》卷十八《舟语》"战船"条，中华书局，1974。
② 参见万历《广东通志》卷九《兵下》。
③ 《广东文征》卷十七《策议》，香港珠海书院出版委员会，1973。
④ 万历《广东通志》卷九《兵下》。

何提高效益等，格外注重。既舍得花费成本，又往往亲自督工制造。万历年间，一艘船的费用要千余金，"每岁往返一修葺，亦不下五六百金"①。这同成化初年韩雍所造的战船，每艘只用 30 多两银子，简直是天壤之别了。万历时人张燮指出："或谓水军战舰，其坚致不及贾客船，不知贾舶之取数多（按：造价大），若兵舰所需县官金钱，仅当三之一耳。"② 就是说，万历年间，兵船所花的成本只及商船的 1/3。

出洋商船，皆为势豪富户所造。他们倚托权势，又勾通官吏，自制商船，办置商货，走私出洋。他们往往选择执法弛疲之地区，制造商船。"在福建者，则于广东之高潮等地造船，浙之宁绍等处置货，纠党入番。在浙江、广东者，则于福建之漳、泉等处造船置货，纠党入番。"③ 他们所造之洋船，"必千斛以上"。嘉靖年间（1522—1566），海商首领王直在广东高州所造的船，规模宏大，"巨舰联舫，方一百二十步，容二千人，木为城，为楼橹四门，其上可驰马往来"④。又如崇祯年间（1628—1644），海瑞之孙述祖，在海南岛"治一大舶"，三年乃成。"首尾长二十八丈……桅高二十五丈"⑤。

除出洋的洋船外，还有种种名目的船。黑楼船，"为官贵所乘"；盐船，"以载货物"。这两种船，行驶于南雄至广州的北江上。还有一种叫作"艖"的，是用以载人和货物的。捕鱼之船，则为香舲舡（又称乡舡）、大涝罾、小涝罾等名目。海盗所乘的船叫龙艇。疍民所使用的船叫艇，因以艇为家，又称疍家艇。在农田沟渠中行驶，使用于耕作者，叫农船。这种船在珠江三角洲河网区使用最为普遍。嘉靖年间，冯仲科在广州城西恩宁里之前面、附连江浒的柳波涌（约在今蓬莱路），开设船厂制造"大小农船出赁"⑥。由此得知，已出现经营出租农船为业者。还有一种叫"舫"的旅游船，专

① 张燮《东西洋考》卷九《舟师考》，谢方校点，中华书局，1981。
② 张燮《东西洋考》卷九《舟师考》。
③ 胡宗宪：《广东浙兵船当会哨记》，陈子龙等选辑《明经世文编》卷二百六十七，中华书局，1962 年影印本，第 2825 页。
④ 万表：《海寇议后》，《玄览堂丛书》续集第 15 册。
⑤ 钮琇：《觚剩》续篇卷三《事觚·海天行》，进步书局民国石印本。
⑥ 《冯氏家谱》（南海，不分卷），1922 年抄本。

供官宦缙绅游玩、观赏风景之用。

广东沿海，有水乡泽国之称。各种类的船舶出入海河，为数甚多。景泰年间（1450—1457）顺德人黄萧养起义，区萑家等"驾船五百余艘泊曹婆渡头"，以相呼应。黄萧养和王三等率领"船一千余艘，众至三万余，急攻新会城"。稍后，明军又"乘船五百余艘由波罗庙自滘至州前海面（按：在今珠江桥一带河面）与贼（即黄萧养军）交锋"①。又如，嘉靖年间（1522—1566），广东海防中路要寨南头，于春末夏初风汛之期，"查取乌艚船每年三十只"②，以分派到紧关海澳去防守巡逻。又据万历时人东莞盐商陈一教估计，沿海一带的盐船"不下数千"。以上所举之事例，动辄以百千计，其数量之多，足证广东造船业之发达。

《明史》卷九十二《兵志四》云："舟之制，江海各异。"江南的造船业，主要服务于漕运，闽广所造之船，则用以运送官物、御倭，以及内港运输和海洋贸易，亦即不仅用于交通运输，而且用于战争。船的功能要求多样，制造自当严格。在保证其坚固之同时，还注意其使用效能，并且注意因地制宜。船体各个部位，根据其性能而使用不同的木料。所用木料有铁力、枏、楠、槐、樟等上乘之木。洋船，因远渡重洋，经历风涛多险，其船厚重，多用铁力木为之。船底用一整的木料为梁，而舱艎横数木以为担。因其任载重大，故称为"铁船"；又因其不费人力，任何航手、船夫均可驾驶，故曰"纸人"。"铁船纸人"之谚即本于此。篷是用蒲席缝制的，也称作簾。用木叶缝制的，则叫帆叶，每舰有二篷。巨舰的篷，每当逆风悬挂，一横一直而驶，称为"扣篷"。当时所谓"广州大艨艟，使得两头风"，指的是遇逆风时，横行（即输）一篷，直行（即赢）一篷地往前驶去。因其在汪洋大海中，逆风破浪前驶，故非有铁船不能胜任。内河船，也根据航道的特点来制造不同的船体结构。例如，北江自清远以北，沿武、湟、浈、凌诸水而上，一路滩高峡峭，水多乱石，水浅，在此航道行驶的船，

---

① 《古今图书集成·方舆汇编·职方典》卷一千三百九十三卷《广东猺獞蛮獠部汇考一》，广陵书社，2011 年影印本。

② 顾炎武：《天下郡国利病书》广东备录《海寇》，华东师范大学古籍研究所整理《顾炎武全集》第 17 册，2011。

一概以樟木制造，底薄而平，无横木以为骨。从上水顺流而下，遇砥砀大石，一折而过，势如矢激，所以称为"纸船"；逆流而上，船触崖抵石，随石回旋。非强有力的船夫，不能胜任，所以，称之为"铁人"。"纸船铁人"之称，则源自此。

三

明代的造船业为何一改宋元发展之大势，转为朝着适应内河运输和海防体制需要的方向发展呢？造船业的改向给社会经济带来什么后果呢？这是值得探讨的问题。

船舶制造业发展大势于明代转向，主要源自朱明王朝的政策与体制。朱元璋没有沿着宋元对外开放、发展海外贸易的路线继续前进，反而改变了前朝海外贸易自由的方针，实行闭关海禁的政策和备战的海防体制，颁令"禁濒海民不得私出海"①，规定"擅造二桅以上违式大船，将带违禁货物下海，前往番国买卖者"，"枭首示众，全家发边卫充军"②。我们知道，没有二桅以上的大舶是不能前往南海诸番国的。诚如明人南海霍与瑕说的：既然"不能走海，则不作大艚"③。明初的这种关门主义的消极政策，固然与防范张士诚、方国珍余党纠同沿海居民卷土重来，以及防范倭寇、外国势力与朝廷内奸勾结等因素有关，但更重要的原因，还是朱元璋的农本思想。他认为中国无求于外，而外国有求于中国。他对亚洲邻国之外的各国又缺乏了解。他的农本思想、小农意识和孤陋寡闻，使他对海外贸易持政治考虑多于经济利益的权衡。

朱元璋的子孙，在执行其太祖制定的这一闭关禁海政策过程中，虽有宽严、弛张之差，乃至隆庆元年以后实行有限度的开海贸易，但其宗旨并没有根本性变化。明王朝因切断了同南海以外国家的来往，对海外各国的信息更

---

① 《明太祖实录》卷七十，上海古籍出版社，1983年影印本，第1300页。
② 《大明律附例》卷十五《兵律》"私出外境"及"违禁下海"条及条例。
③ 霍与瑕：《上潘大巡广州事宜》，陈子龙等选辑《明经世文编》卷三百六十八。

是懵然无知。从明中叶（15 世纪）起至明末，西方的一些国家先后崛起，葡萄牙、西班牙、荷兰和英国等国家，正以前所未有的速度发展国内生产力，并利用其坚船利炮到东方开拓殖民地，寻找市场。面对这一挑战，朱元璋的子孙因不了解时代的脉息，自当不可能做出积极的反应，反而一味妄自尊大，斥东来的西方殖民者为夷，而以宗主国自居，甚至误认他们之东来是向中国进贡、输诚和向化。可见其孤陋寡闻和妄自尊大，不减于其祖。他们以贡舶制度来与四邻通好，搜求奇珍玩巧。由官方统制下有限量的市舶贸易，严重地禁锢了商品经济的发展，也窒息了海舶制造业的发展。缺乏竞争的海洋帆船贸易，是不能趋向繁荣的。因此，唐宋元时期居于世界领先地位的我国的海上帆船贸易，从明代起，步步龟缩。明永乐末年后，已不涉足印度洋面，活动范围缩回印度洋以东的亚洲海面了。就是亚洲海面的帆船贸易，除隆庆元年后有一部分持引票的帆船外，其余的都是富有冒险精神的闽、粤海商们之所为的。违法冒险之举，往往不从长远计，所造之海舶远比宋元逊色了。即便如称雄海上的"海盗"首领王直，所造之海舶中有的在明代固然庞大无比，但较之于宋元的海舶，也未必胜过一筹。

值得注意的是，明中后期南海水域的帆船贸易形势，日渐向不利于明王朝的方向发展，15 世纪末 16 世纪初，葡萄牙人和西班牙人开通东西航线之后，西方殖民主义者接踵东来。在南洋群岛，形成东来的西方殖民者划地分据的局面：葡萄牙在西，以印度半岛沿岸各地、苏门答腊岛及中南半岛的某些地方为主；西班牙在东，以菲律宾群岛为主；荷兰在南，以爪哇岛为主。基于这一情况，南洋各国对中国的传统贡舶贸易几乎停止了。葡、西、荷等东来的西方殖民者，不以分割南洋群岛为满足。他们一方面以其控制的地区之产品与中国交易，另一方面在觊觎中国，寻找可乘之机。葡萄牙于嘉靖三十二年以租借形式强据澳门，更鼓励了他们的野心。

自从正德后期及嘉靖年间，东来的西方殖民者始露其侵略魔爪；加之日本贡使宋素卿和宗设为争夺合法贡使地位，彼此攻杀，造成宁波一带的祸乱；以及闽、粤"海盗"以倭寇为旗号在沿海活动，明王朝加强了海防备战的体制，增加了海上缉捕力量。这对民间兴起的海上走私贸易是一严重的打击，从而对海舶造船业起了直接的压抑作用。

与此同时，明代的广东社会，却发生了与前不同的变化。如果说江南地区于唐宋已经开发，成为先进的经济区域的话，那么广东的全面深入的开发，则在明代。明中叶以后珠江三角洲经济发展尤为显著。这里兴修水利，开辟沙田，商品性农业和手工业日益兴起，出现了经济作物的中心产地和专业性的农业区域，农产品加工业和铁、陶瓷等手工业也得到长足的发展。次之为韩江流域（包括潮汕和兴梅地区）。"历元而明，中原衣冠世族始稍稍迁至。"①从明代起，草莱日开，居民渐多，商品经济也开始抬头。由于商品性农业的发展而出现的各种专业户和开始出现的小范围的专业化区域，表明以分工为基础的商品生产已经出现。这种来自分工的商品交换，"使它们各自的产品互相变成商品，互相成为等价物，使它们互相成为市场"②。因而它促进了本区内部以及本地区与岭外各地间水运的发展。品种多样、性能良好、适合于内河运输的舟船，就是这一历史背景下发展起来的。前述的不畏峡峭险滩、穿梭于山间河流的所谓"纸船铁人"，也就是在这一经济背景下出现的。

由上所述，可见朱明王朝的闭关禁海政策和加强海防备战体制，是传统的发展海舶制造业转向的原因。明代广船坚硬度和便捷轻巧性能的提高，正是为适应防御"倭寇"、缉捕"海盗"的需要。而商品经济的繁荣所推动的内陆地区水运的发展，则直接促进了内河舟船制造业的进步。其表现为品种增多、性能良好、因地制宜、适合于各种内河航运条件的航行。

明代造船业的改向，意味着海上帆船贸易的退缩。如果我们从明代所处的历史时代着眼，从海上贸易同社会经济发展的关系考虑，便不难看出其造成的社会后果是十分严重的。

本文原刊于《学术研究》1987年第6期

---

① 光绪《嘉应州志》卷三十二《杂记》。
② 《资本论》第三卷，人民出版社，1975，第718页。

晚明珠江三角洲区域社会情态的史实记录

——《盟水斋存牍》简介

《盟水斋存牍》一刻 13 卷，二刻 10 卷，明崇祯五年（1632）刻本。卷首有礼部尚书韩日缵、礼部尚书兼东阁大学士何吾驺、礼部右侍郎陈子壮、吏部都给事中卢兆龙、姻亲陆鳌、按察副使王应华等分别作序六则和作者自序一则。每卷正文前有"醉李颜俊彦雪臞氏著"题识一行。

此书，北京大学图书馆有收藏。厦门大学图书馆存有抄本。

作者颜俊彦①，字开美，号雪臞，浙江桐乡人。崇祯元年进士，授广州府推官。本书是作者从任内（崇祯元年至四年）所写的文稿中选编而成的。自序说，在他所写的文稿中，"拣其稍关系地方，及无甚关系而一时设身处地谈言微中者，略为次序之，为勘合，为谳略，为翻案，为矜审，为公移，付之剞"。可见反映当时的地方情态是作者选编此书的一个原则。因而这本书在地方史研究上是具有史料价值的。

与作者同时代的几位名臣硕儒所写的序文，无不表彰作者在广州府推官任内严明坚正，判案如神。也正因为他耿直不阿，敢于伸冤锄奸，触犯了贵势之逆鳞而被劾。后虽再补松江府推官，但终郁郁不得志。其《村居杂兴》一诗云："病卧经旬满面埃，梅花落尽杏花开。画梁无数空巢在，社

---

① 关于作者的事迹，请参阅曹溶《明人小传》卷四，清乾隆抄本；朱彝尊选编《明诗综》卷六十八，第 7 册，中华书局，2007。

雨萧萧燕不来。"① 活画了他被诬陷而得不到昭雪、重用的悲凉心境。他奉清明、持平为圭臬，并题其署为"盟水斋"以自励。如欲明且平，势必求实。因此，这部书所提供的资料自当具有较高的真实性。

全书除"公移"2 卷 123 款系针对地方时弊而提出的条革外，其余皆审理诉讼案件的判决书，计有 21 卷 1325 件（1 款计 1 件）。现将卷目与案牍件数统计如表 1 所示。

表 1　《盟水斋存牍》卷数与案牍件数

单位：卷，件

刻别	卷目	卷数	案牍件数
一刻	勘合	1	16
	谳略	5	412
	翻案	1	61
	署府翻案	1	15
	矜审	1	76
	公移	1	68
	署府谳略	1	128
	署番禺县谳略	1	30
	署香山县谳略	1	50
二刻	勘合	1	18
	谳略	3	299
	翻案	1	15
	矜审	1	19
	矜疑	1	17
	公移	1	55
	署府谳略	2	169
共计		23	1448

这部书涉及的内容广泛，基层社会的问题，几乎无不涉及，主要的有如下几方面。

---

① 朱彝尊选编《明诗综》卷六十八，第 7 册。

关于基层社会组织方面，此书给我们提供了宗族、图甲（里甲）、乡约、保甲、团练等组织并存的情况。宗族是一个人的社会后盾。当他受到不公平的待遇，宗族可出面报呈诉诸公庭。与当事者无关的人即使执义上控，也会遭到斥责，因为自有族姓替其主持公道（见一刻谳略卷三《负骗程氏》、二刻谳略卷二《诬告蔡巨修》）。明末"严保甲之法"，乡村来了陌生人，"以其面生，诘之，亦保长事也"（二刻公移《禁候缺官生事》、二刻署府谳略卷二《刁讼胡起龙》）。乡约在晚上查点乡民，不到者可视为"踪迹可疑"（一刻谳略卷一《强盗赵茂颜等》）。可见保长、约长皆有维持治安之责。案犯经官府审理释放时，需要由里排、保长、族长、约长分别出面，或联合出面认领保良。（一刻谳略卷一《强盗孔亚壬等》《强盗何迥然等》，二刻署府谳略卷一《诬命温明进》）乡族约保也可"共抱不平，连名攻发"。（二刻谳略卷三《豪蠹冯梧魁等》）团练负责地方保安。"乡兵事宜，听诸乡绅父老，举其年长有德公平之乡老为练总，会推举谋勇者（按：指练长）充之。乡绅各出壮勇之仆若干名。"充练总者往往"借团练名色弄兵于一方"，为非作歹。（一刻谳略卷一《人命冯汝时等》）三水县陆文海"刀笔有声，营充练总，武断一方，三水知有练总，不知有令"。（二刻谳略卷二《诬告陆文海等》）本书所反映的基层社会组织的严密化，以及其治安职能的强化，是同此书所记载的社会动荡、民众运动抬头的情况相一致的。

关于势宦的劣迹，以及衙役、土宄、哨守的横行作恶，此书提供了丰富的资料。势宦凭借特权，串通土宄，以接受投献或强行霸占的形式，夺取民产。他们不仅鱼肉乡民，甚至藐视官府。东莞县邓云霄诬公差为盗，缚捆送县，后命家仆击毙于枷下。（一刻勘合《钦犯邓云霄等》）土宄则为虎作伥，打着势宦的旗号，肆意作虐。（二刻谳略卷一《假冒宦仆吴福》、二刻谳略卷二《讼产冯维梓》）"把（总）、哨（兵）妄捉平民，或以邀功，或以泄忿。""一旦指贼围捉，数家男女同于惊禽骇鹿，溃然而奔。而簪珥衣被之属，华者满橐，敝者解官，屠其耕牛，掳其器具，改头换面，插赃点缀。"（二刻翻案《诬盗梁材等》）衙役之横行是令人发指的，增城县衙役李先等三人，"突指乡民林一梅为盗，卷其财物，掳其妻女，三役轮奸"。

（一刻谳略卷一《强奸李先等》）罢闲之吏役也同样作祟。因"惯熟衙门、恣行跳诈，盖土豪衙蠹一身兼之者也"。他们捏生作死，创烧纸之陋规索钱，假伪印之府票作奸。（二刻谳略卷三《豪蠹冯梧魁等》《衙蠹罗良显等》）对"衙门勒索种种情弊"，作者在一刻公移《禁衙官扰民》、二刻公移《禁衙役》二文中做了详细的揭露。

关于土地占有关系、租佃关系、地权转移等问题，也提供了很有用的研究资料。土地占有关系的讼案中涉及官田、民田、族田，涉及沙田、山地、墟场、公房隙地等不同类型的土地。土地占有权的纠纷，往往是由于势宦的献占；（二刻谳略卷二《冒宦占田梁和等》、一刻谳略卷四《假冒占田梁储廷等》）或土宄冒宦影占；（二刻谳略卷二《冒宦占田卢卓雄》）或以赌局勒写卖契而占之；（二刻谳略卷二《局赌占田崔斯建》）或私盗典卖；（二刻谳略卷二《盗典主业林贵》）或重复典卖；（一刻谳略卷四《争田余朝重等》）或争子沙；（二刻谳略卷二《争田林少嘉等》、二刻署府谳略卷一《人命黎元锦》）或伪造遗嘱而占有；（二刻署府谳略卷二《争田黄观辛》）还有因当地"卖而不断"的习俗，为得"洗业"和"贴价"银而起讼，有的田地"业经三主而犹健讼不休"。（一刻谳略卷四《争田郑国光》）凡此种种，不一而足。耕种沙田的佃户，往往被土棍势宦"驾船逐佃卷租"。（一刻谳略卷二《冒宦抢禾何基伯等》）抢割民禾之风，屡禁不止。对此，作者慨叹曰："香（山）顺（德）多抢禾之风，非重创之，将来民不复有田矣！"（二刻谳略卷一《冒宦抢禾潘海云等》）

关于商品流通、商人的活动，以及船户、铺户、商品生产专业户等，有较具体的记载。进入长距离贩运的商品有铁锅、白糖、葛布、绸缎、瓷器、干果等。行商贩运的货物数量已很可观。孙思孔"往京，渡经西南，搬运葛布等物"，计有葛布1260匹，携带银457两，还有衣缎等物。（二刻署府谳略卷一《强盗何浮等》）外来商人云集广州城"蚝畔街，两京十三省无一无之"。（一刻谳略卷三《争妓诳诬孟性翼等》）尤以闽、浙商人为多。闽商黄正等借巡海为名，行私贩之实。"聚众三百余人，入夷地，贩夷货"，违禁闯入虎门，以图私贩。（二刻署府谳略卷一《洋船阑入内地黄正等》）

当时出现了种种的商业户。有专以运输为业的船户。（一刻谳略卷三《船户吴春等》、一刻谳略卷四《讼债郑辉宇》）有专供应木料的木户，规定"木匠不许贩木，而木户不许索帮贴于匠"。（二刻署府谳略卷二《木户陈平等》）有专供官府需要的青砖行铺户。这种行户由县衙门择殷实户充当。（二刻署府谳略卷二《争当行户郑国珙等》）有专门经营果品的果铺户。叶应洪店，前座焙果，后座寄顿荔枝龙眼。（一刻谳略卷三《失火黄端浩等》）有专以冶铁为业的炉户。当时"佛山炉户计数万家"。（二刻谳略卷二《息讼霍见东等》）有以专出售米粮为生理的米铺户。（二刻署府谳略卷一《吓诈衙役何高等》）有以织绸为业的机户。（一刻谳略卷二《违禁奸棍区括所等》）揽户有公私之分。有专包揽供应各衙门所需洋货的揽户，（一刻谳略卷二《奸揽谢玉宁等》）也有专为商人包揽商货运输的揽户。"夏仰镇为诸商雇船揽货之人，曾雇蔡永兴之船与王云从等装货海南贸易。"（二刻谳略卷二《诬告夏仰镇》）此外，关于物价、商税、备货、典当等，此书也提供了有用的资料。

关于分家、过继方面，提供了一些值得注意的资料。根据中国分家的传统，"子无嫡庶分授"，分产不得太偏。但又得"参之亲族，酌之情理"，才算善处人骨肉之间的关系。（二刻署府谳略卷二《争产锺景淳等》）家族中因财产而争讼时，往往非完全按法律规定决断，而是照顾种种情由，即所谓"情法兼尽"。（二刻谳略卷二《争继马邦祚》）有时甚至以"情胜于法"，做"三分法七分情之处分"。（二刻谳略卷三《争军田谭进吾等》）绝户之承嗣，因相持不下，经"通族金立合同"，可由两人"并继"。（二刻谳略卷二《争继陈廉等》）"情理兼及"，为执法者左右其手开方便之门，也表明缺乏严格的法律观念。

此书提醒我们不可忽视数字可有别解。典当契价往往加倍书写，是人们所熟知的。当地的卖契，也同样按实价加倍书写。而衙役得银则"以两为钱"，缩减为 1/10。一刻谳略卷三《诬诈梁海云等》一文记载："升、良自认得银一两二钱，而衙役以两为钱，乃是通例，则十二两也。"这就是一例。此书还提醒我们应按照当地的风俗去理解同一类契价中的差异。二刻谳略卷三《争军田陈进吾等》一文写道:"粤中俗写,以按①写卖,实无半价。"我们看到在为卖抑或按而争讼的案件中,凡契价只及同类田卖契价之半者,即判为"按"。此书所记载的风习掌故,对我们理解珠江三角洲地区的文献资料甚有补益。

此外,此书还有关于海防、学政、科举、刑名、钱谷、挂号(文书往来)、驿传等种种弊端及当时所采取的对策,以及户籍、雇佣、主仆关系、民众运动等足资研究的资料。

这部书不仅是研究法制史的好材料,对研究明代社会经济史尤为重要。在目前缺乏明代原始文书档案资料的情况下,益显珍贵。

本文英文本 Ye Xianen, "A Note on the *Official Documents Preserved in the Meng Shui Studio* (*Meng shui chai ts'un-tu*)," *The Gest Library Journal*, Vol. 6, No. 1, Spring 1993, pp. 55-70。中文本刊于《广东社会科学》1997 年第 1 期。

---

① 抵押借贷机构按照经营的规模分为典、当、按(质)、押四种。典为大,押最小。珠江三角洲把质称为按。

华侨与南海贸易

南海是中国五大海中最大的一个，面积约 350 万平方公里，占五大海区面积的 74%。中国古文献中的南海，初无明显的范围。元明之际，才有东西洋（东南海、西南海）之分。以文莱为界，其东为东洋（东南海），其西为西洋（西南海）。西洋（或称大西洋）有时也包括印度洋与东非沿岸。本文所说的南海是指明清时期习称的范围。

环列南海的南洋各国（第二次世界大战后称东南亚地区）可分两部分：一为中南半岛（亦称大陆东南亚），一为马来群岛或称南洋群岛（也叫海洋东南亚）。因南海地缘的关系，自古与中国唇齿相依，关系密切。本文仅就中国与南洋各国的宗藩关系、贸易往来，以及通过华侨对当地社会经济文化的影响等方面做一简略的概述。

一　宗藩关系与华侨

古代中国有世界中心的思想，把中国之外的国家称为蕃国。这就是《周礼》所说的"九州（中国）之外，谓之蕃国"。南海诸国历来就间断地、经常地向中国朝贡。有些地方曾经是中国的郡县。中国的古文献上称东南亚各地和印度洋沿岸的古国为"南海诸蕃国"。这些王国不时来中国朝贡。从南宋赵汝适的《诸蕃志》和元代汪大渊的《岛夷志略》看，宋元时期在东南亚地区建立宗藩关系已涉及南海水域各地，并且已经与印度洋、阿拉伯海、波斯湾、红海沿岸的南亚、中东和东非等地发生程度不同的政治、经济关系。明初郑和下西洋的壮举，不仅接了元代的余绪，而且把这一关系推向巅峰。

对南海地区的宗藩关系，明代趋向制度化：册封与朝贡都立有规章，有行人司、会同馆等部门专管。永乐年间（1403—1424），就曾经赐予满刺加、浡泥、柯枝和东洋日本四国以镇国山碑铭，作为藩属的标志。

16世纪之后，与南海诸蕃国间传统的"宗藩关系"，却因西方殖民者的东来而不断式微。从葡人于1511年攻占满刺加（今马来西亚，明末称麻六甲）的事件中也可看出。作为明王朝藩属国的满刺加，为葡萄牙人攻陷占据达十年之久，明朝廷才得报而获悉。明朝廷对这一重大事件，虽然以宗主国的姿态严词申斥葡人，责令其退出，返回故土，并下诏谕近邻暹罗（今泰国）等国救援，但未曾取得任何效果。从此起，明王朝与南海诸蕃的宗藩关系日渐衰微，在南海的政治势力逐渐退出。尔后南海诸蕃先后陷为西方的殖民地。

这种情况的出现，与中国海洋势力的消长有密切关系。中国自中唐起，中西交通转为以海上为主，海洋的发展受到重视。就当时世界海洋贸易的大势看，中国居于领先的地位。这是中国的大航海时代。遗憾的是朱元璋改变了前朝海外贸易自由的方针，实行闭关主义的政策。震撼世界的郑和下西洋的壮举，主要是为了宣扬国威、怀柔藩国。搜罗珍宝虽然也是郑和的使命，但主观上并非为了发展彼此互利的贸易关系。尔后，明朝廷不仅没有后续的举动，而且海上活动龟缩回印度洋以东的南海范围之内，明王朝的影响力日益衰微。16世纪以降，明王朝在南海的地位逐渐为西方的商业殖民扩张主义者所占夺。

关于侨居南海诸国的华侨，早在宋元已经零星出现，尤其郑和下西洋期间，更有较多的华人移居，南洋诸国成为中国商民出没的地方。往往有侨居不归，至长子孙者。嘉靖、万历以后，朝贡贸易衰落，官方的市舶贸易已经不能满足中国与南海诸蕃国的需求，私人海上贸易（走私贸易）勃兴。以民生日用百货为主要内容的商品经济蓬勃发展，广东、福建等地的东南沿海庶民商人冲破势家豪绅垄断海上贸易的格局，主动往东南亚开拓

124

市场，建立了与国内相互联系的贸易网络，尤其趁隆庆元年（1567）实行"引票制"，有限度开海贸易的时机，纷纷下海营商。他们"帆踔二洋（按：指东西二洋，即日本和东南亚洲），倏忽千里，以中国珍丽之物相贸易，获大赢利。农者以拙业力苦利微，辄弃末粗而从之"①。有的商人留居东南亚地区而繁衍子孙，长期侨居于南洋各国。明中叶，单在马尼拉已有超过一万华人居住②。华侨聚居海外，已经形成社团、社区。华侨在东南亚的人数日益增多，在许多地区，其势力甚至处于绝对的优势。

移居东南亚地区的华人，筚路蓝缕，以启山林，为当地经济、文化发展做出了决定性的贡献。因而，华侨社团在这些地区成为当地政治和经济的主体。

一些素质较高、有见识、有组织能力的华侨，如农民起义领袖、海盗头目（实际上是有见识的大海商）等，不仅取得经济上的领袖之地位，而且参加政治活动。他们往往被推为首领，领导华人和土人反对东来的西方殖民主义者的压迫和掠夺的斗争。有为当地执政者，乃至为国王者。有的甚至自己建立华侨自治政权，罗芳伯于乾隆四十一年（1776）在印度尼西亚的西婆罗洲建立的"兰芳大统制共和国"即一例。

东南亚地区，虽然较早地受到印度文化，以及后来东渐的西方文化的影响，但中华文化的浸染一直是深刻的。北婆罗洲有自称为中国人之苗裔者，采用中国之耕织法。菲律宾由游牧时代进入农业时代，是由闽人林旺之启导。不少地名也中国化。

东南亚地区的华人华侨社区，一直坚持祖国传统文化。就是到了19世纪末依然如此。1891年出任新加坡总领事的黄遵宪在一份报告中说："（新加坡的华侨）虽居外洋已百余年，正朔服色，仍守华风，婚姻丧祭亦沿旧俗。"可以说，即使世居民众也汲取先后东渐的西班牙、荷兰、英国、美国等西方文化，但中华文化的影响依然深刻。因此，近来海外汉学的研究者

① 屈大均：《广东新语》卷十四《谷语》，中华书局，1985，第371—372页。

② Sucheta Mazumdar, *Sugar and Society in China: Peasants, Technology, and the World Market*, Cambridge and London: The Harvard University Asia Center, Harvard University Press, 1998, p. 153.

往往把东南亚地区和朝鲜、越南、日本一起，划为"儒学文化圈"。1994 年10 月，新加坡前总理李光耀在北京国际儒学联合会成立大会上，谈及儒学对新加坡的影响时指出："从治理新加坡的经验来看，特别是 1959 年至1969 年那段艰辛的日子，使我们深深地相信，要不是新加坡人民都受过儒学价值的熏陶，我们是无法克服那些困难和挫折的。""亚洲四小虎"的崛起，亚洲经济腾飞中华人所扮演的角色，引起人们对儒学价值做新的评估；国际性的"新儒学"也因此勃然兴起，并由此而引发近日在美国出现"华人研究中心"等机构。这些反映了中国文化对南海诸国影响的重大和深远。

二 与南海诸国的贸易关系

南海自古以来就是中国与西方交通的门户。广州则历来是中国海贸的中心（除元代一度为泉州所取代外）。明代于宁波、泉州和广州分别设置市舶提举司，明确指定宁波通日本，泉州通流求，广州通占城、暹罗和西洋诸国。就是说，广州被指定为南海各国朝贡贸易的港口，所管辖的范围也最为广阔。

中国的海上贸易活动，最早发生于南海沿岸，而不是东边的海域。因为山东半岛至长江口的海岸线，过于平直，在轮船出现之前，不利于航行。岭南的南海沿岸，在秦汉之前，已经与南海沿岸发生海上交往，已经出现了从事南海贸易的越人商人。正是他们与中原商人发生贸易往来，才诱发秦始皇"利越之犀角、象齿、翡翠、珠玑"的野心，发动征伐岭南的军事行动。

自秦汉起，中国海上贸易的主要对象是南海诸国。《史记·货殖列传》说："番禺亦一都会也。珠玑、犀、玳瑁、果布之凑。"《汉书·地理志》也有类似的记载，还指出"中国（按：指中原）往贾者多取富焉"。又说，西汉曾派船队自北部湾出使中南半岛（包括马来半岛），并经转驳抵达印度东南海岸等地。这是最早见诸载籍，又为大家所熟悉的海外贸易交通资料。

担任船队"译长"的是黄门属下主持传译与奉使的官员；充当船队所谓"应募者"的，当是熟悉海路和语言的越人商人和水手。秦汉时期，南海区域内，已是"无远弗届"，与南海各地发生了交通往来。

尽管汉代的楼船有重楼，有十桨一橹，且已经懂得依赖季候风，用牵星过洋的办法航行，但是船只还只能靠海岸线航行，以便于补给水和生活用品，以及逃避飓风。在孙吴时期（约3世纪），开通了自广州启航，经海南岛东面，进入西沙群岛海面而到达南海诸国的便捷航线。关于这条航线，黄武五年（226）康泰出使南海诸国历时十多年回来后写下的《扶南传》说："涨海（即南海）中倒珊瑚洲，洲底有盘石，珊瑚生其上也。"（《太平御览》卷六十九万震《南州异物志》也说："出涨海中浅而多磁石。"（《太平御览》卷七百九十）最早如实描写了西沙群岛暗礁如同磁石一样，船只一旦驶进去便有被吸引搁浅的危险。1957年广东省博物馆西沙群岛考古调查，在西沙群岛的北礁采集到南朝的六耳罐、陶环，证实了这条航线的存在。这一航线的开通，大大缩短了到对岸的南海诸国的航程。顺带需要指出的是，它导致了徐闻、合浦港的衰落，使广州取代交州嬴陵（今河内）成为南海首冲，亦即成为中国海上贸易的中心。

广州因而与南海诸国联系更为广泛。当时扶南国（柬埔寨）商人常到广州博易。《南齐书·扶南传》记载："扶南王姓侨陈如，名阇耶跋摩，遣商货至广州。"其他南海诸国的商货也聚集于广州。此时及此后，南海诸国如占婆（越南南方）、扶南、金邻（泰国暹罗湾海岸）、顿逊（泰国西南部）、狼牙修（泰国南部）、盘皇（马来半岛的彭亨）、丹丹（马来半岛南部）、盘盘（加里曼丹岛北部）、河罗单（爪哇岛）、干陁利（苏门答腊巨港）和婆利（印度尼西亚巴厘岛）等，已与中国相交通。当时输入的外国商品主要有象牙、犀角、珠玑、玳瑁、琉璃器、螺杯、吉贝（棉布）、郁金、苏合、沉香、兜鍪等，输出则以丝绸、陶瓷、漆为大宗。僧人、公使、商人等络绎不绝地从南海前来中国。

于16世纪先后前来的葡萄牙、西班牙、荷兰等国商业殖民扩张主义者，改变了南海政治与贸易格局。

1511 年，满剌加为葡人占据之后，便切断了与明王朝的关系。满剌加海峡是南海通往印度洋的咽喉。葡人据此控制了欧洲与东亚的贸易。原流寓马来半岛的华商，基于满剌加为葡人所占夺，出于无奈，纷纷转往东南亚其他地方从事商贩。一些地方如哑齐（苏门答腊）等因华商的转来而兴盛起来。

葡人继而前往中国沿海活动。先是勾结中国的海商、南海诸国的一些商人在杭州湾外的双屿岛建立国际性的市场（1548 年明朱纨发兵捣毁），继而以澳门作为贸易据点，并建立东亚与欧洲的贸易网络。

继葡人之后，西班牙人于 16 世纪中叶占据菲律宾，以马尼拉为贸易基地。16 世纪末，荷兰（16 世纪时其领土包含今日的比利时、荷兰、卢森堡和法国北部法兰德斯一带）也来到吕宋（菲律宾），由于遭到对手葡、西的抵制，荷兰国内的各公司联合起来，组成荷兰东印度公司，并配有强大的武装舰队，以加强其在南海的竞争力。它极力排斥葡、西势力，甚至进攻其贸易殖民基地。17 世纪初营建巴达维亚城（雅加达），作为殖民统治的据点。继而侵占锡兰，并从葡人手中夺取麻六甲。又侵略台湾，以大员（今安平）作为贸易据点（1662 年为郑成功所驱逐）。巴达维亚和大员两据点形成掎角之势，相互奥援。荷兰继葡萄牙之后称雄于东亚海域。

英国 1600 年组织的东印度公司，也前来加入南海水域的商战。由于其资本和武装力量皆不及荷兰东印度公司，不能与之相抗衡。1613 年开设在日本平户的商馆，因经营不善，也于 1623 年关闭。在 17 世纪 20 年代，英国东印度公司把重点转移到印度和波斯，唯留下爪哇的万丹作为在南海的基地。

前来南海水域的葡、西、荷和英等国的贸易公司，不仅拥有以先进的技术武装起来的舰队，而且有本国政府做其政治与经济的坚强后盾，有垄断某一地区贸易的特许状，甚至享有殖民地军事和政治的全权。它们凭借船坚炮利，一方面主张公平的贸易；另一方面遇到失利时，则拦截掠夺海上商船，甚至烧杀掳掠沿海居民，无恶不作。它们在南海地区建立起各自的殖民基地，实行殖民统治，一改东亚海域由华商独领风骚的传统贸易局势。荷兰、西班牙在所建立的据点及控制的地区，凭其武装舰船的优势而独占贸易，还对华商征税。例如，凡到由荷、英控制的旧港和占碑的船只，必须取得它们颁发的许可证；它们规定采购胡椒的数额，还要征收人头税①。在这些地区，华商受制于西人，有时为西人做短程运输，沦为附庸。即便在这种情况下，华商仍然不屈不挠，采取化整为零、化零为整、"萍聚雾散"等方法，勉力抗衡②。此外，西方各国海商的先后到来，形成了中西两半球海商直接交易的新局面。此时南海贸易的网络，既联结了太平洋彼岸的南美洲，又重新伸展到永乐之后中断往来的印度洋，并扩及大西洋，初步形成横跨亚、非、欧、美四大洲的世界性海洋贸易圈。我们看到，中国商品供应的多寡，直接影响到其他地方。例如，中国的生丝供应不足，便直接影响墨西哥的丝织业。1639年中国受台风影响，甘蔗受损，糖产量下降。驻台湾的荷兰代表给巴达维亚总部报告说，"您那里以及波斯均不会获得所需的糖量"。彼此都需要交换各自的产品。正如荷兰人所说的："中国人需要我们的白银，正如我们不能没有他们的商品一样。"③可以说，16、17世纪的世界已经开始趋向一体化。

三　18世纪商业扩张时代的南海贸易

如果说16世纪是海洋时代，世界趋向一体化的开端，那么，18世纪是全球商业扩张的时代，也是世界一体化加深而出现贸易重新改组的时代。

18世纪全球商业扩张时代，是伴随着西方产业革命的兴起和取得成功而出现的。产业革命为市场制造了愈来愈多的产品，迫切需要推向市场。从英国1700年至1800年一百年间的出口商船吨数、输入额和输出额的成倍增加中，可以看到产业革命带来的影响——工业产品对市场需求的迫切。据统计，离开英国港口的商船吨数，1700年为31万多吨，1800年增达192

---

① 程绍刚译注《荷兰人在"福尔摩莎"》，台北：联经出版事业公司，2000，第211页。

② 张彬村：《16至18世纪华人在东亚水域的贸易优势》，张炎宪主编《中国海洋发展史论文集》第3辑，台北："中央研究院"三民主义研究所，1989。

③ 程绍刚译注《荷兰人在"福尔摩莎"》，第216—221页。

万多吨，增加了 5 倍多；商品输出额，18 世纪的首 10 年，为 600 万磅至 700 万磅，1800 年却达到 4187 万多磅，增了近 5 倍；商品输入额，18 世纪初为 400 万磅，世纪末已增达约 3000 万磅，增加了 6 倍多。如果置于坐标图上，可以看出，这三项指标都在扶摇向上，18 世纪末的 20 年间更是几乎直线上升①。18 世纪的南海贸易，除老牌的葡、西、荷等国商人相互竞争外，又增添了英商这一强劲的对手。跟踪而来的还有欧美其他国家的商人，如法国、丹麦、瑞典和刚刚建国的美国等。此时，南海市场的竞争越发激烈，而且更加带有疯狂性与倾轧性。

商业是以国家的实力为后盾的。国家实力的消长，直接影响商业的竞争力。自重商主义流行以来，商业扩张的胜利就是市场、资本和政治权力成功结盟的产物。商业资本的张缩是与国家权力的兴衰联系一起的。对此，近来已有学者做过专门的研究②。西方各国海商在南海势力的消长与其国家实力的隆替相一致，也支持了这一观点。取得产业革命成功的英国日益强大，其在南海贸易的地位也随之而不断提高。英国东印度公司早在创立伊始，就以印度为掠夺对象进行蚕食。18 世纪 30 年代起占据了马德拉斯等三个管区，并在其他地区建立了商栈。18 世纪末，印度终沦为英国的殖民地。有了印度做基地，更可以加强对南海水域做掠夺性的贸易活动。1756 年，英商的通译员洪任辉（James Flint）秉承英国东印度公司的旨意，乘武装船闯入宁波、定海和天津等港口，提出诸多横蛮无理的要求。基于历史上双屿岛与澳门由洋人引诱而聚集成市的历史教训，洪任辉的举动引起了清廷的警惕。为了"防微杜渐"，又顾及广州僻处南疆，其出海孔道的黄埔、虎门，"在在设有官兵"，可以保证安全，所以于次年，亦即乾隆二十二年，下诏令："将来止许在广州收舶交易。"③ 从此，只允许欧美各国商人在广州

---

① 保尔·图芒：《十八世纪产业革命——英国近代大工业初期的概况》，杨人楩等译，商务印书馆，1991，第 76—78 页。

② 杰奥瓦尼·阿锐基：《漫长的 20 世纪：金钱、权力和我们社会的起源》，姚乃强等译，江苏人民出版社，2003。

③ 王先谦：《东华续录》乾隆四十六，《续修四库全书》史部第 372 册，上海古籍出版社，1996。

一个口岸通商，不准再往其他三口（厦门、宁波、上海）从事商业活动。这就是大家所熟悉的规定广州为"独口通商口岸"的由来。

其实，对欧美各国商人而言，独口通商并不禁止他们在南海地区殖民地的商人前往厦门、宁波和上海等口岸贸易。事实上厦门、漳州、上海、宁波和镇海等港口，在广州被规定为独口通商之后，一直接待来自吕宋、爪哇、苏禄和暹罗的商船。甚至一些欧洲人还在广州之外的其他港口继续进行贸易，西班牙人就被允许在厦门贸易。英国等欧洲国家的船只只要悬挂葡萄牙的旗帜，也可以在对之关闭的港口停泊。英国的散商（非属东印度公司的民间商人，嘉庆间官方文献音译作"港脚商人"），与广州的华商合作，便利用西班牙的旗号于厦门从事商业。西班牙公司的合伙人詹姆斯·马西森（James Matheson），于 19 世纪前数十年中，便在厦门经营与马尼拉之间的定期贸易。

中西间的贸易，原主要是在南海区域内西方各国的殖民地或商业据点进行的；实行"独口通商"后的广州，成为中西直接贸易的市场。中西贸易也从原来的以间接贸易为主转为以直接贸易为主了。

除中西贸易集中在广州以外，逐渐陷入西方殖民地的南海地区各国的商人，也来广州贸易。据 1833 年在伦敦的东印度公司的听证会记录，中国对东南亚和日本的帆船贸易估计每年的总额是令人印象深刻的 7000 万至 8000 万美元①。这一贸易额几乎相当于中英贸易的两倍。

广州的贸易是在清政府制定的体制下进行的：由粤海关负责税收并管理行商，指定黄埔为外国商船的停泊所，澳门为各国商人的共同居留地，广州十三行负责中外贸易并管理约束外商。这四个环节，又各自形成一套制度。目的是以官制商，以商制夷，确保税收。广州十三行是广州外贸体制中的重要环节。充当广州十三行行商者，须经政府特许并颁发执照。1720年成立公行，因遭到英商的百般阻挠和要挟，次年于无形中宣告终止。乾隆二十五年，清朝廷允准行商潘振承等 9 家呈请，重建公行。嗣后分设外

---

① 穆素洁：《全球扩张时代中国海上贸易的新网络（1750—1850）》，叶篱整理翻译，叶显恩校，《广东社会科学》2001 年第 6 期。

洋、本港、福潮三个名目，以分别办理欧洲、南洋以及福州、潮州贸易、货税事宜。可见，与南洋各国的贸易货税事宜，由十三行中分设的本港行管理。

原刊于海南省文化历史研究会主编《缅怀韩振华先生暨南海学术研讨会论文集》，长征出版社，2008。

晚清华工出洋与珠江三角洲社会

　　我国沿海居民有悠久的移殖海外历史，自明代中叶以后，在广东、福建沿海地区，由于生活所迫，即有不少人远渡重洋，到南洋一带从事商业贸易，或工农业劳动。在明晚期，他们已经"帆踔二洋"①，出没于烟波浩渺的南海水域，经商于南海对岸的弧形岛国各地。清代，往海外营生者更多。明清王朝视之为"莠民""奸民""弃民"，而采取了一系列严惩限阻的举措②。但是，在珠江三角洲，自1859年起，先由广州府属下的两名知县出告示，继而为巡抚柏贵所批准的移民制度中，承认凡属自愿的属民，"可以听其任便前往"③。尽管这一地方性的制度，未曾得到朝廷的认可，然而，却使珠江三角洲人出洋谋生之举，取得了一定程度的合法性。由于其自身的意愿和海外经济机会的吸引，人们要求往海外谋生的愿望越发强烈。清末竟演成华工出洋的狂潮，五大洲无不有珠江三角洲人的足迹，珠江三角洲也因而成为我国著名的侨乡。

　　华工出洋，原以自发地订立公凭（即约据），规定在一定时间内，以部分劳动所得扣还"客头"垫付的船费的形式。后来衍变成"猪仔贩运"和"苦力贸易"两种形式。前者是以诱骗、拐带的手段，将华工运往海外贩卖，在契约期内，或期满还清身价前，买主可视之为债奴而任意奴役；后

---

① 屈大均：《广东新语》卷十四《食语》"谷"条，中华书局，1985，第371—372页。
② 《上谕档》乾隆四十年五月十五日《着两广总督李侍尧整饬边界民人出入境事宜谕》，中国历史档案馆藏件。本文引用档案，除另注明者外，均为该馆所藏，不再一一注明出处。
③ 参见颜清湟《出国华工与清朝官员》，粟明鲜、贺若夫译，中国友谊出版公司，1990，第93—101页。

者是指强迫华工签订条约后，即运往拉丁美洲（尤其是加勒比海地区）、大洋洲各岛以谋利。华工必须履行所签订的契约内容，属于契约工性质，是一种"隐蔽的苦力奴隶"。

华工问题，已为社会学家、历史学家所关注，并做了大量富有成果的研究。本文拟从国内外的经济政治形势，尤其从珠江三角洲的内部原因角度，回顾华工出洋的问题，从百年史事的重温中汲取教益。

一

自 16 世纪以来，中国与西方各国的贸易往来即渐趋频繁。清代自康熙二十三年至道光二十年（1684—1840），荷兰、西班牙、葡萄牙、英国、法国、美国等国家的"番舶"先后陆续来华，这些船只大都经过澳门进入广州，随船而来的既有正当的商人和正常的商品互贸，也有不少带着强烈殖民意识，企图以洋货，以鸦片加炮舰来打开中国门户的冒险家，其目的在于非法掠夺。鸦片战争前后，恰逢西方列强被迫解放奴隶，而又值它们大力开发各自的殖民地和领地的时期。当时，西班牙占领的古巴正在开展甘蔗种植业和蔗糖业，荷兰控制的爪哇群岛正在大力开发锡矿和种植橡胶、胡椒、咖啡等经济作物，英属圭亚那，以及以新加坡为中心的海峡殖民地的种植、开矿和海运等行业也在上升的阶段，秘鲁则决定利用鸟粪资源以取得巨额财富。其后，美国为开发西部，修筑贯连东西的大铁路等。这些举措，无不急需人力。上述正在开发的地区，当时都处于草莱初辟、地广人稀的阶段，而且或处于深山巨壑、菁深林密、烟瘴迫人之地，或为孤悬海外的穷岛，待遇既菲薄，而伤亡的比例又极高。这是一般的白人和当地人所不愿或不屑去干的地方，为了解决迫切需要补充的劳动人手问题，各国政府和商人都认为从中国吸收大量的廉价劳动力是最有利可图的办法。他们坦然承认，从中国招引而来的劳力，是上帝给予"殖民地的一种恩赐"①，中国人是"驯服、守法和

① 约翰·弗尔曼：《菲律宾群岛的历史、地理、种族、社会商业及其政治依附的概述》，1899年伦敦版，第 118 页，转引自陈翰笙主编《华工出国史料汇编》（以下简称《史料》）（4），中华书局，1981，第 50 页。

勤奋的人民"①。其中又以来自珠江三角洲的广东籍劳工为主，由于适应气候、生产技能高超和劳动习惯良好等，受到殖民者的瞩目。英国对华贸易监督包令博士宣称："在全中国的人民中间，广州人是最强健、最聪明、最勤劳省俭的人，他们工作勤奋、生活有规律，而且知道怎样照顾自己。他们比其他地方的中国人更重视宗族关系，我认为他们是最适宜于在西印度做工劳动的人。"② 他们在其他地区也被认为是最好的人选，美国人丁韪良认为："粤人（按：主要指珠江三角洲人）习于蔗事，且勤不辞劳，古巴人益赖之。"③

但是，所有力图招引中国劳工前去的各国政府或公司，都不愿给予中国劳工以最起码的平等报酬，或给予最必要的劳动条件和合乎人道原则的待遇。它们之所以要近于狂热地争取得到中国劳工，无非是基于各自利益的迫切要求，很大程度上，乃是企图乘中国积弱，清政府缺乏保护本国人民能力之机，用"黄奴"代替"黑奴"。正如丁韪良在其所著的《古巴近事》中指出："禁止贩卖黑人之议起，诸皆争先释放，古巴迫于公论，不得已最后将黑奴释放，而重兴以羊易牛之法，其所用之羊，则中华之粤人也。"西班牙如此，荷兰、葡萄牙、英、法、美等也莫不如此。不少被视为"黄奴"的珠江三角洲人，遂被作为填充"黑奴"空缺的最佳人选。

在无法按照正常途径招雇到自愿出洋华工的情况下，西方殖民者收买和勾结中国一些不法官役和黑社会的地痞歹徒等，以卑鄙的手段掳掠和拐骗中国人"过番"。受雇于西方殖民者的大小歹徒，被称为"客头"，广东人呼之为"猪仔头"，在其主子的唆使下，于广州、澳门、香港，以及珠江三角洲的一些城镇设立名为商号、招工馆，实际上是从事拐骗、掳掠勾当的卖人行机构。这些"猪仔头"又以重金收买一些暴徒骗子深入墟镇、乡村，视不同对象施以不同的强掳胁迫手段，或设下圈套利诱；或软硬兼施，

---

① 罗斯·史密斯：《给南非（白人）劳工协会的报告书》（1903），转引自《史料》（4），第70页。
② 包令：《致马姆兹伯利文》（1852），《史料》（2），中华书局，1980，第8页。
③ 丁韪良：《各国近事·古巴近事》，《中西闻见录》第2号，1872年9月。影印本见《中西闻见录》，南京古旧书店，1992，第115页。

务求将一些生计困窘或轻信的人攫入魔掌。这些拐匪往往"暗在各处，私设窟穴，藏匿被拐之人，伺机偷运出海"①。在广州竟然有悬挂着不同国别旗帜的"洋舶"，广州郊区的黄埔、长洲一带的河道上也经常泊有40—50只排列成行的趸船，用以随时接受拐匪押送前来的所谓"猪仔"。在船上，在"猪仔馆"中，拐匪以绑吊毒打、泡水饿饭等酷刑，逼迫被拐人同意出洋，他们无所不用其极。对于不愿屈服的人，"毒打幽禁之，绝之食，更甚者或于夜半毙死之"②。有时为了防止被害人的惨叫声泄闻于外，拐匪故意燃放鞭炮，或猛敲锣鼓，借以掩盖。对华工被拐骗、施暴的情形，彭玉麟曾做如下的描述：

> 粤东澳门、汕头等处，西人设招工馆，应其招者，名其人为猪仔。人也，而畜名之，即以兽畜之。命名之意，已乖天常，然此尤明明招之也。更有寓粤洋人串通奸商，诱卖乡愚于秘鲁、古巴亚湾拏等处。其始或炫之以财，或诱之以赌，又或馑指为负欠，强曳入船，有口难伸，无地可逃。每年被拐者动以万计，及抵彼埠，充以极劳苦之役，少憩即刑，告假不许。生入地狱之门，死作海岛之鬼。③

这时期的广州及四邻乡镇，已成为恐怖之域，"省城附近一带村落，行人为之裹足，民情恐惧异常"④。单身行人偶有外出，往往即被下蒙汗药，打闷棍，甚至套进麻袋劫持而去。父失其子，妇失其夫，街衢贴满寻人启事；到处可听到沉痛的控诉和血泪交织的呼声，真是令人毛骨悚然，悲叹人间何世！1860年2月，广州的一个美国传教士卜列斯顿写给美国驻华公使华若翰的信中也承认："黄埔这个地方不幸已成为最猖狂的拐匪围场，他们轻

---

① 两广总督劳崇光告示，咸丰十一年（1861）元月。
② 受害人李洪忠给新加坡华民政务局的禀词，转引自温雄飞《南洋华侨通史》第十六章第四节"贩卖猪仔的制度"，商务印书馆，1929。
③ 彭玉麟：《禁贩论》，张煜南辑，张鸿南校《海国公余辑录》卷三上，清光绪刻本。
④ 《河南道御史杨荣绪奏请严治略卖良民匪徒折》（咸丰十年闰三月），《筹办夷务始末》（咸丰期）卷五十，中华书局，1979。

易杀人，罪行累累。"① 当时贩卖华工的罪恶活动，是以殖民国家官商合伙为后台，使用了中外黑社会势力联合组成的严密网络；从中国内地直到外国岸埠和买主，每个环节都做了有组织的严密的安排。"英、荷两属各大埠交通地点之客栈，皆其机关巢窟。在海面者，各轮舶之船主、水手、买办，小艇舢板之摇橹荡桨者，亦其爪牙耳目也。"② 如此地在国内外、水陆之间都撒下了网罗，善良贫弱的人，一旦误投罗网，焉有能力逃出魔窟，摆脱魔掌?!

运送华工的船只，人们称之为"浮动地狱"，经营这种航运业务，被称为"偷运人类血肉勾当"。当时由中国口岸或港澳到达拐卖华工的口岸，都需要长时间的航行。由香港到夏威夷群岛要航行 56—75 天，到美国加利福尼亚要 75—100 天，到秘鲁要 120 天。船商贪利而逾额多载，竟将数以百计的成年男子关在一间窄小的底舱中。"苦力们被赶到甲板下面，像罪犯一样禁闭在里面，完全没有光线和空气"，赖以存活的粮、水也被克减到最低限度。有些船主和押运人为了示威，不时还对一些被认为有反抗意识的华工进行捆绑毒打，甚至装入笼、锁入铁槛，或倒吊在旗杆之下，禁水禁饭。有些人中途生病，"四五天内没有治好，就用麻绳把他捆起来，抛在海里，或海滩上"③。"华工们要在这个'地狱'里从中国运往哈瓦那，要越过中国海、印度洋和大西洋。"翻开任何各国关于 1850—1875 年契约华工的记载，都可以看到触目惊心的巨大的中途死亡的数字，其中有病死、饿死、渴死、被吊打折磨死、被推下海溺死、被抛弃在荒岛上致死，以至自刎、上吊、服药、投海而死的。例如，咸丰八年，英国船波特兰公爵号，自香港装 332 名华工去古巴，在中途病死、被打死和自杀死的就有 128 人，死亡率达 39%；英国船约翰嘉尔文号，在同年装 298 名华工去古巴，途中死掉 139 名，占 47%；同治十年（1871），秘鲁船意沙尼伐鲁号，装载 739 名华

---

① 《史料》（3），中华书局，1981，第 126 页。
② 温维飞：《南洋华侨通史》第十六章第四节"贩卖猪仔制度"。
③ 参见《美国众议院第 657 号法案附件》（1860 年 4 月 16 日），《史料》（3），第 65—90 页；又参见《古巴华工李肇春等 166 人向中国官员呈上的禀词》（1874），《史料》（1）第 2 册，中华书局，1985，第 585—589 页。

工到秘鲁,因逾额超载多达 50%,途中死亡 192 名,占 26%①。

以上所述,是指在所谓正常航程中出现的死亡,还有一些更令人不忍卒听的惨状。例如咸丰八年,美国船花坛号将载运的 850 名华工禁锁于舱底,用木杠把舱口封死,仅留几个小洞送入食物,在途中此船触礁沉没,但"船长命令放下小船,不去救苦力(不论全部或一部),而是保全他们自己和水手们,……根本没有为可怜的苦力作任何准备。……850 名苦力个个都葬身鱼腹了"②。又如,美国船威佛利号,在 1856 年 10 月,装着 450 名华工开往马尼拉途中,代理船长怀疑船上的华工可能组织反抗,先开枪镇压,其后又把华工们赶下底舱,并予封固,翌日,发现约有 300 名已窒息死亡③。就这样,几乎每座"浮动地狱"都用数以百计的无辜生命作为代价,记录着苦力贸易的罪恶。

即使幸而挨过在国内受拐骗、掳掠的苦难,又幸免死于航运途中,华工到达劳作地点后所面临的境遇,依然是严峻的。同治十三年,当时奉派到古巴调查华工情况的陈兰彬报告说:

> (华工们)其功夫过重,其饮食过薄,其作工时刻过多,其被棍撞、鞭拷、锁闸等诸般荼毒又最多。递年各处打死、伤死、服毒死、投水死、投糖锅死者,迭迭不绝。现时折手、坏脚、瞎目、烂头、落牙、缺耳、皮开肉裂、指断,请验伤者已复不少,凌虐实迹,人所共见。④

同治末年,奉派随郑观应视察华工情况的吴剑华也说道:

> 所到之处,接猪仔禀词辄数百纸,据其所述苦情及寮主苛虐之状,

① 参见陈泽宪《19 世纪盛行的契约华工制》,《历史研究》1963 年第 1 期。
② 《美国人列威廉致友人书》(1859 年 1 月),《史料》(3),第 81 页。
③ 《美国众议院第 657 号法案附件》(1860 年 4 月 16 日),《史料》(3),第 72 页。
④ 《陈委员(兰彬)、马税司(福臣)、关税司(秉文)致总理衙门呈送〈古巴华工事务各节〉申呈》,《史料》(1)第 2 册,第 580 页。《古巴华工事务各节》一文,晚清广东地方当局又将其中一部分重印,名为《醒迷编》。

受者丧胆，闻者酸鼻，闻各工每日晨起以铁锁牵就役，饷食不过面包一块，香蕉二枝。日晚牵归，监以黑奴，稍怠则鞭棒交下，击死勿论。夜则严闭一室，用铁环桎其手于木榻边柱之上，转侧皆难，恐其逃也。又有恶犬数十头，间有逃工，则放犬四出，嗅气寻觅，十无一免。觅得咬噬拖回，用手枪击死；不回，则终亦咋死：或用火烧死，或置于水牢之中泡烂而死。有一寮主尤凶异常，杀华工以千百计，积其颅骨，累砌花台，俨示京观之意。噫！何其酷也！……约计年来物故者，已有十余万人，再逾十稔，秘境华工无噍类矣，悲夫！"①

吴氏所言，绝无夸大，甚至连一些比较客观的外国史学家也承认：当时"在秘鲁，华工被分派做的一种恶劣的劳动，就是挖鸟粪石的工作，……一年之中，大部分时间都是酷热的，湿度很高，而且终年无雨，……为了使恶神息怒并满足其报仇之心时所曾设想的地狱，也比不上秘鲁鸟粪矿藏的开采和装船时的毒热和恶臭，以及被迫来这里劳动的人们所受的苦刑"②。

华工的遭遇，在不同国度和地区，虽然有所区别，但所受到的歧视、凌辱、排斥，却是共同的。"华民所寓英国属地如新加坡、新金山、卡拏大（按：今加拿大），均有身税；法于越南，日斯尼亚（按：指西班牙）于小吕宋、古巴，荷兰于三宝垄，均征华人身税。泰西嗜利无厌，其情然也。"③至于美国，清朝驻美公使张荫桓于光绪十二年（1886）评论说：初时"志在开辟西境，招致华人唯恐不力。转瞬而火车铁路四达旁通，沿山煤铁五金之矿采掘不竭。金山荒芜之区蔚为都会。杰构云连，商旅阗隘，微华人之力，曷克臻此？乃不数年而谋限制矣，不数年而谋驱逐矣。近且焚掠枪杀，惨毒不堪"④。"荷属苏门答腊之日里埠，每岁所到华工以八九千计，皆从英属华人猪仔馆分雇前往。猪仔馆之人半由拐卖，荷之园主，虐待华工，

① 转引自郑观应《盛世危言》卷四《贩奴》，清光绪十九年刊本，第54页。
② 参见姚贤镐编《中国近代对外贸易史资料》（2），中华书局，1962，第907页。
③ 崔国因：《出使美、日、秘国日记》，王锡祺辑《小方壶斋舆地丛钞》再补编第12帙，第19册，杭州古籍书店，1985年影印本，第3页。
④ 张荫桓：《三洲日记》卷一，清光绪二十二年刊本，第12页。

往往终身为奴。"① 凡此记载，都以具体确凿的事实为根据，如实地反映了中国劳工在各国各地所蒙受的灾难性遭遇。1904 年 10 月，有一朝廷命官，称 "陈子卿者，粤人也。以军功膺受五品蓝翎之秩，竟被招工者诱至该处（按：指南非洲）当矿工，不堪其苦，自念曾受朝廷恩赐，以不得见用，而至海外受此惨虐，遂吞服阿芙蓉毙命，临死自题数句云：'生长中华四十三，今日不幸来到番。英雄到此也无法，想返中国难上难。我今舍命别阳世，难为众人在此间。同乡做满三年后，顺带弟魂返唐山。'末署'五品蓝翎陈子卿绝命书'"②。

陈子卿的身世虽与一般华工不同，但其惨遭的厄运却是一样的，多少同胞在饱受迫害和完全绝望之时，仍然关怀着同受诱骗的同乡工友，仍然眷念远在祖国的父老乡亲，仍然希冀能魂兮归来，陈子卿临自尽时的心声，正代表华工们的心境。百年之后，读陈氏这一留言，仍不免一掬同情之泪。

当然，中国人民绝不会甘受凌辱，任其宰割。一部晚清的华工史，实际上是一部中国劳工依靠坚韧不拔、英勇抗争，以争取应有的人身权利和合法权益，争取在侨居地生根立足，并坚持为当地经济文化建设做出贡献，坚持与当地人民增进了解和互助，和睦共处的历史。华工及其家乡的父老，乃至全国人民，与西方殖民者的暴行展开了长期坚决的斗争，这在珠江三角洲表现得尤为突出。处于珠江三角洲北缘的广州，人民群众对于以诱卖本国同胞牟取私利的掮客和贩子，极其愤怒，自发行动起来，对这些坏蛋严予惩处。当时在广州的英国官员记载，"这些人时常遭到中国老百姓的报复和杀害"③。"广州城内和附近地区的居民，已经意识到大家共同面临着一场重大灾难。有些人已经愤然行动起来。……只要那些拐掠人口、为非作歹的匪帮，有一个落入他们手里，便按他们自己的方式伸张正义，发泄怨愤。因此，在过去十天之内，已经有许多人被群众当作拐子杀掉，群众使出了广东人通常在比这为轻的刺激下，惯于使用的那种出名残酷的报复手

---

① 薛福成：《出使美、法、义、比四国日记》卷三，光绪十八年刊本，第 26 页。
② 谢子修：《游历南非洲记》，《史料》（8、9、10），中华书局，1984，第 285 页。
③ 《包令致拉包契里文》（1856 年 7 月 26 日），《史料》（2），第 151 页。

段，他们疯狂地惩罚了拐子。"① 面对中国人伸张正义的行动，这些英国官员不得不忧心忡忡，并惊呼："这种拐掠人口行为，特别易于使到广州城外附近各地游历的小帮或单身外国人处于异常危险的境地，……不满情绪可能变成仇恨，……不久就要由敢于进入这个国家内地的一切外国人用血来偿还了。"②

对拐掠人口的愤怒，很快便感染海外的侨胞，他们义愤填膺，对这种罪恶勾当进行了口诛笔伐。同治十一年，旅居日本横滨的华侨谭禹（原籍顺德县狮江乡，又名谭警迷子）愤然撰文，并自费大量印发《戒拐贩人口出洋论》③ 一书，痛斥洋人勾同国内歹徒拐骗人口的罪行，文曰：

> 盖闻……挺刃杀人，按律犹当严办，机谋陷众，于理实所难容。今有俗名猪仔头者，居心奸险，立志凶狠，惟知益己射利归囊，专以贩人出洋为业，乡隅竖子，既每受其樊笼；村市贫民，更多遭其蛊惑，恶经习惯，罪已贯盈。迩因外国求沽，较诸曩时尤盛，多多益善，逐逐招寻，价值倍增，老幼不择，致使奸们图富，私与番客主谋，……不拘各处童男，纷将拐诱；渐至良家妇女，竟欲搜求，鬼蜮猖狂，蝎蛇充溢。名开招工之馆，实为陷命之场，薄海痛心，于兹为甚。迨天番舶开行，引赴议亭讯问，当官报号，悉皆以羊易牛；循例呼名，无非指鹿为马，哀情莫白，隐念难鸣。押送者狞目张张，赴行者低头审审，鱼贯蚁队，概行带下乎舟中；犬伏蛇行，遂即拘囚于舱内，呼号对泣，涕泪交横。遍体之衣褐未完，果腹之饔飧莫继，饥寒屡受，苦病丛生，食无箸而卧无床，直等同槽之牛马；身以羁而足以锁，真如入笠之豚。……颠连殆尽，喘息微留。……试问一年装去若干，十载回来有几？

谭氏泣血椎心，其爱乡爱胞之情，跃然纸上，允称至情之文。谭氏的呼吁

---

① 《英国驻广州领事馆阿礼国致包令文》（1859年4月12日），《史料》（2），第173页。

② 《巴夏礼致斯陶本文》（1859年12月3日），《史料》（2），第269页。

③ 谭禹：《戒拐贩人口出洋论》，1871年在日本横滨刊刻发行，今东京国立古文书馆有藏。

抗议，绝不是孤立的个人感慨，而是代表了海内外正直人士和珠江三角洲人民的心声。《戒拐贩人口出洋论》一书，一经出版，番禺陈玉池即捐资印送三千本，香山缪辉堂亦捐资印送三千本，郑怡怡堂两千本，番禺胡达朝两千本，南海何雁宾和香山张熙堂亦各捐资印送一千本，其他顺德、三水、新会、新宁（台山）各县人士，在横滨等地开设的华资商店，如广利和、东同泰、广裕兴、东兴、福记庄、德大庄等，亦各认捐三五百本不等。先后踊跃捐资加印此书者达几百人，印数累计达二万册之谱。他们通过各种渠道将此书派送回国内，以及各国有华工的地区，希望唤起人民觉醒，共同抵制贩卖"猪仔"的罪恶勾当。旅日人士共同议定：此书印版保存在横滨市中华会馆内，提供给任何人加印赠送①。在 19 世纪 70 年代初，一个名不见经传的人物，所写的一本小册子，竟然在珠江三角洲旅外同乡中引起如此巨大的轰动效应，可说是前所未有的。究其原因，实出自珠江三角洲人民，在被当猪仔拐卖之患中，首当其冲，受害最深，因此，谭禹登高一呼，珠江三角洲各县旅日同胞，便如此强烈地纷起响应。由此可见，对被拐骗出洋的苦难晚清华工，珠江三角洲社会百姓以及旅外同胞，均怀有无限的恻隐同情和愤慨伤痛。

被拐掠的华工，自不甘受折磨送死。在押运往海外途中，华工进行了英勇的反抗，押运华工的船几乎都从澳门启航，道光三十年，法国船阿尔培号运载华工去秘鲁。为反抗船主的虐待，华工起来制服了船主和水手，将船驶回中国。咸丰二年，一艘开往古巴的美国船罗伯特勃朗尼号，船上的华工不甘凌迫，杀了船主和船员，把船搁在沙滩上，弃船逃生。咸丰七年，在开往古巴的法国船海丽塔·玛利亚号上，350 名华工奋起反抗，迫使船长和水手弃船而逃。同治四年，华工在开往古巴的意大利拿破伦卡尼鲁号上起事失败，竟全部被关在已起火的船舱中烧死。这些事迹表明，在被押运出洋途中，华工们以死相拼，宁可用性命相殉以换取自由。

外国对华工的虐待，往往激起中国国内的爱国运动。光绪三十一年，美国国会连续通过苛例，强迫清政府签订限制华工赴美和驱赶部分华工的

---

① 参见谭禹《戒拐贩人口出洋论》附载《喜认芳名》。

条约。对此，广州和上海等地纷纷组织起拒约会，并发动抵制美货。珠江三角洲各城镇商号也纷起响应。广州由潘达徵、高俭文、陈垣等主办的《时事画报》刊载《华人受虐原因图》《西关抵制图》《广东拒约公所图》《龟抬美人图》等，都对鼓舞居美侨胞、华工，以及国内同胞的反美斗争起过重大的作用。

<h2 style="text-align:center">二</h2>

珠江三角洲之所以成为"猪仔"贩运和苦力贸易的重点地区，1869 年 8 月，时任两广总督的瑞麟指出："查洋人拐骗华人之事，以粤东为最多，亦缘粤东为最易。只缘地理情形迥与各省不同，以故拐骗之徒得肆其虐。"[①] 瑞麟仅从滨海临江，毗邻港、澳等地理上的原因立论，显然是不全面的，更重要的还在于其深层的内在原因。

首先，同珠江三角洲本身的历史特点有关。珠江三角洲原是移民的社会，富有移民的传统，珠江三角洲人是由南迁的士民和原有居民相互融合形成的，既继承了中原文化的精华，又汲取了"越人擅舟"、擅于海上活动的传统，与对岸的南海弧形岛国间素有经济、文化往来。明中叶以后，以中国海贸中心广州市场的转型为契机，在市场经济的推动下，珠江三角洲的社会经济发生了深刻的变迁，平民百姓冲破由官宦豪绅把持海贸的格局，前往海外经商谋生者日多。有的留居海外，成为海外市场的接应者，即负责推销运去的商品，并准备回程的商货[②]。随着商业化的加深，往海外谋生者日多，由于国内政治经济形势的变化，经济机会的吸引和心理因素的作用等的驱策，到了晚清终于演成华工出国谋生的高潮。争相出洋的氛围，既给了拐匪歹徒以可乘之机，又使人们容易受骗。

其次，人口的压力日益加重。清初，珠江三角洲因一度充当南明抗清

---

① 《总理各国事务衙门清文件》。
② 参见叶显恩《明代后期广州市场的转型与珠江三角洲社会变迁》，《珠江三角洲社会经济史研究》，台北：稻乡出版社，1991。

斗争的据点，继而又惨遭"迁海"之祸，曾出现田地荒芜、城镇丘墟、人口剧减的情况。但解除禁令，开海贸易之后，珠江三角洲社会经济迅速复苏。康熙晚年，已经恢复到明末的经济发展水平。乾嘉之后，随着商业化的进展，珠江三角洲经济的发展越发迅速。但是，人口增长远比经济增长更快。据笔者就南海、番禺、新会、香山和增城等老5县及先后由此5县析地设置的顺德、从化、新宁、三水、花县等共10县的统计：洪武年间（1368—1398）人口493427人，崇祯年间（1628—1644）增至1321280人，清嘉庆（1796—1820）末年剧增至5372259人，清末宣统年间（1909—1911）更突增至7054274人。较之明初，在500多年间，人口已增13倍多。人均耕地面积，也从洪武年间的7.03亩，降至明末的5.45亩，康熙十一年（1672）因人口剧减升至7.48亩，康熙六十一年又降至5.25亩，嘉庆末年继续降至1.52亩。尽管因沙田的开发，田地面积，已从明初的3470561亩，扩大到嘉庆末年的8179723亩[①]。由于人均土地面积的日益减少，自产粮食不足，势必面向海洋，另觅生计。乾隆七年（1742），署理两广总督庆复就向朝廷奏报：

> 窃照粤东生齿日繁，山多地窄，每岁产谷约供半年，虽遇丰收之岁，亦必借资（广）西省。又，各郡沿海之地，东西千有余里，防海重兵营镇相望，其地皆斥卤，不产五谷，居民以渔盐为业者不下数十万，……濒江附城，番舶估船，商贾辏集，转移受雇及艺业糊口之人，总计亦不下数十万，食指均属浩繁。一遇米谷价贵，皆赖官谷平粜，别无可以得食之计。[②]

这说明，由于人口与土地严重失调，在谋生渠道、职业习惯等方面，珠江三角洲都有自己的特点，同"安土重迁"的传统观念迥异。

---

① 参见叶显恩《珠江三角洲人口问题》，《珠江三角洲社会经济史研究》。
② 《军机处录副奏折》，转引自吕小鲜编选《乾隆三年至三十一年纳谷捐监史料》（上），《历史档案》1991年第4期，第15页。

再次，自鸦片战争以后，珠江三角洲一直是中国人民与外国侵略者、国内统治集团与广大人民群众之间持续进行激烈斗争，诸种矛盾冲突高度集中的地区。从鸦片走私到虎门销烟并爆发了作为中国近代史序幕的鸦片战争，英割香港岛和葡萄牙单方面宣布永占澳门，都使珠江三角洲处于一个特殊的前沿地位，战后更成为外国合法倾销鸦片的主要口岸。道光二十九年，全国消费鸦片约 5 万箱，而以广州为主要市场的南方消费量占 3/5①。由此引起银贵钱贱问题，以及社会风气颓废败坏，游民无业者日增。花县人洪秀全创立拜上帝教，早期曾在顺德、南海、番禺等地进行宣传鼓动。他发动太平天国运动后，在珠江三角洲地区也引起了强烈的响应。咸丰四年初夏，何六（何禄）等首先在东莞石龙竖旗举义；接着，陈开、李文茂建号"大宁"于佛山；顺德陈吉、香山搭栅英亦起兵响应。他们多是天地会信徒，但又自称"洪兵"或"红兵"。数月之间，他们攻克了府、州、县城四十余座，卷入的群众达百万人，并曾邀集各路人马二十万人联合从水、陆四面围攻广州城达半年之久②。之后，又因第二次鸦片战争的爆发和抵抗失败，咸丰七年底，英法联军侵占了广州，并维持了三年多的控制，珠江三角洲西南部台山、开平、恩平等县，爆发了自咸丰六年至同治六年（1856—1867）持续十一年的大规模"土客"械斗，死伤民众达 20 万，亡散 30 万以上③。亡散部分中就有相当数量的人逃往海外。由此可见，战争与动乱频仍，社会持续动荡，乃是鸦片战争后珠江三角洲地区的时局特点。西方列强采取军事的、政治的、经济的一切手段，迫使中国沦为半殖民地的过程中，首当其冲的正是这一地区；清朝政府对外屈从，对内加强高压，也是在这一地区有集中的表现。凡此种种，对于该地区大量华工出洋都有

---

① 姚贤镐编《中国近代对外贸易史资料》（1），中华书局，1962，第 420 页。按，19 世纪 70 年代，英国为满足印度殖民政府和鸦片贩子妄想垄断对华鸦片贸易的要求，在修改中英《烟台条约》时提出税厘并征，长期任清朝海关总税务司的英国人赫德，也大力进行斡旋。清朝终于批准了此议，遂使鸦片贸易合法化，广州又成为合法输入鸦片的主要口岸。参见中国第二历史档案馆、中国社会科学院近代史研究所合编《中国海关密档》第 2 册，中华书局，1990，第 562—564 页。

② 参见蒋祖缘、方志钦主编《简明广东通史》，广东人民出版社，1987，第 423—424 页。

③ 参见叶显恩《中山县移民夏威夷的历史考察》，《珠江三角洲社会经济史研究》。

着重要的直接的影响。据记载，这一时期有相当一部分人是为了逃避政治惩处而被迫远渡重洋的。

> 1848—1865 年的太平军起义，在几个方面推动了移民。……太平军运动后许多年的无政府状态和混乱一直保持着，而恢复秩序的方法又是那么残暴，以致助长了人民逃出这个地区的动机。由于太平军的瓦解，许多参加运动者逃至海外。①

还有重要的一点，那就是当时珠江三角洲的社会结构，正在向半殖民地转型，从而日益加重了对外国资本主义的依赖并受其控制。一方面，由于开放五口通商和香港的被占，原由广州独占一口通商合法外贸的优势便告丧失，进出口的数量都有明显的下降，道光二十六年，广州进口货（不包括鸦片）金额为 12390213 元，比战前的道光十七年减少了 33.2%；出口降至 23198493 元，亦减少了 35.7%②。另一方面，西方廉价商品的倾销和对原料的低价掠夺，对珠江三角洲原有的工农业生产结构和商品供销网络，均起到破坏的冲击，使原有的小商品经济普遍不景气。顺德县原有由广大农村妇女织造的斜纹布，历来畅销省内外，但因"洋织盛，而土机衰矣（按：女布遍于县市，自西洋以风、火、水、牛运机成布，舶至贱售，女工几停其半）"③。番禺、花县的妇女本来也以家庭纺织为业，亦因洋布贱售，"遂多失业"④。广州附近竟然"纺织之业，风流云散，至觅一纺纱器具而不

---

① G. W. 斯金纳：《泰国的华侨社会史的分析》，译文载《南洋问题资料译丛》第 1—2 期，厦门大学出版社，1964。按，直到光绪十八年，清朝派驻美、日、秘鲁等国大臣郑藻如，仍认为人口过猛增长、国内政治动荡等均与华工出洋存在着内在联系。他对于三十年前广州的动乱仍心有余悸，向总理各国事务衙门条陈说："中国人满为患，粤东更甚，现今劫案频闻，乱阶隐兆。岁月增益，滋生日繁，以嗷嗷待哺之众，而生计无出，其势不乱不止。他日祸起，牵动邻省，辗转屠掠，纵能底完，非伤残千百万人，非糜费数千万饷不为功。红寇之祸，可为前鉴，故深忧远虑之士，咸以为欲弭粤东之祸源，非早为择地疏通不可。"（《总署清稿》）
② 姚贤镐编《中国近代对外贸易史资料》（1），第 151、153 页。
③ 咸丰《顺德县志》卷三，第 45 页。
④ 同治《番禺县志》卷七，第 1 页。

可得"①。佛山本是驰名全国的工商重镇，其棉丝织品、铁器、陶瓷等行业均在全国居领先地位，但"自通商以来，洋货日盛，土货日绌，农工不兴，商务乃困"②，"洋纱价廉，故纺织家多用之，……操是业者经营颇苦"，"土丝织品滞销，由于洋庄丝出口日多，复重抽坐厘，原料值昂，成本既重，销售良难"。铁钉、铁针、铁线等行业，都因洋货输入而"销路渐减"，"制造日少"③。甚至连号称"石湾缸瓦，胜于天下"④ 的石湾陶瓷业，亦被日本和欧洲的产品抢占了过半市场，烧窑从一百多座减至五六十座，而且也只能断续开工⑤。这一切事实都说明，珠江三角洲的社会经济和生产秩序正在进行较为全面的转型和改组；以数十万计的男女劳动力，正被无情地排挤出原来借以觅食糊口的生产位置，丧失了原有的生产手段，生计陷于绝境。当枵腹彷徨、穷困潦倒之际，自然更易于轻信其言、屈从诬骗，甚至明知卖猪仔是一条极端危险艰恶的道路，亦不得不孤注一掷，存万一之念，以图死里求生。1872 年 8 月，两广总督兼广东巡抚瑞麟对此做过分析，他指出：

> 粤东自兵燹之后，近年商贾日稀，工艺歇业，游手好闲之辈，往往迫于饥寒，不遑顾及后患。有人导以出洋，止图受雇受工，苟延残喘，无不唯命是听。匪类既借此渔利，愚民即中其奸计也。⑥

瑞麟作为时任广东最高军政长官，对于当时大量人口被拐骗出洋的特定社会背景的分析，大体上是符合事实的。据笔者检阅现存当时出洋华工诉说苦情的禀文、供词等材料，在叙述到之所以受拐被骗的情形时，华工大都认为与他们在出洋前的窘迫处境有关。1868 年 11 月，《广东华民往必鲁

---

① 邬庆时：《番禺末业志》卷四《工商业》，1929 年刊本。
② 光绪《南海乡土志》（抄本），转引自广东省社会科学院历史研究所中国古代史研究室等编《明清佛山碑刻文献经济资料》，广东人民出版社，1987，第 34 页。
③ 民国《佛山忠义乡志》卷六《实业》，1926 年刻本。
④ 屈大均：《广东新语》卷十六《器语》"锡铁器"条，第 25 页。
⑤ 参见林乃燊、李北翔主编《佛山史话》，中山大学出版社，1990，第 115 页。
⑥ 《筹办夷务始末》（同治朝）卷八十七，故宫博物院，1930 年影印本，第 40 页。

（秘鲁）国雇工三万余人公同具呈控告必鲁东家凌辱华人事禀文》内称："蚁等生长华国，身出礼义之邦。为迫饥寒，遂尔远适他乡之域。"① 1888年4月，广州府知府孙楫申详，经起获被拐骗人口姚亚石、吕壬凤等18名"各说无人雇工，穷苦难度"②，因此才会应允出洋。笔者又检阅了较为大量的清朝官方档案和香港保良局档案，稽查了一些人具体的自白，所得结果亦基本相同。例如，1860年11月，两广总督劳崇光在审判截获被拐骗拟送出洋的冯林、刘景福等41人一案中，其中冯林自称本来"务农为生，因田被水淹，无法存活"；刘景福自称"自己赋闲已久，很穷"；马秀自称本来是"去广州寻工作"；周六自称是"到省城谋事"③；等等。光绪十八年，被拐到香港的顺德县碧江人梁华，因"在家中并无事业，被拐来港"；光绪二十一年，高要县东庆村人周韩则因"在家无业，恒逼饥寒"；番禺务德里司人龙可信"向在乡教蒙馆，近无馆教"，"谋生计拙"；佛山人陈大垣则因"向业耕种，因日前揭欠本乡陈华灶银4两3钱8分，计至10月，共本利7两2钱，未能筹还"，万无奈何，于是走上"卖猪仔"的道路④。每一个受骗的人，具体原因各异，但都有一本血泪辛酸账，他们遭受的厄运也是共同的。

从华工原先的职业状况、社会地位看，可以看到当时拐卖华工涉及的社会层面是多么广阔，甚至如非提供确凿事实，有令人难以置信者。咸丰九年，"据广东当局从这些船（按：指停泊在广州近郊黄埔港内的外国趸船）上救出的148人的供词，他们当中有100人受诓骗，16人被绑架，2人吃了蒙汗药，只有3个人没有在上船前后遭受拷打或刑逼。这批人中有小贩34人，手工艺者30人，小店主和店伙12人，水手10人，衙门差役2人，兵勇2人，乞丐1人，失业者12人，不详者9人"⑤。又据香港保良局现存

---

① 《东海关监督残档》，《史料》（1）第3册，第965页。
② 《刑部档案》，《史料》（1）第1册，第110页。
③ 见《史料》（2），第205—214页。
④ 见香港保良局（慈善机关）档案壬辰年和乙未年的口供册。
⑤ B. P. P., *Correspondence Respelting Emigration from Canton*, *1860*，第1、6（附件19）、13（附件13）号文件，转引自《史料》（4），第150页注3。

自光绪四年至宣统三年的档案记载，在此 33 年中，前曾被拐骗出洋，个别
幸留性命返港转回广州，或已被骗来港被截留遣返的人中，亦有大量的破
产农民、失业工人、小业主、店员、水手、原在珠江三角洲各城乡码头担
任搬运工的"咕喱"（苦力），还有被斥革的士兵、衙役、长随、走江湖的
流浪者，甚至还有若干已考上初级功名的秀才、廪膳生员、塾师、医生、
粤剧艺人，甚至还有个别已领有"功牌"，受过铨叙的中级文武官员（最高
级的有得赏五品顶戴或实任游击、把总、守备的）。这些人成分复杂，但绝
大多数是原生活在以广州为中心的城、乡、圩、镇之中，又多是因丧失了
原有的谋生手段，然后受骗的①。由此说明，当年珠江三角洲大量人口被拐
骗出洋问题，绝不是一个孤立存在的反常事件，它是有其深远的社会背
景的。

　　珠江三角洲大量华工出洋问题，之所以自 19 世纪 40 年代迄 20 世纪初，
历时七八十年之内，人数达三四百万人以上②，引起了如此巨大的社会震

① 见笔者手藏的香港保良局档案复印件。1985 年冬，笔者以 3 个星期的时间阅读香港保良局
所藏的关于华工（主要为所谓"猪花"的口供等资料）的档案。这些档案数量甚巨，除日
本学者可儿弘明先生用这些资料做研究，写出《近代中国的苦力与"猪花"》（岩波书店，
1979）一书外，尚乏人研究。

② 关于晚清全国共有多少华工被拐骗出洋，其中珠江三角洲籍的人口数目有多少，是难以做
准确统计的。这是因为既缺乏系统的原始登记，又没有完整的数据。只能做一些个案的推
算和宏观的估计，从同治十三年，刑部郎中陈兰彬等人到古巴的一次调查中，可看出珠江
三角洲华工在当地的人数占主要地位，此次调查共收到 85 份由 1665 名华工署名的禀词，
另写口供 1176 份，在这些材料中，每个人都详略不同地说明自己的原来籍贯和职业，据此
可以看到，这些华工来自粤、闽、桂、川、湘、赣、皖、苏、浙和直隶十省。其中以广东
人为多，广东人中又以珠江三角洲人为最多。在署名具禀的 1665 人中，据自填籍贯统计：
南海县 147 人，惠府 104 人，新会县 76 人，恩平县 60 人，东莞县 54 人，顺德县 53 人，肇
庆府 35 人，开平县 27 人，新宁县（今台山）26 人，香山县 24 人，三水县 21 人，鹤山县
19 人，增城县 14 人，四会和高要县各 10 人，从化 8 人，高明和清远各 6 人，笼统书写广州
府的 36 人，共 736 人，占 44%。又据记录的 1176 人口供中，被选入《史料》的 235 人，
其中属珠江三角洲籍的就有 139 人（另有 1 人为世代驻防广州的满族士兵，尚未计入内），
占 59%。［参见《史料》（1）第 2 册，第 579—879 页］又从当时美国旧金山的华人会馆
看，属珠江三角洲的"三邑"（南海、番禺和顺德）、"冈州"（新会和鹤山）、"恩开"（恩
平和开平）、"阳和"（香山）等会馆，均被列在六大会馆之内，由此也可见珠江三角洲侨
民之多。陈翰笙先生等在《史料》的"出版说明"中所做的"清代华工出国达千万之多"
的估计，与笔者看到的史料所反映的情况基本相符。诸如，据美国人杜马·克拉夫·科比
特参照当年从事贩卖华工公司代理人的材料，在其所著的《1847—1947 年古巴（转下页注）

荡，既有外因，亦有其内因。它是当时世界上殖民国家对殖民地、半殖民地人民进行奴役掠夺的一个方面，是其野蛮掠夺人口资源作为军事侵略和商品（包括毒品）倾销的补充手段；又是清朝政府反动腐败统治酿成的恶果之一，尤其是珠江三角洲地区因社会转型而引起的大动荡之产物。出洋的华工本是中华赤子。他们的安危苦乐，一直为祖国、为家乡的人民所关注。彼此间是祸福攸关，命运相连的。他们和其他的侨胞一起，为珠江三角洲社会经济的发展，做出了不可磨灭的贡献，寄回的侨汇，在 20 世纪初就已成为珠江三角洲经济的两大支柱之一①。今天，他们的后代，更是发扬爱国、爱乡的精神，为家乡的"四化"建设继续做出贡献。

本文做华工问题的回顾，是为了从对百年史事的重温中，表达对祖辈的缅怀和纪念；是为了从中汲取教益和力量，以更好地致力于珠江三角洲的建设，庶几无愧于作为中华民族的一员，无愧于作为珠江三角洲人继志绍述的子孙！

本文系作者与韦庆远合作，原刊于《学苑一隅》第 1 辑《百年沧桑》，广东人民出版社，1995。

（接上页注②）华工研究》一书中认为：从 1848 年到 1874 年，从中国上船的华工共 140014 人，而到达古巴的仅有 124285 人。[《史料》（6），中华书局，1984，第 149 页] 据傅云龙《游历秘鲁途径》一书所记，"华人之至秘鲁国，自道光十八年（1838）始，光绪元年（1875）已 11 万有奇，然生存者 59000 耳"。又据咸丰七年美国驻华分使彼得·伯驾的记载，"据一般估计，这一年（按：指 1852 年）约有 24581 人离开广州出洋，其中必有许多人是去加利福尼亚的赊单劳力"。[《史料》（4），第 343 页] 在 1887 年 10 月至 1891 年底的 4 年多时间中，仅香港保良局在香港截回并予帮助的男女就有 2412 人（据 1892 年保良局为香港当局请拨救助经费呈文，陈绍剑主编《香港保良局百年史略》，香港保良局，1978，第 320 页）依据这些数字推算，晚清七八十年间，全国主要从广州、厦门、汕头出洋的华工总数在千万人以上，属于珠江三角洲籍的必在三四百万以上。

① 参见许檀《鸦片战争后珠江三角洲的商品经济与近代化》，《清史研究》1994 年第 3 期。

大庾岭道的开凿与广州贸易

张九龄（678—740），刚直不阿，敢言直谏，才学超群，是一位有胆识、有远见的著名政治家、诗人。曾任唐代开元朝宰相，具有贤相之盛节和风度。他才思敏捷，文章高雅，诗意超逸，他的诗表现追求自我人生价值的热情，因而能脱出徒为虚饰的宫廷诗的陈习，充满感人的气息，一扫六朝绮靡诗风的遗习。他是开启岭南诗词的鼻祖。

张九龄的一生，做出了许多有利于国计民生的政绩。在我看来，其中最值得称道，影响最为深远的是大庾岭道的开凿。本文拟就大庾岭道开凿对粤北地区，乃至对岭南开发的影响，特别是与广州贸易的关系等问题，略抒浅见，以就正于方家。

一 发展海上丝绸之路的迫切需求

李唐立国后，不仅实行较开明的政治，而且实施对外开放政策，广泛与世界交往。其发展经济中的一项重要措施是致力于开辟商道，发展与西方的贸易往来。

中西方交通，自汉至唐前期，虽然出现了先以河内后以广州为启发港的海上丝路，但一直以横贯中西的陆上丝路为主。到了7世纪，这条传统的贯通中西的内陆丝路通阻无常。唐皇朝与丝路经过的一些中亚国家关系正常即通，一旦生变即阻。天宝十载（751）高仙芝率领的唐军在中亚怛罗斯城被阿拉伯军队击败后，陆上丝路就不能正常通行。这虽是大庾岭开凿以后的事，但也说明中西方的交通自进入 7 世纪以后越发需要海上丝路。再者陆上丝路靠骆驼驮运，其货量少，自难适应货运日益增长的需求。加之成本昂贵，不利于中西贸易的发展。发展海上丝路，以之取代陆上丝路，便成为历史发展的必然趋势。

当时的经济重心在中原地区，而中国的海洋贸易中心则在广州。要发展海上丝绸之路，关键在于开通并改善通往广州的道路。唯有如此，方能将岭北，特别是中原地区的丝绸、陶瓷、漆器等货物运往广州；舶来品也才能便捷地输往内地。

我们知道，东西向绵亘于岭南北部的五岭，阻隔了广州与岭北内地的交往。

当时自广州通往京师和岭北内地的内河水路有：

其一，溯西江入桂江，经灵渠入长江的支流湘江，从长江水系转往京师、中原各地。再是从西江入贺江，越萌渚岭进入湘江别源潇水，也可进入长江水系。

其二，取道北江，有三途越五岭而与岭北内地交往，一是沿北江而上，至浈阳峡附近，进洭水、湟水（今连江）；二是沿北江至韶关，进武水，这两路都可越骑田岭道而与长江水系衔接；三是沿北江至韶关，入浈水，越大庾岭道，下章水经赣江入鄱阳湖，进长江经运河而通往中原各地。

经灵渠由桂江入西江一路，是进入岭南早期的主要通道。它推动了西江地区经济的发展，且使西江地区成为政治中心。汉代广信（今封开）是交州刺史驻地，苍梧郡治所在。经西江进入岭南，毕竟绕了一个大弯。相对于西江通道，北江通道路程缩短、直捷利便。之所以宁可绕一个大弯取西江道而拒用或很少利用北江一途，是因为越五岭之峤道险阻难行。

在北江一途的三条峤道中，与中原交通最直捷的是大庾岭道。但因大庾岭道未开，除军事行动外，几乎都取骑田岭峤道。而在湟水与武水两路中，又以湟水一路较为可行。

在与岭北交通的各条通道中，大庾岭道的潜在优势是显而易见的。之所以弃而不用，是因它只是一条崎岖蜿蜒的小路，峭壁林立，坎坷不平，行旅极为不便。在内陆丝路受阻，海上丝路日显重要且需求急迫的情况下，如何畅通岭北与广州的交通，以适应发展海上丝路的需要，便成为唐中叶（8 世纪）亟待解决的问题。

二 大庾岭道的开凿及其意义

家居始兴而又关心梓里事务的左拾遗张九龄，对大庾岭道的利弊及其潜在的价值，自然做过深究，并已了然于胸。于是乎他利用辞官在家赋闲之时，经考察筹划后，奏请开凿大庾岭道。

张九龄奏请朝廷开凿大庾岭道一事，为朝廷所批准，并委派他主持开凿工程。他不辱使命，于开元四年（716）十一月奉旨开工。他亲临现场，披荆斩棘，"执艺营度"，在山巅险谷探测度量，制定工程实施方案。然后趁农隙召集民夫，填谷劈险，加以整治。大庾岭道原是一条只能手提背负、攀险而行的畏途，经开凿整治后，此路"坦坦而方五轨，阗阗而走四道；转输以之化劳，高深为之失险"。张九龄历尽艰险，终于开出这条影响深远、功垂千古的通道。

大庾岭道开凿的意义，首先是有效地促进了当地的开发。此道开通后，便取代西江—桂江—灵渠—湘江道，成为南北水运交通的主要干道。南下岭南，或北上内地者，大都取此道。值得注意的是，沿这条南北水运通道而来的商旅使客，越大庾岭后往往先在粤北驻足。尤其是北方战乱频仍，每当大的动乱，便会有大批的北方移民沿着这条南北水运通道而来。粤北成为他们跨岭避难的场所。宋末"珠玑巷"移民，就是最著名的一次。

商旅使客驻足和士民移住，意味着为粤北地区输入文明信息和劳力资源，促进了这块深株丛薄、烟瘴弥漫的粤北山区的开发。"路通财通"，古来如此。唐宋时期，粤北地区因大庾岭道的开凿而取代西江地区成为岭南经济先进地区。在当时的生产条件下，一个地区人口数量的多寡是衡量经济发展水平的标志。正是此时，粤北地区人口密度跃居广东省的首位。关于这方面，地理学家徐骏鸣已经有透彻的论述，于此不赘。至于珠三角地区后来崛起并超过粤北，虽是后话，但其崛起的根源也正是先移住粤北而后移往该地区的"珠玑巷"移民。

大庾岭道开凿后，南北物流畅通，诚如《开大庾岭记》所云："海外诸国日以通商，齿、革、羽、毛之殷，鱼、盐、蜃、蛤之利，上足以备府库之用，下足以赡江淮之求。"[1] 来朝贡之人，络绎于途，贡物之丰富，远非西周越裳国之献白雉、西汉尉佗之进贡翠鸟可比。舶来品等商货流通，上可供国用，下可满足江淮人民之需。这意味着大庾岭之开凿，旨在便于商货转输和贡物的运送，不同于灵渠之凿通是为了转运军需粮饷。其用意与以前不同，即经济目的重于政治目的。它反映中国的水运交通在唐代进入了一个崭新阶段，即从军事、政治目的为主转为以物流转输经济目的为主。

三　广州贸易的主要交通干道

如果我们将开凿大庾岭道的意义，置于唐代广州贸易的格局中来评估，其重要性越发显著。此道的开通标志着唐代开创中西海上丝路的新纪元。

李唐王朝出于对自己政治、经济实力的自信，实施对外充分开放的政策，有七条国际海陆通道伸向四邻[2]，其中以"广州通海夷道"为最负盛名。根据贾耽的记载，中国的海舶从广州启航，沿着"广州通海夷道"，历南海、印度洋，云帆高挂，涉彼狂澜，直驶巴士拉港（在今伊拉克）[3]。这一海道，正是与贯通南北的北江大庾岭道相衔接，使内地的绸、陶瓷、漆器等传统手工业产品运往广州，以输出海外；而从海外源源输入广州的象、象牙、犀牛、沉香、珍珠、朝霞布、火珠、鹦鹉、猛火油、白氎、花氎、玳瑁、龙脑香、郁金、菩提树、蔷薇水、菠棱菜、酢菜、胡芹、浑提葱等蕃货（舶来品），以及岭南端砚等土特产，也可及时地运往京师等地。

从中唐起，海上丝路已成为通向西方的主道。以东方的唐朝和西方阿

---

① 见戴璟《广东通志初稿》卷之四十，广东省地方史志办公室誊印，2003。
② 详见《新唐书》卷四十三下《地理志七下》，中华书局，1975。
③ 详见《新唐书》卷四十三下《地理志七下》。

拉伯商人为轴心的世界海洋贸易圈趋于形成。当时海洋贸易，在西亚与东非地区以阿拉伯为中心，在南亚以印度河口和锡兰岛为中心，在东南亚以室利佛逝为中心，在东亚则以中国的广州为中心。由于海洋贸易圈形成的影响，中国登陆口岸传统的东向和南向分途贸易有衔接、合并成一点的可能。以广州为起点的海上丝路，又向东北伸展，接通了朝鲜、日本。广州也因应迅速繁荣，臻于极盛之境。从前来经商的国家和地区之广泛、商舶之繁多、商货之丰富就可以看出来。真人元开撰的《唐大和上东征传》曾记载天宝年间各国来舶之盛况："江中有婆罗门、波斯、昆仑等舶，不知其数。并载香药、珍宝，积载如山。其舶深六七丈。狮子国、大石国、骨唐国、白蛮、赤蛮等往来居住，种类极多。"柳宗元也说，同广州有海运交通往来者，"由流求、诃陵，西抵大夏、康居，环水而国以百数"①。

唐代以前没有来往的国家和地区，此时也"重译而至了"。韩愈在《送郑尚书序》中也说："外国之货日至，珠、香、象、犀、玳瑁、奇物，溢于中国，不可胜用。"② 广州港市的景象，诚如刘禹锡所云："连天浪静长鲸息，映日帆多宝舶来。"③

广州商货辐辏，奇珍异宝和香料等舶来品尤为丰富。不少外商在广州经营宝货生意，吸引各地客商前来交易，形成国际性的珠宝市场。丝绸、漆器和陶瓷等传统中国出口商品也以广州为集散地。其余百货，杂陈市肆。"雄番夷之宝货，冠吴越之繁华"确非虚词。作为海陆会同之冲的广州，"为众舶所凑"，各国海商"重九译"而来，已成为一个向国际开放的、世界东方的大港。

由于大庾岭道的开凿所形成的北江—浈水—大庾岭道—赣江—长江而连接大运河的贯通南北水运的大通道，从宋元到明清，依然是中国货运的大通道。尽管明清时期，横贯东西的长江水运通道早已开发，其货运量、

① 柳宗元：《柳河东集》卷二十六《岭南节度使飨军堂记》，上海人民出版社，1974。
② 韩愈撰，朱熹考异，王伯大音释《朱文公校昌黎先生集》卷二十一，《四部丛刊》本，商务印书馆，1936。
③ 刘禹锡：《再酬马大夫》，《刘梦得文集》外集第五卷，《四部丛刊》本，商务印书馆，1936。

其重要性仍逊色于经大庾岭道的南北水运大通道。可见大庾岭道不仅在当时发挥了巨大的历史性作用，而且嘉惠后人，绵延千余年。

2008 年 11 月 12 日于幽篁室

原刊于巫育明主编《张九龄学术研究论文集》上册，珠海出版社，2009。

香山文化与买办商人

　　文化是人类历史的产物。它伴随着人类的出现而产生，并不断地发展。因人们居住的地域不同，而且彼此隔绝，文化一开始就有鲜明的地域特征。大致说来可分为内陆的农耕文化、高原的游牧文化和海岸地带的海洋文化。

　　所谓海洋文化，指的是人类从事海洋活动中所创造的物质财富、活动方式及相关的人际关系，以及精神产品等。其中尤以海上贸易活动所产生的物质文化和精神文化为主。简言之，它是参与海洋活动而产生的文化，它是重商、重利、开放的富有冒险进取精神的文化。由此而形成了海洋文化不同于以轻土重财、游荡成性为特点的无根的游牧文化和以安土重迁、实施官僚政治和皇权专制为特点的有根的农耕文化的特质。

　　三大类文化的划分，始自德国的哲学家黑格尔。学术界多沿用此说。在黑格尔看来，处于南欧海岸地带的希腊、意大利是海洋文化的代表，是文明的故乡。西方人接受黑格尔的"欧洲文明中心论"，并引以自豪。他们认为希腊半岛、意大利半岛、伊比利亚半岛、英伦诸岛、斯堪的纳维亚半岛等欧洲地区，其腹心地带距海岸线不超过 500 公里，本质上属海洋文化。海洋文化所孕育的重商、冒险、开放、扩张的精神，是欧洲人自 16 世纪以来能够称雄全球的原因。黑格尔也坦承中国是一文明古国，是文明的摇篮，并向西方辐射。但中国的文明却停留在初始阶段。原因是中国属内陆文明，持有保守的、封闭的、苟安的文化，没有海洋文化。

　　其实，中国是一个半大陆、半海洋的国家。中国有漫长的曲折的海岸线和众多的岛屿，良港纷呈，最适合于自南到北的沿海人群与海洋互动。

其创造的海洋文化与其自身的存在一样悠远。早在四五千年前的高栏岩画中，已经记载了香山先民与海洋互动的情景。由于广东地缘历史的区位优势，它是中国海洋文化的故乡。它有珠江水系聚集内地产品，经天然良港转输海上；受季候风的影响，南海的海流夏季从西南向东北、冬季从东北向西南流动。这种东北/西南流向的季风海流恰恰同海岸线走向相同，有利于沿海舟楫的行驶。有邻近的环南海周边的弧形岛国即东南亚地区，可通过南海而做彼此间的经济文化交流，又可径经大西洋、太平洋通往世界各地。正因如此，广东成为中国具有两千多年历史的海上丝绸之路的发祥地之一。这一地缘特点使广东处于中国海洋文化的特殊地位。

16 世纪以降，由于西方文化日益东渐，作为东西文化交汇地的广东地区，外来文化与本土文化间的撞击益加激烈，彼此间的融合也越发加速。广东固有的海洋文化，也愈加生机勃发、扶疏繁茂，广东终于成为中国海洋文化的代表和中心地。

一　香山是中国海洋文化的翘楚

如果我们做历史的审视便不难发现：处于南海之滨，珠三角最南端的香山，由于历史地缘等种种因素，近代以来脱颖而出，其海洋文化越发绚丽多彩，臻于博大精深，成为中国海洋文化的翘楚。

香山，本是主要由浅海滩涂的开发的深化而逐渐形成的，是典型的海洋经济区，是海洋文化的产物。香山原属东莞县，称香山镇，有渔盐之利。其地形势，在宋代日显重要。南宋绍兴二十二年（1152）分出东莞县香山镇地置香山县，并割南海、番禺、新会三县滨海之地益之。在宋元，香山北部还是一片浅海、沼泽地，淤积而成陆者甚寡。中部多山地、坑田、潮田；南部则岛屿星列。当时田地零散、多岛丘，不利农业。至少在元代致和元年（1328），香山还是孤悬海中的岛屿。到了明代，随着北部西海十八沙（位于小榄水道西南）和东海十六沙（位于小榄水道与桂洲水道间）先后淤积，围垦成陆，香山才与大陆相连接。北部一望无垠的沙田，终于成为繁庶的耕作区，可谓真正的"沧海桑田"。这一巨变正是海洋文化结下的硕果。

香山是 16 世纪世界大航海时代的弄潮儿，中西文化最早的交汇地。16 世纪是全球化的肇始时代，葡、西、荷等国西方商业殖民者纷至沓来。最早用租借形式建立殖民商业据点是在香山的澳门（时称濠镜）。1553 年，葡萄牙人租占的澳门很快发展成为东方的国际贸易中心。澳门也成为中西文化撞击、融会、合璧的城市，最早充当西学东渐和中学西传的桥头堡。作为"文化媒介"的代表传教士利玛窦，就是从此带进西方的天文学、地图学、科学技术，并向中国内地传播的；他还把中国的儒学和技艺传往欧洲。应当说，香山是中国最早加入大航海时代海洋贸易行列的地区，也是最早受西方海洋文化浸染的地区。

香山人不仅睁眼看世界，而且首先躬往海外，审察体验世界。早在 1650 年，香山人郑玛诺便已往罗马"习格物穷理超性之学并西国语言文学"。19 世纪，南屏容闳、黄胜、黄宽三人先入澳门教会学校，旋往美国留学。尔后，由容闳倡议并领往美国留学的 120 名幼童中，至少有 38 名来自香山（有的籍贯不明）。至于因经商等而游历海外，或作为华工而移住或侨居海外者，更是数以万计。据统计，19 世纪上半叶 50 年内，全国共有 32 万华工出国，主要是闽粤人。1851 年至 1876 年 25 年间出国华工猛增达 128 万人，尔后华工出国人数增加越发急速，同样主要属闽粤人。其中香山人当不少，例如夏威夷的华人华侨几乎是香山人。正因为如此，香山成为中国重要侨乡。华侨成为文化交流的媒介，香山也因此形成流动的文化。香山文化吸纳海外文化之精粹，又因其流动不息得以不断升华。

香山海洋文化的深厚底蕴，铸造了香山人敢为天下先、勇于创新奋进的品质。富有商业革命精神的先施、永安、大新和新新四大百货公司，是由华侨马应彪、郭乐兄弟、蔡昌兄弟和李敏周、刘锡基分别先后创办的。以近代港口理念建造的香洲埠，也是秀才王诜等创辟的。

推进近现代文化事业的学者，也是灿若群星，诸如容闳、苏曼殊、钟荣光、王云五、杨匏安、唐国安、容启东、刘师复等，未易仆数，郁郁乎盛哉！他们都在各自的领域引领风骚，做出自己的贡献。

尤其是中国民主革命先行者孙中山及其战友，诸如杨鹤龄、孙眉、陆皓东、孙昌等，更是香山最耀眼的晨星。他们吸取西方的民主思想，并付诸革命实践，前仆后继，不畏艰险，终于推翻清廷，创建民国。香山因而成为中国民主革命的故乡和策源地。

事实证明，中国并非如同黑格尔所说没有海洋文化。相反，香山人在与海洋的互动中，创造出内涵丰富、底蕴深厚的海洋文化。青山碧海是人与大自然互通灵犀的直接媒介。浩渺无际、变幻莫测的海洋，启开了香山人的心智与胸怀，锻铸了香山人的胆识和智慧，培养了香山人坚韧勇敢的性格。事实也证明，海洋文化对香山的赐予是慷慨的、丰厚的。它造就了香山“人杰地灵”、英才纷呈的胜境。近代以降，香山涌现的硕学名人、达官显贵、英才俊彦，不胜枚举，并因得风气之先而引领新时代之潮流，着近代化之先鞭。自改革开放以来，又得以充当市场经济的领头羊，取得了骄人的成就。这一切都是拜海洋文化之所赐。

二　近代化的先驱——香山买办商人

嘉靖三十二年（1553），葡萄牙人租占香山南端的澳门（濠镜岛）。葡一经在澳门“聚众筑城，自是新宁之广海、望峒，新会之奇潭，香山之浪白、十字门，东莞之虎头、屯门、鸡栖诸澳悉废，而濠镜独为舶薮”（屈大均《广东新语》）。澳门既成为广州海外贸易的唯一泊口，葡人又先后建立起澳门—印度果阿—葡萄牙里斯本，澳门—日本长崎，澳门—菲律宾马尼拉—墨西哥等贸易航线，在明后期进行以澳门为中转港的国际“大三角贸易”。外商视澳门为利薮，纷至沓来，在不到半个世纪内，即在万历中期，澳门已成为拥有十余万人口的海岸港口，成为广州的外港、东方的国际贸易中心。

在澳门的外国商人所需要的买办、通事、跟随、仆役等杂役人员，自然就近多在香山雇用。因此，在香港兴起前的四百年中，受西方文化影响最直接、最深远者，当推香山人。在具备西方商业知识、熟悉西方生活习俗、懂得西方语言，乃至建立与西商的人际关系等方面，香山人也具有其他地方所不能比拟的优越条件。香山人在澳门和广州充当西方商人员役者历来就比其他地方都多。鸦片战争失败后，上海取代广州成为中国外贸的中心。当西商从广州转往人地生疏的上海之时，就非请原先的员役同往充当中介不可。甚至西商雇用的厨师也从广州带去。因此，有经济敏感性的香山商人相伴而纷至上海。美国的琼记洋行、旗昌洋行，英国的怡和洋行和宝顺洋行转往上海等新口岸时，几乎全都用广东籍的商人当买办。广东人先后在这四个洋行充当买办的情况如表1所示。

表1 琼记、旗昌、怡和、宝顺洋行中先后充当买办的广东人统计

单位：人

洋行名	买办人数	已知籍贯的人数	广东籍人数
琼记	23	20	20
旗昌	15	11	8
怡和	31	20	17
宝顺	21	14	14

资料来源：郝延平：《十九世纪的中国买办——东西间桥梁》，李荣昌等译，上海社会科学院出版社，1988。

表1中各个洋行雇用买办统计时间不一致。琼记是19世纪50年代至60年代，旗昌是19世纪30年代至70年代，怡和是19世纪50年代至20世纪初10年，宝顺是19世纪30年代至60年代。这里所谓广东人，绝大多数是珠三角人，其中尤以香山人为主。由于著名买办如唐廷枢、莫仕扬、徐润、郑观应、唐茂枝和唐杰臣等，都是香山人，由他们引荐而被任用为买办者当有不少。例如，琼记洋行于1854年在福州设立分行时，由该行在香港的老买办香山人莫仕扬推荐同乡唐隆茂为买办。当唐隆茂忙于自己的商务不能履行其职责时，他推荐兄弟阿启接替了他。有些口岸出现非广东籍买办不能参加的商业组织。甚至琼记在日本横滨、越南西贡设立洋行时，起用当买办的，也是广东人。由于莫仕扬在琼记洋行的地位，琼记任用的横滨、西贡买办，史料记载为广东人，很可能就是香山人。

唐廷枢、徐润、郑观应等，不仅扮演长江沿岸和北方各口岸总买办的角色，对各口岸的买办可起协调、处理纠纷的作用，而且引荐大量的家乡人充当买办，并因此而建立了其买办网络，结成行帮。这种现象，早在19世纪40年代初已露端倪。1843年，英国领事巴富尔抱怨说："我刚到上海，就立刻注意到广州的一些人已经纷纷来到这个口岸，并且把广州流行的许多最坏的习惯和观念，也带了进来。"亦即"非常普遍地倾向于结成行帮来和外国人进行贸易"。①

由唐廷枢、徐润和郑观应等带动、引荐而形成的买办群体，成为19世纪40、50年代至90年代中国买办阶层的主体。因此，香山有"买办故乡"之称。

以香山商人为主体的买办阶层，因中国新的贸易格局而兴起。在增加通商口岸、废除旧行商制度、扩大中外贸易的形势下，买办已不是一般所说的从事为外人采购日常生活用品的特许代理人，而是代替原先的行商与西商合作的中国商人。西商到被迫开放的新口岸，必找买办，就犹如当年初到广州时非得到十三行商人的帮助不可。因此，在广州半官方的行商制度下历练中西贸易的业务，具有丰富的阅历和经验的广府商人，自然是充当买办的首选人。在一定意义上，可以说非他们莫属。而此时的买办，已与往时不同。他既为外国商人所雇用，充当其帮手；又不同于完全听从主人的雇员，因为他们允许同时有经营自己商业的独立性。这一特殊的身份，使买办便于从西商处学习一套崭新的商务知识，又可利用其充当帮手、受西商庇护的角色，发展自己的商业。

在19世纪40、50年代，中西间新的贸易秩序还没有建立起来，加之1851年太平天国运动爆发，社会处于动荡之中，中西贸易无法走上正常的轨道。这期间，已经被废弃的行商制度依然以其惯性运转，因为旧的一套，是《南京条约》后充当买办的粤商所熟悉的。第二次鸦片战争后，随着通商口岸的增辟，广商更纷纷到新开的口岸充当买办。太平天国运动被镇压之后，社会趋向稳定，中西贸易建立在稳定的基础上，贸易额不断扩大。

---

① 莱特：《中国关税沿革史》，姚曾廙译，生活·读书·新知三联书店，1958，第84页。

买办通过收取佣金、经营私人商业等，积攒了大量的财富。他们以附股的形式，在外资企业中占据相当可观的份额。例如1882—1891年的《中国海关：海关贸易十年报告》说："听说一些外商公司的股票，至少有40%掌握在中国人手里。"西方的学者指出，"许多由外国人控制的公司，中国人握有的股份占很高的比例，中国人还占有董事会的席位"。1866年海关贸易报告中甚至说："我相信，在当地（上海）的轮船公司中，大股东都是中国人。"拥有百万巨资的买办，不乏其人。例如，香山县商人郑观应，在19世纪末单在近代企业，就可能已投入了40万两银子。唐廷枢早年着力于轮船业的投资，其他的一些行业（如保险、货栈、码头等）也有所插手。单1877年在开平煤矿投下的资本便约达30万两。徐润在光绪九年（1883）拥有的资产也达3409423.3两。学者对买办的总收入，有种种估算。据王水先生的估算，自1840年至1894年，买办的总收入为4亿9300万两。其中香山买办商人究竟占有多少，因记载的缺略，难以做出确切的估计，但从香山买办商人人数之众，且称雄40余年看，其收入所占的份额当是巨大的。

应当特别指出的是，正是积累巨资的香山买办商人，在上海等口岸极力推进民族航运业近代化，以力图和西商抗衡。中华民族的蒙耻是因西人打开国门时用利炮坚船而感受到的。也正是西方列强以船利炮坚开路，再辅以外交之运用，取得条约特权，置我于任其宰割境地。因此，仿制西方的轮船，自然也成为商人关注的焦点。在洋务派奕䜣、文祥、曾国藩、李鸿章、左宗棠等从加强防卫出发，进而军用与通商兼顾，筹划与推动仿西方制炮造船之时，即同治六年（1867）春夏间，最早在上海学习西方的商业体制，发起组建华商轮船公司的倡议者，是首位留学美国的中国人、回国后曾在香港当律师、继而在上海当过买办的香山县人容闳，以及淮南名绅、沙船主许道身。如果说，他们还停留于倡议、计划，尚未付诸行动的话，那么当过大英轮船公司买办的香山商人郭甘章，在19世纪70年代初已在香港拥有多艘轮船，开始从事航运业了。

至于买办以附股的形式参加外商在中国创办的轮船公司，则早已经开始。在19世纪50年代，广州地区就已有华商投资于轮船业。他们采取悬挂洋旗、雇用外籍船员的办法进行经营，是因为国内尚无以华商的名义自行投资的规章和经营的环境，是因为缺乏政府的保护而不得不采取此策。60年代附股于外轮公司者，更是屡见不鲜了。例如，外商在上海成立的旗昌、公正、北清三家轮船公司中，买办商人的投资就占了全部资金的1/3。公正轮船公司是由香山人买办唐廷枢、郑观应、郭甘章等共同创办的。唐廷枢不仅在公正，而且在北清轮船公司也有投资，同时任两家公司的董事。他自1869年起注意力日益集中于轮船的投资。1870年他投资3万两于"南浔号"，由怡和洋行经营。随后三年他又投资于另外两艘轮船，其中一艘由琼记洋行经营。1872年，当怡和洋行将其船运业务合并于华海轮船公司时，他被选为董事。唐廷枢投资的轮船有苏晏那达号（Suwonada，属琼记洋行）、女神号（Norna，未见有他股份，由他拉给怡和经营）、洞庭号（Tungting，属马立司洋行）、永宁号（Yungning）、满洲号（Manchu）、汉阳号（Hanyang）和南浔号（Nanzing）等。华海轮船公司在成立前，这家洋行的船舶代理部就设在唐廷枢的事务所内。在这家公司中，一期股本1650股，唐廷枢一人独买400股，几乎占有公司股本的1/4，他是最大的股东之一，担任了公司的襄理。他还"在港集股银十万元，先租两船，来往港沪"。他们之所以甘于附股是出自无奈。在当时的政治体制下，既无成例可循，独立的公司也难以立足。

尽管买办商人在洋行学得了西方商战知识，并利用依附洋行进行独立经营之机积累起足以自办企业的资本，但由于得不到官方的支持，一时还难以展开拳脚。唯由洋务派官僚李鸿章等筹办并委派唐廷枢、徐润、郑观应等主持下的招商局，才成为买办商人实施其理想、抱负，施展其才能，并用来与西商进行商战的舞台。

同治十一年由李鸿章委札朱其昂任总办的招商局，因得不到商人的信任而处于难产之中。值此时，"精习船务生意"，"才识练达，器宇宏深"，具有管理新企业的知识和能力的唐廷枢，为李鸿章所看中，于同治十二年被委为招商局总办，主持局务。他之所以被李鸿章青睐，还有一重要原因，即招徕粤商。在此之前半年，为了吸引粤商，李鸿章已经通过应宝时拉拢广东籍的上海知县叶廷眷入局，以便向粤商筹资。此时委任唐廷枢，也含有同样的目的。唐廷枢果不负所望。由于他的影响力，粤商踊跃投资，纷纷入局。他举荐的六名商董多是同乡买办商人。香山买办商人实际上控制了招商局的董事会，而且还往往被安排到局下的各级机构。据说"执事者，尽系粤人"。所谓"粤人"主要是指以香山买办为主的广东商人。总局、分局，以及各栈各船的总管，"非唐即徐"，就是说不是唐廷枢的人，就是徐润的亲信。

由于粤商的支持，招商局在朱其昂主持局务时资本筹集一筹莫展的局面，很快被打破。初时奉发公帑及新旧所招股本仅有 60 万两。而唐廷枢、徐润接手后，资本不断扩大。徐润本人先后投资有 48 万两。唐廷枢不仅做了投资，还将前面提及的由他投资而委托洋行经营的轮船洞庭、永宁、满洲、南浔等，附搭招商局中营运。到光绪八年，筹资已经达到预定的 100 万资本的目标。光绪九年，更增至 200 万。局内的劝股、添船、造栈、揽载、开辟航线、建造码头等，均由唐廷枢一手经理。在唐廷枢主持下，招商局重订章程，效法西方企业，筹划增资，扩大业务，兴办与航运相关的工业。他在局内附设同茂铁厂，以修理船舶；他筹办开平煤矿，并修建铁路，以解决船舶所需的煤炭及其运输问题。他的这些举措，的确显示出以西方的经营方式运转的崭新气象。

对招商局贡献最大的当是郑观应。郑观应，1842 年 7 月 24 日出生于一个布衣塾师家庭。其家乡与澳门近在咫尺。他的家族和他的亲兄弟中当买办的人不少。叔父郑廷江、亲戚曾寄圃都是上海的买办，与唐廷枢有姻亲关系，与徐润也有"近百年"的世交。在这样的家庭环境中生长，势必影响他未来所走的道路。他自幼也治传统的学业，但似乎志不在此。他 17 岁时，"小试不售，即奉严命，赴沪学贾"，先"从家叔秀山学英语"，旋入上海英商宝顺行当买办，从此开始了他的买办生涯。宝顺倒闭后，他继续在上海和生茶栈、和祥茶栈、公正轮船、荣泰驳船公司等供职，皆与洋行业务有关。

1873 年，郑观应出任太古洋行买办，次年受任太古轮船公司总理兼管账房、栈房。在太古历练航务的八年中，他展现了卓越的商业眼光和才能。

由于唐、徐的推荐，以及李鸿章的赏识，他于光绪七年出任招商局帮办的职务。入局不久，便拟订"救弊大纲"16条。其宗旨是："贵在得人"，责任宜专，赏罚分明。他于1880年在上海织布局任职时，就把用人、筹款、立法三项视为办厂关键。明确提出"求声誉素著之人以联众志"，认为贵在招揽人才；强调"专用西法以齐众力"。此时他已朦胧地意识到西方的"体用"，应当兼学，不仅要仿制西方的器物，而且要运用其制度。到了1884年，他就明确地提出："余平日历查西人立国之本，体用兼备……中国遗其体效其用，所以事多扦格，难臻富强。"他和唐、徐一样，在主持招商局局务中，效法西方企业，经营日有起色。因此，1883年11月他被升为总办。他先后三次进入招商局，在总办局务中所服膺的宗旨，正如他所说：

> 夫西人之胜于我者，以能破除情面，延揽人才，官绅属托有所不顾，亲友推荐有所不受，是以所用司事人等，不但事情习熟，且为守兼优。董事由股东而举，总办由董事而举，非商务出身者不用。……此西国公司之通例也。

可见他是按照西方办公司的通例来管理招商局的。

以郑观应等为代表的香山商人，尽管还存有传统社会的特征与遗产，以及受传统心态的持续影响，例如，裙带关系、强烈的乡土观念，也捐了道台衔等，但其思想深处，却是西方的商人意识，主张对西方要"体用"兼学。

尤其值得注意的是，在郑观应入局期间，通过他的努力，招商局从"官督商办"转变为商办。

他在历练商务中，不断形成与完善其以商立国的理念，并发出与西方进行"商战"的呼唤。"商战"一词最早见诸1862年曾国藩致湖南巡抚毛鸿宾的信函，而后提及者众多。有所不同的是，郑观应所提的"商战"是建立在以商立国的理念基础上。他说："商务者，国家之元气也；通商者，疏畅其血脉也。"又说："士无商则格致之学不宏，农无商则种植之类不广，工无商则制造之物不能销。是商贾具生财之大道，而握四民之纲领也。"他视商为"四民之纲",显示了他"以商立国"的理念。这是与传统的"以农立国"的思想相对立的。

就航运业而言,学自西商然后与之战,在香山商人中是有具体表现的。招商局创办伊始,外国的各个轮船公司共同把"各项水脚减半,甚至减少三分之二","合力以倾我招商局",欲挤垮它而后快。唐廷枢入主局务后,不仅站稳脚跟,而且当旗昌轮船公司亏损难支之时,用价购买而兼并之。并同太古和怡和先后签订齐价合同,以求在竞争中共存。他注重开拓海外航运业务,与英、美、日等国进行商战。他于同治十二年六月上任不久,即派招商局汉口分局商董刘绍宗往日本筹备中日航运事宜。1879年,派招商局船首航美国。与此同时,在南洋设招商局公局,招徕侨商资本。1881年,派招商局轮船首航英国。为了增进对外国商务船务的了解,唐廷枢于1883年亲往英国考察。由于他敢于进取,不断增强实力,招商局在激烈的竞争中,除少数年份外,都能保持盈利。从《国营招商局75周年纪念刊》附表看,自1873年至1895年,除1875年和1877年两年亏损外,其余年份都保持盈余。

香山买办商人通过附股和独立经营等形式,为中国的近代化积攒了大量的资金。在他们主持下的招商局,实际上是仿西方进行商业革命,实施近代化运作的舞台。唐廷枢、徐润主局时期,极力提高局内商人地位。在郑观应入局期间,通过他的努力,招商局从"官督商办"转变为商办。很显然,香山买办商人在航运业中不仅促进航运器物的革命,而且力求制度上的近代化。由此可见,以招商局的创办为标志的近代化民族航运业,主要是由以香山人为主的买办商人支撑和推动的。他们利用在洋行中学得的商业知识,在招商局施展才能,并开始与西商较量,进行商战。他们的身份,也从原先的买办商人转变为近代民族企业家、中国近代化的先驱者。他们既是海洋文化的产物,又对海洋文化做出贡献,推进了海洋文化的发展。

本文原刊于王远明、颜泽贤主编《百年千年——香山文化溯源与解读》,广东人民出版社,2006。

略论珠江三角洲的农业商业化

珠江三角洲由于优越的地理位置、生态、交通条件，以及多种社会经济因素，诸如人口的压力、交换关系的发达、封建生产关系的某些变化（货币地租制盛行、租佃期延长、一田两主制出现等）、有可供投资于农业的侨汇输入等，交相起作用，从明中叶起，商品性农业抬头，并且不断发展、扩大，成为举世瞩目的商品性农业生产的重要基地之一。关于珠江三角洲的农业商业化，迄今尚无专文论述。这是一个涉及面甚广，而又复杂的问题。本文对此，不拟做全面研讨，仅就农业商业化的兴起、增进及其发展水平、性质，做一探讨，以就正于海内外史学界学者。

一　经济作物中心产地与商品性农业专业区域的出现和扩大

各种经济作物对不同土地的适应能力及其所产生的经济效益是有差异的。珠江三角洲各地本着"因地制宜"的原则，选种不同的经济作物。到了明代晚期，各种经济作物陆续形成各自的中心产地。

甘蔗的种植，明中叶以降，已经大量发展起来，逐渐形成以番禺、东莞、增城为中心的产地。明末清初在这些地区，甘蔗"连岗接阜，一望丛若芦苇"①。东莞县东坑、大郎之间，"其利山蔗"；石龙"其地千树荔，千

---

① 屈大均：《广东新语》卷二十七《草语》"蔗"条，中华书局，1985。

亩潮蔗（俗名白蔗，又名紫蔗）"；河田则"甘薯、山蔗动以千顷计"[1]。屈大均《广东新语》卷二十七"蔗"条记载：

> 粤人开糖房者多以致富。盖番禺、东莞、增城糖居十之四，阳春糖居十之六，而蔗田几与禾田等矣。[2]

可见番禺等县甘蔗的种植面积之大，糖在农户的收入中已占十分之四，甚至十分之六。甘蔗有不同的品种，计有雪蔗（亦名扶南蔗）、白蔗、药蔗[3]、竹蔗、荻蔗等。雪蔗、白蔗可供口食；竹蔗、荻蔗，专供榨糖。增城所产的白蔗最负盛名。"增城之西洲，人多种蕉。种至三四年，即尽伐以种白蔗。白蔗得种蕉地，益繁盛甜美。而白蔗种至二年，又复种蕉……其蕉与蔗，相代而生，气味相入，故胜于他邑所产。"[4]

蒲葵[5]，以新会为中心产地，中山县的古镇次之。明末清初，"新会之西沙头、西涌黎乐（礼乐）、新开诸乡多种之，名曰葵田。周回二十余里，为亩者六千有余，岁之租每亩十四五两。中人之产得葵田十亩，亦可以足衣食矣。……凡新会若男与女，所至以资生者，半出于蒲葵焉"[6]。到康熙五十三年（1714）已是"栽遍城南无剩土"了[7]。清代中后期，蒲葵种植益加发展。乾隆六年（1741）编纂的《新会县志》已将葵扇列为"货属"之首。道光年间（1821—1850），"葵虽通邑所产，然以城内三丫营为佳，

① 雍正《东莞县志》卷二之四《风俗》，华南农业大学农史室，1986；又参见屈大均《广东新语》卷二《地语》"茶园"条。
② 又见范端昂《粤中见闻·物部》"蔗"条，广东省立中山图书馆藏清嘉庆六年五典斋刻本。《粤中见闻》与《广东新语》所述略同。
③ 药蔗，又名紫蔗，系白蔗之属。"以夹折肱，骨可复接"，故有此称。
④ 屈大均：《广东新语》卷二十七《草语》"芭蕉"条。
⑤ 《晋书》卷七十九《谢安传》记载："安少有盛名，时多爱慕，乡人有罢中宿县（按即清远县）者，还诣安。安问其归资，答曰：'有蒲葵扇五万。'安乃取其中者捉之，京师士庶竞市，价增数倍。"中华书局，1974，第2076页。从清远溯北江，经湖南，带去的五万把蒲葵当系新会一带所出，可见早在晋代已经种植。
⑥ 屈大均：《广东新语》卷十六《器语》"蒲葵扇"条。
⑦ 梁迪：《蕹园古葵树行》，屈大均《广东新语》卷二十六《香语》"莞香"条。

盖近城者心蒂圆正，骨格细匀，他乡莫及，其植法每数十亩，或一二顷外筑基围之"①。可见已出现大面积的栽种，并注意用优越的水肥条件，精心培植出"心蒂圆正，骨格细匀"的葵叶来。"乡民视为利薮，率多易农而商，并将沃壤膏腴不种稻而种葵。"②

香，以东莞为产地。它是一种由古蜜香树的液汁凝结成固体，犹如松香、琥珀状的东西。成熟时，多由妇女从树根部掘取。明末清初，东莞的"石涌、牛眼石、马蹄冈、金钗脑、金枯岭诸乡，人多以种香为业，富者千树，贫者亦数百树"③。种香技艺世代相传，"祖父之所遗，世享其利，地一亩可种三百余株，为香田之农，甚胜于艺黍、稷也"。东莞的一些土质硗确之地，"不生他物而独生香，有香而地无余壤，人无徒手。种香之人一，而鬻香之人十，艺香之人千百"④。

茶的种植，已有悠久的历史⑤。明代中后期，茶的种植多集中在南海西樵山和广州的河南等地⑥。据《广东新语》记载，明末清初"（广州）珠江之南，有三十三村谓之河南，……其土沃而人勤，多业艺茶"，"西樵山号称茶山，自唐曹松移植顾渚茶其上⑦，今山中人率种茶，间以苦蓬。蓬树森森，望之若刺桐丛桂。每茶一亩，苦蓬二株，岁可给二人之食。……文简（按，即湛若水）尝治云谷精舍，中有稻田茶丘十余亩，旁有人居七八村，皆衣食于茶"。此外，肇庆的鼎湖、宝安的怀度山⑧、顺德大良附近的塘基，

---

① 道光《新会县志》卷二《舆地·物产》，《中国方志丛书》影印清道光二十一年刻本，台北：成文出版社，1974。
② 聂尔康：《冈州再牍》，华南农业大学农史室，1986。
③ 屈大均：《广东新语》卷二《地语》"茶园"条。
④ 屈大均：《广东新语》卷二十六《香语》"莞香"条。
⑤ 据民国《茶山乡志》卷一《舆地略·物产》记载，相传南朝梁武帝时期，东莞铁炉岭创建雁塔寺，寺僧沿山种茶。茶山乡因此得名。若然，6世纪初已有茶之种植。民国《茶山乡志》，南方印务局，1935。
⑥ 参见嘉靖《广东通志》卷十三《舆地志一》，明嘉靖刻本。
⑦ 据嘉靖《广东通志》卷十三《舆地志一》记载，唐代晚期（9世纪中后期），诗人曹松因累试不第，隐居西樵山，引入浙江长兴县之顾渚茶，自种山中，并传授给乡人种茶与制茶技术。
⑧ 屈大均：《广东新语》卷十四《食语》"茶"条。

在明代中后期也有零星种植①。清代中后期，茶的种植益加扩大。鹤山的古劳地区，已以盛产茶叶著称。乾隆年间，古劳地区的丽水、冷水等地，"山阜间皆植茶"②。道光年间，茶区又进一步扩大。"自海口（古劳北）至附城（今鹤城），毋论土著、客家，多以茶为业。"葵根山、大雁山，"一望皆茶树"，"来往采茶者不绝"③。老茶区西樵山，此时也已"间有隙地，类皆辟治种茶，以为恒产，实无荒而未垦之区"④。香山县恭都会同乡（今属珠海前山街道）"里余其地，旧为莫姓所居"，"道光二十八年里人莫维埔始于其地种茶"，辟成茶园⑤。同治年间（1862—1874），番禺的蓼涌、南村、市头等地，也已种上茶树。慕德里的茶山、鹿步的慕源（今皆属广州郊区），也"多种茶"⑥。清远的笔架山等地的茶叶年产达六七十万斤⑦。新会县绿护屏以西数十顷山地，也种上茶树⑧。因茶叶远销欧美各国，清代中后期，种茶业达到鼎盛期。光绪朝之后，国际茶叶市场上受到日本茶、印度茶的侵夺，日本茶商甚至故意将中国茶掺杂物作假发售，败坏其名誉，因而中国茶叶销量一落千丈。西樵山的茶园"往往将地售作坟墓，所产茶株比前百不存一"了。官山墟的茶市，也"夷为民居"⑨。广州河南茶也于此时濒临绝灭。

水草（又名茳芏）以东莞、宝安为产地。关于利用水草织睡席、草绳等，明中叶卢祥写的《莞草》诗已有道及。其诗云："苑彼莞草，其色芃芃。厥土之宜，南海之东。……宜之为席，资民衣食。邑之攸名，实维伊昔。"⑩ 从此可见东莞县因之得名，又可见至晚于明中叶，已有一部分居民，

---

① 万历《顺德县志》记载："堑附郭之田为圃，名曰基，以树果木，荔枝最多，茶、桑次之。"明万历十三年刻本。
② 乾隆《鹤山县志》，清抄本。
③ 道光《鹤山县志》卷二《物产》，清道光六年刻本。
④ 道光《南海县志》卷八《风俗》，清道光十五年刻本。
⑤ 光绪《香山县志》卷五《舆地下·物产》，清光绪五年刻本。
⑥ 同治《番禺县志》卷八《舆地略五·物产》，清同治十年刻本。
⑦ 民国《清远县志》卷十四《土产物》，1937年铅印本。
⑧ 光绪《新会乡土志》卷十四《植物·茶》，清光绪三十四年粤东编译公司本。
⑨ 宣统《南海县志》卷四《舆地略三·物产》，清宣统三年刻本。
⑩ 崇祯《东莞县志》卷七《艺文志·观感》，广东省立中山图书馆藏民国抄本。

以采集水草，编织席绳为业，以此为衣食之源。清代之后，自军铺（今东莞厚街附近）至虎门一带的千顷卤田，皆产水草，可供织席。还出现雇工织席、以求高利的情况①。19 世纪 30 年代，已利用万顷沙栽种水草，以加速沙坦淤积。当时草田已有一万多亩②。鸦片战争后，因水草、草席的外销量日增，东莞的草织业得到迅速发展。19 世纪 70 年代，东莞厚街乡已有一万多人从事草织业。当时道滘有"黄祥记""国顺"等店号，从事水草的加工。1901—1906 年，每年运到香港的"街市草"（作市场绑肉、菜之用）一万八千担，扭草二万五千担。席类每年出口量约十万包。③

烟草，盛产于鹤山、新会。烟草原产于南美，明万历年间，通过吕宋传入福建④，然后传播各地。广东大约与福建同时传入⑤。据乾隆《鹤山县志》记载，雅瑶、禄洞、平岗等地，利用地势较高的田地种烟，收获后再种晚造禾，"耕凿之民，恒以是致富"。道光年间，新会的何村、天等（今司前镇），"种烟者十之七八，种稻者十之二三"。⑥ 此时的鹤山县"种烟村落甚多，……田一亩约种烟草一千四百根，烟叶干后约得三百余斤"，⑦古蚕、芸蓼、沐河等地烟叶被视为上品。该县收购烟叶机构相继出现，如朱广兰（设于道光二十三年）、罗奇生（咸丰六年，1856）、公和堂（同治三年）等⑧。光绪年间（1875—1908），新会河村、杜阮、棠下、天河等地，

---

① 雍正《东莞县志》卷十二之十《烈女传》："陈氏，名阿申，……嫁刘姓，家贫，为人织席。"

② 宣统《东莞县志》卷九十九《沙田志一·公牍》，东莞养和印务局，1927。

③ 刘炳奎、方玉成：《东莞草织业简史》，中国人民政治协商会议广东省委员会文史资料研究委员会编印《广东文史资料》第 15 辑，1964。

④ 关于烟草产地及传入中国的途径，文献记载纷纭，莫衷一是。谈迁《枣林杂俎》中集记载："金丝烟，出海外番国，曰淡巴菰，流入闽、粤。"崇祯《恩平县志》卷七《地理志》说，烟草"出自交趾，今所在有之"。从吕宋传入福建说，系据王士禛《香祖笔记》卷三引姚旅《露书》的一段话。另一说是通过日本传入我国，康熙《宁化县志》卷二、道光《赣州府志》卷二十一，均持此说。道光《肇庆府志》卷三则俱列上述两种说法。

⑤ 明末人张介宾的《景岳全书》记载："此物（指烟草）自古未闻也，自万历始出于闽、广间。"范端昂《粤中见闻·物部》也说，"万历间，粤中始有之"。

⑥ 道光《新会县志》卷二《物产》，《中国方志丛书》影印清道光二十一年刻本。

⑦ 道光《鹤山县志》卷二《物产》。

⑧ 参见谢焕庭《鹤山烟草概况报告》，《农声》第 200、201 合期，1936 年。

成功培植了冬烟①，克服了烟草与水稻争田的矛盾。

商业性的蔬菜，以广州西郊为主要产地。蔬菜的栽培，历史悠久。早在西汉，已见诸文献记载，而且种类繁多。尔后，品种日增。在元代，据元大德《南海志》记载，品种已达六十多种。但是，蔬菜之明显的商品性经营，则在明代。明中叶，广州的西郊，"土沃美宜蔬，多池塘之利"，是盛产藕、蕹菜、菱、茨菰等水生蔬菜的地区。自浮丘以至西场，自龙津桥以至蚬涌，周回二十余里，"种莲者十家而九"。"每池塘十区，种鱼三之，种菱、莲、茨菰三之，其四为蕹田。"所谓蕹田，即以竹篾架搭成箪，浮在水面上，用以种蕹菜。因竹箪随水涨落而浮动，故又名浮田。浮田之下养鱼。屈大均有诗咏之曰："上有浮田下有鱼，浮田片片似空虚，撑船直上浮田去，为采仙人绿玉蔬。"冬天，将竹箪撤掉，种上芹菜。池塘既养鱼，又种藕、菱、茨菰、蕹菜和芹等多种蔬菜②。这种循环的综合经营，充分发掘土地潜力，收到了很高的经济效益。嘉庆年间（1796—1820），蔬菜的种植已扩大到城西南十六里的扶南水一带和城东北的五桂庵、江村等地。城内的湛家园以南、天关里以北，以及小北门一带也有种植③。他如道光年间，佛山南郊的锦澜铺书院前，已有二十七亩连成一片的田地专种蔬菜，石岐城南狮子洋、东莞城之西博下一带，都是蔬菜的产区④。

花木园艺的产地也在广州近郊。花木作为封建统治阶级赏心悦目的专品，由来已久。专任经营者，历代不绝，作为商品性作物来经营，则在明中叶以后。广州市西南的花埭（嘉庆年间改名为花地），万历时（1573—1620），已成为"有花园楼台数十，栽花木为业"的花木产区。诗人咏之曰："海色四周无税地，香浓百亩有花田。"⑤清代花木业愈加发展。花埭的花园盆景业于乾隆年间（1736—1795）兴起后，花园数目不断增加，在道

---

① 光绪《新会乡土志》卷十四《植物》。

② 参见屈大均《广东新语》卷二十七《草语》"莲菱""蕹"条。

③ 参见黄佛颐《广州城坊志》，《广东丛书》本，1948。

④ 参见佛山地区革命委员会《珠江三角洲农业志》编写组编印《珠江三角洲农业志》（初稿）第 5 册，1976。

⑤ 郭棐：《岭海名胜记》，清乾隆五十五年六书斋刻本。

光年间还只四座，光绪年间增加至十一座。又如广州河南的庄头，于明末清初，悉种素馨。"家以素馨为业，多至二百亩"，是盛产花卉的专业区[1]。嘉道年间（1796—1850），庄头村素馨的种植日益扩大，"村前弥望皆花"，种植之多"胜于菜圃"。村人"一生衣食素馨花"[2]。至清末，该村"益拓地，凡茉莉、含笑、夜合、鹰爪兰、珠兰、白兰、玫瑰、夜来香"等作香料的花品，"皆为种植"[3]。番禺的蓼涌，"多产露头花"[4]。鹿步都自小坑、火村，至梦岗一带，顺德的陈村、弼教、双州等地也是著名的花木园艺专业区。中山的小榄自乾隆朝之后也以盛产菊花闻名。

珠江三角洲还出现了专业性商品化的农业区域。桑基鱼塘专业区和以种植商品性果木业为主的专业区，是珠江三角洲两种类型的商品化农业专业区域。

明初出现的把田地改为基塘，是专业化农业的端倪。珠江三角洲平原因地势低洼，"潦水岁为患"。南海九江、顺德龙山等地，将一些"地势低洼，水潦频仍"的土地，深挖为塘，把泥土覆于四周成基，即所谓"凿池蓄鱼"，基面"树果木"，称为"果基鱼塘"。

养鱼自当非自明初始。在古代，珠江三角洲水域广阔，天然鱼类丰富，无须人为养殖。居民农耕、渔猎相兼，史称"饭稻羹鱼"。池塘养鱼，首见诸成书于唐咸通年间（860—874）的《北户录》[5]。所养的鱼系鲮、鲤。宋元时期，修筑堤陂时已注意利用一些堤陂内的蓄水做人工养殖，即所谓"堵河筑堰而养鱼"。明初，有些大家富户，凿池畜鱼，旨在享鱼池竹木之

---

① 屈大均：《广东新语》卷二十七《草语》"素馨"条；钮琇：《觚剩》，"明清笔记丛书"排印清宣统三年国学扶轮社刊本，南炳文、傅贵久点校，上海古籍出版社，1986。
② 梁九图：《十二石斋诗话》卷三，清道光二十六年刻本。
③ 宣统《番禺县续志》，1931 年重印本。
④ 屈大均：《广东新语》卷二十七《草语》"露头花"条。
⑤ 段公路《北户录·鱼种》记载："南海诸郡，郡人至八九月，于池塘间采鱼子着草上者，悬于灶烟上，至二月春雷发时，却收草浸于池塘间，旬日内如虾麻子状，悉成细鱼，其大如发，土人乃编织藤竹笼子，涂以余粮，或遍砺泥灰，收水以贮鱼儿，鬻于市，号为鱼种，鱼即鲮、鲤之属，蓄于池塘间，一年可供口腹也。"从鱼卵"着草上"带黏性，二月由虾麻子状孵化成细鱼看，这种鱼当系鲤鱼。可参见《珠江三角洲农业志》（初稿）第 3 册。

乐，以及"日供二膳""家益赡钱"①，基本上属于自供自给的性质。鳙、鲢、鲩、鲮等已成为家鱼饲养的主要品种。

养鱼业较大规模地进行商品性经营，当在明中叶以后。它同基塘的形式是联系在一起的。根据文献记载，现将洪武年间和万历、崇祯年间南海等县的田亩数及池塘亩数统计汇总为表1。从表1看，南海县的池塘面积最大，次为顺德。东莞乃系溪塘，塘实多少，不得而知。从万历九年民塘与民田的征税等则和税粮额看，池塘除香山县有列为中则者外，全属上则。同一等则中，塘的税额又大多比田高（详表2）。从此可见，池塘的收益远比稻田高，这说明池塘所畜养的鱼已作为商品出售。

表1　洪武、万历年间珠江三角洲部分县田地、池塘面积统计

单位：亩，%

县	洪武年间			万历、崇祯年间			备注
	田亩数（洪武十一年）	池塘亩数（洪武十五年）	池塘占比	田亩数	池塘亩数	池塘占比	
南海	2700914	322	0.01	1580922（万历九年）	48326	3.06	
顺德				871655（万历四十八年）	40088	4.60	咸丰志
香山	390240			749907（崇祯五年）	711	0.09	康熙志
新会	1117932			1197928（万历十年）	6588	0.55	康熙志
番禺	876882	有，缺数字		1193939（万历九年）	10702	0.90	
东莞		有，缺数字		1313536（万历九年）	32659（溪塘）	2.49	
三水				501759（万历三十年）	10250	2.04	嘉庆志
高明				339565（万历三十年）	7810	2.30	康熙志
鹤山					8600		
新安				402083（万历九年）	2698	0.67	

资料来源：凡未加注者，皆引自梁方仲编著《中国历代户口、田地、田赋统计》；《永乐大典》；乾隆《广州府志》；康熙《高明县志》；道光《鹤山县志》。

———————————

① 参见黎贞《黎栎坡先生集》卷六；又新会《陈氏族谱》，"石泉嘱书"。

表2　万历九年南海等县民塘和民田每亩征税等则与征税粮额

单位：升

县	民塘每亩征粮额		民田每亩征粮额	
	上则	中则	上则	中则
南海	5.35		3.21	
番禺	3.03		3.03	
新会	5.35		3.21	
新安	5.51		3.43	2.47
香山	3.75	3.01	3.75	3.01
顺德	5.35			3.92
三水	5.41		3.49	

注：各县民塘均无下则，除香山有中则外，全系上则。
资料来源：《珠江三角洲农业志》（初稿）第3册。

养鱼业尤以南海九江乡最为发达。九江乡人多以捞鱼花苗为业。本由疍户捕捞，再由九江人放在鱼苗之池畜养。后因渔课苛重，"各水蛋户流亡，所遗课米数千石"①。弘治十四年（1501），据两广制台刘大夏奏，明孝宗降旨招九江民承西江两岸鱼埠。从此时起，九江乡垄断了西江的鱼花业②。西江自封川至高明一段，设鱼花埠八九百处。春初专由九江乡民捕捞，然后运回塘内畜养。明末清初已有十分之七的鱼塘养鱼花，十之三的鱼塘养大鱼。捕捞和养育的鱼苗，"水路分行，人以万计，筐以数千计，自两粤郡邑，至于豫章、楚、闽，无不之也"③。九江的养鱼业已出现明确的专业性分工。"以劳鱼花为业曰鱼花户。"由埠捞鱼，得鱼上塘曰装家；从装家买鱼，养于鱼花塘，俟成蔩鳢，取以售卖曰造家；从造家买鱼养于大鱼塘，至满尺后，或岁暮涸塘，鬻于墟市曰耕种家。④可见养鱼业之发达。

---

① 屈大均：《广东新语》卷二十二《鳞语》"鱼饷"条；黄芝：《粤小记》卷二，广东省中山图书馆1960年铅印本；李调元：《粤东笔记》卷十，嘉庆五年文畬堂刊本。
② 明弘治时（1488—1505）人陆深在《豫章漫抄》中说："今人家池塘所畜鱼，其种皆出九江，谓之鱼苗，或曰鱼种。南至闽、广，北越淮泗，东至于海，无别种也。"中华书局，1985。
③ 屈大均：《广东新语》卷二十二《鳞语》"鱼花"条。
④ 光绪《九江儒林乡志》卷五《经政略》，广东南海九江商会影印清光绪九年刻本，1986。

与塘内养鱼的同时，塘的四周基面也种上了各种果木，如荔枝、龙眼、柑、橙等，可收鱼果两利之效。这种经营方式，从明初起一直存在于南海的九江、顺德的龙山等地。但直至万历初年，果基鱼塘的经营方式并没有长足的发展。例如，据万历九年清丈土地的结果，龙山乡田地山塘44947亩，其中塘8124亩①，占总耕地面积的18%，加上基面也只约占总面积的30%②。到了明末，将基面原种的果木改为蚕桑。这种桑基鱼塘经营方式一经出现，便得到了迅速的发展。除陈村一带的果基鱼塘依然保留外，其余的便很快地为桑基鱼塘所取代。万历年间，九江仍以"果基鱼塘"的布局为主。顺治《九江乡志》卷二《生业》记载："乡扼西、北江下流，地瘠，鱼塘十之八，故力农本务无几，终岁多殚力鱼水。"又写道："蚕桑，近来墙下而外几无隙地，女红本务，于斯为盛。"《九江乡志》虽刊行于顺治十四年，但所记的史实，当系于明朝末年。从顺治朝至康熙二十三年，是战乱、动荡的时期，也是灾害频仍之时。商品性的农业经营不仅不可能扩大，反而因迁海事件等而受到损害。这里所谓"鱼塘"，即指基塘，可见从明万历到明末仅数十年间基塘已占当地耕地面积的80%；女红以"蚕桑"为本，又可见已改为桑基鱼塘的布局了。九江邻近的高鹤县坡山乡，顺德龙山乡、龙江乡等地也在这一时期陆续将原有的果基鱼塘改为桑基鱼塘。这是因为蚕桑与养鱼之间可以相互促进，蚕沙饲鱼，塘泥肥桑。当地流行的"蚕壮鱼肥桑茂盛，塘肥桑旺茧结实"的谚语，正是对两者间互相促进的生动概括。此外，蚕桑业的生产时间长，造数多，生产资金周转快，又可充分利用劳动力，较之于果基鱼塘，其经济效益要大得多。康熙二十三年，取消迁海令，次年开海贸易之后，商业化的农业得到恢复并发展起来。到了康熙后期（即18世纪初年），南海县西樵附近的海洲、镇涌、金瓯、绿潭、沙头、大同等六乡也相继发展成基塘区，以养鱼、蚕桑为业。如果说明代后期基塘区的生产形式还只初具规模的话；那么此时，已经形成了以九江

---

① 民国《龙山乡志》，广东省立中山图书馆藏1930年本。

② 据光绪《高明县志》卷二《地理·物产》记载，晚清的基塘比例是基六塘四。这时，基塘的经营方式已臻完善。它是根据循环性多种经营的需要来确定这一比例的。明代前中期的果基鱼塘中的基面似应比塘面小。光绪《高明县志》，清光绪二十年刻本。

为中心的包括坡山、龙山、龙江、海洲、镇涌、金瓯、绿谭、沙头、大同等乡在内的连成一片的基塘区，并且已从原来的以养鱼和种植果木为主，改为养鱼业和蚕桑业配搭比较合理的农业生产结构。

明万历至明末（16 世纪末至 17 世纪 40 年代初），桑基鱼塘迅速发展的原因，更重要的还在于生丝市场的开拓与扩大。1565 年（嘉靖四十四年）西班牙殖民者从墨西哥用武力占据菲律宾后，将在秘鲁等地开采的白银带到菲律宾购买中国的生丝与丝织品，从此之后的两个半世纪内，马尼拉一直是中国生丝的极其重要的市场。珠江三角洲的商人运去生丝、缎、纱等产品，高价卖出，换回白银。生丝和丝织品的畅售，白银源源地流入，大大地推动了该地区蚕桑业的发展。

乾隆、嘉庆年间，又是桑基鱼塘得到蓬勃发展的时期。乾隆二十二年，关闭江、闽、浙三关后，广州成为独口通商口岸，欧洲商人采购生丝及其他丝织品都集中于广州。乾隆二十七年又限制了湖丝的出口，粤丝具有纤度细、柔软、光强、易于吸收染料的特点，为江、浙及日本生丝所不及。所以，生丝的外销量越发巨大，价格日高。在高利润的吸引下，出现了"弃田筑塘，废稻树桑"的热潮，以九江为中心的坡山、龙山、龙江、海洲、镇涌、金瓯、绿潭、沙头和大同等十乡桑基鱼塘区，又进一步扩大基塘范围。例如龙山乡于嘉庆年间"因田入歉薄，皆弃田筑塘，故村田不及百顷。……塘基上则种桑，下则种芋，岁其收入，鱼桑为利，……民舍外皆塘也"①。到了道光年间，九江乡"境内有桑田无稻田"②；沙头乡"地土所宜，蚕桑为最，稻田仅十之一五"③；龙江已经"乡无耕稼，而四方谷米云集，旧原有田，今皆变为基塘，民务农桑，养蚕为业。……女善缫丝"④。其他地方，如顺德的桑麻乡（今杏坛镇）在乾隆年间已遍种桑树⑤；中山的小榄，也在乾隆年间扩大蚕桑的种植，成为以桑蚕和果树为主的产区。正

---

① 嘉庆《龙山乡志》，清嘉庆十年刻本。
② 宣统《南海县志》卷十五《冯汝棠传》。
③ 宣统《南海县志》卷十一《沙头通堡事略序》。
④ 道光《龙江志略》，清道光十三年抄本。
⑤ 罗天尺：《五山志林》，清乾隆二十六年刻本。

如何大佐所吟咏的"锹田种桑满村南"①，一派蚕桑景象了。

鸦片战争战败及《南京条约》签订之后，中国开始沦为半殖民地，珠江三角洲的生丝加强了对国际生丝市场的依赖。当时法国等欧洲产丝国因蚕病严重，生丝产量锐减。加之1869年苏伊士运河通航，缩短了到欧洲的航程，中国生丝出口量上升。适逢咸丰年间，江、浙蚕桑区又因太平天国革命军与清军的战争，大受破坏。珠江三角洲生丝在出口中的地位更显重要。由于生丝畅销、丝价抬高的刺激，又因当时洋米进口与日俱增，米价跌落，种稻无利可图，益显鱼桑有利。同光年间珠江三角洲再次出现了易田为基塘的热潮。除陈村以及周围的果木业中心区和某些零星的基塘外，所有基塘均改为种桑与养鱼。原来以桑基鱼塘为主的地区继续将残余的稻田改为基塘，以树桑养鱼为业。如处于九江等十乡桑基鱼塘区范围内的南海沙头堡区村围内连学田五十二亩多，同治八年也锹挖为桑基鱼塘。顺德县龙山乡在"咸丰前尚有禾田，后悉变为桑基鱼塘。盖树桑养鱼，其利过于种禾数倍也"②。顺德县在19世纪末（光绪年间），开挖的基塘已有十万亩之多，种桑面积达三十万亩以上，稻田面积不及总耕地面积的十分之一③，实现了以种桑养鱼为主要内容的农业商品化。持保守态度的顺德人周祝龄在《土风三弊》一诗中云："近觉桑区广，渐计禾田轻。自从咸丰来，鱼塘日益稠。……人与鱼共命，鱼与谷争秋。"④ 这些诗句反映了诗人的惶悚心理，也反映了当时农业生产结构不断变革的实况。其他非基塘的地区也纷纷改为以蚕桑和养鱼为业。新会县下天河一带上下二十余里，在咸丰年间改为桑基鱼塘⑤。高明县的秀丽围一带于19世纪末将地挖深取泥，"覆四周为基，中凹下为塘。基六塘四，基种桑，塘蓄鱼，桑叶饲蚕，蚕矢饲

① 何大佐：《榄溪杂辑初稿》，清乾隆刻本。
② 民国《龙山乡志·舆地略》，据采访册；又嘉庆《龙山乡志》记载："咸、同年，村西，大帽，幅里尚有民田十亩，皆种粘稻，今妥种桑，无复有稻花之香矣。""西海一带，咸丰以前，尚有禾田，后悉变为桑基鱼塘。"
③ 见《珠江三角洲农业志》（初稿）第4册。
④ 周祝龄：《所托山房诗集》，清光绪刻本。
⑤ 聂尔康：《冈州再牍》卷二《禀复委员来县拟抽土丝厘事》。

鱼，两利俱全，十倍禾稼"①。番禺县的茭塘、新造、黄阁，在 20 世纪初也相继改为基塘，树桑养鱼。原来不种桑养蚕的东莞县，在邻县蚕桑之利的诱使下，也于光绪初年由"诸缙绅立普善堂，提倡蚕桑，购桑蚕栽于顺德，并请养蚕之善者为之师，自是播种渐兴，峡内、石步、周屋、厦半、仙山诸乡，产丝尤夥"②。基塘的连环性生产技术经过不断改进，于同光时期也进入了更成熟的阶段。需要指出的是，"基六塘四"的比例比较适合于连环性的生产。据当地老农经验，大约八担蚕沙可养大一担塘鱼。按一般产量，每亩桑基产桑叶二十五担，六亩基面可产桑叶一百五十担，用以养蚕，可得蚕沙九十担和蚕蛹三四十担，按亩产四五百斤大鱼计，足供四亩鱼塘所需的饲料。塘泥又是桑基的优质肥料。这样，种桑、养蚕和养鱼三者按比例配搭，相互促进，协调发展。此外，有的还结合养猪，即利用涌堑和部分基边塘面养殖水浮莲、假苋菜等青饲料，用来喂猪。猪屎也可肥桑饲鱼。桑基鱼塘多种经营、循环利用的生产结构，更趋完善。经济效益越发提高。赖逸甫在《岭南蚕桑要则》（宣统三年刻本）一书中称赞"顺德地方足食有方，皆仰于人家之种桑、养蚕、养猪和养鱼。……鱼、猪、蚕、桑四者齐养，十口之家，少壮者可胜任也"。光绪《九江儒林乡志》的作者也指出："土物以鱼桑蚕丝为大，虽缙绅士族不废。自春至秋不愁无业。有资本则鱼、蚕之利转毂如轮，否，则割草摘桑犹能养活。"③ 这些都说明桑基鱼塘的生产结构，不仅使日益增多的劳动力得到充分利用，而且其高水平的经济效益也适应了不断加剧的人口压力。

从上所述，桑基鱼塘的不断扩大，甚至在顺德县成为农业商业化的主要内容，以及桑基鱼塘这一独特的经营形式的出现和不断完善，显然是受到市场取向影响、支配的结果。市场取向对商品性农业是一巨大的推动力量。它不仅决定一个地区对种植经济作物的选择，促使其敢于冒险追加投资，改善经营形式，而且对农业商业化的具体道路也起影响，发挥导向的作用。

---

① 光绪《高明县志》卷二《地理·物产》。
② 宣统《东莞县志》卷十三。
③ 光绪《九江儒林乡志》卷三《风俗》。

区域性的商品性果木种植的专业化，是珠江三角洲商品化农业专业区域出现和发展的另一种形式。

果木的种植，在珠江三角洲，历史悠久，品种繁多。据文献记载，汉代已有荔枝、龙眼、柑橘、香大蕉、橄榄、梅、稔（即杨桃）、人面子、余甘（一名油甘）等，南北朝时已有柚枇杷、频婆子、古度树、菠萝蜜、枸橼（包括香橼、佛手）、海枣等，唐宋已有黎檬、黄皮、黄肚子（即番石榴）、蜜望子（即芒果），明末、清初又传入蓬生果（番木瓜）、番荔枝等品种。民国年间，常见的果树已达五六十种，尤以荔枝、柑橘、香大蕉和菠萝为最佳水果，被称为四大名果①，驰名中外。果木业作为商品性生产，其产品较大宗地投入市场，是在明代以后。明初，广州及其附近地区如泮塘、荔枝湾和柳波涌一带，所种的荔枝、龙眼等，已达到前所未有的规模。如上所述，九江、龙山等地，从明初至明中叶，以塘基专种荔枝、龙眼等果树。景泰年间黄萧养领导的农民起义军攻打九江乡时，明官军大砍果树（荔枝、龙眼等）"重迭塞路"，借此负隅顽抗。从此可见果树之多。一直至万历年间，才逐渐被桑、麻所替代。明中叶以后，果木业得到了迅速的发展，逐步形成果木种植的专业区域。在明代晚期，以广州为中心，南至番禺的大石、龙湾、古坝，东至黄埔、茭塘，西南至顺德的陈村，南海的平洲、番禺的韦涌，纵横一百里的一大片老沙围田地区，成为以种植果木为主的中心产地。顺德的陈村及其附近的碧江、龙津、古楼、冲鹤、鹿门等地，早于16世纪后期，已经"堑附廓之田为圃，名曰基，以树果木。荔枝最多，茶、桑次之，龙眼则树于宅（旁），亦有树于基者"②。到了清初，屈大均根据自己目睹陈村果木的情况写道："顺德有水乡曰陈村，周回四十余里……居人多以种龙眼为业，弥望无际，约有数十万株。荔枝、柑、橙诸果居其三四。比屋皆焙取荔枝、龙眼为货，以致末富。又尝担负诸种花木分贩之，近者数十里，远者二三百里。他处欲种花木及荔枝、龙眼、橄榄

---

① 龙眼亦负盛名。未列入最佳名果之内，似因它有"荔枝奴"之称（见《岭表录异》），"本荔枝之族"。
② 万历《顺德县志》。

之属，率就陈村买秧，又必使其人手种搏接，其树乃生且茂，其法甚秘，故广州场师以陈村人为最。"① 业专易精，专业化的果木种植，使陈村人具有高超的技艺。因此，有清一代陈村及其附近地区一直坚持果基鱼塘的生产布局，成为珠江三角洲果木生产的重要基地。"自南海之平浪（今平洲）、三山而东一带，多龙眼树。又东为番禺之李村、大石一带，多荔枝树。龙眼叶绿，荔枝叶黑，蔽亏百里，无一杂树参其中，地土所宜，争以为业，称曰龙荔之民。"② "番禺鹿步都自小坑火村至罗冈三四十里，多以花果为业。其土色黄兼砂石，潮咸不入，故美。每田一亩种柑桔四五十株。"③ 番禺"韦水（即韦涌）故多龙眼，沿岸而种，傍水而栽，逶迤周回数百步、中无杂树，荫森茂密，结子离离，乡人以是为业"④。"广州凡基围堤岸（按指广州河南的沥滘、土华、仑头一带）皆种荔枝、龙眼，或有弃稻田以种者，田每亩荔枝可二十余本，龙眼倍之。"⑤ 从上可见广州的西南面、南面和东郊等邻近地区果木业发展之盛况。

东莞的北部和增城的西南部，即石龙、新塘一带的低丘陵地区，果木业也得到较大的发展，形成仅次于以广州为中心的果木专业区的又一重要产区。东莞石龙，"其地千树荔，千亩潮蔗。橘、柚、蕉、柑如之"⑥。关于清初番禺的化龙区沙路一带和广州东郊的罗冈区的庙西经南冈以至增城的西洲、东洲而到新塘一带果木业生产的盛况，屈大均根据亲身经历有过生动的真实的描写。他说："予家在扶胥南岸（按今番禺化龙镇沙路）。每当荔枝熟时，舟自扶胥历东、西二洲至于沙坝（今新塘），一路龙丸凤卵，若丘阜堆积。估人多向彼中买卖。而予亦尝为荔枝小贩，自酸而食至甜，自

---

① 屈大均：《广东新语》卷二《地语》"陈村"条。
② 屈大均：《广东新语》卷二十五《木语》"龙眼"条；又参阅范端昂《粤中见闻》卷二十八《龙眼》。
③ 屈大均：《广东新语》卷二十五《木语》"橘柚"条；又参阅范端昂《粤中见闻》卷二十八《柑桔》。
④ 赵古农：《龙眼谱·自序》，清道光九年刊本。
⑤ 屈大均：《广东新语》卷二十五《木语》"荔枝"条。
⑥ 屈大均：《广东新语》卷二《地语》"茶园"条。又乾隆《广州府志》卷二《舆图·东莞图说》载："石龙一镇……蕉、荔、橘、柚之饶，亦为东南诸邑之冠。"乾隆《广州府志》，清乾隆二十四年刻本。

青、黄而食至红，自水枝食至山枝，自家园食至诸县，月无虚日，日无虚暑，凡四阅月而后已……比邻有大石村，荔枝尤盛。"① 又"自黄村至朱村一带，则多梅与香蕉、梨、栗、橄榄之属，连冈接阜，弥望无穷"②。

此外，零星或小面积地种植果木，各县皆有。屈大均在《广东新语》中概括指出："广州诸大县村落中，往往弃肥田以为基，以树果木，荔枝最多，茶、桑次之，柑、橙次之，龙眼多树于宅旁，亦有树于基者。"又说："近水则种水枝，近山则种山枝。"③ 事实也如此。在清中叶，中山的小榄盛产荔枝、香蕉、橙、柑等④，新会的源清（今东甲）、礼乐已以柑、橙驰名于世。南海官涌一带的西瓜，东莞麻涌、蕉利所产的香蕉，也都甚负盛名。

鸦片战争之后，果木的生产，一改过去以荔枝、龙眼为主的经营方式，注意增加品种，栽培佳品。梨、甜黄皮、橙、胶柿、乌榄、白榄、番石榴、杨桃等果品，在番禺得到了较大的发展。罗峰山一带，"横亘数十里，居民以梅为业，无虑数十万树"⑤。广州市西郊的泮塘，"居人以种荷、树荔为业"⑥。中山县的蕉及该县小榄一带的橙、广州附近的木瓜（亦名万寿果），也都在此时期得到了较大面积的种植。尤其值得注意的是，低丘陵地带的增城，出现了许多规模较大的果园。据宣统《增城县志》记载，有启芳园、适可园、釜叟园、羊蹄峰园、植芳园和平畴园等。这些果园，种植的品种多样，注意选择佳品。例如光绪三十四年由朱云生、朱采田合资五千金开办的启芳果园，植珍品荔枝一千株，乌榄、白榄各六百株，橙、柑、橘各二三千株，菠萝不可胜数。其他花、竹、树等以千万计，还兼养牛羊牲畜。适可园所种的一百八十株荔枝皆系佳品，还有其他果类，另辟花畦植玫瑰万余株，"岁撷其花，售为酿糖品，获利颇厚"⑦。经营如此巨大规模的果园，已非一个家庭的劳力所能胜任，显然已采取新的雇佣劳动的经营方式。

① 屈大均：《广东新语》卷二十五《木语》"荔枝"条。
② 屈大均：《广东新语》卷二十五《木语》"橘柚"条。
③ 屈大均：《广东新语》卷二十二《鳞语》"养鱼种"条、卷二十五《木语》"荔枝"条。
④ 见小榄人何大佐《榄溪竹枝词》。
⑤ 毛鸿宾：《广东图说》卷二《番禺》，清同治五年刊本。
⑥ 民国《叶氏族谱》（广州）《祠堂铭》。
⑦ 宣统《增城县志》卷之九《实业》《种植》，1921年版。

二 商品性农业的发展水平及性质

珠江三角洲各地农业商品化的发展水平是不一致的。一般说来，以南海、顺德的经济作物中心产地和专业性农业区域发展较为充分，形成该地区的经济核心区。农业商业化以此两县为中心向外扩展，渐次及新会、番禺、东莞、增城等县的一些地方。这些地方的发展水平稍逊于南海、顺德。边缘地区的商业化出现较晚，程度更低。如花县在清初"百里荆榛，弥目绝无商旅之踪"①。"土瘠民贫，无商贾货殖之利、工作畜牧之赢，惟事耕凿，间一养鱼、采樵而已。"② 商业化尚未波及。到清代末年，花县的北部依然维持传统的农业。又如四会县，光绪《四会县志》编一"风俗"条载："乾、嘉以前，俗尚敦朴，富者守田业。贫者勤职事，物价不昂，家易给足。民无越境以谋生者。士之借授徒以糊口者，亦上至广宁而止。嘉庆末年，乃有遣子弟学工艺，佐懋迁于佛山省城者，已固讳言之，亲友亦私相谓曰：'某近果切干耶？何使其子弟出外学生意也。'盖俗谓贫曰'切干'，谋生曰'做生意'也。道光之初，俗渐奢华，富者日贫，贫者益不给，遂相率往佛山省城以图生计。而士亦多就馆于省镇南海各乡。洎乎各口通商而后，之上海，之福州，之天津，之九江，之汉口者，实繁有徒。父诏其子，兄勉其弟，皆以洋务为汲汲，而读书应试之人日少。即青衿中亦有舍本业而从事于斯者。同治以来更远赴外洋各埠矣。男既轻去其乡，妇亦从而效之，而奢华之习乃日甚一日，至于今为极。"③ 从上可见，至嘉庆末年，亦即 19 世纪初，四会县才开始受商业化的浸染；光绪年间，便蔚然成风了。香山县因相当多的土地系新辟的沙田，"地多卑湿斥卤"。乾隆十五年刊行的《香山县志》卷三《风俗》记载，"昔则土旷人稀，生计全无。今则民繁地瘠，家鲜余资，衣食则取给于农、圃、渔、樵"。"小民务本力田，安分

---

① 黄士龙：《抚军李大中丞靖寇安民碑》，康熙《花县志》卷四《艺文》，清康熙二十六年刻本。
② 康熙《花县志》卷一《风俗》。
③ 光绪《四全县志》编一，1925 年刻本。

守业。"道光年间，"邑惟南乡人多商于外"，其余仍然是"男女夹杂，力农圃而厌工商"①。清远和香山一样商业化程度较低，这两县的非农业的居民所占比例也最低，仅占总人口的 10%。

农业商业化的增进，势必带来农产加工手工业和商业的发展，从而引起居民产业结构变迁。根据顺德人龙廷槐的《初与邱滋畲书》一文记载，将嘉庆年间，广州府属各县居民职业结构列表统计如表 3 所示。从表 3 看，南海、顺德从事非农业者最多，这意味着由于农业商业化引发的经济机会增多，反映了其商业化的水平最高，新会、番禺、东莞、三水次之，香山、清远最低。留心桑梓事务的龙廷槐所做的估计，大体上是符合事实的。

表 3　嘉庆年间广州府属县烟户职业结构统计

单位：%

县名	田亩	商贾	手工、佣作
南海	20	60	20
番禺	60	30	10
东莞	60	30	10
顺德	30	40	30
新会	50	40	10
香山	90	10	
清远	90	10	
新宁	70	30（商贾皆以海船为务）	
新安	70	30（商贾皆以海船为务）	
增城	80	20	
三水	60	20	20
从化	80	10	
龙门	80		20
花县	80		20

资料来源：龙廷槐：《敬学轩文集》卷二，清道光二十二年龙元伟刻本。

---

① 见乾隆《香山县志》卷三《风俗》，清乾隆十五年刻本；光绪《香山县志》卷二《风俗》，清光绪五年刻本。

珠江三角洲各地区间农业商业化发展的不平衡，是由于地理环境、交通条件不同，市场的影响力也有差别。商品性农业发展水平高的核心区，是该地区贸易中心地广州、佛山的所在地，这里与内地及海外的交通便畅，市场的力量对其影响激烈。农业商品化程度较差的边缘区，则或因靠近山区，有部分土地处于丘陵地带，交通条件较差；或因系开发较晚的新沙田区，距广州、佛山等贸易中心地又远，受国外市场影响薄弱，只受内地市场缓慢的影响，受刺激的因素不足，不能引发剧烈的频繁的市场活动。

珠江三角洲的农产商品化和传统的土特产投放市场，是不相同的。明代之前，也出现过经济作物的中心产地，或专业户，但这是一种世代相传的非以商业性质出现的形态。这些土特产只供统治阶级消费，是单向地流入城市，而不是作为日用百货在市场上交换。明清时期，珠江三角洲商品性农业的产品，已进入广阔的流通领域。糖、生丝、葵扇、草织品、果品等等，运销国内外，做远距离的贩运，与各地产品相交换。这种商品经济，已导致耕织分离，使日益增多的劳动力从农业中分离出来，从事非农业的经济活动。但是，它仅仅为资本主义生产方式的出现创造了必要的历史前提，却不同于资本主义初期的单纯商品经济形态。珠江三角洲的商品性农业，基本上是由个体小农家庭独立经营的，还停留于简单商品生产阶段。虽然他们也以交换价值为目的，旨在追求利润，但这是为了补偿其物化劳动和自身活劳动的消耗，解决生计之需，并非为了剥削他人的剩余劳动，追求剩余价值。诚然，香户、蚕桑户、果木户等之中，也有些人因经营商品性农业而致富，可能已采用雇佣劳动进行商品生产。惜文献记载或过于简略，或含混不清，难以做出明确的论述。在清末，增城、中山、新会等县出现的一些颇具规模的采取雇佣劳动经营的果园和茶园，无疑已是具有近代意义的资本主义生产方式了。然而这种情况，毕竟是不多的。总之，珠江三角洲的农产商品化，就整体而论，既不同于旧的传统的商品经济，又区别于资本主义的商品经济。它是一种在封建地主土地所有制基础上的由个体小农经营的农业商业化，它主要不是生产的扩大和生产方式革命的结果，而是珠江三角洲卷入国外市场之后，商业使生丝等农产加工品变成商品的结果。它是在以地主经济为主的基础上产生出来的经济之果。

珠江三角洲的农业商业化，为什么不能跨越一步，进入资本主义的单纯商品经济呢？

首先一个重要原因，如上所述，它建立在封建地主土地所有制基础上，受到高额地租的制约。富裕的农民雇佣长工经营租进的土地所得的余额本就有限，而地主还要通过不断增租、增押的办法，攫取这些余额。乾隆年间，东莞县胡成大佃耕温日宣田七十五亩，年租银七十两。当经胡成大雇佣长工惨淡经营，取得较好的收益时，田主便于乾隆十七年二月提出"加租银十两"①，即一例。田地经过改善经营，收益固可提高，但增租、增押却也随之而来。明末清初，新会的葵田一亩租额已达十四五两银子，不仅比其他类型田地的租额高得多，就是比当地非葵田的土地价格也高出约一倍②。清代晚期，南海的基塘一亩租额，一般也达二十银圆（折十四两四钱）之谱，比其他类型土地的租额同样高得多。在这一情况下，富裕的佃耕农民倾向于大量包佃，然后分租出去，从中分割地租，而不愿意亲自做佃富农式的经营。清初以降，包佃制盛行；清代后期，还出现层层包佃，形成多层次的复杂的租佃关系，坐享同一块地租金的居间地主竟多达二至三人③，租额既可无底止地提高，封建地主自可乐于坐享高额地租，而不愿向经营地主转化。

其次，经营商品性的农业，需要巨大的投资。而其收益不仅依赖于自然条件，还受制于市场，因此风险甚大。佃农受因生计胁迫下的利润动机的驱使，才不得不改为种植经济作物。为了筹备生产资本，他们往往不得不求贷于债主。这是当地高利贷盛行的重要原因④。在求贷者众且迫切的情况下，利息必高。拥有货币者，自当感到与其投资经营商品性的大农业，

---

① 《乾隆十八年三月二十九日苏昌题》，档案。
② 屈大均：《广东新语》卷十六《器语》"蒲葵扇"条；又见笔者手藏的新会土地买卖契约。
③ 关于多层次包佃的情况，请参阅拙作《论珠江三角洲的族田》，广东历史学会编《明清广东社会经济形态研究》，广东人民出版社，1985。
④ 关于当地高利贷盛行的情况，参阅拙作《明清珠江三角洲的高利贷》一文，刊于平准学刊编辑委员会编《平准学刊》第 3 辑上册，中国商业出版社，1986。

不如坐收高利贷利息。

再次，没有形成统一的国内市场，农户所依赖的产地市场，又为商人资本所操纵。商人通过开设行、栏、埠等牙行来控制小生产者。在没有机会选择市场的情况下，农户只有忍痛接受商人的压价收购。成交过程中，小生产者要缴纳名目繁多而又苛重的捐税，诸如地税、墟场税、摊规、秤用（借用公秤）、保护费等，还有墟主势豪私设牙行所征收的"纳行钱""买牌钱"等。产地市场价格的不合理和所受的盘剥，已使有条件做大农业经营者望而却步了。再则，在缺乏国内统一市场的情况下，珠江三角洲因优越的地理位置和交通条件，其产品已被卷入国际市场。鸦片战争之后，对国外市场的依赖尤甚。在国际市场上，产品一旦失去竞争力，商品性农业便难逃衰败的厄运。前述的光绪朝之后，西樵山的茶园售作坟场，茶市也"夷为民居"，即一例。即使在国内市场，也受到外货的竞争。由于中国关税权的丧失，又无法采取对本国产品的任何保护措施。从这意义上说，其境遇无异于国际市场。在这种情况下，自少有人敢于做大规模的资本主义的农场经营了。

最后，受到了封建势力的种种阻挠。雍正年间，广西巡抚韩良辅把珠江三角洲等地的农业商业化痛斥为"贪财重利"，"以致民富而米少"。世宗皇帝根据他的奏折，也认为"不得贪利（指种经济作物）而废农功之大"。[①] 从封建皇帝到地方官员，对农业的商业化，都忧心忡忡，都要悉心劝导农民，"不得逐忘稼穑之艰"，并且通过苛重的封建捐税来加以抑制。他如宗法制的社会结构、官僚政治的体制、封建思想文化等方面也对农业的商业化产生了抑制力。限于篇幅，这里暂不做讨论。

从上可见，珠江三角洲的商品性农业，虽取得了迅速的发展，却并不能获得质性的变化，是有其深远的多方面的原因的。

本文原刊于《中国社会经济史研究》1986年第2期。

---

① 道光《广东通志》卷一，清道光二年刻本。

地利、传统市场与珠江三角洲的海外贸易

　　珠江三角洲处于中国的南陲，有西、北、东三江流经其间，形成扇状，纵横交错，密织如网。又濒临南海，河海相通，是一海河交汇区。通过珠江水系及沿海水道，可同岭北、东南、西南各地相交通。通过南海可与南海沿岸的中南半岛、南洋群岛诸国，乃至经各大洋而同世界各国相交往。夏季来自西南和冬季来自东北的季风所形成的东北/西南间季节性互相流向的季风海流，使其与东南亚地区间的海上航行更加利便。

　　珠江三角洲北缘耸立着古老的海贸港市广州，明后期为葡萄牙所窃据，并于此时崛起的澳门处于其南端。近代被英国殖民统治的香港居其东南隅。三者形同三足鼎立而成为与世界各地交往的门户，给珠江三角洲提供优越的市场条件。

　　与世界各地交往便捷的地利和具有海贸传统市场的优势，为珠江三角洲发展海外贸易提供得天独厚的条件。本文拟论述珠江三角洲海贸发展的历程及各个阶段的特点，旨在从历史的经验中，得出历史的认识，以供借鉴。

一　中国海上贸易的故乡

　　中国的海上贸易滥觞于南方，这是历史环境造成的。中华民族发轫于中原地区。因处内陆，原对大海是陌生的，只知道东边是大海，出产鱼、盐，但觉得深不可测，望而生畏。又因东边海岸线相对平直，当时不利于

航行。岭南地区，濒临南海，海岸线曲折，岛屿众多，又有珠江和红河水系纵横其间而终注入南海。南海岸边的珠江三角洲等地的越人①，生于斯，息于斯，靠从海中取得海产生物为其重要生活之源。他们自古"以船为车，以楫为马"②，素以"越人擅舟"著称。海上贸易也因而出现最早。秦汉之前，已与南海沿岸各地发生了海上交往，也已经出现从事南海贸易的越人商人。正是他们以南海沿岸地区产品与从中原地区来的汉族商人相交易，才诱发秦始皇"利越之犀角、象齿、翡翠、珠玑"（《淮南子·人间训》）的动机，发动征伐岭南的军事行动。在秦始皇派遣经略岭南的五十万大军中，有一军"处番禺之都"，即驻扎于约相当于今之广州和南至沙湾、石碁、石楼一线以北的濒海丘陵地带（当时以黄埔为出海口，海岸线在这一带）。值得注意的是，这支军队有被征发的"贾人"在内。这些"贾人"很可能是曾在南方贸易，或当时正在岭南贸易的商贾，他们熟悉道路、语言和习俗③。他们有的成为番禺的新居民，带来了中原陆上经商的传统。

自秦汉起，中国海上贸易的主要对象是南海诸国。秦末，秦朝的部将赵佗建立南越国，番禺的海上贸易得到增进。《史记·货殖列传》说："番禺亦一都会也。珠玑、犀、玳瑁、果布之凑。"番禺是汉代全国 19 个都会之一。《汉书·地理志》也记载："粤地……处近海，多犀、象、玳瑁、珠玑、银、铜、果布之凑，中国往贾者多取富焉。番禺其一都会也。"很显然，番禺承担来自交趾湾各港市的海上商品的转运。它与东部今汕头之间的沿岸贸易，也偶有发生④。又据《汉书·地理志》记载，西汉王朝曾派船队出使中南半岛，并经驳转抵达印度东南海岸等地。这是最早见诸载籍的海外贸易资料。充当这次船队的所谓"应募者"，当是熟悉海路和语言的越人商人和水手；出征船队"译长"的宦官，也可能是被征服的掠为奴隶后

① 百越、蛮越、南蛮等称呼，是对东南地区初民的总称，就珠江三角洲的初民而言，当系黎族（唐前称俚、俚人）。见谭其骧《粤东初民考》，《长水集》，人民出版社，1987，第258—261 页。
② 《吴越春秋》卷六，《景印文渊阁四库全书》第 463 册，台北：台湾商务印书馆，1986，第19 页。
③ 参见王赓武《南海贸易与南洋华人》，中华书局香港分局，1988，第 14—15 页。
④ 参见王赓武《南海贸易与南洋华人》，第 21 页。

受阉的越人。因为就当时熟悉南海商路，并有海贸经验而言，只有越人最能胜任。由于南海贸易交通的需要，航海和造船技术也居领先地位。汉代的楼船有重楼、有十桨一橹。番禺是制造楼船的中心之一，已懂得依赖季候风、借用牵星过洋的办法航行。珠江三角洲是海贸活动最早的地区，番禺也因经营海贸而成为汉代的一大都会。珠江三角洲堪称中国海贸的故乡。

二　广州港市的日益繁盛与地方帅臣豪酋对海贸的控制

岭南地区①自汉武帝平定南越国后，分设南海等七郡统归交州管辖。交州的治所在赢陵，即今河内。因邻近中南半岛的其他地区，经广西又有商道直通首都长安，河内在汉代是中国海上贸易的主港。但岭南的另一要港番禺，较之于河内却具有潜在的优势：通过珠江水系可同岭北各地交通，浮海而出可抵南海沿岸各地，具有海、河、港的功能。随着航海和造船技术的发展，海舶可以离开沿岸行驶而直经深海而过。孙吴时期，开通了自番禺启航，经海南岛东部海面，直穿西沙群岛海面而抵达东南亚各国的便捷航线，大大缩短了从广州到东南亚各地的航程。它奠定了番禺作为南海交通首冲的地位。黄武五年（226），孙权以合浦为界，把交州一分为二：其南划归交州，其北划为广州。广州之名自此始。孙吴晚期（263—280），交州发生叛乱，兵燹屡兴，严重影响了正常的海贸活动。广州便于此时取代河内，成为南海交通的首冲。自此时起，各国前来广州者，"舟舶继路，商使交属"②。据统计，在南朝（420—589）169 年间，南海沿岸各国派来的朝贡使团达 100 次之多③。公使朝贡是贸易的一种重要形式。使团频来，意味着贸易的增长。广州因海上贸易发达而享有富名。广州的长史被视为肥缺而为争相牟取。当时流传这样的谚语："广州刺史经城门一过，便得三千万。"

---

① 本文所说的岭南地区，约略相当于今的两广、海南和越南中北部。

② 《宋书》卷九十七，中华书局，1974，第 2399 页。

③ 参见王赓武《南海贸易与南洋华人》，第 69 页。

晋代石崇（249—300）之所以富名传古今，就因为他控制广州通首都洛阳的商道。在 5 世纪前后（即东晋末年至南朝宋、齐间），开通了从广州启程，历南海、印度洋、阿拉伯海、波斯湾，直驶幼发拉底河口巴士拉港的海上商路，航程一万四千公里，这是当时世界上最长的航线。关于这条被称为"广州通海夷道"的航线，唐人贾耽留下了详细的记载①。因通过这条商路输出的商品以丝绸为主，后人又称之为"海上丝路"。

中西交通，汉代以来以横贯中西的陆上丝路为主。但广州通海夷道也日显重要。到了唐代中叶，海上丝路取代陆上丝路而成为中西交通的主要通道。唐宋时期，海上丝路臻于鼎盛，作为其始发港的广州也因应达到极盛之境。

广州海贸的兴盛，取决于当时的政治、经济形势，取决于内地都市对它的需求，以及这些都市与广州联结起来的商道。

李唐立国之后，既实行开明的政治，又采取休养生息、发展经济、对外开放的政策。首次在广州设立市舶使，负责掌管海外贸易事宜。宣布对外商采取"任其交往通流，自为贸易，不得重加率税"；"常加存问"，以示"绥怀"的政策②，8 世纪以后，以东方的唐王朝和西方的大食帝国为轴心的国际海洋贸易圈形成。广州是这一贸易圈中的东方中心。

广州对外贸易之繁盛，从前来经商的国家和地区之广泛，商舶之繁多，商货之丰富，可以看出来。元开撰的《唐大和尚东征传》记载了天宝年间各国来舶之盛况："江中有婆罗门、波斯、昆仑等舶，不知其数。并载香药、珍宝，积载如山。舶六七丈。狮子国、大石国、骨唐国、白蛮（阿拉伯、波斯等白种人）、赤蛮（非洲黑种人）等往来居住，种类极多。"同广州有海上交通往来者，"由流求、诃陵、西抵大夏、康居，环水西国以百数"③。唐代以前没有来往的国家和地区，此时也"重译而至"了。韩愈在《送郑尚书序》中说："外国之货日至，珠、香、象、犀、玳瑁、奇物溢于

---

① 详见《新唐书》卷四十三下《地理志七下》，中华书局，1975。
② 《疾愈德音》（大和八年），《全唐文》卷七十五，中华书局，1983 年影印本。
③ 柳宗元：《岭南节度使飨军堂记》，《柳河东集》卷二十六，上海人民出版社，1974，第441—442 页。

中国，不可胜用。"广州港市的景象，诚如刘禹锡所云："连天浪静长鲸息，映日帆多宝舶来。"[1]

外国人沿海上丝路前来广州留居，首有大食、波斯、天竺、狮子国、真腊、诃陵等国商人，据说有十余万之众[2]。有的留居数十年而未归。唐王朝为了便于管理，便指定城西南濠东岸蕃舶码头区作为外国人居住地。于是便出现了历史上的所谓"蕃坊"。当时同住广州的人，语言、宗教信仰、习俗各异。舶来品充塞市场，一派国际性港市的气氛。由于声名远播，繁盛一时，当时的外国人甚至把广州误作中国。例如，"印度俗呼广府（广州）为支那"[3]。作为海陆会同之冲的广州，"为众舶所凑"，各国海商"重九译"而来，已成为一个向国际开放的、世界东方的大港。

繁荣往往隐藏着危机。唐初的头60年广州海贸蓬勃发展的同时，政府官员的贪污腐败也随之而俱增，终于导致684年广州都督路元叡被外商刺杀事件[4]。幸得继任者王方庆是一位有革新精神的官长。他不仅清廉，"在任数载，秋毫不犯"，而且约束僚属，善处与属下各州越人酋领的关系。史书称颂之为"有唐以来，治广州者无从方庆之右"[5]。王方庆开创的清明的政治局面，又促进了广州贸易的繁荣。755年爆发安史之乱，广州贸易因其消费市场洛阳和运河沿岸的城市陷入战火之中而遭到严重损害。广州的官员反而趁火打劫，肆意勒索。758年，"波斯与大食（商人）同寇广州，劫仓库，焚庐舍，浮海而去"[6]，导致广州贸易一度陷入衰微。

宋代，广州依然保持其繁盛的格局。外国商人梯山航海，纷至沓来，有的携带妻儿在广州居住。神宗熙宁年间（1068—1077）已是"城外蕃、汉数万家"。外人居住区，沿唐人之旧，称为"蕃坊"。市面繁荣，诸如

---

① 刘禹锡：《再酬马大夫》，《刘梦得文集》外集第五卷，《四部丛刊》本，商务印书馆，1936。

② 《旧唐书》卷一百三十一《李勉传》，中华书局，1975。按：此数不确。形容其数之多视之可也。

③ 赞宁：《唐广州制止寺极量传》注，《高僧传三集》卷二，清光绪十三年刊本。

④ 《资治通鉴》卷二百零三，中华书局，1956。

⑤ 《旧唐书》卷八十九；《新唐书》卷一百一十六《王方庆传》。

⑥ 《旧唐书》卷一百九十八。

"番禺宝货所聚""广州宝贝丛凑"① 等见诸文献的记载，不一而足。正如时人程师孟诗云："千门日照珍珠市，万瓦烟生碧玉城。"② 为适应海外贸易的发展，北宋时广州城区由一而扩大为三。汉、唐旧城之东，建成与旧城面积约略相当的东城；其西又建大于旧城三倍的西城。城区面积共扩大了四倍。

元代，广州作为中国海贸主港的地位，虽为泉州所夺而降居其次，但仍不失为一个繁荣的港市。据陈大震于元代大德年间撰写的《南海志》记载，来广州贸易的国家与地区仍达 141 个。

广州较之于泉州，从历史传统因素和地理条件看，皆明显地处于优势。它之所以降格屈居泉州之下，是政治等因素一时起作用的结果。所以，当朱明王朝一建立，广州又恢复了作为中国主港的地位，并且牢不可拔地保持至 19 世纪 50 年代才为上海所取代。

广州海贸市场经营的是供权贵集团消费的奢侈品，在吴晋南朝及其之前，珠江三角洲为之提供的产品是南方的珍异。《晋书·吴隐之传》记载："广州包山带海，珍异所出，一箧之物，可资数世。"这里所谓的"珍异"，即当地所特有的犀、象及珠玑、玳瑁等产品。这一类自然产品，只顾一味地采伐，而没有做人为的养殖，货源自当很快枯竭。到了唐宋，特别是宋代，陶瓷成为出口的重要产品。珠江三角洲也因应发展陶瓷业。在宋代，供出口的瓷窑有广州的西村窑、惠州窑、博罗窑、佛山奇石窑等。

由于海贸商品价值高昂，运输风险又大，这一行业为广州地方帅臣和越人豪酋所把持。大凡广州地方帅臣，都利用职权直间接地染指广州贸易。史书上所记载的"前后刺史皆多黩货"③，指的是除贪污受贿外，还指使其属下、亲信从事广州贸易。最明显的例子，如唐代广州刺史王锷，就是凭操纵广州贸易而大发其财，"家财富于公藏"④。连京师的权门也多分享到王

---

① 李焘：《续资治通鉴长编》卷六十六，景德四年七月甲戌，中华书局，1980；《宋史》卷四百七十二《蔡京传》，中华书局，1985。
② 王象之：《舆地纪胜》卷九十九《题共乐亭诗》，中华书局，1992。
③ 《晋书》卷九十《吴隐之传》，中华书局，1974。
④ 《旧唐书》卷一百五十一《王锷传》。

锣的余润。至于地方豪酋进行海贸活动者，莫若冯、冼家族之突出。

冼氏为越大姓。冼夫人与入居番禺的汉人冯业的曾孙高凉太守冯宝结为夫妇后，势力益张。冯、冼家族经历梁、齐而隋、唐，素受封赏，为岭南越人之首领。恃其把持的从珠江三角洲到东京湾东北岸的沿海地盘，从事南海贸易。除承包买卖海外珍玩，输出"高凉生口（奴隶）"外，就是劫掠海上商舶。这种古代亦商亦盗的海贸，也唯有冯、冼家族一类的豪酋能够胜任。冯、冼家族由于经营南海贸易而富极一时。族人子猷，于唐贞观年间入朝时，"载金一舸自随"，以供沿途挥霍，并显示其富。冼夫人的孙子冯盎更是奴婢万人，"珍货充积"①。

五代割据时期，南汉政权以南海贸易为立国根基，为增加其财政来源，致力于招徕外商，鼓励华商下海贩蕃。它启开了尔后华商大量下海，变被动为主动局面的先河。宋元时期，一反过去等候外商前来贩运的被动状态，主动出海，大量输出陶瓷等产品。关于从广州输出宋瓷的情况，目击当时情景的朱彧在《萍州可谈》（成书于北宋末年）中写道："船舶深阔各数十丈，商人分占贮货，人得数尺许，下以贮物，夜卧其上，货多陶器，大小相套，无少隙地。"从近百年来，东由日本，西至非洲东岸、波斯湾沿岸，常发现宋瓷出土，也印证了宋代陶瓷贸易的发达。从广州启航的海商，不仅贩运本地产品出海外销售，而且还在兰里（今苏门答腊岛西北角）等地，采购当地的苏木、白锡、长白藤等产品，运往大食诸国出卖②。

宋代，南海贸易为官宦豪绅所把持，但珠江三角洲的庶民百姓已开始参与海贸活动。缺乏资金者，有专人提供借贷。朱彧《萍州可谈》卷二称："广人举债总一倍，约船过回偿。住蕃虽十年不归，息亦不增。富者乘时畜缯、帛、陶货，加其直，与求债者计息，何啻倍蓰。"这里是说借贷不计年限，当海舶归来时加倍偿还。而富户却趁机囤积出口的丝货和陶瓷，抬高价格，牟取暴利，较之于向求债者计息，何止数倍？这些举债从商，备受富户囤积居奇、肆意盘剥之苦的人，属于庶民固不待言，前述的在海舶上

① 《资治通鉴》卷一百九十三《唐纪》九，贞观五年十二月。
② 周去非：《岭外代答》卷三《大食诸国》，中华书局，1985。

分占舱位贮货、夜卧其上的商人也当属庶民阶层。宋代庶民开始从事海贸之举，启开了明中后期平民百姓大量经营海贸行业的先河。这种情况的出现，同宋代北方士民南迁珠江三角洲，促进当地越人汉化，越人酋领控制力日渐削弱有关。

三　明代后期广州市场的转型和民间海外贸易的兴起

明代中后期，广州贸易依然以传统的东南亚市场为主，但是南海的形势发生了变化。1492 年新大陆的发现，以及尔后东方航线的开通，葡、西、荷、英等西方殖民者先后东来，打破了传统的南海贸易的格局。中国在南海的贸易已经间接地扩及印度洋、大西洋，以及太平洋彼岸的南美洲。中国内部的经济也发生了明显的变化。江南、东南沿海等地区经济作物种植面积扩大，商业化渗透农村。为平民百姓所消费的产品进入流通领域，日益成为商品构成中的重要组成部分。作为对外贸易主要港市的广州，因应国内外经济形势的发展，于明中叶开始发生变化。到嘉靖年间（1522—1566）以后，无论是在贸易形式、商品结构、商人构成、市场功能，还是在运作方式上，广州市场都发生了历史性的变化：广州的贡舶贸易从原先的以怀柔为目的，逐渐转为计值贸易；商舶贸易迅速发展，并逐渐取代贡舶贸易，成为广州对外贸易的主要形式。历来由地方帅臣、越人豪酋和官宦豪绅把持的贸易格局，也因庶民商人的大量参与海贸活动而被冲破。广州市场的功能也从主要满足京师与运河沿岸、长江三角洲大都会的奢侈品需求，扩及满足平民百姓的需要。因而，广州市场与农村市场发生了联系，并日渐成为由珠江水系长期统合作用而形成的初具规模的岭南巨区的中心地。嘉靖三十二年葡萄牙殖民主义者窃据香山县澳门后，外国来船以澳门为泊口，澳门迅速发展起来，成为广州的外港。广州通过东南亚中转市场和通过澳门与西方各国相联系。广州市场商品结构的变化尤显重要。广州流通的商品，已从以奢侈品为主趋向以民生日用百货为主，亦即从"随其乡宜为货"转为"以市场取向为货"。因而广州市场与其周边地区的社会经济运转发生了密切的联系，特别是给作为广州贸易腹地核心区的珠江三角洲经济以强大的刺激与推动。

对出现的机遇和经济机会的把握，往往因人而异。历史上不同民族、不同地区的人的气质和文化特点，对该地区和民族经济的发展，往往起着潜在的、长时段的影响。对此，近人的研究成果已经做了相当充分的论证，经济发展理论大师鲍尔在追溯他对经济发展因素的认识过程时指出："不同文化群体在经济效率上的显著差异是经济发展史上的主要特征。"（见《以往研究的回忆：追溯第一步》）另外两位经济发展理论大师、诺贝尔经济学奖获得者刘易斯和舒尔茨，也从不同的角度强调了人的气质对经济发展的重要性。[①] 珠江三角洲人具有南迁的北方士民和当地俚人相互融合而形成的独具特点的"珠玑巷人"的气质。他们汲取了中原文化的精华，又继承了"越人擅舟"、擅于海上活动的传统。他们寡于保守，多于进取，对经济机遇具有较高的敏感性。

在广州市场提供的机遇和强烈刺激下，珠江三角洲人首先的反应是扩大经济作物的种植，实行农业商业化。各种经济作物的专业化种植区相继出现，如甘蔗种植集中在番禺、东莞、增城等县，香以东莞的茶园地区、果木以顺德的陈村等地为专业化种植区。其中，最具特色的当推"桑基鱼塘"专业区，它将低洼易生水患的土地深挖为塘，"取泥覆四周为基"，"基种桑，塘畜鱼，桑叶饲蚕，蚕矢饲鱼，两利俱全"[②]，即蚕桑业和养殖业互相依托，互相促进，形成良性循环的一种生态型农业。这种"桑基鱼塘"区，最早在南海、顺德、鹤山三县交界处出现，到明末，已形成九江、龙山、龙江和坡山等四乡相连成一片的专业化产区。近代以降成为珠江三角洲支柱产业的蚕丝业，正是奠基于此。

农产品加工业和商业性手工业也相应得到发展。制糖业的发展迅速，到明代晚期，番禺、东莞、增城等县生产的蔗糖已占农户总收入的40%[③]。

① 参吉拉德·M.米耶、都德莱·西尔斯编《经济发展理论的十位大师》，刘鹤等译，中国工人出版社，1990。
② 光绪《高明县志》，高明县地方志编纂委员会，1991，第72页。
③ 屈大均：《广东新语》卷二十七《草语》"蔗"条，中华书局，1985。

丝织业兴起后，因当时本土之丝质量不高，便输入吴丝作原料，提高丝织质量以适应出口的需要。嘉靖《广州府志》云：

> 粤缎之质密而匀，其色鲜华光辉滑泽，然必吴蚕之丝所织。若本土之丝，则黯然无光，色亦不显，止可行于粤境，远贾不取。粤纱，金陵、苏、杭皆不及，然亦用吴丝，方得光华，不褪色，不沾尘，皱折易直。故广纱甲天下，缎次之。①

广纱的质量已超过江南地区的丝织品。佛山铁冶业和石湾陶瓷业也相继崛起。"佛山商务以铁锅为最"②，铁锅等铁器畅销国内和东西二洋。"石湾之陶遍二广，旁及海外之国。谚云：石湾缸瓦，胜于天下。"③

珠江三角洲所产的丝货、糖、铁锅、陶瓷等所谓"广货"，为世人所重，成为东南亚地区畅销产品。嘉靖《广东通志》记载："东洋贸易多用丝，……回易鹤顶等物；西洋交易多用广货，回易胡椒等物。"④

所谓"东洋"，包括日本、琉球、菲律宾和文莱。这里主要指菲律宾。中国—菲律宾—墨西哥的太平洋丝路开通后，马尼拉生丝市场成为太平洋丝路的中转站，它对生丝的需求量很大。16 世纪末，墨西哥丝织业有 14000 多人，其所需原料生丝主要由广州运往马尼拉丝市，然后由西班牙商人转运供应。马尼拉丝市的需求刺激，正是珠江三角洲蚕桑业兴起的重要导因。所谓"西洋"，则指文莱岛以西的东南亚地区。这一地区为珠江三角洲生产的"广货"所占据。不过，广货中的广纱、粤缎，不仅在西洋畅销，也为东洋所贵。正如屈大均所指出："广之线纱与牛郎绸、五丝、八丝、云缎、光缎，皆于岭外京华、东西二洋所贵。"⑤

珠江三角洲商业化的兴起、发展及其成为出口贸易基地的过程中，商

① 乾隆《广州府志》卷四十八《物产二》引，第 21—22 页。
② 佛山《南海鹤园冼氏族谱·六世祖月松公传》。
③ 屈大均：《广东新语》卷十六《器语》"锡铁器"条，第 25 页。
④ 嘉靖《广东通志》卷六十六《外志》三。
⑤ 屈大均：《广东新语》卷十五《货语》"纱缎"条，第 28 页。

人充当了极其重要的角色。

珠江三角洲人抓住明代后期隆庆元年实行引票制，有限度开海贸易的时机，纷纷下海营商，据时人记载："（广东）人逐山海、矿冶、番舶之利，不务农田"[1]；"富者出资，贫者出力，懋迁居利"[2]。海上贸易已成为庶民百姓赖以为生的一种行业。屈大均也指出：

> 广州望县，人多务贾与时逐。以香、糖、果箱、铁器、藤、蜡、番椒、苏木、蒲葵诸货，北走豫章、吴浙，西走长沙、汉口。其黠者走澳门，至于红毛（指在东南亚的荷兰殖民者）、日本、琉球、暹罗斛、吕宋。帆踔二洋，倏忽数千里，以中国珍丽之物相贸易，获大赢利。农者以拙业力苦利微，辄弃末耜而从之。[3]

所谓"望县"是指南海、番禺、顺德、东莞、新会等县，这里所说的"其黠者"，即聪慧、善于随机应变，以端木术见长的人。他们奔波于南海沿岸各国，以"涉彼狂澜，如履通衢"的气度，出没于南海各地，为"广货"开拓市场。东西二洋都留下了他们的踪迹。

留居东南亚的华商和国内海商已结成相互接应的网络。如爪哇的下港（Bantam），当时是中国和西方贸易的中转站，广州和漳州商人是下港市场的重要行贩者。据哥尔勒民斯·德·侯德猛《航海日记》记载，万历年间侨居下港的华商，个个手提天秤到周围村庄去购买胡椒，并将购得的胡椒包装好，以等待每年1月间来的船舶运走[4]，华舶运来的商货，也由他们负责推销。

当海贸商人从海外回到广州时，也有被称作"揽头"的人负责接应。《广东新语》卷十五《货语》"银"条记载：

① 张萱：《西园闻见录》卷六十二《兵部》"广东"条，哈佛燕京学社印，1940，第23页。
② 顾炎武：《天下郡国利病书》卷一百《广东四》，清抄本，中国国家图书馆藏，第28页。
③ 屈大均：《广东新语》卷十四《食语》"谷"条，第1页。
④ 参见日本学者岩生成一《下港（万丹）唐人街盛衰变迁考》，刘聘业译，《南洋问题资料译丛》1957年第2期。

> 以通商故，闽、粤人多贾吕宋银至广州，揽头者就舶取之，分散
> 于百工之肆。百工各为服食器物以偿其值。

这里是说揽头向舶主海商取得银两，用以分发给制造服食器用的手工业者，作为预支工本。手工业者按照揽头所规定的式样、规格制造产品，用来抵偿。

当时的海商已聚集了巨量的商业资本。据《孔恩文件》记载，万历四十年（1612）已出现拥资 5500—7500 英镑的帆船商人[①]，这已接近 1602 年荷兰东印度公司最大股东勒迈尔拥资 8100 英镑的额数了。

在海外贸易中，有一种称为"牙行商人"者，本是广州贸易口岸的产物。承充者，必系殷实之家，并要彼此互保，经官府批准，领得牙帖后方取得合法资格。明代后期其职责有所扩大。海外来舶货物上岸之前，广州牙商先到船上估价商货，议定税额，并负责征收。他们还负责供给外商船上人员所需的粮食和日用品。由于其特殊地位，在同外商洽谈中容易得到比普通商人优惠的价格，终于变成广州承销外国来舶商品的商业集团。据裴化行《天主教十六世纪在华传教志》一书记载，此时的商业利润被原属广州、徽州、泉州三处的十三家商号垄断，"他们不顾民众的反对，一味致力于发展外人的势力"。这十三家牙行同外商利益攸关，联系密切，他们对广州商业利润的垄断，表明其商业资本之雄厚。明后期的牙行负责管理外商生活和在对外贸易中所起的半官方的作用，为后来清代广州特殊的行商制度启开了先河。

四　清代前中期随着海贸形势的变化而自发
调整出口商品结构

明后期蓬勃发展起来的海外贸易，为明清王朝嬗代而引起的约 40 年（顺治三年至康熙二十二年，1646—1683）的动乱所摧残。这期间，民间的海贸几乎中断。直至康熙二十三年，取消禁海令，宣布开海贸易，海外贸

[①] 见《孔恩文件》第一卷，第 167 页，转引自田汝康《十五至十八世纪中国海外贸易发展缓慢的原因》，《新建设》1964 年第 8、9 合期。

易方获转机。

从雍乾年间起，海外贸易的形势和清王朝的政策发生了变化。

海外贸易已从传统的以东南亚市场为主，转为同西方各国直接贸易为主了。前来广州直接贸易的国家有英、法、荷兰、丹麦、瑞典、意和神圣罗马帝国等。美国于1784年首次派"中国皇后"号商船来广州采购丝织品等商货。虽显姗姗来迟，但中美直接通商一经开创，贸易额便与日俱增。东南亚的许多国家，由于先后被英国、西班牙、荷兰等国占据，中国与这些国家的贸易也带有中西关系的性质了。

清王朝对传统的海贸主港广州，给予特殊的政策。首先，实行由广州十三行垄断海贸的行商居间贸易制度。广州十三行始称洋货行，为广东巡抚李士桢于康熙二十五年所创设。康熙五十九年，十三行商人联合组成"公行"。这是一个官许特权的行会组织。他们是唯一能同外商交易的、享有进出口贸易垄断权的商人。他们由垄断对外贸易而垄断货源、垄断价格、垄断利润。一旦承充行商，往往短期内即可暴富。他们积累了巨量的商业资本。有的拥资达两千多万两，堪与法国王公比富[1]。承充十三行行商者，据梁嘉彬在《广东十三行考》一书中对行商籍贯的考证，除闽商外，多为珠江三角洲商人。如广利行卢氏，新会人；怡和行伍氏、会隆行郑氏，南海人；西成行黎光远、福隆行关成发，顺德人；天宝行梁氏，番禺人；孚泰行易元昌，鹤山人；同顺行吴天恒（即吴健彰），香山人；隆纪行张氏，广州人。即使原籍福建的行商，其中许多人也先后落籍珠江三角洲。如同文行潘氏，乾隆年间定居广州河南；义丰行蔡昭复落籍广州下九铺；丽泉行潘长耀寄籍南海县。从此可见，广州十三行在很大程度上为珠江三角洲人所控制。这意味着珠江三角洲在海外贸易中操有主动权。

尤其重要的是，乾隆二十三年（1758），清朝政府关闭江、浙、闽三关，广州成为中西贸易的唯一港口。广州对中西贸易的垄断，给珠江三角洲带来了巨大的经济活力。以广州为中枢，以佛山为内港，以澳门为外港，相互配合，广州港市的条件越发完善。这无疑增益了珠江三角洲对外贸易

---

① W. C. Hunter, *Bits of Old China*, Taipei: Cheng-wen Publishing Company, 1966, pp. 78–82.

的市场优势。

珠江三角洲通过广州十三行已操有海贸的主动权;因懋迁南海各地而侨居东南亚的华商所形成的散置网,则可源源传来当地市场的信息。珠江三角洲根据市场的取向、市场的动态,自发调整出口商品生产,形成外向型的产业结构。

蚕丝生产是珠江三角洲最为关注和着力扩大的行业。英国对生丝的大量收购,对该区域是一直接的驱动力。1600 年,英国东印度公司创立之后,便将开拓中国市场、使中国充当英国毛织品的消费市场和原料供应地列为其重要目标。1635 年,首次派船来澳门贸易。康熙宣布开海贸易时,便在广州设立商馆。东印度公司认为,发展广州贸易的前提条件是把可靠的商品丝货弄到手。康熙三十六年首次在广州购买生丝 30 吨。尽管英国为保护本国纺织品,于 1701 年下令禁止贩卖与使用亚洲生产的丝织品和棉布,东印度公司为了做生丝和丝织品的居间贸易,还是指令于次年前往广州的船队应尽可能致力于“囤积生丝”。由于生丝外销及由此而引起的丝价上涨,清政府于乾隆二十四年严禁丝货出口。后来改为除头蚕湖丝(品级最高的丝)外,准许输出土丝和二蚕湖丝。土丝指的是珠江三角洲生产的生丝,湖丝是指以浙江湖州府为中心所产的生丝。尽管受到种种限制,在 18 世纪 90 年代之前,向英国输出的生丝还是缓慢地增长。英国在中国输出生丝总额中所占的比例,1750 年为 59%,1783 年为 70%,1787 年为 83%[①]。中国生丝的出口已为英国所垄断。通过英国东印度公司的居间贸易,生丝被贩销于俄国、荷兰、普鲁士、意大利、直布罗陀、土耳其和爱尔兰等国家和地区。

正是在这一历史背景下,珠江三角洲出现了“弃田筑塘,废稻树桑”的热潮。以种桑养蚕为专业的区域,已从明末的九江、龙山、龙江和坡山四乡,扩及西樵山附近的海洲、镇涌、金瓯、绿潭、沙头、大同等乡,并且连成一片。在乾隆年间,已扩展成一片“周回百里,居民数十万户,田

---

① 田中正俊:《中国社会的解体与鸦片战争》,武汉大学历史系鸦片战争研究组编《外国学者论鸦片战争与林则徐》,福建人民出版社,1989,第 12 页。

地一千数百余顷"①的专业化生产基地。蚕桑业是和缫丝业相结合的。农户既种桑养蚕，也做手工缫丝。有一首竹枝词写道："呼郎早趁大冈墟，妾理蚕缫已满车。记问洋船曾到几，近来丝价竟如何？"②海外丝市的动向成为民间谈论的话题，反映了蚕丝户对海外市场的依赖。丝织品如广纱、粤缎，早在明后期已驰誉海外。此时以佛山为重要产地。清初佛山的丝织业已增至十八行。乾嘉年间益加繁盛。广州，在雍正年间（1723—1735）已有机行的设立，聘请江浙师傅前来传授丝织技术，分有蟒袍行、十八行、十一行、金彩行和广纱行等五个行。产品多种多样，工人有三四万之众。

生丝和丝织品等丝货，在中国出口的商品中已退居茶叶之后，但在珠江三角洲却升为单项出口商品的首位。作为蚕丝产区，在明代还是默默寡闻的珠江三角洲，清代中叶已大露头角，名噪一时，成为生丝出口的重要产区。

根据海外市场趋向，创制花茶、彩瓷等新产品。茶叶由荷兰人传入欧洲之后，17世纪中叶流行于英国的上层社会，18世纪初已扩及民间，民众普遍养成饮茶的习惯。18世纪20年代，茶的输出取代丝货而跃居首位。18世纪80年代，茶叶又成为美国的重要饮料而更加畅销。珠江三角洲乘势扩大茶的种植。鹤山、香山、番禺、新会、南海、清远等县的产茶区，自乾隆年间起不断扩大茶园面积。但是，珠江三角洲适合种茶的土地有限而制约了茶叶生产，因此，着力发展茶叶加工业。广州的珠江南岸（今河南）是经营茶叶加工和茶叶交易的地区。那里茶庄、茶行，比屋相连。设有茶叶加工厂。并根据西方人的口味，研制出一种用花熏染而带有花香味的所谓"花茶"的新品种。在海外享有盛誉的珠兰茶，即于此生产。熏茶用的珠兰、茉莉花则在今河南的庄头种植。茶商还按照市场的需求，深入外省的茶产区，设立茶庄，示范制茶，教会茶农生产适合市场需要的茶叶。鸦片战争前夕，茶商就曾到湖南茶产区示范，先使安化茶农改制红茶。因红茶价高利厚，各县竞相仿制。此为湖南制作红茶出口之始。茶商中势力最

---

① 李文治编《中国近代农业史资料》（1），三联书店，1957，第82页。
② 张臣：《竹枝词》，见嘉庆《龙江乡志》卷十二。

雄厚者为皖（徽州商人）、闽、粤（主要为珠江三角洲人）商人。广州这一最大的国际茶叶市场是由这三个商人集团所控制的。在广州还生产一种新型的名唤"广彩"的陶瓷。据文献记载，"其器物购自景德镇，彩绘则粤之河南厂所加者也"。这里是说选用景德镇烧造的白瓷器贩运到广州，在广州的河南、西村设厂开炉烘染，"另雇工匠，仿照西洋画法"，"制成彩瓷，然后售之西商"。[①]

棉纺织业的兴起，其意义尤为深远。珠江三角洲因气候潮湿，不宜于棉花的生长，故种植甚少。褚华《木棉谱·自叙》中说："闽、粤人于二月、三月载糖霜来卖。秋则不买布而止买花衣以归。棉楼千百，皆装布囊累累，盖彼中自能纺织也。"这里说的是商人运糖往松江一带贩卖，买回棉花以织布。在珠江三角洲，买棉织布是为了自给。18 世纪下半叶，发生了新的情况。英国千方百计力图打开中国广阔的市场。但其生产的羊毛织品、棉纺织品和金属制品，却不为中国人所接受。英国输入的曼彻斯特布，不仅不受欢迎，中国出产的南京布（因南京一带用一种紫花织成而得名，是以松江为中心的江南地区出产的优质棉布）反而流往英国等欧美地区，制成欧美绅士的时髦裤子，并为美国人衣料史掀开了新的一页，因而驰名世界。面对这一情况，英国人改用"三角贸易"的策略来达到打开中国市场的目的。这就是将其产品输入印度，换得印度的棉花和鸦片，再用来输入中国，换回中国的茶和丝货。如前所说，丝货并非自销，而是转贩欧洲各国以牟利。

珠江三角洲人输入了英国运来的棉花，以此为原料，发展棉织业。佛山是棉织业的重要基地，设有 22 间棉花行户，经营棉花业务。当地生产的南京布在质量和颜色上皆胜于曼彻斯特布而输入英国；土布经在佛山加工染成的所谓"长青布"，则畅销于新加坡等地。在这里，进口原料，输出成品，一进一出，得到了增值效益。这对劳动力富余的珠江三角洲，不失为扩大就业的机会。尤具有讽刺意义的还在于英国本是靠纺织业起家的。英国梦寐以求的是变偌大的中国为其纺织品的消费市场。事实上它不仅达不

---

① 刘子芬：《竹园陶说》，《东方杂志》第 23 卷第 16 号，1926 年。

到目的，反而招来了与自己相竞争的产品。

珠江三角洲原有的制糖、果品、蒲葵和水草等农产品加工业，以及石湾的陶瓷业、佛山的铁冶业等手工业产品的出口，在清代前中期也有所增进。

珠江三角洲的产品，除通过广州市场出口外，海商还直接贩运到东南亚各地销售。他们经营方法灵活多样。或独资经营，或合伙贩运。"富者出资，贫者出力。"① 没有出资者，在船上当员役水手。道光八年（1828），克劳弗特在《使暹日记》中记载，来往于南海的闽、粤海船，除筹集资金造船外，还要邀集具有航海经验和技术的人充当船上员役水手。由出资多者出任船主。员役水手，按规定挟带私货，附船贩卖。所得利润便等于工资了。更有由众多的小商贩联合经营者。嘉庆九年（1804），不到一千吨的帆船，往往由一百多个小商贩集资购买。一千吨以上的商船，则常载有二三百个小商贩。小商贩在船上各有其舱位。情形"与广州近郊的墟镇完全相仿佛"。各个技工，如象牙雕刻工人，油漆画匠、铁匠、金银匠等，各有舱位出售自己特制的商品②。这表明他们即使不能在大批量贸易上与西方商人争雄，也要凭其特殊的技艺，以小批量的或零售在海外市场上占据一席之地，充分表现了他们坚忍不拔的精神。

珠江三角洲以海贸为中心，带动了各行各业的发展。从事商业、商品性手工业、航运业，以及服务于商品流通者，为数众多。据顺德乾嘉时人龙廷槐对广州府各县所做的从业结构的统计，当时已大约有 30% 的人口直接、间接服务于商品流通的各个环节③。就是说珠江三角洲约 500 万人中，已有百万以上是赖商业为生计的。如果再把从事以出口贸易为导向的商业化农业和手工业的烟户包括在内，则绝大部分的居民都已卷入外向型的商品经济活动中去了。

---

① 顾炎武：《天下郡国利病书》卷一百《广东四》，第 28 页。
② 参见田汝康《十五至十八世纪中国海外贸易发展缓慢的原因》，《新建设》1964 年第 8、9 合期。
③ 龙廷槐：《敬学轩文集》卷二《初与邱滋畲书》，清道光二十二年龙元伟刻本。

五　面对新挑战，置身于新的世界市场参与竞争

鸦片战争失败后，中国被迫开放广州、厦门、福州、宁波和上海等五个通商口岸，其后又陆续增开汉口、九江、天津等口岸。上海迅速取代广州成为对外贸易的主要港口。这一历史性的变化，使广州陷入灾难性的境地。外商纷纷转往上海，贸易腹地缩小，广州市场不断衰落。广州进出口贸易总额，1844 年约 3340 万美元，1848 年降至 1510 万美元，1855 年更下跌至 650 万美元①。贸易规模的大幅度缩小，使大批直接或间接为其服务的行业陷入停顿或衰微。珠江三角洲正常的经济运作秩序被打乱了。大批从事外贸的行商、散商、通事等纷纷转往上海、天津等新开口岸，充当列强资本的买办。如在上海的洋行买办，即"半皆粤人为之"。而数以万计、十万计的船夫、舵工、水手、商伙等"借外来洋船以资生计者"②，则沦为生计无着的游移人。19 世纪 40—50 年代，当地先后发生的天地会起义和红巾起义，正是由这些人充当其基本队伍的。广州贸易萎缩引起的珠江三角洲经济的混乱和社会动荡，还导致出现移民海外谋生的热潮。这种社会动荡、人口移动，是社会通过自身的调整，以适应新的经济形势的表现形式。

到了六七十年代，苏伊士运河的开通、轮船的使用，大大改善了海上交通运输条件，加之东西方电报通信的建立，银行职能的扩大，贸易的方式和手段发生了变化。代理制日渐盛行，贸易周期缩短。作为传统的中西交往前缘地带的珠江三角洲，将不可避免地卷入近代资本主义所形成的"世界市场"中去。如何应付这一新的历史性的挑战呢？

珠江三角洲经过短期的社会和经济的自身调整之后，利用新出现的世界市场条件，以发展外贸为中心带动各行业的发展。

基于珠江三角洲的资源和技术条件，其出口的商品依然以生丝为主。

---

① 许涤新、吴承明主编《中国资本主义发展史第二卷：旧民主主义革命时期的中国资本主义》，人民出版社，1990，第 66、148 页。
② 《庆复折》，《史料旬刊》第 22 期，1931 年。

生丝的出口，从 19 世纪 60 年代起，已呈不断上升之势。广州的生丝出口在全国各口岸中占据的地位日渐重要，就证明了这一点。班思德在论述1859—1871 年中国丝类贸易时指出："中国运销外洋之丝类，生丝实占极大部份，大抵悉由沪、粤两埠输出。……广州输出之数，初时仅占全国总额百分之八，嗣后，该省蚕桑事业愈形发达，故输出数量，亦见增进。迨至同治九、十两年，输出之丝，约占出口总数四分之一。"[①] 生丝出口额的上升，同当时欧洲蚕瘟流行，生丝短缺有关。但是，随着国际丝市对生丝质量标准的要求提高，中国的手工缫丝已显得落伍。中国出口的生丝，在质量和包装上常受指责。当时在南洋经商 20 年之久的华侨陈启源，在国外看到法国人所设的丝厂，"机器制丝，产品精良"。为振兴家乡的蚕丝业，他毅然于 1872 年回到家乡南海县简村堡，次年创办起"继昌隆"丝厂，引入先进的机器缫丝工艺，并加以改进。机器缫丝提高了劳动生产率，产品质量又远胜于手工缫丝。在国际市场上，厂丝的价格较土丝高出约 1/3，而且销路通畅。机器缫丝业一经出现，"各处闻风兴起，纷向南海、顺德产蚕地方竞相设立"机器缫丝厂[②]。19 世纪 80 年代初，南海、顺德有 10 余家。80年代中后期，增加到五六十家。19 世纪末至 20 世纪初，又陆续增建新厂。单顺德一县，于 1911 年已有 142 家以上。到了 20 年代，珠江三角洲的机器缫丝厂已增达 200 余家[③]。

厂丝进入市场后，便迅速取代土丝（手缫丝）而成为该项商品的主体，厂丝的出口额也急速上升。厂丝出口于 1883 年始见于海关统计。是年为1254 担，占该年生丝出口量 9556 担的 13%。仅过两年，厂丝出口增至 3437担，首次超过了土丝（土丝出口额为 3116 担）。进入 90 年代，厂丝出口突破万担，继而升至 2 万担，乃至 3 万担；土丝出口却日渐减少，降至仅占生丝出口额的 10% 左右。20 世纪 20 年代，生丝出口每年已达 4 万余包，价值

---

① 海关副税务司班思德编《最近百年中国对外贸易史》，海关总税务司统计科译印，1931，第 124 页。
② 民国《顺德县续志》卷三，第 26 页。
③ 参见程耀明《清末顺德机器缫丝业的产生、发展及其影响》，广东历史学会编《明清广东社会经济形态研究》，广东人民出版社，1985。

"达四至五千万之巨"，约占广州外贸出口总值的 50%—60%。如果将水结和丝织品的出口一并计入，可占广州出口总值的 70%—80%①。珠江三角洲的生丝已成为广州外贸出口的主体产品。蚕丝业已经成为珠江三角洲乃至广东全省的经济支柱。

以蚕丝业为经济支柱，带动了其他行业的发展。首先，农业被进一步改造成为服务于蚕丝业的行业。由于机器缫丝业对原料需求急剧增加，珠江三角洲光绪年间又一次掀起"废稻树桑"的高潮。原有的蚕桑区种植面积越发扩大，顺德种桑面积达 6650 顷，稻田不及总面积的 1/10。原没有种植或种植甚少的县，如高明、新会、东莞和番禺等县，都有了较大的扩展。到 20 世纪 20 年代，珠江三角洲蚕桑区已扩大到包括顺德、南海、香山、鹤山、新会、三水、番禺、东莞、高明等县。桑田面积达万顷上下，从事蚕桑业的人口达 200 余万，每年蚕茧产量三四十万担，价值 6000 余万元②。其次，蚕丝业的发展，货币流通的扩大，引起了金融业的兴起。在 20 世纪 20 年代，顺德的容奇、桂洲、勒流等市镇，成为珠江三角洲最大的丝茧市场。单容奇一处就有茧栈百余③。其他地方的茧市，也多将所收购的蚕茧运去容奇、桂州、勒流，转售茧栈。各丝厂在资金周转过程中，多靠银业贷款。每当蚕茧、蚕丝上市的季节，由广州运往顺德各地的现银，平均每天达 30万元，顺德一县每月有上千万元的现款流动。有一段时间，顺德甚至成为广东省金融业的中心。广州银行有 30%靠顺德丝业中的资本周转。广州和省内其他各城镇的生意，大都依靠顺德丝业在金融上的支持④。所以，美国人考活·布士维在考察珠江三角洲的蚕丝业后，称"顺德，即广东银行者也"。最后，在蚕丝业的带动下，民族资本近代企业，诸如机器制造业、船舶修造业、建筑材料业、交通运输业等近代企业因应纷起。保险业、新式

---

① 据广州《七十二行商报》报道，转引自《顺德修志》1990 年第 59 期；又参见饶信梅《广东蚕丝业的过去与现在》，《国际贸易导报》第 1 卷第 7 号，1930 年。
② 参见刘伯渊《广东省蚕业调查报告书》，广东省地方农林试验场，1922；考活·布士维：《南中国丝业调查报告书》，黄泽普译，岭南农科大学，1925。
③ 民国《顺德县续志》卷三，第 31 页。
④ 《外交领事商务金融报告》，1990，广州，第 16 页，转引自程耀明《清末顺德机器缫丝业的产生、发展及其影响》，广东历史学会编《明清广东社会经济形态研究》。

银行、百货公司等，也陆续出现。各行业间是互相关联的。各行业得到相应的发展，有效地促进了以丝货为主体的对外贸易的不断增长。

除出口生丝及其他丝货之外，茶、草席、烟花爆竹、蔗糖等，也是比较大宗的出口商品。

茶，依然是中国出口贸易中居首位的商品。珠江三角洲受资源的限制，不可能大量扩大茶的种植。因此，着力于从事茶叶加工出口业务。鸦片战争后至 19 世纪 80 年代前，广州的河南岛依然是最大的茶叶加工基地。早在清代中叶创制的"花茶"品种，是其主要产品。制花茶的原料也多从外地购买。花茶的主要品种橙香白毫和珠兰，其原料来自西江上游和贺县等地。80 年代中叶后，茶的出口因印度、锡兰和日本茶先后在国际市场上崛起，受到日益加剧的威胁而渐趋衰落。唯珠兰茶凭其某种特殊的质量，尚能支撑一段相当长时间。

草席，主要为东莞、宝安所生产。19 世纪 70 年代，东莞厚街乡已有一万多人从事草织业。道滘有"黄祥记""国顺"等店号，从事水草的加工出口。从 19 世纪 70 年代至 90 年代，据广州海关关册统计，每年出口的草席一般在七八万至 10 余万担之间，最高达 20 多万担①。自 19 世纪 80 年代起，日本草席迅猛发展。90 年代后，已构成对珠江三角洲草席业的威胁。20 世纪初，草席每年出口尚能维持在 10 万包左右。第一次世界大战前夕，东莞的草田面积已达 26000 多亩，年产量约 35 万担。因受第一次世界大战的影响，出口受阻，草席业才趋向衰落②。

烟花爆竹的出口，自 19 世纪 70 年代至 90 年代，都在二三万担至五六万担间徘徊。这一商品几乎都运往美国市场。自 80 年代中期起，美国提高此项商品的进口税，于是，烟花爆竹的出口受到了损害。

蔗糖的出口，19 世纪七八十年代，每年在一二十万担，也偶有达 30 多万担的。因受到菲律宾新兴糖业的影响，90 年代后出口减缩。但是这种减

---

① 参见杨晓棠《珠江三角洲对外贸易研究：1870—1894》（未刊稿）

② 参见刘炳奎、方玉成《东莞草织业简史》，中国人民政治协商会议广东省委员会文史资料委员会编印《广东文史资料》第 15 辑，1964。

缩并非如海关统计所示的是由于洋糖入超。珠江三角洲用民船运往香港的蔗糖，没有列入海关之统计内，进口的所谓洋糖，是出口的土糖倒流国内的伪称。之所以出现这一现象，是因资本主义列强的洋货享有免除国内关税的市场特权，出口的土糖返流国内变成洋糖，比纳税较重的土糖处于更有利的地位。甲午战争后，日本侵占我国盛产蔗糖的台湾，控制台湾蔗糖业，从而构成对我国出口蔗糖的威胁。此后出口蔗糖日渐减少。20世纪初，陷入衰微。

至于进口方面，据广州海关关册统计，在19世纪末，从广州口岸进口的洋货已达200种左右。最大宗者为鸦片，次为棉货，再是毛织品和其他杂货。就珠江三角洲地区而言，从国外输入的产品中，首推洋米。众所周知，大凡实行农业商业化，必须有可靠而足够的粮食供应为前提。珠江三角洲之所以能从明中叶起不断推进农业商业化，正是由于有优越的水运条件从广西等地源源地运来粮食。从康熙末年起，也开始同时进口洋米，但数量不大。道光（1821—1850）以后，由于加强了对洋米的依赖，进口日渐增多。鸦片战争后，随着商业化的加深，稻田面积大幅度减少，洋米进口便更为增加了。20世纪的头几年，每年输入广东的大米都在千万担以上[1]。至20年代，经广州输入的洋米每年约900万担[2]。除进口洋米以外，还输入棉货（以棉纱为主要）、毛织品，以及煤油、火柴、面粉、炼乳、肥皂等食品和日用杂货。值得注意的是毛织品中的所谓"中布"的输入。中布作为原料，经过广州市刺绣业的手工工人加工刺绣后返销印度和欧洲市场。煤油、火柴、肥皂等日用杂货进口的日益增加，反映了珠江三角洲的日常生活同世界市场联系日益紧密。如果双方彼此是在平等的条件下进行交易，毫无疑问应当受到欢迎。由于资源和技术条件的不均衡，各国间各以本国生产条件比较优越、成本低廉的产品彼此交换，双方均可收到"比较利益"的好处。但西方列强通过坚舰利炮的强权政治，在中国取得免除内地关税等

---

① 据光绪二十九年《关册》，转引自邱捷《辛亥革命前资本主义在广东的发展》，《学术研究》1983年第4期。
② 参见赖功奏《广东粮食问题的研究》，《农声》第181、182期合刊，1935年。

市场特权。这种不平等的交易，吃亏的当然是中国了。尤其必须指出的是，以英国为代表的西方列强大量向中国倾销毒品鸦片，并使其合法化。这种从肉体上摧残中国人的罪恶勾当，已在世界贸易史上写下羞耻的一页。

从以上的进出口贸易看，珠江三角洲在鸦片战争后，善于在逆境中发挥自己的长处，化被动为主动。当时英国可以迫使擅于生产白细布的印度农民放弃自己的职业，专门为其种植毒品罂粟，充当其棉纺织品的购买者；却不能使珠江三角洲就范，充当其产品市场和原料基地。珠江三角洲反而"学夷之长技以制夷"，引进西方列强先进的缫丝工艺，以此生产出高质量的生丝，然后进入世界市场与西方列强的商品竞争。这是珠江三角洲在外贸史上一度留下的值得称许的篇章。

结　语

从上所述，我们可以看到，珠江三角洲因得地利，海上贸易起源甚早。处其北缘的广州，也因经营海贸而成为一大都会，并且占据中国海贸鳌头，领尽风骚，历一千五百多年而未衰，为古今闻名世界的港市。珠江三角洲既有源远流长的海贸传统，又有广州和后来兴起的澳门、香港提供其进入国外市场最便捷的通道。得天独厚的地利、源远流长的海贸传统、优越的市场条件，是珠江三角洲从事对外贸易的优势所在。

人的气质和文化特点，对一个地区和民族的经济发展具有不可低估的影响。珠江三角洲人本是北来的士民和当地俚人融合而成的。明后期以来，出外经商者日多，近代又出现移民海外的高潮。五大洲无不有广府人之足迹。处于三角洲边缘的广州、澳门、香港，作为国际性的港市，海外商人、公使、高僧、传教士，纷至沓来，一直是中西文化的交汇地、与世界各国相往来的通道。从汉代的"译长"到近代的买办，从唐宋的"蕃坊"到近代的洋行，三角洲人历来就有服务于外贸的专门人才，就有专辟为外商居住之地和由外商设置的商务机构。明末在广州还举办相当于今日广州交易会的所谓定期集市，以供外商前来直接贸易。有的外商因久居三角洲而加入当地户籍。明初入籍南海甘蕉的阿拉伯商人蒲氏，就是一例。对于海外贸易，三角洲人或参与其事，或耳濡目染，潜移默化，故商品意识比较浓厚。三角洲人来自五湖四海，又走向四洋五洲。大凡移民的社会，人们见多识广，眼界开阔，寡于保守，多于进取，富有冒险、开拓、创新的精神。他们易得风气之先，也勇于创风气之首。珠江三角洲充当中国民族资本近代工业化的先行者、民主革命的策源地，绝非偶然。

作为中国海外贸易中心地的环境，造就了珠江三角洲人对市场反应的敏感性。他们善于把握机遇，迅速做出抉择。明代后期，当广州市从经营奢侈品转为扩及民生日用百货，便抓住市场转型的时机，实行农业、手工业商业化，以其生产的所谓"广货"，通过广州市场，径运海外，占据东南亚市场。清代转为与西方各国直接贸易之后，根据市场取向，创制花茶、"广彩"等为西方市场所欢迎的新产品。19世纪五六十年代被卷入资本主义世界市场之后，引进先进机器缫丝工艺，实行缫丝业工业化，提高产品质量，增强其在世界市场上的竞争能力。这些都表明他们随机应变，不断更新产品，调整出口商品结构。尤其利用市场机制，以加工出口的办法，创造增值效益。英国经营三角贸易，运来印度棉花换取中国的茶、丝。珠江三角洲以进口的棉花作原料，仿制"南京布"，返销于以纺织业为经济支柱的英国市场。又如，倾力发展蚕丝业，改稻田为桑园。以输入洋米、输出生丝构成国际贸易的一个循环过程。在这一循环过程中，输入的是低值的农产品，输出的是高值的工业品，同样创造了增值效益。这不仅扩大了就业机会，取得了增值效益，更重要的还在于表现了三角洲人的精神风貌：敢于面对挑战，敢于置身于世界市场展开斗争。诚如20世纪初外国学者所评价的："其商人性质之活泼、知识之灵敏、营业心之坚忍、商工业之熟练，实中国人别开生面者。"①

珠江三角洲以外贸为先导，开拓市场，以出口贸易带动各行业的发展。缫丝业机械化就是在外贸的推动下出现的，从而建立了以蚕丝业为支柱的经济结构。农业则处于为出口工业产品生产原料的从属地位。以今日的术

① 织田一：《中国商务志》，蒋篆方译，广智书局，1902，第31页。

语表达，即 20 世纪前后，珠江三角洲已经建立了以蚕丝业为主体的贸—工—农经济体系。尤其应当指出的是，多达 200 余家的机器缫丝厂，不是建置于城市，而是分散于乡村、墟镇，其资金也是零星分散筹措的。它不仅着民族资本近代工业化的先鞭，而且开辟了农村工业化、发展乡镇经济的道路。

滥觞于海贸的华侨，成为海外移民的先导。随着迁往海外者日多，珠江三角洲终于成为著名的侨乡。散居国外的华侨组成传递各国商贸的通信网和推销家乡产品的接应站。他们将世界文明之果带回家乡，推进了家乡的近代化。寄回的侨汇，连同蚕丝业并称为珠江三角洲经济的两大支柱。华侨源自海贸，又成为对外贸易的巨大推动力量！

在古代，广州之所以成为海外贸易的中心，除其自身的条件外，主要源自南海沿岸的东南亚地区是中国海上贸易的重点所在。南海沿岸的东南亚地区，历来为中国和印度所关注，并在经济文化上对之发生影响。16 世纪以后，西方殖民主义者先后东来开拓市场，也把它当作争夺的焦点。它在亚洲，乃至世界上，占据着令人瞩目的地位。广州贸易的盛衰，很大程度上取决于这一地区的状况。现在，南海沿岸地带成为世界上最活跃的地区。珠江三角洲的地位尤为关键。越来越多的人认为世界经济发展的重心正向亚洲转移。20 世纪 60 年代，亚洲的经济占全球经济的比例为 6%，现在已增至 25%。从目前的发展趋势看，这一比例还会持续增长。21 世纪有可能是亚洲的世纪。这是一个千载难逢的机遇。如何把握这一机遇，这对珠江三角洲是一严峻的挑战。历史有其延续性和继承性。珠江三角洲应当在新的历史时期发挥其应起的作用。

本文原刊于中山大学珠江三角洲经济发展与管理研究中心编《珠江三角洲经济发展新透视》，中山大学出版社，1995。

明清珠江三角洲土地制度、宗族与商业化

明代嘉靖、万历以后，由于新大陆的发现，以及东方航线的开通，西方殖民主义者相继东来，国际贸易的格局发生了变化。东南沿海地区，基于地缘的优势、人口的增殖、土地的开拓、海贸的刺激，民生日用百货的商品流通迅速活跃起来，地方市场的发育水平不断提高，作为中国传统海贸中心的广州市场也因应开始发生转型，并对岭南地区地方市场的统摄起着日益明显的作用。社会经济发生了历史性的变化。到了清代乾嘉年间，尤其乾隆二十二年（1757），中西贸易实行广州独口通商而为岭南带来巨大的经济实惠之后，更加速了岭南地区社会经济的发展。广州成为岭南巨区市场的中心地，通过珠江水系将散布各地的市镇统合起来。岭南巨区内不同层次市场相互联结，形成层层勾连、功能各异的市场体系。

随着商业化的出现，社会流动加速，新的士绅阶层兴起。在商品经济发展中致富的阶层，冲破宗法制为官宦世家所垄断的藩篱，也修坟墓、祠堂、撰写族谱，置族产，按照宗法制的原则组织起来。宗族制趋向庶民化、普及化。作为宗族集团地主土地所有制的形式——族田，也从 16 世纪起，日益受重视，并且不断地增殖。商业化也从此时起日渐加深，作为广州贸易腹地的核心区——珠江三角洲，尤为明显。本文拟以珠江三角洲为例，就土地制度、宗族和商业化问题，以及其互动关系做一探讨，以就正于海内外学者。

一　以乡族集团地主所有制为特点的土地占有关系

族田制度①，源远流长。自北宋范仲淹创立义田起，官绅仿效此法者日

---

① 关于族田制度的源流，可参阅清水盛光《中国族产制度考》，宋念慈译，台北：中国文化大学出版部，1986。

多。在珠江三角洲，早在南宋庆元元年（1195），新会泷水豪山村张安已创立蒸尝业田。继之者也不乏其例。但在民间普遍出现，则在 16 世纪宗族制趋向庶民化，冲破"庶人无庙"的禁令，庶民祠堂的建立以后。族田、祠堂和族谱成为一个血缘群体形成宗族的标志。明代中后期，乃至清初，族田的数量，虽乏量化的统计，但据文献记载，其在耕地总面积所占的比例是很低的。土地的占有形态，依然以士绅地主所有制为主。乾隆十五年（1750）版《香山县志》作者指出："一人而数十百顷，或数十百人而无一顷。"这当指清初的土地占有关系的情况。在明代，官宦地主占有的土地远超此数。明正统（1436—1449）年间，香山小榄何月溪占地二万余亩①。正德（1506—1521）年间，顺德人吏部尚书梁储，有人诉状于朝廷，"尝请没储资，可减天下赋税之半"；其儿子梁次摅等一次便接受富户梁观海投献田百余顷②。明末官至大学士的何吾驺，占田达 14000 多亩③。士绅薛明德，"遗产颇饶"，"产几二百余顷"④。从香山县田赋总额中寄庄田占 35.6%，也可见大地主广占田产之风盛行⑤。清初"迁海"事件，给大地主以沉重打击。有清一代，如同明代般广占田产的地主是不多的。

族田，从明末到清初，固然在不断地增殖，但其迅速增长，是在清代中叶以后。这同商业化的愈益加深，宗族制的越发普及，尤其是沙田的大规模开发，是密切相连的。番禺沙湾何氏大宗祠——留耕堂占有沙田的过程，可给我们提供一个族田在不同时期增长速度的例证。沙湾何氏是珠江三角洲的官宦望族。其族田均在番禺冲决三角洲，全属沙田。据《留耕堂祖尝契券各件汇记簿》记载，将留耕堂先后扩占沙田的数量统计如表 1。

---

① 何大佐：《榄屑》"旌义祖事"条，手抄本。
② 咸丰《顺德县志》卷二十三《梁储传》；罗天尺：《五山志林》卷四"锦衣受投献"条，粤雅堂文字欢娱室刻岭南遗书本，道光十一年至同治二年。按：梁储是一有争议的人物，万历《广东通志》卷二十四《梁储传》中说他"归囊索然"。
③ 何仰镐：《据我所知道中山小榄镇何族历代发家史及其他有关资料》，佛山市档案馆藏。
④ 颜俊彦：《盟水斋存牍》二刻《献略》卷二"争田薛抡祯等"条，北京大学图书馆藏明崇祯五年刻本。
⑤ 罗天尺：《五山志林》卷七"香田顺税"条。

表1 留耕堂历年置族田分段统计

单位：亩，%

时间	占田情况	面积	占1920年拥有沙田总面积比例
万历十五年	领赏濠门沙	14	
	领赏乌沙、石项、铺绵沙熟田	1224	
万历四十四年	与王姓构讼，经藩司委官丈出大小乌沙并新生沙	906	
小计		2144	3.8
康熙二十二年	何志报承小乌沙接生子沙	1535	
	报承大小乌沙、西樵、滘尾囊等坦	7474	
	何承忠报承大小乌、滘尾囊沙	845	
康熙三十八年	何承忠、何承志大小乌、西樵、滘尾、锦南各沙	3300	
康熙五十六年	何留耕报承大肚田	31	
	何忠报承大小乌沙、滘尾囊、西樵、锦南	1040	
康熙五十七年	何志报承虾塘	40	
小计		14265	25.3
雍正十一年	何留耕、何志新、何承忠、何志等同承大小乌、滘尾、西樵	3824	6.8
乾隆二十九年	何人鉴买受蔡美瑞等报承濠下白水潭新沙	1351	
乾隆三十年	买受大鹏西翼田	49	
乾隆三十二年	何宏修等报承大小乌、滘尾、西樵及各沙溢坦	1037	
乾隆三十四年	何流芳报承滘尾白水坦	1535	
乾隆四十一年	何德明买受暗沙坦田	40	
乾隆四十六年	何忠贤等报承濠下白水潭尾白坦	6	
	买受博淑	12	
	买受福草堂濠下	12	
	买受永裕堂车草坦	1	
乾隆五十一年	何肯堂等报承濠下白水潭坦	3600	
	何忠贤等报承濠下白水潭尾白坦	2751	
	何忠贤等报承滘子沙白坦	562	
	何忠贤等报承大沙头子沙白坦	487	
小计		11443	20.3
嘉庆三年	买受道铭乌沙石涌田	4	

续表

时间	占田情况	面积	占 1920 年拥有沙田总面积比例
道光十九年	何象贤、何心田、何思贤买受伞洲沙田坦	1773	
	何象贤买受三洲围坦	3155	
	何思贤买受三洲围坦	355	
	何心田买受三洲围坦	355	
道光二十三年	何述等报承濠下白水潭新沙	1041	
	何体仁等报承小乌沙	306	
	何体志等报承大乌沙	725	
	何朝芳等报承青滘沙	5678	
小计		13392	23.7
咸丰二年	何玺庵买受大坳牛尾	254	
咸丰七年	何昌燕报承青滘沙东南侧	600	
	何光衍报承青滘沙尾西侧	1999	
咸丰十年	何昌燕报承青滘沙尾东南侧	807	
	何昌燕报承青滘沙尾东南侧	1714	
小计		5374	9.5
同治四年	何穗明新受何鉴人三洲散石田	60	
同治七年	何大有等报承青滘沙何昌燕原升坦外接生溢坦	2506	
	何世守等报承青滘沙何大有等新升坦外生溢坦	1000	
	何世承等报承青滘沙何世守等新升坦外接生溢坦	1000	
	何世荫等报承青滘沙何世承等新升坦外接生溢坦	500	
小计		5066	9.0
光绪十一年	买受下庙贝沙	200	
光绪十三年	新郎中牛沙（原先大坳车涌口）	15	
光绪十五年	何玺庵领赏	62	
小计		277	0.5
1915 年	买受张宜安堂亭角洲溢生围田并坦	250	
1920 年	亭角洲中则税补升上则税	150	
	何象贤报承亭角洲白坦外斥卤税下税	300	
小计		700	1.2
总计		56485	100

资料来源：叶显恩、谭棣华《论珠江三角洲的族田》，广东历史学会编《明清广东社会经济形态研究》，广东人民出版社，1985。原表中个别字有误，以此表为准。

何氏大宗祠在明代占有的沙田只有 2144 亩，占 1920 年累积总数的 3.8%；康熙年间占有沙田 14265 亩，占总数 25.2%；雍乾时期，占有沙田 15267 亩，占总数 27.1%；嘉道年间，占有沙田 13392 亩，占总数 23.7%；咸同年间，占有沙田 10440 亩，占总数 18.5%。族田的增殖呈现出不断增长的趋势。应当指出的是，这里是根据报承年份统计的。报承之后，还得经过一段时间的开发方能成田。至于何时开发成田，因资料阙如，不得其详。何氏大宗祠属下的各房、支派，还有各自的分支祠。据统计，何氏宗族在沙湾镇内的分支祠便有 87 间。各分支祠堂在清代与民国年间创置的、数量不等的祠田，还未计在内。新会何世德堂于嘉庆二十三年（1818）仅有族田 0.9 亩，到光绪十七年（1891）增至 2189 亩①。从涉猎的族谱看，除清初实施迁海政策，社会动乱，族田的数量一度停滞，甚至减少外，总的趋势是不断增加的。

清末出现了一些由官宦大族控制的、血缘与地缘相结合的乡族集团地主，其占有的沙田也是大量的。顺德县团缭总局（后改称新青云文社）、龙山堡义仓、安良会、劝学会、长生会，番禺县禺山书院，香山县崇义祠等即是。东莞县明伦堂占有沙田之多，更是首屈一指。明伦堂于道光二十九年（1849）占有万顷沙 9500 亩沙坦，光绪十九年增至 42200 亩，宣统三年（1911）续增至 67000 亩，1943 年激增至 76000 亩。

清末至 20 世纪 20 年代，珠江三角洲已经建立以蚕丝业为主体的贸—工—农经济体系②，是商业化取得深入进展的时期；也是当地华侨汇回侨汇最多，侨汇和蚕丝业被称为珠江三角洲经济两大支柱的时期③。这也正是虚拟宗族流行、大小宗族皆有族田、族田广泛设置的时期。据 1934 年陈翰笙先生等的调查，珠江三角洲番禺等县的族田占耕地总面积的比例，如表 2 所示。沙田区的族田高达 80%，居于全国之冠。

---

① 叶显恩、谭棣华：《论珠江三角洲的族田》，广东历史学会编《明清广东社会经济形态研究》。
② 参见叶显恩《地利、传统市场与珠江三角洲的海外贸易》，《珠江三角洲——历史、地理、经济情况及南洋华侨发展史》，香港第二届华商大会筹备委员会，1993。
③ 许檀：《鸦片战争后珠江三角洲的商品经济与近代化》，《清史研究》1994 年第 3 期。

表2　珠江三角洲番禺等县族田占耕地总面积比例（1934）

单位:%

县名	占比	县名	占比	县名	占比
番禺	50	东莞	20	高要	40
顺德	60	鹤山	40	开平	40
中山	50	宝安	30	恩平	40
新会	60	惠阳	50	台山	50
南海	40	博罗	40	四会	30

资料来源：陈翰笙：《解放前的地主与农民——华南农村危机研究》，冯峰译，中国社会科学出版社，1984，第38页；《广东的农村生产关系与生产力》，中山文化教育馆，1934，第14—15页。

由此可见，土地占有形式，已由明代的私人地主所有制为主，出现向乡族地主土地所有制转化的趋向；在沙田区，私人地主土地所有制为主的土地占有形式，已为乡族地主所有制所取代。

二　沙田的开发与宗族制的发展

珠江三角洲原是一片岛屿峙立的浅海湾。由于珠江带来大量泥沙，以及海潮的顶托等复杂的自然因素交相作用而不断淤积成陆，加之人为的开发，才形成今日的人文景观。珠江三角洲的开发，始于南宋所谓珠玑巷集团性的移民。这些南来的北方士民，在参考、利用江南治理沼泽地经验的基础上，兴筑堤围，开发沙田。通过兴修堤围，既可防洪涝，又可利用潮水涨落进行灌溉；又因堤围束水归槽，促进下游海滩的淤积，然后开发成田，形成了水陆交相作用的农业系统。随着开发的深入，这一农业系统日趋复杂，并成为多层次的结构。例如，在这一大的系统下，出现了于明中叶兴起、完善于清末的基塘系统，其下又包含基面的陆地系统、鱼塘淡水系统和蚕丝系统等三个子系统。总而言之，水体与陆面之间复杂多样的能量交换和物质循环，水体资源与陆地资源互相依存和互相制约，彼此联结成一个不可分割的整体①。

① 参见钟功甫等《珠江三角洲基塘系统研究》，科学出版社，1987。

农业耕作系统，不仅受制于自然条件，而且需要与之相适应的社会组织结构。珠江三角洲水陆交相起作用的农业系统，需要群体力量。从堤围的兴修，到沙田的开发，乃至沙田的耕种、管理和防卫，都需要有组织的群体力量，并且往往需要互相协作的一致行动。这是宗族制盛行、乡族士绅对地方的控制力得以建立的重要原因。农业耕作系统与宗族制的关系，限于篇幅，不拟在此展开讨论。这里着重讨论沙田的开发与族田、宗族的关系。

北宋以前，零星南迁的汉人和土民聚居于三角洲边缘的台地和三角洲内岛屿高地。他们只利用了三角洲边缘和其中岛屿的小平原、台地、谷地和峒地。在那里可避开洪水的浸淹，也可利用泉水灌溉①。这些地方通常被称为"民田区"。珠玑巷移民才深入到三角洲内部的沙田区。珠玑巷的移民中有相当部分是北宋末年随扈高宗御驾南来的。他们先在大庾岭南雄珠玑巷一带驻足，然后南移三角洲。也有的先流徙江南，再辗转而来。这一具有集团性的移民中，有官宦士大夫及其宗族、随员，也有富户、农民，还有具备江南治理低洼沼泽地经验的士民②。他们有文化知识，有中原和江南的农业技术，又有开发沙田的资金和经营农业的劳动力。随着兴修水利和开发沙田的成功，他们不断地取得对三角洲的控制权。从明中叶起，得益于商业化，他们又具有雄厚的经济实力。与此同时，一个通过科举仕宦而形成的官僚士绅集团也被培植出来了。他们追本溯源，把自己的家世与中原名族联系起来，并按照尊祖、敬宗、收族的原则，统合、组织宗族组织。明中后期活跃于政坛上的珠江三角洲官僚，如伦文叙和以训、以谅、以诜父子，霍韬、庞尚鹏、李待问等，就分别由农民、鸭户、小商贩、冶铁户等社会底层出身而出任朝廷大臣，或地方高级官僚。其所属的宗族，也就成了当地的官宦望族。他们都说其先人迁自珠玑巷，皆系中原名族之裔，属簪缨世胄。诸如：伦氏，望出京兆，黄帝臣伶伦之后；霍氏，望出太原，

---

① 曾昭璇：《宋代珠玑巷迁民与珠江三角洲农业的发展——历史地貌研究》，1993 年 7 月打印本。

② 据光绪《陆氏世德记》记载，南海鳌头堡梧村乡陆氏"原籍江南松江府清浦县"，新会县朗头村陆氏"原籍金陵上元县泗水门"，乐都小桥村陆氏祖籍浙江平湖县。他们可能如新会《清溪赵氏族谱》所说："高宗南来，人各播迁，自汴而杭而闽，而入粤者。"又可参考曾昭璇《宋代珠玑巷迁民与珠江三角洲农业的发展——历史地貌研究》。

周文王之子处（因封于霍，亦称霍叔）之后；等等。芦苞独树岗蔡氏大宗祠门联，甚至公然写道："珠玑官裔，镐洛宗璜。"以名门贵胄标榜于人。在当地官宦士绅的倡导下，那些得益于商业化的单寒小姓，在当地经济普遍增长中所起的作用，使他们感到自己存在的价值，也效法大族建立起宗族制。各大族迁自珠玑巷的传说，更被编演成美丽动人的故事。自明代起，盛传不衰，妇孺皆知。新贵宗族附会的族谱，敷张成故事传说，传说又成为后来编写族谱的依据。有谱牒以尊祖，自可立祠堂以敬宗，置族田以睦族了。在建构谱系中，对始祖的附会，对祖宗的粉饰，几乎成为修谱的通病，非珠江三角洲所独然。唯同姓不同宗者，采取虚立名号，联宗通谱，建立共同的宗祧关系的做法，在内地如徽州等地方是一禁忌，而在珠江三角洲却公然盛行。更甚者，一些居住相邻近的寒姓单家，也以抽签、占卜方式来确定共同的姓氏，并且虚拟共同的祖先，合同组成一宗族。这种虚拟宗族的流行，同徽州等地以父系为中心的血缘关系组织起来的宗族制迥异。

在开发沙田中逐步形成的水陆交相作用的耕作系统的需要，是珠江三角洲宗族制盛行的一个原因。但宗族制一旦确立，又为维护这一农业耕作系统的稳定性发挥作用。自宋代以降，沙田的开发，一般说来，可以嘉万为界。其前着力于筑堤防流，开垦既成之沙；其后即通过工筑，促其成田。明代的工筑，基围低矮，不同于清代中叶以后的有完善的排灌设施。沙田工筑浩繁，耗资甚巨，非一般的农户所能胜任。而且，沙田的开发，也非纯属资本的投入。一些被视为脔肉的大片沙田，即便有足够资金开发成田，因缺乏地方上的政治势力，唯恐为势家大族所占夺，也不敢轻易出首报承。只有官宦势家、名门望族，可以坦然承垦。例如，出身于养鸭专业户的南海石头霍韬，因举业的成功，一跃而为朝廷重臣，"气焰煊赫"。他创建石头霍氏大宗祠，"合祠各祖于宗祠"①，统合族众于石头霍氏始迁祖之下，并撰写家训，以规范族众的行动。统合族众的举措尤在于置族田和发展商业。佛山的铁炭、木植、盐鹾等行业，霍氏宗族无不染指。佛山商业经济命脉

---

① 霍韬：《霍文敏公全集》卷二《石头录》，同治元年南海石头书院刊本。

一度为其所控。霍氏宗族赚得的商业利润，除用于以报承的形式占据沙田外，还用于恃势压价购买大量的沙田。嘉靖初年，霍韬家居时，便压价购买寺田三百亩作为族田。他本人对开发沙田是重视的。他曾说："顺德、香山多争田，盖沙田皆海中浮涨之土，原无税业。语曰：一兔在野，众共逐焉，无主故也；积兔在市，过而不问，有主也。海中沙田，野兔之类也。其争也，逐兔也。"① 犹如在野之兔的沙田，自当为如霍氏般的仕宦势族捷足先得。

又如，顺德北门罗氏，据族谱记载，始祖罗辉于宋绍兴四年（1134）迁自南雄珠玑巷。明景泰三年（1452），有罗忠者，当顺德建县时，上书捐地建城②，为开县做了贡献。因而名噪一时。到了嘉万年间，族人罗仁誉（1526—1596）和其子良相，本都属意于举子业，皆因落第而先后弃儒为贾，营商大获成功而成为乡里富豪。继而这一家族的罗良信于万历十年（1582），良策于万历十六年，应耳于天启元年（1621），先后中举人，罗氏成为当地的望族。取得科举、商业成功的罗氏也就于万历年间（1573—1620）统合宗族。在八世祖以下的七房已各建宗祠，并置有祭田的基础上，于万历二十年开始筹备修建大宗祠——本原祠（祭始祖至七世祖），终于万历三十八年落成。同年首次编写族谱，订族规，以使宗族组织制度化。也正是在万历年间，报承沙田，大量设置族田③。每当发现浮沙淤积，有可能形成沙田，哪怕还是"茫海望影"，也先向官府申报承垦，以杜争端。例如，于番禺潭洲一带，连接巨海，有土名曰半江、东翼者，可望淤积成田，于是罗氏宗族便在万历四十一年申报承垦。不期这些沙坦，同县甘溪堡19图区吴进也已提出报承。后来区吴进"赴县告退"，此田才认定系罗氏税田

---

① 霍韬：《霍文敏公全集》卷十下《两广事宜》。

② 龙保缄：《凤城识小录补》，广东省中山图书馆藏。

③ 据光绪《顺德北门罗氏族谱》卷十九《祀典谱》记载，至万历三十八年，已有小宗祠30余间，大宗祠1间。"计大小宗祠之祭田，亦几万亩"。按：关于顺德北门罗氏宗族，西川喜久子教授著有《〈顺德北门罗氏族谱〉考》（西川喜久子「『顺德北門羅氏族譜』考」『北陸史学』32-33号、1983-1984）一文，研究深入精细。承作者惠赠，得以拜读。本文参考并利用了这一成果，特此致谢。

"子母田脚接生"①，批准由罗氏承垦。显然区吴进发现其竞争对手是罗氏，出于无奈，才不得不退出。从上可见，占沙的竞争是激烈的。沙田的开发并非纯属资本的投入，而是宗族势力与资本相结合的产物。

到了清代中叶，由于政府规定："凡本身田地原有十顷以上者，虽田界相连，不得再占沙。"②尽管官宦势家仍然可用"减价购买"、"引作"（投献）、"冒承"等手段占有沙田，但毕竟受到了法律的制约。以宗族名义报承，则不受此限。所以，沙田的开发，几乎都用宗族祠堂的名义报承，并由宗族集资，役使疍民和失业的流民进行工筑。这一政策规定，一方面有利于宗族承垦沙田；另一方面也鼓励单寒小姓组织起宗族，以希冀能够承垦沙田。这是沙田的开发和族田的增殖，以及宗族的普及联系在一起的一个重要原因。

清代工筑沙田，较之明代有很大的进步。基围设施趋于完善。基围改用石基，提高了质量，围内还有小基间隔，有围馆、桓、磡等设施，因而投入的资金更加巨大了。如何筹集资金和组织劳动力，是一关键。关于资金的筹集，名宗大族往往采取逐层承包的办法集资。万顷沙的开发即一例。道光十八年（1838），顺德龙山官宦势族温氏预顺堂③向香山县报准承垦万顷沙约 60 顷之后，便按当时惯例，以分段往下承包的办法集资。这一沙坦分成五段，招人承包。各段也采取往下承包佃耕的办法集资。"历年所费圈筑计银数十万"④，终于将这一沙坦开发了出来⑤。似万顷沙这样的巨大工程，不是像龙山温氏般具有雄厚的资本，以及在地方上有政治势力做后盾的宗族，是不敢染指的。至于一般的宗族欲承垦一块沙坦，而资金又不足时，可集股筹措。例如，东莞的海心洲沙田，是由张梯云馆、邓荫兰堂、何醉经堂、何修德堂，于晚清分九股出资合同工筑的。到了光绪二十一年，

---

① 光绪《顺德北门罗氏族谱》卷二十《祀典谱·宪典》。
② 宁立悌等辑《广东省例新纂》卷二《户例》，杨一凡、刘笃才编《中国古代地方法律文献丙编》第 10 册，社会科学文献出版社，2015，第 158 页。
③ 关于温氏宗族的情况，可参阅叶显恩《明清珠江三角洲商业化与社会变迁》，中山大学出版社，2020。
④ 《张文襄公全集》卷二十八《参革劣绅折》（光绪十五年十月十日），北平文华斋刊本，1928。
⑤ 西川喜久子：《清代珠江三角洲沙田考》，曹磊石译，《岭南文史》1985 年第 2 期。

需要出资维修，又订出"合同"，申明所得利益，"归九份同分"①。用集股筹措资金，在珠江三角洲，乃至东南沿海地区是一通行的办法。合会作为流行于珠江三角洲的庶民金融组织，有时也直接或间接地被宗族用来为开发沙田筹集资金。顺德龙氏"请会章程"中说："查近年尝项多因凑会（指合会）积蓄，渐次广置产业。"② 这里所谓的产业，主要是指沙田。如前所述，商业化的深入进展，以及19世纪70年代以后侨汇的大幅度增长，则为筹集开发沙田的资金，提供了足够的源泉。

关于工筑沙田劳动力问题，三角洲边缘山区的徭民、浮荡江海的疍民和因商业化破产被逐出生业的流民，为之提供了足够的来源。尤其是疍民，其数量甚夥③，又善于水上劳役，最适于雇佣来开发沙田。明代的徭民往往被勒作沙田的佃户，称为徭佃④。有的也用以工筑沙田。随着商业化的加深，阶级分化加剧，一些人变成无业的游民。他们或成为盗匪之源，或以被临时雇佣为生。其中有部分投入工筑沙田的民夫队伍。疍民则充当了工筑沙田的基本队伍的角色。

即使商人、富户独自工筑的沙田，往往也用某某堂的名义承垦。甚至佛山的八个商店合伙购买沙田，也用"公受堂"的名义⑤。以"堂"为名购置的沙田，身后往往成为其人属下子孙共有的族田，该堂则成为祭祀其人庙堂的名称。从此也可见宗族意识之盛行。从笔者手藏的和收集在《许舒博士所辑广东宗族契据汇录》一书中的近一千张土地契约文书看，民间的土地让渡，多在宗族内部或宗族之间进行。族田原是不准出卖的。到了清代，除了祭田外，其余土地经过族绅商量同意是可以出卖的。既在宗族之间相互让渡，从总体上看族田并不因此而私人化。有的宗族规定"族内

---

① 黄永豪编「許舒博士所輯廣東宗族契據彙錄」『東洋学文献センター叢刊』第49辑、東京大学東洋文化研究所附属東洋文献センター、1987、166頁。
② 民国顺德《龙氏族谱》卷一《请会章程》。
③ 关于疍民的数量等情况，请参阅拙作《广东航运史（古代部分）》第二章第四节，人民交通出版社，1989，第120—129页。
④ 罗天尺：《五山志林》卷四"锦衣受投献"条。
⑤ 笔者手藏的道光十六年黎荣斯立下的卖田契约。

房屋居地，不论典卖，总要典卖与族人，不可典卖与外姓人"①。因此，随着沙田不断开发，从明至清，乃至民国，族田除因清初的大动乱一度减缩外，一直保持增殖的趋势。

私人地主土地所有制日渐向宗族集团土地所有制转化，似是清中叶以后东南沿海地区出现的一种趋势。这种转化，在珠江三角洲之所以如此突出，与其耕作系统有密切关系。沙田的开发、基围的修筑、沟渠的开凿、水窦的排灌，都要统一组织与管理。在难以监督的个体耕作情况下，小规模的田场经营，远胜于大规模的农场经营。这种适合于大面积的土地占有和小规模的田场经营的生态环境，正是宗族集团地主土地所有制盛行的重要原因。

基于沙田的开发先后，形成了主从关系的宗族聚居格局。珠玑巷移民移住沙田区之后，首先开发了西北江老三角洲（即以三水河口镇为顶点，北以西南水道，南以西江到甘竹滩段正干为界的三角洲范围），在那里最早圈筑基围，并有排灌设施，通常称之为"围田区"。尔后，随着开发的深入，三角洲的前缘不断向海外伸展。西海十八沙、东海十六沙等被开发出来了，称之为"沙田区"。沙田区的村落是被雇佣工筑沙田的疍民和失业游民，因耕佃的需要而定居下来的，即所谓"因农成村"②。士绅巨族都居住在民田区和围田区。他们建立了对地方的控制权，沙局、公约等乡族组织，即他们控制地方社会的工具。沙田区，一片茫茫水域，生活条件恶劣。在此定居，被视为畏途。最初的"落沙者"（定居者），主要是习惯水上生活的疍民，后来一些被生活迫得走投无路的单寒小姓，才不得不移居沙区。道光《南海县志》记载："业主固居乡中大厦，即家人、佃户亦不出乡。其于田者，止为受雇蛋户、贫民、佃户，计工给足米薪，驾船而往出入。饮食皆在船中，无须庐舍。"③ 可见始时无人居住，因农成村是条件有所改善之后。在沙区这种沿着堤围搭寮而居的线状型聚落，是没有宗族组织的。

---

① 光绪《南海深村蔡氏族谱·训族规略》。按：关于珠三角洲土地契文书所反映出来的土地买卖、租佃关系、围馆经营形式等问题，前揭的拙稿《明清珠江三角洲商业化与社会变迁》第四章第二节就此做了专论。

② 广州香山公会：《东海十六沙纪实》，1912。

③ 道光《南海县志》卷十六《江防略二》，同治八年刻本，第33页。

在此居住的蛋民等为民田区和围田区的地主所支配、役使。从区域社会看，民田区（北宋之前先民开发区）、围田区（珠玑巷迁民开发、居住区）与沙田区（西海十八沙、东海十六沙等新开发区，由蛋民、流民等居住）之间，形成了控制与被控制、支配与被支配的主从关系。

值得注意的是，这种主从关系的聚落格局成为当地农业系统的一个环节，即专种水稻，提供民田区和围田区因改种经济作物，以及改作桑基鱼塘的生态农业而缺乏粮食的沙田区。清末和民国年间，珠江三角洲的商人通过在广州的银号和陈村等米粮集散中心的谷埠，把资金投入沙田的垦筑，然后又以货币地租的形式，迫使佃户、耕仔向陈村谷埠等米粮集散中心低价出售粮食。商人把沙田开发和米粮贸易结合起来，使沙田的开发和商业资本的增殖相得益彰。而且陈村等谷埠收购的粮食，又有力地支持了民田区和围田区商业化。可见珠江三角洲内部的聚落格局反映了耕作系统的地域分工，而这种地域分工适应了商业化的需要。

从上所述，可见明中叶珠江三角洲因商业化的兴起，而引起宗族的普及化和庶民化。宗族组织实施沙田的开发，沙田的开发又是同族田的增殖联系一起的。族田加强了宗族的经济实力。专种水稻的沙田区，提供了民田区、围田区因农业商业化而缺乏的粮食①。商业化、族田与宗族制，相互关联，交相起作用。

三　宗族伦理与商业

在以农立国的中国农村宗法社会中，对众多的农民产生最大影响的，与其说是儒、释、道等，不如说是正统文化本土化了的宗族伦理。宗族伦理不仅支配农民的思想，而且规范农民的行动。宗族伦理，或记载于族规、家法、家训、家箴；或因世代相传，约定成俗，变成农民的自觉行动。宗

---

① 清代以后，随着商业化的加深，珠江三角洲缺粮愈甚。沙田区粮食的补给，远不能满足需要。广西贵县等地米粮从西江输补，是主要来源。此外，从湖南乃至安徽芜湖等地也有粮食输入。清中叶以后，对洋米的依赖日增。

族伦理习俗，对宗法农村社会的影响是不容忽视的。

中国一度流行的一种学术分析模式，认为商品经济的发达导致资本主义萌芽，宗族组织是一种落后的阻碍社会进步的保守力量。但是，从近年来笔者接触的资料看，宗法制与商品经济这两种似应互相冲突、矛盾的事物，却表现出相遇而安、互相适应，在一些地方甚至表现出相辅相成、相得益彰。这同宗族伦理的变化有关。关于这一问题，珠江三角洲给我们提供了一个可资证明的实例。

如前所述，珠江三角洲的宗族组织，是因商业化的出现而形成的，并随商业化的加深而日益庶民化、普及化。宗族制与商业化，有互相依存的关系。宗族制的盛行，既表示边陲地区对正统文化的认同，又是新兴的士绅阶层将正统文化与自己带有商品意识的价值观相糅合的结果。明中叶，以酿酒生意发迹的南海"太原霍氏"晚节公把"酿酒之法"写入"家箴"，告诫子孙世代遵守。清代年间，这一家族又将有关手工业和商业的注意事项，如关于所谓"工有百艺之当做""商有百物之当货"等的具体规定，写进家训，以规范子孙的行为[1]。这里不仅表现其对工商业的关注和支持，也意味着把工商业作为家族的传统行业。不似徽州的商人，只视经商为手段，终极目标还在于科举仕宦，以荣宗耀祖。珠江三角洲宗族伦理的商品意识，还表现在职业观的变化。"士农工商"本是传统社会职业构成的次序，《岭南冼氏宗谱》中却提出"四民皆本"的职业伦理[2]，与徽州地区出现的把商业置于农工之上而与士并列的"新四民论"有互通之处。职业观的变化，显然同国内外的经济形势的变化有关。最引人注目的是作为商品构成部分的日用百货的流通日益广阔，商品经济的发展显示出与以前不同的特点。加之五代之后，"取士不问家世"，而以科举为晋身之阶。清人沈垚对此感叹道："古者士之子恒为士，后世商之子方能为士。此宋元明以来之大较也。"为何"商之子方能为士"？非营商者，"子弟无由读书以致通显"[3]。很显然，

---

[1] 南海石湾《霍氏崇本堂族谱》卷三。

[2] 《岭南冼氏宗谱》卷五之一《艺文上》。

[3] 沈垚：《费席山先生七十寿序》，《落帆楼文集》卷二十四，嘉业堂刊《吴兴丛书》本，1918。

缺乏经济作为基础，想读书仕宦是不可能的。求富便捷之途莫过于营商。商业的成功既关系着家族的荣耀及其绵延不衰，提高商人地位的新职业观因而出现。珠江三角洲和徽州一样宗奉家族主义。在浸渍家族本位的宗族理念中，个人的升迁荣辱，是同家族联系在一起的，即个人的身份地位取决于所在的等差次序的伦理构架中的位置，取决于所属社会集团的势力。唯有提高本宗族的社会地位，方能实现自己的价值。所以追求家族荣耀的终极价值观念，成为驱动族人经商的精神力量。但是，在珠江三角洲并不如同徽州一样坚持"官本位"的观念，以经商致富求缙绅化作为实现家族荣耀的唯一途径。他们在缙绅化的同时，也直接用其货币经济的力量以通显。他们通过捐资举办公益事业，诸如善堂、医院、育婴堂，以及修桥、补路、筑堤等，而取得地方与士绅并列的名流地位。因捐资于公益慈善事业而谋得的"善董"头衔，被视为一种"社会地位"①。自晚清以后，这些慈善机构和商会，参与对地方的控制。甚至连同商业机构（如商会、商行会）干预时政，又可充当官民之间的中介。广州的商会和慈善机构［如广州的九善堂②（即爱育善堂）、两粤广仁善堂、方便医院、广济医院、崇正善堂、惠行善堂、明善堂、黄沙述善堂和润身善社］在当地的社会生活中所起的作用，尤其令人刮目。有报纸称赞广州的九善堂、总商会和七十二行的善举说："公益同举，公害同驱，公愤同伸。而总商会、九善堂、七十二行之名，遂轰轰烈烈于五岭之南，妇人孺子，皆啧啧称道不置。……盖自政界以及上下流社会，莫不注视于总商会、九善堂、七十二行矣。"③善董、商董的作用与士绅几同，出现绅商合流的趋势④。

到了晚清，尤其出现了"以商立国"的职业观。香山县人郑观应的《盛世危言》中关于"商务"的论述，无不贯穿这一观点。他指出："商务

---

① 陆羽：《广州的方便医院》，中国人民政治协商会议广东省委员会文史资料研究委员会编印《广东文史资料》第 8 辑，1963。
② 关于广州的九善堂，熊燕的硕士学位论文《九善堂与清末民初广州社会》（中山大学，1995）做了研究，可资参考。
③ 金炎：《上总商会九善堂七十二行书》，《总商会报》1907 年 7 月 26 日。
④ 参见贺跃夫《晚清士绅与近代社会变迁》，广东人民出版社，1994。

者，国家之元气也；通商者，疏畅其血脉也。"又说："士无商则格致之学不宏，农无商则种植之类不广，工无商则制造之物不能畅。是商贾具生财之大道，而握四民之纲领也。"① 在徽州，以商为第一生业的观点，早在明末的小说中已经出现。但是，嘴里说商业重要，心中却盯着科举仕宦。它较之于珠江三角洲的视商为四民之纲、以商立国思想，已有质性的差别了。

在宗族伦理中，反映出商业的功利性。这不仅表现在出自功利的需要可以附会虚构祖宗，而且体现在族众间流行的不是传统的道义经济关系，而是一种商业行为的经济关系。例如各宗族在撰写族谱时，其着眼点与徽州的有所不同。以名宗右族自居的徽州大族，特别注重世系，即所谓"千载之谱系，丝毫不紊"，唯恐他姓冒宗掺入。因而对族谱的撰写和保管，格外庄重②。珠江三角洲叙谱的目的，却在于攀附官宦势族，或为了联族，统合族众，以壮大宗族势力，加强本宗族在地方上的竞争力。在谱写世系时，并非着力于考究其准确，事实上正如屈大均所指出的："大率有族而无宗。"③ 世系已多失传，也不可能如实重建。例如，当地的名族番禺沙湾何氏，始祖何人鉴，据说在南宋绍定六年（1233）由广州迁居沙湾。生有四子，皆得功名。尔后子孙出任州县地方官者，代不乏人，成为官宦之家。传至第五代何子海者，登洪武四年（1371）进士。此时，这一家族的人口已增殖至一定的规模，家谱的撰修因而被重视起来，由何子海编写《谱图》。何子海在其书序言中说："余观诗礼之家，文献之后，莫不有族谱传焉。然或舍其祖而宗人之祖，或求其前代名贤以为祖者，皆妄也。"可见当时攀附显贵为祖，是受鄙视的。此书已佚。后来该族在撰写《继述堂谱》中引述这篇序文之后，加按云："子海公此序，当时我族止数十人，故未修

---

① 郑观应：《盛世危言》卷一《商务一》《商务二》，上海古籍出版社，2008；又，关百康《粤商自治会函件初编·序》："迨文明进步，出产丰富，器用繁多，万国交通，因利生利。而商人居中控御，驷驷乎握一国之财政权，而农工之有大销场，政界之有大举动，遂悉唯商人是赖。"粤商自治会发行，1908，广东省立中山图书馆藏。

② 参见叶显恩《明清徽州农村社会与佃仆制》，安徽人民出版社，1983。

③ 屈大均：《广东新语》卷十七《宫语》"祖祠"条，第464页。

谱,而推四世府判公为积德祖。"府判公,即何人鉴。他字德明,府判即其号。从此可推知《谱图》只将祖宗追溯至何人鉴,记叙了由之而下的世系。自明中叶以后,如前所述,因商业化而兴起的士绅集团,如梁、霍等名族皆自称迁自南雄珠玑巷,为中原望族之裔。珠玑巷的传说愈加盛行。珠玑巷人成为正统文化的代称,又是认同于新兴的士绅群体的标志。也正自此时起,各大族在开发沙田和控制地域社会等方面,争夺愈加激烈。为了认同于正统文化、认同于当地士绅集团,增强在地域社会中的竞争力,何氏竟请出一位在南雄受尊崇的神化了的人物——何昶为其始祖。而真正的始祖何人鉴,因其子孙出自功利的考虑,反而屈居为四世祖①。

　　族产,原为祭祀祖宗、赡济贫者,以收族为目的。在珠江三角洲,族产已注入商品意识,属于营利性质。除拥有族田外,宗族还有族墟、族店、码头、族窑等,不同于徽州几乎仅限于族田和山场。一些有政治特权的宗族甚至相竞控制重要的经济行业。例如,作为佛山的经济支柱、享有官准专利的铁冶业,就为冼、霍、李、陈等巨族所相竞争夺。明人陈子升曾经指出:"佛山地接省会,向来二三巨族为愚民率其利,唯铸铁而已。"可见控制这一行业,即可掌握佛山的经济命脉。因霍韬的发迹而显赫起来的霍氏家族,就控制有铁、炭、陶瓷、木植等,以及其他"便民同利"的产业,如墟场、市肆、码头、店铺等。石头霍氏宗族设有纲领田事一人、司货一人。司货之下,又设司窑冶一人、司炭铁一人、司木植一人,各司其职,以适应经济管理的需要。族墟、族店、族窑、族码头等,本是商业设施,或商业行为,以营利为目的固不待言,就是族田的收入,除去宗族活动经费,"留存备用"(主要用以追加投资,或新的投资)外,余者也"均分""均荫"。集股开发,或集股购置的沙田,有的明文规定,其收入"按股均派,一宿不延"②。显示出其是分益的商业行为,而不是用以恤族的道义经济。有的宗族出现向经济实体转化的趋向。康熙年间的《沙湾何氏留耕堂

---

① 刘志伟:《祖先谱系的重构及其意义——珠江三角洲一个宗族的个案分析》,《中国社会经济史研究》1992年第4期。

② 黄永豪编「許舒博士所輯廣東宗族契據彙錄」『東洋学文献センター叢刊』第49辑、東京大学東洋文化研究所附属東洋学文献センター、1987、170頁。

尝租簿·序》记载："至嘉隆之朝，沙田积税日增，租赋倍于先代。递年祖尝所入，除纳粮饷、供祭祀各项外，有余分作甲田，以荫子孙之有室者，治谋不亦善乎。初编为十甲，以十年为一周；继联为五甲，以五年为一周；继联为三甲，以三年为一周。"这里是说，把族田的收入，按编甲轮流收用。从十年轮一次至三年轮一次，说明族田的不断增殖。到民国初年，留耕堂拥有的族田已增至近六万亩。据实地调查，其族人自豪地说："我们关起门来也不会饿死。"[1] 三水县芦苞欧阳村欧阳氏"载德堂"，于民国初年甚至组织起"永发公司"来管理族产[2]。

在宗族内部出现利益均沾、宗族日益趋向以谋利为目的的经济实体的同时，宗族内部也出现了投资与借贷的关系。凡不能偿还本宗族债务的族员，要变卖家产抵足。"产业尽变仍不足抵偿之数"，将其本人及其子孙"革祭"[3]。温情脉脉的宗亲道义不见了，有的是不论宗亲的商业关系。

商品意识、商业行为，被运用到宗族组织的各种活动之中，诸如合股建祠堂、修水利、组织合会等[4]，甚至仕宦官场中，也以贪赃之寡，为判断其能痴的标准。在明中叶以后的商品性农业的扩张中，在近代建立以出口贸易带动本地区手工业、农业发展的"贸一工一农"经济体系和一系列的商业企业过程中，尤其在举世熟知的着中国民族工业近代化先鞭的机器缫丝取代手工缫丝的带有产业革命精神的壮举中，宗族组织都发挥了作用。在引进侨资、集聚零散的资金以建置机器缫丝厂，利用一些祠堂、庙宇作为厂房等举措中，宗族组织在一定程度上起了组织者的作用。可以说，珠江三角洲的宗族组织充当了农业商业化、乡村工业近代化、商业企业化的推动者，乃至组织者的角色。

---

① 刘志伟：《祖先谱系的重构及其意义——珠江三角洲一个宗族的个案分析》，《中国社会经济史研究》1992年第4期。

② 陈忠烈：《芦苞地方史考察研究文辑》，广东省三水市政协文史委员会编印《三水文史》第20辑，1995。

③ 南海《潘式典堂族谱》卷一《家规》。

④ 叶显恩、谭棣华：《略论明清珠江三角洲的高利贷资本》，明清广东省社会经济研究会编《明清广东社会经济研究》，广东人民出版社，1987；又可参阅滨下武志《关于中国传统经济行为的几点考察》，刘志伟整理，《广东社会科学》1992年第2期。

宗族伦理不仅引发营商的动机，规范商人的行为模式，而且在商业的行为中也发挥作用。可见宗族制随着时代的变迁而不断改变其形式与内容，它具有适应不同时代和环境的包容性。

综上所述，宗族组织的建立，需要有士绅倡导，并具备维持生计以外的余资作为修谱、建祠和置族产的费用。因商业的发达而取得经济发展和文化进步，并由此而出现新兴士绅集团的珠江三角洲，恰恰具备这些条件。加之水陆交相作用的耕作系统，需要群体的力量，因而宗族制得以盛行。得益于商业化而取得科举仕宦成功的士绅，既以推行宗族制来认同于正统文化，又将自己的商品意识糅合到宗族伦理之中。宗族伦理不仅引发营商动机，而且在商业行为中发挥作用。商业利润被用作开发沙田的资本，具有投入产业的意义。此举扩大了就业的机会，增殖了财富，沙田区所出产的粮食又支援了改种经济作物的围田区和民田区，从而支持了当地商业化的进程。生态特点和政府限私人占沙的政策，使被开发的沙田，几乎都转为族田。圈筑沙田，加强了宗族组织的实力，又促进了宗族的普及化。族田的不断增殖、宗族制的日益盛行和商业化的持续加深，三者是并驾齐驱的，彼此互相关联、互相依存、互相促进。

需要顺带指出的是，不同于徽州地区的宗族制以维护和谋求社会地位、政治特权为其主要功能，珠江三角洲的宗族制有着力扩大其经济功能的特点。珠江三角洲的宗族直接经营产业，并出现向经济实体转变的迹象。宗族内部也相应出现利益分沾或按股分益的商业行为，而不是徽州余缺互济的道义经济。徽州宗族制之所以支持商业，主要着意于因商致富而缙绅化，坚持"官本位"的价值观，因而在引发营商致富的动机中，已包含了否定或摧毁商业企业发展的因素。商业经济既作为传统社会经济的附丽，而不是其异化的力量，因而徽州商业资本自不能超越传统社会所规范的商业运作的轨迹。而珠江三角洲却出现因商致富之后，通过发挥货币经济的力量直接谋求与士绅并列的社会名流地位的趋势，没有恪守"官本位"的价值观。也正因为如此，宗族组织在农业商业化、商业企业化、乡村工业近代化中，扮演了或为支持者，或为组织者的角色。其商业行为也已越出常轨，并发出以商立国的呼唤。改革开放后经济特区首建于珠江三角洲，似有其历史选择的必然性的一面。

　　本文原刊于香港中文大学《中国文化研究所学报》（30 周年纪念专号）新第 6 期，1997 年。

珠江三角洲的社会变迁

——从栖息于历史的角落到充当历史的通道

一　北方士民的南迁与珠江三角洲的开发

珠江三角洲位于广东省的中南部，濒临南海。它原是一烟波浩渺的浅海湾，经过漫长的复杂的变化过程，才形成一片岛屿林立、沼泽星罗的冲积平原。珠江三角洲的北缘是古老的港市番禺。在汉代，番禺是中国的一大都会，经营中国南方和印度支那的沿岸贸易。孙吴黄武五年（226）改名广州。孙吴晚期，广州取代交州赢陵而成为中国海上贸易的中心、南海贸易的首冲。唐代，广州更以世界东方大港而著称于世。然而，它是汉人集聚的民族地区的边疆城市，城里居住着"使价之客和守土之臣"①。因广州经营的是以统治阶级为消费对象的高值奢侈品，只能与京师和岭北各大都会相联系。值得注意的是，直至唐代，广州还是兼营奴隶买卖的"生口"市场。因此，广州贸易并不能惠及广大农村。广州市场与珠江三角洲农村社会经济处于隔绝的状态。北宋之前，珠江三角洲依然是草莱未开、蝮蛇猛兽横行、烟瘴肆虐之地。居住于斯的越人，"率皆半赢，生齿不蕃"②。人的

---

① 见王莹于明正统年间写的《重修羊城街记》，刊于道光《南海县志》卷二十九，清同治八年刻本。

② 周去非：《岭外代答》卷四《风土门》，杨武泉校注，中华书局，1999，第149页。

平均寿命 30 岁以下。当时地广人稀，粗放的农业和自然水产，已足供"饭稻羹鱼"之需。在那里生产要素的供应和需求是均衡的。一切都是世代相传，从秦汉到北宋一千余年中，几乎没有多少变化。尽管江南地区已经开发，农业正经历一场"绿色革命"，传统农业正日臻成熟，珠江三角洲还是沉睡未醒，栖息于历史的角落之中。

珠江三角洲处于亚热带，气候温和，土地肥沃，有西、北、东三江汇流而形成河网区，又同南海相通，交通便捷。它本具有气候和地理的潜在优势。但是，时机不至，现实的需要不起。唯碰上机遇和有外力的刺激，地区的开发和进步才有可能。

北宋末年，终于出现了机遇。对珠江三角洲开发直接的导因在于北宋末年以降，北方士民的南迁。较大规模迁入三角洲的有三次：一次是宋室南渡时随隆祐太后南逃的士民中之一部分先暂居南雄，有的继而进入三角洲；二是咸淳六年（1270），因王兴起义转战广州，人口剧减，"诏徙保昌（南雄）民实广州"；三是德祐二年（1276），元军攻陷南雄、韶州时，原已居住南雄地区的北方士民继续南迁三角洲。这从"珠玑巷传说"及现存的岭南各族姓宗谱中可以得到佐证①。

南宋北方士民的南迁与历史上或因官宦，或因经商而留居者不同。他们往往以家族为单位，举家搬迁。

人口本是文化最忠诚最活跃的载体，人口的流动，又是优存劣汰的过程。这些南下的士民数量较大。单南宋初年以罗贵为首的 33 姓 97 家的一次集团性迁入三角洲，其人口数便达数千人。他们之中不乏"中原衣冠华胄"，是属素质较高的移民集团。他们进入三角洲后，"易俗移风"，促进了当地俚人的汉化，使社会风气渐开。

南迁的士民汲取江南地区治理低洼沼泽地的经验，沿西、北、东三江干流两岸修筑堤围。尤以西江沿岸为多。计堤围 28 条，堤长 66024 丈，捍卫农田面积达 24322 顷。元代在对原有堤围加高培厚的同时，于西江沿岸续修新堤，计有堤围 34 条，长 50526 丈，捍田面积 2332 顷。沼泽地和沙丘被

---

① 参见黄慈博编著《珠玑巷民族南迁记》，广东省立中山图书馆油印本，1957。

开垦为良田。

宋元两代，由于在三角洲西北部和东部修筑堤围，泥沙被冲积在堤围以下南部地区，因而加速了甘竹滩以下的中山县北部沙丘浮露成陆。人为的开发，导致泥沙淤积而扩大了三角洲的陆地面积，加速了三角洲的发育。西北江三角洲的前缘已推至古井、西安、港口、下河、黄阁一线，东江三角洲则伸展至漳澎、道滘一线，范围比前大为扩大。

筑堤垦沙，是珠江三角洲开发的标志。传统农业精耕细作技术于宋元时期被珠江三角洲人基本掌握。农业生产有了显著的发展，南宋时已有余粮输往闽浙。经济作物如蚕桑和果树已得到种植。

珠江三角洲以宋代大规模的移民为契机开始了初步的开发。长期栖息于历史角落的珠江三角洲社会也因而进入了一个崭新的历史时期。当地家喻户晓的珠玑巷传说的一个重要意义，正是作为表彰这一移民集团历史功绩的口头纪念碑。

二 市场经济的刺激与珠江三角洲社会变迁

明代后期，珠江三角洲全面深入的开发及由此而引起的社会变迁，是以广州的转型为契机，在市场经济的推动下产生的。这是珠江三角洲碰到的第二次机遇和刺激。

由于新大陆的发现，东方航线的开通，葡、西、荷、英等西方殖民者先后东来，打破了传统的南海贸易的格局。南海贸易已经扩及印度洋、大西洋，以及太平洋彼岸的南美洲。中国内部的经济也发生了明显的变化。商品经济得到令人注目的发展，江南、东南沿海等地区扩大经济作物种植面积。商业化渗透农村。为平民百姓所消费的产品，日益成为商品结构的重要组成部分而进入广阔的流通领域。由于海贸而兴起的、古老的对外贸易的主要港市广州，因应国内外经济形势的发展，于明中叶开始发生变化。到了明代后期（嘉靖朝以后），广州市无论在贸易形式、商品结构、商人构成、市场功能上，还是运作方式上都发生了历史性的变化：广州的贡舶贸易，从原先出自怀柔的目的，逐渐转向计值贸易，并且日益式微；商舶贸易迅速发展，成为广州对外贸易的主要形式。历来由地方帅臣和越人豪酋把持广州贸易的格局，也因庶民商人的大量参与海贸活动而被冲破。从万历到崇祯年间，在广州举办夏、冬两次定期市集，以供葡萄牙商人及周边各国商人前来直接贸易。广州商人不仅主动走出去开拓海外市场，而且建立了国内外互相联结的贸易网络。与广州相联系的市场系统发生了变化。在国内，由于农村市场的发育成长，一些商品经济发展水平较高的地区如江南某些农村市场集散的商品，已与广州市场发生了联系。由于珠江水系长期统合作用而形成的初具规模的岭南经济巨区中的层次不同的市场，也以广州为其中心地而发生了联系。因此，广州市场的功能已从主要满足京师与运河沿岸、长江三角洲大都会需要，扩及满足平民百姓的需要。嘉靖三十二年（1553），葡萄牙殖民主义者窃据香山县澳门后，规定外国来船以澳门为泊口。澳门迅速发展起来，成为广州的外港。广州市通过东南亚市场，尤其通过澳门，而与西方各国市场相联系。值得注意的是广州市场商品结构的变化。广州流通的商品，已从高值的奢侈品趋向以民生日用百货为主，亦即从"随其乡宜为货"转为"以市场取向为货"。商品的结构决定商业的性质。广州的商业贸易已从为权贵阶层服务扩及为平民百姓服务。因而广州市场经济与社会经济的运转发生密切联系，特别是对广州经济腹地的核心区珠江三角洲产生了强大的刺激与推动。

对出现的机遇和经济机会的把握，往往因人而异。因此，历史上不同民族、不同地区的人的气质、文化特点，与经济发展状况是有关系的。对此，近人的研究成果已经做了相当充分的论证。经济发展理论大师鲍尔在追溯他对经济发展因素的认识过程时指出："不同文化群体在经济效率上的显著差异是经济发展史上的主要特征。"（见《以往研究的回忆：追溯第一步》）另外两位经济发展理论大师、诺贝尔经济学奖获得者刘易斯和舒尔茨，也从不同的角度强调了人的气质对经济发展的重要性。[1] 珠江三角洲人

①　参见吉拉德·M.米耶、都德莱·西尔斯编《经济发展理论的十位大师》，刘鹤等译，中国工人出版社，1990。

拥有南迁的北方士民和世居俚人相互融合而形成的独具特点的所谓"珠玑巷人"的气质。他们继承了中原文化的精华，又汲取了"越人擅舟"，擅于海上活动的传统。基于所处的经济环境和人口压力，明代后期以降，他们寡于保守，多于进取，对经济机遇具有较高的敏感性。

在广州市场提供的机遇和刺激下，珠江三角洲人首先的反应是实施农业商业化。当地出现了各种经济作物专业化种植区。番禺、东莞、增城为甘蔗专业化种植区。其蔗糖收入占农户总收入的40%[1]。香以东莞茶园地区、果木以顺德陈村等地为专业化种植区，当时有"食香衣果"之谚。最值得注意的是"桑基鱼塘"专业区。它首先在南海、顺德、高鹤三县分界处出现。将低洼易生水患的土地深挖，"取泥覆四周为基，中凹下为塘"，"基种桑，塘畜鱼，桑叶饲蚕，蚕矢饲鱼，两利俱全"[2]。蚕桑业和养殖业互相依托，互相促进，形成良性循环的生态型农业区。到了明末，九江、龙江、龙山和坡山等四乡相连成片，成为以蚕桑养鱼为业的商业化专业区。出现了香户、花户、果木户、蚕桑户、鸭户、鱼花户等等专业户。他们敢于种植经济作物取代粮食作物的冒险之举，同他们能从粮产区广西通过西江便捷地得到粮食补给有关。

其次，利用市场的优越条件，发展农产品加工业和商品性手工业。他们除通过广州市场推销自己的产品外，还径往岭北各地和南海地区开拓市场。由于对国内外市场的了解和对经济机会的敏感，他们能够做出合乎市场取向的反应。1565年，中国—马尼拉—墨西哥这一太平洋丝路开通后，在马尼拉生丝市场需求量日益增大的刺激下，珠江三角洲着力发展丝业。他们基于当时所生产的土丝质量不高，便从江南输入吴丝，织成广纱、粤缎，以同江南出产的丝绸相竞争。乾隆《广州府志》卷四十八《物产》引明嘉靖《广州府志》云："广纱甲天下，缎次之。"

明中叶佛山冶铁业和石湾陶瓷业崛起。到明后期佛山生产的铁锅等铁器畅销国内和"东西二洋"；"石湾之陶遍二广，旁及海外之国，谚曰：石

---

[1] 屈大均：《广东新语》卷二十七《草语》"蔗"条，中华书局，1985。
[2] 光绪《高明县志》，高明县地方志编纂委员会，1991，第72页。

湾缸瓦,胜于天下"。

当时南海地区文莱岛以西的西洋各地市场,已为珠江三角洲的丝货、糖、铁锅、陶瓷等所谓"广货"所占据。珠江三角洲成为广州出口贸易的重要基地。由于广州市场的刺激而启动的经济运作机制的加速,带来了珠江三角洲经济的普遍增长,从而化解了日益加重的人口压力。

伴随珠江三角洲的商业化,社会基层结构也在演变。个体小农原是耕、织、渔、副相结合的多功能的经济实体。此时其功能趋向专业化,以蚕桑、果木、蔗糖等为专业;从繁杂到愈来愈趋向单一。以整个基层社会而言,从多功能角色的结构向数个专业化结构衍化。

社会基层组织出现了宗族组织的庶民化和普及化。其出现固然是多种因素起作用的结果,但其中一重要原因是商业化引起的平民百姓自我意识的抬头。他们在当地经济普遍增长中所起的作用,使他们感到自己存在的价值。于是,他们利用从商业化中得到的经济实力,仿名宗大族建立起宗族组织来。这就冲破了传统的宗族制与庶民隔绝的藩篱,使原为豪门大姓所垄断的宗族制也走向民间,成为庶民的组织。

社会流动更为频繁。在明代后期,人口的流动主要是三角洲内部互相迁移。佛山、江门等市镇及农村墟市兴起,吸收了相当数量的人口。广州市人口,洪武年间只 27500 余人,嘉靖四十一年增达 30 万人。佛山人口明末也增达 10 万之多。具有某一技艺特长的人,通过在珠江三角洲内部的迁移求得发挥自己的专长,从而使该地区劳动力的配置合理化。社会阶层间上下流动出现日益加速之势。庶民或因宗族的资助,或因得益于商业化而有可能供子弟入学,并通过科举仕宦而进入权贵集团。一批活跃于明后期政坛的珠江三角籍的官僚,如伦文叙和伦以训、以谅、以诜父子,霍韬,李待问等,是从农民、鸭户、铁匠等社会底层上升到朝廷大臣或地方官僚的。珠江三角洲一改过去科举寥落的状态,人才辈出,形成一个新兴的官僚士绅集团。

社会风尚从质朴向奢侈,从重义向求利变化。士绅不是耻于言利而是汲汲以求。原以功名上进者,纷纷"弃儒从商"。从商之风甚炽。明末"民之贾十三，而官之贾十七"①。农民也以"拙业力苦，弃末耜而从之"②。价值观念发生了变化。民间纠葛争讼纷起③。宁静、敦厚的农业社会的人际关系，为争竞之风所取代。

三　以出口为导向的贸—工—农体系的建立与充当历史的通道

珠江三角洲于明代后期取得的经济普遍增长和社会的全面进步，因清初南明政权和张献忠余部大西军的抗清、迁海、三藩之乱等近40年的动乱而被葬送了。直至康熙晚期才恢复明末的经济发展水平。由于清王朝对广州实行特殊的政策，以及海外贸易形势的变化，出现了对珠江三角洲极为优越的市场条件。

康熙二十四年（1685），清王朝设立江、浙、闽、粤四海关，负责管理海外贸易事宜。次年，广东巡抚李士桢设立金丝行与洋货行（即广州十三行），分别掌管国内商业贸易和进出口贸易。尔后又完善广州进出口贸易的管理体制：粤海关负责进出口贸易税收；广州十三行负责办理进出口贸易事宜，居间协调官府与外商间的关系；指定黄埔为外来商船的停泊处，澳门为外商的居住地。乾隆二十二年（1757），关闭江、浙、闽三关，广州成为中西贸易的唯一口岸。以广州为中枢，以佛山为内港，以澳门为外港，相互配合，广州港市的条件越发完善。海外贸易本以东南亚市场为主，雍乾年间起，转为以与西方各国直接贸易为主。英、法、荷兰、丹麦、瑞典、意大利和神圣罗马帝国等都前来广州直接贸易。美国于1784年首次派遣"中国皇后"号商船来广州采购丝织品等商货。虽姗姗来迟，但一经与中国通商，贸易额便迅速增长，成为主要通商国家之一。这一系列的变化，无疑提高了广州市场的地位，从而增益了珠江三角洲出口贸易的市场优势。

珠江三角洲人本有"擅舟"之特点。明后期，他们参与广州的贸易活

① 屈大均：《广东新语》卷九《事语》"黩吏"条。
② 屈大均：《广东新语》卷十四《食语》"谷"条。
③ 参见颜俊彦《盟水斋存牍》，明崇祯五年刻本。

动，前往南海各地经商，进一步发挥其海上活动的长处。他们中有的留居东南亚各地，形成散置的网络，通过以市场为主的各种信息渠道，向故乡传去海外各地的商情。珠江三角洲人对市场取向的反应愈加灵敏。

珠江三角洲人以商业贸易为先导，开拓市场，根据市场取向，自发地调整其产业结构，着力发展蚕丝业即一例。自16世纪中期马尼拉生丝市场出现以来，对丝货的需求有增无减。他们抓住这一机遇，迅速发展蚕丝业。清前期，以蚕丝为专业的区域，已从明末的九江、龙江、龙山、坡山等四乡扩及西樵山附近的海洲、镇涌、金瓯、缘潭、沙头、大同等乡，并且连成一片。乾嘉年间，又扩展成一片"周四百余里，居民数十万户，田地一千数百余顷"的专业化生产基地。咸同年间，又出现"废稻树桑"高潮，以稻田辟为桑林。生丝的出口额不断增加。19世纪六七十年代，苏伊士运河的开通，缩短了到欧洲的航程，世界丝市场对生丝的需求日大。但当时手工缫丝的质量和包装存在的缺点，却影响丝货出口的扩大。于是，南海简村人陈启源从越南回到故乡，于1873年创办"继昌隆"丝厂，引进机器缫丝工艺，以机器生产代替手工劳动，提高了劳动生产率和产品质量。这是中国首家私人民族工业近代化的工厂。机器缫丝工业一经出现，便迅速发展。80年代初，增加到10余家工厂。19世纪末20世纪初增加到百余家。20世纪20年代增至200余家，仅顺德县便有100多家。蚕丝专业区以顺德、南海为中心，扩及番禺、三水、香山、新会、鹤山、东莞等10余县，桑田面积达万顷左右，从事蚕桑业人口达200余万。20世纪20年代，三角洲生丝出口每年价值在四五千万海关两，约占广州外贸出口值的50%至60%，水结和丝织品出口值尚未计入。生丝生产成为珠江三角洲经济命脉所在。珠江三角洲率先实行缫丝业近代化，充分体现了其产业革命的精神。花茶、"广彩"、棉纺织等新兴行业，也都是适应出口的需要而创置并发展起来的。

入清之后，茶的出口额呈现不断上升之势，18世纪20年代终于跃居中国出口商品的首位。珠江三角洲的制茶业趁机发展起来。一方面扩大茶的种植，高鹤、香山、番禺、新会、清远等县自清中叶起不断扩大茶园面积；另一方面，根据西方人的口味，改进制茶方法。广州珠江南岸大茶庄、大茶行比屋相连。这些茶行都是宏大而宽敞的两层楼的建筑，设有加工工厂。他们研制出一种用花熏染而带有花香味的所谓"花茶"的新品种。著名的"珠兰茶"即在此生产。花茶在伦敦备受欢迎。

新兴的所谓"广彩"的制瓷业，据文献记载，"其器物购自景德镇，彩绘则粤之河南厂所加者也"。就是说选用景德镇烧造的白瓷器贩运到广州，在广州河南、西村设厂开炉烘染，"另雇工匠，仿照西洋画法……制成彩瓷，然后售之西商"。①

棉纺织业，珠江三角洲素来不发达，这是因气候潮湿不宜棉花生长。棉花多靠从外地输入。正如褚华《木棉谱·自叙》中所说："闽、粤人于二月、三月载糖霜来卖。秋则不买布而止买花衣以归。棉楼千百，皆装布囊累累，盖彼中自能纺织也。"广州商人运蔗糖往松江等地换回棉花织布，是为了自给。广州成为独口通商后，英商运来的曼彻斯特棉布不受欢迎，中国的土布反而流入英国，棉纺织业才因之而兴起。棉花也向英国东印度公司购买。珠江三角洲所产的"南京布"（因初由南京一带用一种紫花织成而得名），在颜色和质量上皆胜过英国棉布而输入英国市场。土布经在佛山加工染成的所谓"长青布"，则畅销于新加坡等地。

原有的制糖、果品、蒲葵等农产加工业和石湾的陶瓷业、佛山的铁冶业等手工业，也有了进一步发展。

这里顺带指出，珠江三角洲与松江的糖、棉贸易，是一种资源互补、以市场机制为基础的资源配置优化的形式。它有助于珠江三角洲经济的增长。随着珠江三角洲商业化的增进，人口的增加，粮食补给的需求量也日益增加。原从广西、湖南、江西等地输入粮食，道光以后又从暹罗等地输入所谓"洋米"。珠江三角洲输出的是生丝、茶叶等高值产品，输入的是相对低值的农产品粮食。这种进出口贸易显然起到增加创值效益的作用。

从上可见，以商业贸易为先导，带动机器缫丝业和各种手工业的发展，农业则处于为工业、手工业出口生产服务的从属地位，形成一种以出口为导向的"贸—工—农"经济体系。它具有不同于江南地区增加经济作物种

---

① 刘子芬：《竹园陶说》，《东方杂志》第23卷第16号，1926年。

植的同时保留粮食生产、以经济作物带动粮食商品化的特点。它反映了珠江三角洲人在国内外贸易发达的基础上，敢于利用市场优势来实现商业化的冒险性。而这种冒险性正是源自其敢于进取的气质。

由于商业化的不断增进，社会也相应发生了一系列变迁。从业结构的变化最令人瞩目。约有30%的农户直接或间接参加商品流通的各个环节①。宗族组织也愈加普及，功能越发扩大。宗族组织本是按血统关系组织起来的。到了清代，虚拟宗族日渐流行。同姓不同宗者，采取虚立名号、联宗通谱的办法，建立共同的宗祧继承关系。一些居住相邻近的寒姓弱族，也以抽签、占卜方式来确定共同的姓氏，并且虚拟共同祖先，合同组成一宗族。宗族的功能也从尊祖、敬宗、睦族，扩大到牟取经济利益。除向政府承垦，组织族人围垦沙田，不断增加族田②外，还创设族墟、族店、族窑等。显示出宗族的经济职能日益重要。智力开发的备受重视，引起了社会上下层间纵向流动的日益加速。学校、社学、书院，散布乡村墟市。人文郁起，科举之盛已超于明朝。

值得注意的是，珠江三角洲愈益开放，成为与世界各地相互交往的历史通道。前述的珠江三角洲于清中叶形成"贸—工—农"体系，是与国内外市场广泛联系的结果，也是依靠与外面的贸易而存在的。明代，珠江三角洲人已经"帆踔二洋"，清代往海外营商者更多。清末，"各行省无不有粤商行店，五大洲无不有粤人足迹"，"谓为天然商国"。③ 正如日人所评价的："其商人性质之活泼、知识之灵敏、营业心之坚忍、商工业之熟练，实支那人别开生面者。"④ 留居异域的商人往往是移民海外的先导。他们一旦定居下来，由于乡情的吸引，家乡人便可往此地投奔。清中叶以后向海外移民成为三角洲解决日益加重的人口压力的对策。乾隆三十二年，到暹罗

---

① 据龙廷槐《敬学轩文集》卷二《初与邱滋畲书》的记载做出的估计。

② 宗族土地占有制是珠江三角洲的主要土地占有形态。20世纪20年代，珠江三角的主要县宗族土地占总土地面积的40%—60%，详见叶显恩、谭棣华《论珠江三角洲的族田》一文，广东历史学会编《明清广东社会经济形态研究》，广东人民出版社，1985。

③ 《发刊词》，《七十二行商报》1907年8月4日。

④ 织田一：《中国商务志》，蒋篯方译，广智书局，1902，第31页。

华侨达 100 万人；乾隆四十年，粤、闽等省到菲律宾的华侨达 4 万人。其中珠江三角洲人当有不少。鸦片战争以后，出现了移民海外的高潮。19 世纪 50 年代以降的二三十年间，广东沿海居民赴大洋洲人数在 8 万—10 万，其中以中山、东莞、高鹤、增城、南海、顺德、番禺等县为多。往美国西部加利福尼亚州者，"一年达十万之多"，其中以中山、台山、开平三县为多①。珠江三角洲成为著名的侨乡。

珠江三角洲人是北方士民与当地俚人融合的产物。明后期以降，珠江三角洲人往海外经商者日多，终于衍变成近代向海外移民的高潮。处于三角洲北缘的广州，作为古老的贸易港口，商使、高僧、传教士纷至沓来，一直是中西文化交汇地。处于三角洲南端的澳门不断繁荣起来，它也是中西方经济、文化交流的桥头堡。广州、澳门和鸦片战争后逐渐沦为英国殖民地的香港，形同三足鼎立。珠江三角洲在晚清更是中国与世界各国往来的孔道。珠江三角洲成为中西经济、文化交流的前缘地带。它作为历史的通道益加明显。大凡移民的社会都寡于保守，多于进取。珠江三角洲本富有冒险、进取的精神，珠江三角洲人足迹遍布世界各大洲，易得风气之先，也勇于创风气之首。它在中国充当近代私人民族工业化的先行者、民主革命的策源地，是不难理解的。自清中叶起进入中国经济发展先进行列的珠江三角洲，今天又率先实行改革开放，其有丰富的发展经济的经验，已成为中国实行社会主义市场经济中学习的榜样，可见历史的发展有其延续性和继承性。

本文原刊于《现代与传统》（创刊号）1993 年第 1 期。

---

① 林金枝、庄为玑：《近代华侨投资国内企业史资料选辑（广东卷）》，福建人民出版社，1985，第 5—6、12、82—85 页。

封建宗法势力对佛山经济的控制及其影响

中国城市的兴起和繁荣为时甚早。明代，特别是宋代之前，城市是因统治阶级的政治需要，亦即或为设置郡县治所，或为军事要地驻扎重兵而发展起来的，一般都处于经济富庶、交通便捷的地方。它虽然是作为该地区自然经济必要组成部分的地方小市场网络的轴心，但也仅仅是土贡式贸易的中心而已，对该地区的经济并不起支配的作用。城市内部有一些奢侈品和日用品的手工业生产，主要是为了满足本城市居民的需要，并不以广大农村为其市场。因此，在这种"郡县城市"中，手工业远落后于商业，生产远落后于消费，经济意义远不如政治意义。

到了16—18世纪，出现了一些与之不同的、以经营某一两种工商业为主、带有专业性的新型市镇。这是商品经济发展的结果，也是社会分工扩大的表现。但是，这些带有专业性的市镇，并没有像欧洲封建社会末期北意大利、佛兰德诸城市那样获得城市的自治权，确立商人法、市民宪章和享有市民免税、商业自由等特权，以及拥有城市武装力量，从而成为资本主义产生、发展的基地。相反，这些城市却不断地向封建势力的堡垒转化。

位于珠江三角洲北部、距广州二十五公里的佛山镇就是这一类型城市的一个典型。佛山镇是以铁冶业、陶瓷业为主发展起来的专业性市镇。明中叶，佛山已是四远商贾萃集，拥有"几万余家"的规模。清代前期，随着铁冶业，陶瓷业以及纺织业的迅猛发展，随着珠江三角洲地区商业性农业的勃兴，佛山越发繁荣，手工业行业也日渐增多，商业愈加发达。"四方商贾之至粤者，率以佛山为归。"① 被时人称誉为"岭南一大都会"②，"天下四大乘之一"③。值得注意的是，明代晚期在铁冶业、陶瓷业等行业中出现的资本主义萌芽，并没有得到进一步的发展，而封建势力却不断加强。本是生产性的专业城市，逐渐演变成珠江三角洲地区的政治中心和军事重地的封建堡垒。这种从经济性向政治性、从生产性向消费性的转化，原因是多方面的。封建宗法势力的作祟，当是其中的一个重要原因。本文仅就明清时期佛山封建宗法势力对佛山经济的控制及其产生的影响做一探讨。如有疏失，请读者教正。

一

佛山的宗法势力是伴随着铁冶、陶瓷手工业的勃兴，经济的繁荣而逐渐发展起来的。佛山原是一些聚族而居的小村落。作为墟市则"肇于汴宋"④，崛起于明代中叶。明清时期，因从事铁冶，或陶瓷业，或因商而致富的宗族，并不甘于原来所处的社会地位，需要在政治上表现出其财富的力量，所以，他们致力于科举仕宦，或通过捐纳，取得官爵，从而享有政治上的特权。冼、霍、李、陈等先后称雄佛山的右族，同佛山镇的发展道路一样，都是先经济而后政治的。冼氏⑤在宋咸淳末由南雄迁居南海县扶南堡（离佛山二十里），明初始迁居佛山鹤园里。由于家业渐起，数代之后，政治上发迹起来，成为明清时期控制佛山铁冶业的巨族。霍姓中的一支从邻近的石头迁来，原系寒族，以孵鸭为业，景泰年间（1450—1457），其先

---

① 道光《佛山忠义乡志》卷十二《金石上》，清道光十一年刻本，第 37 页 b。
② 陈炎宗：《佛山镇论》，冼宝榦编纂《民国佛山忠义乡志》（校注本下），佛山市图书馆整理，岳麓书社，2017，第 876 页。
③ 刘献廷《广阳杂记》卷四："天下有四大聚，北则京师，南则佛山，东则苏州，西则汉口。"商务印书馆，1957。
④ 乾隆《佛山忠义乡志》卷三《乡事志》，佛山市博物馆藏线装书，第 24 页。
⑤ 冼氏是岭南独有之姓氏，系出自古代南越首领冼氏之后，南北朝时，著名的高凉太守冯宝之妻，被敕封为信都侯，隋封为宋康郡太夫人的冼夫人即出自这姓氏。

祖"昼则鬻布于市，暇则作扇，市取值以起家"①。正德九年（1514）霍韬登殿试二甲第一名，官至户部右侍郎、礼部尚书。霍氏也因而"气焰烜赫"，佛山经济命脉一度为其所控。霍韬的儿子霍与瑕也不得不承认，在其父官吏部时，"若佛山铁炭，若苍梧木植，若诸县盐醯，稍一启口，立致富羡"②。从霍韬之后，这一家族科举蝉联，成为一方望族。李氏始祖广成，明初从邻近的里水迁居佛山细巷铺，因"得铁冶之法于里水，由是世擅其业"，嘉靖、万历时期，这一家族的李同野（李待问的祖父）"因子姓繁多，合室而爨六十余人"享有富名而招妒，幸得某"贤伸怜而身翼之"，方免遭害③。万历三十二年（1604）李待问中进士，历官至户部右侍郎、总督漕运。这一家族从此官运亨通，仕宦蜂起。④ 可见财富的力量毕竟是不可压抑的，终于赢得了政治上的特权，李氏成为佛山之名族。金鱼堂陈氏是元泰定年间（1324—1328）从南雄"避兵迁移"，卜居佛山田边坊的。⑤ 陈氏是佛山最早的墟市之一——普君墟的拥有者。康乾年间，陈清杰、陈炎宗父子先后中了举人、进士之后，陈氏享有乡绅的地位，成为佛山举足轻重的豪族。从上可见，明清时期先后操纵佛山经济的冼、霍、李、陈等右族，都是先致富，后求得政治上的特权，从而以名族称雄佛山的。

从明至清，各名宗巨族及由他们组成的乡族集团，愈来愈加强对佛山主要经济部门各个行业的控制。如前所述，佛山是因铁冶业的发展而崛起于明中叶的。丘濬在《东溪记》中指出，成化、弘治年间，"佛山居民大率以铁冶为业"⑥。铁冶业无疑是佛山经济的支柱。控制了这一行业对佛山经济的影响是非常重大的。加之这一行业又享有"官准专利"，封建政府规定两广所炼出的铁块全部运往佛山发卖，不得存留私铸；违者，按私盐法

---

① 霍绍远、霍熙纂修《石头霍氏族谱》，广西师范大学出版社，2015 年影印本，序言。
② 霍与瑕：《霍勉斋集》卷二十二《碑铭·寿官石屏梁公偕配安人何氏墓碑记》，广西师范大学出版社，2014 年影印本。
③ 李待问：《李氏族谱》卷五《广成公传》。
④ 乾隆《佛山忠义乡志》卷八《人物志·李待问传》；又卷六《乡俗志·氏族》。
⑤ 陈其珲：《金鱼堂陈氏族谱》卷八下《墓志·二世祖考厚翁公姚麦氏孺人合葬墓志》。
⑥ 丘濬：《丘文庄公集》卷七《东溪记》，清康熙四十七年（1708）本。

罪治之①，保证了铁冶的原料来源。这一可以牟取厚利的行业，明清时期成为各巨族争夺的对象。同时，也唯有各巨族才有条件经营这一行业，因为它需要有场地、技术、人力，亦即需要有较大量的资金。冼、霍、李、陈等巨族都长期插足于铁冶业。这些巨族的显贵者，是本宗族的族长、族绅，也是佛山乡族集团的成员、工商界的头目。例如正统年间（1436—1449），冼灝通是冼氏宗族的族绅，也是乡族集团的头面人物。当黄萧养农民起义军围攻佛山时，就是他出任佛山"乡长"，组织乡族武装对抗义军。因"佛山商务以锅为最"，他的家族便以"贾锅"为业。凡前来采买铁锅的"各省巨商"，必须通过他才能"得以充其货，毋后期"。他通过铁锅的销售来控制铁冶业。明末期的李待问家族则通过把持铁冶原料的供应和铁制品的生产来控制整个铁冶业。梁文炎的《李门世德序》记载：

> 吾乡（按：指佛山）以冶为营，工商辏集，……冶所需以铁。曩，权衡之沿，悉变成法，公（按：指李待问）于商逾入而为之约平，于商歉出而为之取足；今也，炉不受嚣，工不受困，何惠如之。冶所需又以炭。曩，炭饷之美，率属豪右，公命里役抽收，以佐兵营（按：乡族集团组织的忠义营），又以营之余而酬里役；今也，营不乏用，里不厌劳，何惠如之。冶所需又以沙。曩，沙粒之利，亦归通显，公际群工皈命，亦以佐营，又鉴昔之苛，而慰藉炉冶；今也，炉不龌龊，而营获余饶，何惠如之。②

致仕回乡的李待问根据度量衡的新规定，对商人做了约束，剥夺了"豪右""通显"家族所侵吞的"炭饷之美""沙粒之利"。铁冶业为其所操纵。作为具有官准专利的铁冶业，没有政治特权，没有政治后台，是无法染指的。正如明代人陈子升所说的："佛山地接省会，向来二三巨族为愚民率，其利

---

① 李振翥：《两广盐法志》卷三十五《铁志》，清道光十五年刻本；又见朱樗辑《粤东成案初编》卷二十四："私开铁炉被武员拿获伙党纠众打夺拒伤官弁拟斩立决，为从拟流。"清抄本。
② 冼宝榦编纂《民国佛山忠义乡志》（校注本上），第338页。

唯铸铁而已。"①

这里所谓"为愚民率",主要是指广大市民在经济活动中唯这二三巨族马首是瞻。原因固然由于他们政治上享有特权,但从经济上看,则因他们控制了铁冶业。可见控制了这一行业,即可掌握佛山的经济命脉。

陶冶业是佛山仅次于铁冶业的重要行业。它是与铁冶业同时发展起来的。早在明嘉靖年间,佛山石头霍氏就把"石湾陶冶"列入其经营的重要行业②。到了清代,石湾望族梁氏宗族"泰半以艺陶为业"③,成为陶冶业的主要控制者之一。陶冶业和铁冶业,都是各巨族相竞控制的行业。

铁冶、陶冶业以外的行业,也同样为各宗族所控制。这些行业,几乎都以"庙""堂"作为标志,在宗族势力的庇护下发展起来④。一行有时由一族控制。在这里,行会与宗族组织也往往合二而一,两者对行业的控制有时是难以区分的。一些无力兴办工商产业而受雇于人的寒门弱族,也往往是宗族性地专门从事手工业制造业流程中的某一工序。由于世代相传,精于这一工艺,非其莫属,所以也含有"控制"该工种的意义。这一工种,也就是一行。例如,陶冶业中的"挑泥行",是"以家族组合的团体"承担的。这种以宗族为主体担任称为行的某一工种,直至20世纪30年代,仍未有多大改变。

从上可见,从名宗大族到寒门弱族,都尽量地控制某一行业。虽然一家一户独自经营,但都在宗族的庇护下与别族相竞争。

通过宗族产业来干预佛山的经济,也是宗族控制经济的一个表现。各巨族除在农村占有田产外,还拥有陶窑、铁冶手工场、铺舍、墟场、码头等。嘉靖八年(1529)成书的《霍渭厓家训》中写道:

> 凡石湾窑冶、佛山炭铁、登州木植,可以便民同利者,司货者掌

---

① 广东省社会科学院历史研究所中国古代史研究室、中山大学历史系中国古代史教研室、广东省佛山市博物馆编《明清佛山碑刻文献经济资料》,广东人民出版社,1987,第312页。
② 霍韬:《霍渭厓家训》,孙毓修编《涵芬楼秘笈》第2集,北京图书馆出版社,2000。
③ 梁煦焕:《石湾陶器考》,未刊本。
④ 参见冼宝榦编纂《民国佛山忠义乡志》(校注本上)。

之。年一人司窑冶、一人司炭铁、一人司木植，岁入利市，报于司货者。司货者经岁咨禀家长，以知功最。①

很明显，霍氏家族拥有陶冶、炭铁、木植以及其他"便民同利"的产业。道光二十九年（1849）《普君墟廊告示》记载：金鱼堂陈氏宗族拥有"祖遗普君墟鸭仔、鸡仔、边带、布廊四所及各廊外余地"。又光绪二十二年（1896）所立的《大宗蓄碑》记载，这一宗族还拥有大小铺舍 32 间，供出赁取租。向为佛山咽喉的正埠码头，明嘉靖至清雍正年间为石头霍氏所据有②。水月宫码头则"以闸门分中直到涌心为税界"，由黄、冼两家"管业"③。各宗族可以在自己占有的墟场、市肆、码头上任意抽分。码头是水路交通的运输站，在以水路为主的佛山，对经济上所起的作用尤为重要。控制码头，以及墟场、市肆等，在一定程度上也可以起到控制佛山经济的作用。有的宗族还开设银号典铺，经营高利贷。崇本堂霍氏宗族、金鱼堂陈氏宗族等都参与高利贷活动。金鱼堂陈氏在族规中规定族产中现款收入"存银过一百五十两外，即将一百两付出银号"，做子母生息。佛山以"多典肆"著称，与此不无关系。这种高利贷活动的猖獗，只能对佛山经济起破坏作用。此外，以祖庙（供奉玄武帝的祖庙被视为各宗族的共同的大宗祠，故称为祖庙或祖堂）为代表的乡族集团也拥有产业，万历年间拥有祭田六十八亩，还拥有铺摊、码头等。例如从雍正九年起，正埠码头从霍氏宗族手中收归各宗族公有（亦即属祖庙），置义艇三艘，招人摆渡取租。正埠码头附近建置的铺舍、正埠牌坊外各地摊、佛山书院外各铺地并地摊，也同样出租取息，即采取"投标"办法，价高者得。使用年限"批以三年为期，期满另投"。还拥有其他一些所谓"庙地""庙铺"，凡要租用者，"各宜赴番承批，照领输租"④。祖庙及各宗族的产业未经原主同意，承租者是不能转让他人的。公共地也由乡族集团征收地头税。整个佛山地域，或

① 南海《金鱼堂陈氏族谱》卷十下《杂录》。
② 乾隆《佛山忠义乡志》卷十《艺文志·官埠碑记》。
③ 《江夏黄氏族谱》，咸丰四年抄本，佛山市博物馆藏。
④ 道光《佛山忠义乡志》卷十三《乡禁·灵应祠庙铺还庙碑示》。

为各宗族占有，或为祖庙占有，已被分割占据尽净。

有些宗族对其族众从事工商业，做了种种规定，直接干预、约束他们的经济活动。并把这些规定写进家法宗规，使之具有私法的效力。明清之际，随着社会分工的扩大、商品经济的发展，小生产者不断分化。从事各种手工工种的自由雇佣劳动队伍不断涌现，形成所谓待雇的"企市"[1]。然而这种雇佣劳动受到宗法势力的种种阻挠。石湾《霍氏崇本堂族谱》中明确规定：

> 不可学制炼硝磺火药火炮。每每见闻烧伤致死，即不死，但磺气攻心，亦必内伤。倘私用硝磺，又必遭拿究私煎，其罪益重。
>
> 不可去入窑砌砖，去挑砖入窑，及去西樵山抬石，番禺等处入穴挑煤。每闻崩坠压死。
>
> 不可去开栏宰割，挑贩牛肉。
>
> 不可去佛山学习炒铁出铁、制造铁锅、打铁器、打铜锣等项，此最受热。每闻因火攻心成伤早夭。即锤金箔锡箔，粗重偏归于右手，而且辛苦不歇，亦每成伤云。
>
> 不可受雇补砌寿板，此无阴德。
>
> 不可学整伞、烟皮，时常一身污秽之色，臭恶之气，令人难近，竟成自弃。
>
> 不可学沿乡换取烂布，回铺整造布朴，秽不堪言，此最下流之作也。[2]

这些规定似乎是从关心爱护族众出发，但对于在生存线上挣扎的贫苦族人，无异于切断了他们的生活之源。手工业行业的多样化，是手工业发展的必不可少的条件。这种对族众的经济活动的粗暴干涉，只能起到阻碍工商业

---

[1] 转引自林乃燊《佛山的资本主义萌芽及其命运》，暨南大学历史系中国古代史教研室编印《中国古代史论文集》第 1 辑，1981。

[2] 石湾《霍氏崇本堂族谱》卷三《工有百艺之当做》。

发展的作用。

二

宗法组织本来就有排他性。杂居同一市镇的各个宗族，如何协调彼此间的利益，克服相互间的矛盾呢？这除了通过联姻，彼此间建立血缘关系外，尚需要有一个凌驾于各宗族之上的富有精神力量的地域性的组织。这种精神力量既然不能从共同的血缘中求得，便只有求助存在于冥冥之中的神祇。祖庙中的玄武帝（亦称北帝），就是这样为了适应这种需要而被供奉的。各宗族把玄武帝视为共同的祖宗，供奉玄武帝的祖庙则被视为各宗族共同的大宗祠，故称为祖庙或祖堂。正如本镇人陈炎宗所说的："乡人目灵应祠为祖堂，是直以神为大父母也。"佛山的各个宗族以祖庙玄武帝作为精神上的维系，以佛山地域为纽带，先后成立由致仕官僚、乡绅、"耆老"所把持的嘉会堂、大魁堂。他们打着"劝诱德业，纠绳愆过，风励流俗，维持世教"的旗号，执行着与农村的族长祠堂一样的职能。祖庙拥有田地、铺舍等产业，置有义仓，并拥有民兵武装忠义营。祖庙的乡族豪绅集团既有精神力量，又有物质力量，集族权、绅权于一身，不仅对市民可以颐指气使，任意主宰，就是外来商人也"靡不望祖庙荐享而输诚"。冼宝榦《民国佛山忠义乡志》卷十六记载：

> （明中叶）冼林佑，字天瑞，性豪爽，有孟尝风，行旅过佛山者莫不求倚仗，故座客常满。门悬大鼓，有事凡三擂，则乡人环集听命。如是者习以为常。一日设席延客，客酒酣，举鼓三擂，乡人麇聚。客愕然。林佑细道其故，始知此鼓不能乱动。林佑乃治酒留众欢饮而散。生平崇儒重道，好为人排难解纷，乡间皆服之。因上林佑号曰信翁，其行谊可知也。①

---

① 冼宝榦编纂《民国佛山忠义乡志》（校注本上）卷十六《人物六》。

从这个豪绅对市民的支配力，可见乡族势力的强大。当明正统十四年（1449）黄萧养农起义军围攻佛山时，也是佛山豪绅聚集于祖庙，抬出玄武帝为自己壮胆，以冼灏通、梁广等二十二个豪绅为首，组织乡族封建武装，在玄武帝前，"刑牲歃血"，甚至当场杀掉两个所谓"怀二心者"，旨在"杀一儆百"，胁迫各族族众为其卖命。①

佛山的乡族势力不仅起到了维护封建伦礼纲常与地方治安的作用，而且祖庙和各巨族的"抽分"剥削，以及服从宗法制要求的经营原则，势必对经济起摧残与破坏的作用。在市区内的墟市、市肆、摊地、码头，都或为祖庙（乡族势力的代表）或为各巨族所占有。它们在各自控制的地域范围内，任意征税抽分。尤其在码头任意抽剥湾泊一切饷渡船只钱文，严重影响贸易往来。这样工商业者受到封建政府和宗法势力的双重剥削。同时，工商业的经营，必须服从宗法制的种种条规。例如宗法制是注重祠墓、讲究风水的，往往以保风水护坟茔为理由，阻挠开业。当有人在石湾崇本堂霍氏的祖坟右边建置陶窑时，霍氏宗族认为这属破坏风水之举，是一种"杀祖屠族"之祸，于是举族群起诉讼，直至对方"中止"建窑，才作罢。又如明宣德年间（1426—1435），祖庙门前"多建有铸造炉房，堪舆家言，玄武神前不宜火炎，慧（按：梁文慧）遂与里人霍佛儿浼炉户他迁"。因地术师的一句胡言，就将建好的炉房毁坏他迁，可见其对生产破坏之一斑。

各宗族通过赈济，使广大族众不容易因天灾人祸而陷于破产，对于宗法式的小生产者的分化多少起到抑制的作用。如前所述，祖庙和各宗族都有程度不同的产业。这些产业每年的收入除充作宗族、乡族活动经费外，赈济是重要用途之一。例如祖庙单"排后窦地一所，建得铺屋二十八间、菜塘二口、粪地二段，共租银二百余金"。"排后窦等地田宅，到雍正七年，历年积租利每年约三四百金。"乾隆年间，祖庙财产的收入用来创立义仓②。"遇荒年可行减价平粜之法，或竞行挨户散赈之法，或粜赈并行"，从乾隆

① 乾隆《佛山忠义乡志》卷八《人物志》。
② 石湾《霍氏崇本堂族谱》卷三《工有百艺之当做》。

四十三年至六十年（1778—1795）"共散赈四次"①，"赈恤动辄数万人"②。义仓赈济措施，对佛山的居民起到犹如农村宗法制的收族（或称睦族）的作用，可以稳定宗法式的小生产者家庭，使之不至于在意外的灾荒中破产颠没，从而使城市的经济结构凝固、僵化。

在宗法制控制下的各个行业，为了本族的利益，技术世代相传，仅传本家族成员，对外是保密的，甚至"传媳不传女"，以防女儿泄与夫家。

同时技术也是墨守成规、因循守旧的。例如，铁铸业中的"红模"技术，三百多年没有任何发展。甚至光绪年间，当从香港引进先进"冷模"技术时，遭到了强烈的反对，为此还引起了诉讼。陶冶业亦然。"陶工皆用高祖之规矩，历数百年如一日。"一个家族往往亦即一行，所制造的模式，别人不能仿造。别人发明的式样稍与之形体相似，便被认为夺其工艺，必群起而攻之，甚至诉之于公庭。梁煦燮的祖先是以艺陶为业的。他在《石湾陶器考》一文中说："余族叔巨川孝廉，祖若父业陶，设埕店生理，巨川公曾以改酒埕为方式以印，印成人工省而合用，闻为行中人捣毁，耗去三百金。"又如石湾《陶艺花盘行规》规定"行内物件工价，历依行例，我行友不得私自求加增，不得私自减价"。从上可见宗族制度发挥了欧洲的行会制度的作用，或者说家族制度往往与行会制度合二而一。在宗族制控制下的各个行业，技术上对外的绝对保密，阻碍了技术的传播与推广；其墨守成规，因循守旧则窒息了技术的任何发明创造，有碍于手工业的发展。

祖庙和各宗族的蒸尝产业对佛山经济的影响也是值得注意的。其一，这种产业按宗法制的规定是不准变卖的，即所谓"永为蒸尝，不得议卖"③。只能购进，不能出卖，因而愈积愈大。这种冻结了的产业，不能灵活经营，阻碍了它的流通。有些蒸尝产业如陶窑，业主已无力经营，但又不能出卖，

---

① 本地人陈其于道光二十七年为《佛山义仓总录》（道光二十七年木刻本，佛山市博物馆藏）撰写的序文中说："昔人有言曰：常平不平，义仓不义。盖其权操于官吏，而里胥奸民复播弄于其间，是以良法美意，不能经久也。惟佛山义仓，其所入有铺租，渡息，出纳有专司，稽核有衿耆，不贷敛于民间，不经手于官吏。"可见这里的义仓与官府设的义仓，其名称虽一，含义不同。
② 《忠义流芳祠记》，佛山市博物馆编《佛山市文物志》，广东科技出版社，1991，第58—60页。
③ 石湾《太原霍氏崇本堂族谱》卷二。

只好出租取息。一旦无人承租，便任其荒闲，甚至崩毁。石湾霍氏有一陶窑，自己不做经营，出租收取租息。到了康熙年间，"因灶颓，竟成荒地"，后来改为"货贮缸瓦"的场所而出租于人。其二，这些产业的经营管理往往采用最落后的生产关系。道光佛山《霍氏族谱》"家训"中规定：商贾"使唤老实苍头"①。祠堂也往往养有祠仆，负责管理祠产事务。一手操纵各宗族蒸尝产业的族绅家里也有僮仆苍头②。这种落后的生产关系的存在阻碍了资本主义萌芽，对于已经出现的新的生产关系，正如傅衣凌教授反复强调的"死的拉住活的"，也影响到它的正常发展。其三，经营这种产业，不是为了积累与增殖资本，而是为了给宗族活动提供经费，亦即是为实现宗法制的尊祖、敬宗、收族三个原则服务的。即便这些宗族的经纪人在经营上是多么地糟糕，只要能保证一定的收入足以维持正常的宗法活动的开支，如何经营，往往是放任不管的。正因为并不斤斤计较经营的盈歉，所以不可能以灵活的形式来经营它，使之适应市场。

族产收入的用途之一是兴建祠堂。"乡中建祠，一木一石俱极选采，在始建者务求壮丽，以尽孝敬而肃观瞻。"③ 屈大均也曾指出："其大小宗祖祢皆有祠，代为堂构，以壮丽相高。每千人之族，祠数十所；小姓单家，族人不满百者，亦有祠数所。"据陈炎宗《佛山忠义乡志》所统计，佛山大小祠庙达144所④。单祠堂一项就不知要耗费多少资金。迎神赛会亦一巨大的耗费，每年三月，"举镇数十万人竞为醮会，又多为大爆以享神"。"观者骈闐塞路"，所费甚巨。正如史澄所指出的："小民蠢蠢无知，动破中人之产。"又如每年八月十五的"秋宵"会，"种种戏伎，无虑数十队"；九月二十八日的"华光神诞"会，也"集伶人"，"饰裸童"，演技斗艺，艳丽照人，所费不赀。除全市性的迎神赛会外，各巨族或各市肆还有各自的活动。例如六月初六日，普君神诞，凡列肆于普君墟者以次率钱演戏，几一月乃毕。除结会迎神赛会祭祀祖宗、神祇外，还有四时的祠墓祭，祖宗的诞辰、

---

① 霍春洲：《家训·商贾三十六善》，《霍氏族谱》（佛山）不分卷，道光刻本。
② 《金鱼堂陈氏族谱》卷八下《行略》；《鹤园冼氏家谱》卷五《七世祖明处士兰渚公墓碣铭》。
③ 道光《佛山忠义乡志》卷五《乡俗》。
④ 乾隆《佛山忠义乡志》卷三《乡事志》。按：祠庙数字不包括佛山石湾在内。

忌辰祭等，凡祭祀往往颁胙与族人，其所费亦甚可观。尤其值得注意的是用在培养封建人才方面的耗费，诸如办义学、族学，资助科举经费等。据乾隆《佛山忠义乡志》记载，乾隆年间，佛山有社学四所、书院七所，并创办有汾江义学。这些学校无疑是受到各宗族或乡族集团的资助的。有些宗族对族内子弟参加科举的资助做了具体规定。如《金鱼堂陈氏族谱》写道："院试卷金三两、乡试卷金六两、会议公车费十二两；谒祖花红金，游泮者二十两、拔贡二十四两、举人四十两、进士六十两，馆选鼎甲，临时酌加，俱另备烧猪、馔盒、花红、鼓吹。"可谓奖掖有加、关怀备至了。这种人才的投资，使得"文章甲第，笼踣一时"。据冼宝榦《民国佛山忠义乡志》的记载统计，佛山从明弘治至光绪年间，中进士者34人，从明洪武至清光绪年间中举人者共208人。这些人都先后跻入了封建统治集团，向缙绅转化。可见各宗族的族产不断地培育出封建的政治势力。这些封建势力又反过来操纵、控制佛山的经济，为其向新的经济因素过渡设下层层的障碍。此外，修坟茔、祭祀、撰修族谱，以及赈济族之贫者等，也是一系列的重要开支。可见宗族经营工商业赚得的利润，不是用来扩大再生产，而是用来扩大封建宗法势力，加强封建的伦理纲常。这种族产愈多，城市的封建性愈浓。在日益加浓的宗法思想的笼罩下，人们不是在经营实业中不断增殖财富，积累资本，而是把积累财富作为加强自身封建性的手段。《咸陟堂文集》的作者光鹫（即跡珊和尚）写道："予少时常作妄计，思得万金，分而四之。其一置田宅长子孙为室家计。其一筑池馆、罗树石、建楼阁、购奇书为身心计。其一延师教子款洽朋友，有无相推，所识穷乏者，得我为道义计。其一则供高僧作佛事，结净社，修白业，为最后慧命之计。"

值得注意的是，各宗族经营族产所得的收益中，有的用来购置田地，作为祠堂祭产，采取出佃收取地租的封建经营方式。这样各巨族既经营商品生产及商品流通，又经营土地，在城市中孕育出封建宗法地主来，从而使城市与封建势力结为一体。

总之，宗族势力对佛山经济的控制与干预，使城市经济结构凝固、僵化，严重阻障了技术的传播与技术的改良革新，在某些方面还对佛山经济起摧残、破坏的作用，尤其是不断增加对封建宗族性活动的消费，以及购置祭田，使城市封建性的一面不断加强，严重阻挠了资本主义萌芽的产生与发展。

从这一历史的演变过程中，我们可以看到事物发展的复杂性。明清时期的中国封建社会，在某些方面，封建性的束缚松弛了，新的事物出现了；在另一些方面，封建性的东西又日益加强，为新生事物的成长制造种种障碍，即所谓"死的拉住活的"。这是中国封建社会长期缓慢发展的一个重要原因。

本文以《封建宗法势力对佛山经济的控制及其产生的影响》（与谭棣华合作）为题，原刊于《学术研究》1982 年第 6 期。

关于清中叶后珠江三角洲豪族的赋役征收问题

　　"催征钱粮"，在明清本是里甲的职能，明代的族谱却将"赋役当供"列入宗规，作为族人必须遵循的准则。清中叶以后，江苏、浙江、广东等地方出现了由祠堂族长出面征收赋役的情况①。关于由祠堂族长越俎代庖征收赋役的问题，史学界尚无专文论及。我们不揣浅薄，拟就珠江三角洲地区豪族赋税征收问题，略谈一些看法，请教于海内外史学界的同仁。

　　清代沿袭明代里甲制，由现年里长甲首催征钱粮。同治《南海县志》卷六《经政略·图甲表补序》记载："以图（里）统甲。每图分为十甲，每年轮值，以一甲总一图办纳之事，谓之当年……其法沿自前明。"又指出："以甲统户，户多少不等。有总户，有子户。子户多少更不等。然由甲稽其总户，由总户稽其子户。"图甲的编制基本上是以聚族而居的自然村为基础的。图甲中的总户往往是指一个宗族或一个房派的课税单位②。子户则指一个小分房或一个家庭。总户属下有数户至数十户不等的子户。我们看到的资料，一般地说，一甲只是一总户。这一总户的姓名往往从清初至民国年间而未曾更改。正如光绪年间历任广东陆丰、南海等县知县的徐赓陛所指出的，"而粤则户立一名，历数百年而不易"。征收赋役过程中，因"民间田亩，典赎买卖，月异而岁不同。图差所知的丁，而仅得其大概，其中逃

---

　　① 清中叶以后，江苏、浙江征收田赋，豪族完粮率由宗祠公所汇解。见《申报》，光绪五年六月八日。

　　② 据乾隆《翁氏族谱》（顺德）记载，连村翁氏编为三甲，各设一总户，六图五甲名曰翁进，九甲名曰翁复隆，五九图一甲则名翁万昌。羊额翁氏编为一甲，名曰翁兆熊。我们还看到，子户中也有与总户不同姓的，这是因复姓村编为一甲，或外姓寄户。

亡故绝，无可根寻者，正复不少"①。所以飞洒诡寄、侵渔之弊丛生，赔累不堪。"凡一甲当现年，则全图之粮，惟该甲是问。"轮到当值年份，惶惶然而不安，"相戒不敢嫁娶"②，清中叶以后，虽然保留图甲、总户的形式，但是各大族的赋役却渐渐改为由祠堂征收。《九江儒林乡志》作者指出，乾嘉以后，"各族惩其贻累，遂统归祖祠，代收完赋"③。

各大族之所以改由祖祠征收，是因为珠江三角洲的宗族组织是严密的，易于稽查，可免逋欠株累。"粤地，多以族望自豪"④，当地的各大族，"其先多从外省迁粤，有同一姓而分数宗者，有分数姓而为一宗者，有族大丁口至数千者，或数百口，数十口者，要皆聚族而居"⑤。一族之内设有族长，各分房又各有房长。自族众而房长，而族长，形成秩然有序、等级森严的集合体。这些大族在缙绅的控制之下，绅权与族权合一。里长、总户或与族长、房长合而为一，或只虚应故事，徒有虚名，已无实权。在这种情况下，通过族权催征钱粮，较之于图甲更具有权威性。再则，各宗族皆置有族田。光绪年间徐赓陛禀称，"粤东祖祠之祭产，其为田必数十顷"，"粮额实占其邑之半"⑥。此话不虚。珠江三角洲的族田，据民国年间调查，一般占总田亩数的40%，沙田区甚至高达80%⑦。在官府看来，由祠堂负责催征赋税，自可易于完纳族田部分应纳的税粮。

所谓祠堂负责催征钱粮，即由族长领导下的祠堂值理兼管。有的宗族则指定专人负责。顺德水藤堡沙边乡厚本堂何氏便"每年办纳粮米，专委一人征收，汇缴到官，名曰殷丁"⑧。殷丁本为清初所设，由大户充当，负责运粮解仓。乾嘉以后，"家计稍裕者，不作殷丁。每由无业刁民充当此

① 徐赓陛：《不自慊斋漫存》，南海官署刊，光绪八年（1882）本。
② 民国《佛山忠义乡志》卷四《赋税志·图甲》，1926年刻本，第3页。
③ 光绪《九江儒林乡志》卷二《杂录》。
④ 民国《佛山忠义乡志》卷九《氏族志·氏系》，第1页。
⑤ 嘉庆《龙山乡志》。
⑥ 徐赓陛：《不自慊斋漫存》卷五《覆本府条陈积弊禀》，第129页。
⑦ 参阅拙著《论珠江三角洲的族田》一文，刊于广东历史学会编《明清广东社会经济形态研究》，广东人民出版社，1985。
⑧ 《厚本堂何氏事略》，1925年刻本，广东省立中山图书馆藏。

役"。由祠堂委任的殷丁与前者有所不同。前者是作为国家的半公职人员，代表政府征收钱粮；后者却受宗族的约束，为家法所驾驭，即所谓"以家法驭殷丁"①。有的宗族规定"殷丁"当雇用外族人充任。同治年间，顺德大良龙氏便是"自雇殷丁沿催粮务"。"殷丁系雇别姓人充当，本甲内子孙不准搀充，以绝弊窦。"② 之所以不准族人任殷丁，是旨在防止碍于族规的情面不便催征等弊窦。但事实证明，雇用外族人充当殷丁，照样"私受欠丁嘱托，将未完混注已完"③，依然弊窦百出。所以，"从前另设殷丁"的顺德水藤邓氏也"改归大箱兼管"，专设"催粮房正四名，收粮理事八名"④，负责征收事务。

各豪族征收赋役的方法有如下几种。

其一，由祠堂代为催征。各豪族每把完纳税粮列入宗规家法，用宗族的力量强制族人交纳。乾隆年间，东莞鳌台王氏宗族规定："惟各遵四月完半、八月全完之例，因贻通图负欠之名，倘故顽拖遗累，一切差费，固惟其人是问，复唤到祠切责，儆戒将来。"⑤ 到了晚清，对拖欠者已不是一般的切责，而是"停胙"，乃至"公同送官押追"了。顺德水藤邓永锡堂的祠例中规定："限冬至日一律清完，某房子孙拖欠，不颁某房子孙胙，以儆效尤。"⑥ 南海潘式典堂"家规"中也写道："大祭后一日，必要各户比对三年内实征油串，果无拖欠，该房方得领胙。"⑦ 就是说由祠堂值理出面查验交纳钱粮的回执，皆已完纳清楚，才能分胙。否则，一户拖欠，累及整房领不到胙肉。值得注意的是以上两个事例皆以房而不是以户为单位清查。这意味着房长对其属下各户的税粮交纳有监督之责。同治八年（1869），顺德大良龙姓南房规定："递年子孙欠粮就将本人及其子若孙现年冬祭应领文明堂以下至私房各祠丁贤寿胙，按时值折扣抵纳。如尚不敷，扣及本人期

---

① 光绪《九江儒林乡志》卷二《杂录》。
② 民国《龙氏族谱》卷七《纳粮条款》。
③ 民国《龙氏族谱》卷七《纳粮条款》。
④ 民国《顺德水藤邓永锡堂族谱·祠例·收粮例》。
⑤ 《鳌台王氏族谱》卷三《家规》。
⑥ 民国《顺德水藤邓永锡堂族谱·祠例·收粮例》。
⑦ 《潘式典堂族谱》卷一《家规》。

功缌服各亲人胙价，或将本人田亩，另期投租抵纳，务以完全数扣足为止。"① 胙肉是祖先用过的祭品，意味着附有祖先的余泽，吃了可得到祖先的保佑，增加自己的福气。分胙被视为族中的大事，是族人的一种权利。"革胙"或停胙是对族人的一种惩罚。如果那些"钱粮不清完者"，经公同责收，依然"置之不理"，便要"公同送官押追"②，也就是说押送去坐班房了。温情脉脉的族亲关系也顾不得了。

其二，由祠堂出面征收，然后汇总解纳官府。宣统《南海县志》卷四《舆地略三》"风俗"记载："庄头、冯村有钱粮会。每年上下忙，在乡祠开收，期以三日，末日见烛为限。过此加一惩罚。有抗粮者责其亲属，不少假借，故其乡三百年来，无抗粮之民，无积欠之户，不见追呼之役，不待蠲免之恩。"由祠堂开收税粮一事，从宣统年间上溯三百年，即当始于明末。但总观珠江三角洲的情况，由祠堂征收税粮，一般始自乾嘉之后，清末盛行。光绪六年《重订仕版伍氏族谱·本堂规条》中写道："本族业户各税，务须秋后交出，俾值理早清本户之税，如不依期交出及历年拖欠，定将该业户永远革胙，禀官究治，以儆效尤。"这里的本户是指伍氏宗族所立的总户，业户当是总户下属的子户。对于拖欠者的惩罚，不是如同由祠堂催征的宗族一样，先停胙，继而送官押追，而是在"永远革胙"的同时，"禀官究治"，可见惩罚更为严厉。

有些宗族，是由祖祠汇纳，抑或各个自行完纳，是随时变通的。南海深村蔡氏的族规中说："向章定于八月初十日之前，一一输纳清楚。到初十日，在六祖士逸祖祠对验油串，倘其户无油串到验，罚银十两。例已遵行，永不更改。至于或各户自行完纳，或各户携银到祠汇纳，则随时变通可也。"③ 可见是由祖祠汇纳，还是由各户自行完纳是因时而异，可以变通的。但不管哪一种交纳方法，都得依期将油串对验，有拖欠者受罚。

其三，由祠堂用族产公款代为完纳钱粮。《南海甘蕉蒲氏家谱·杂录》

---

① 民国《龙氏族谱》卷七《纳粮条款》。
② 民国《顺德水藤邓永锡堂族谱·族法》。
③ 光绪《南海深村蔡氏族谱·训族规略》。

"蒲镜兴户"条云：

> 吾族粮务旧由各户备纳，或先或后，总难划一。同治甲子，绅耆酌议，拟由本立堂汇收，定以每年十一月十四日为期。用蒲镜兴总户完纳，年十一月十五日为期。如该子户十五日不清交，则本立堂先代清纳，加五收回，永著为例，众称便焉。

蒲镜兴户是本立堂属下族众立的总户，内有七十七家子户。可以想象，如此众多的子户，很难做到依期完纳。先由祠堂代垫交纳，既免因拖欠而受赔累，又可将子户所欠钱粮转为高利贷，收到增殖族产之效。又如大榄梁氏宗族规定，"凡子孙税业寄入祖户（按：总户，亦称老户）者，其粮务每年限十一月以前交到监箱处代为完纳。如过十一月不交，即由监箱代纳。该银按月计息。递年灯祭前要将本息清还"①。有的宗族对于由祖祠代垫纳之钱粮，不仅转为高利贷，按月行息，而且勒迫欠户以产业作抵押。南海《鹅湖乡事往还尺牍》记载："今日（按：时在1914年12月18日）复行集祠，公同商议，再展限至十五，各欠户必要将新旧粮及整基银，一律完纳。如不完纳，十六即请各欠户到祠，写田揭欠单，每两行息二分，交与钱粮箱收执。无论所欠多少，要以业为按……逾期不赎，即将所按之业，立刻开报。"② 虽然这一事例发生在1914年，但对所欠钱粮以产业作抵押的情况，晚清当已存在。

族产丰厚的宗族，对代垫钱粮，自无困难可言。但那些族产微薄的宗族，却欲代垫纳而不能。于是专为应付钱粮而在族内筹备一笔基金。有的宗族称之为"粮务会"。南海深远堂冼氏便于咸丰九年，"设粮务会于祠内，轮房值理。其会则每亩捐银三两，房园塘凼余地，各有等差，常为基本金。业户税项，令照数呈明，由粮务会代为完纳"③。

---

① 民国《大榄梁氏族谱》卷首《族规》；又见光绪《佛山梁氏家庙世守书》第三《经产》。
② 抄本，藏广东佛山博物馆。
③ 《岭南冼氏宗谱》卷三之三十四《深远堂粮务会碑记》。

在以一族一房为单位，由祖祠征解钱粮的基础上，又出现了"连图纳粮"之法。同治年间，佛山八图八十甲集议于赞翼堂（八图各族的共同祖祠)①，共议定"连图纳粮之法"，即甲清其甲，图清其图。图则轮甲当值、八图则轮图当值，以谙熟粮务者为之。每岁分上下两忙完纳。再示期集祠，缴验串票，完纳者有奖，不完纳者有罚。先是祠产微薄，支给不敷，乃以八图名义，招集均益会、三益会，置产生息，为办事经费。而各图慎重公务，亦凑会置业，以备不虞。遇各户不能如期交纳，由图公垫，议息归还。这显然是由祖祠代纳钱粮做法的进一步发展。它同样都以宗族的强制力为基础。

由宗族祖祠征解钱粮，早在清代前期已为张海珊所提倡。他在《聚民论》一文中提出："国家赋税力役之征，亦先下之族长。"② 实施这一做法之后，赋役的征收显然是收到了成效的。方志、族谱的作者每赞称行此法后，"年年清款"，"若辈无所用其弊混"，"吏不催科"，"保族之道莫大于是"。这反映了部分的真实情况，即此后国家更能有效地征收钱粮了。由祖祠征解，洞悉族内田亩赎买典卖变异情况，也多少可减少胥吏的飞洒诡寄、浸渔之弊。但是，对广大农民来说，征催的绳索勒得更紧。轻则罚胙扣抵，重则强迫以田产作抵押，或将田产出租取租抵纳，甚至公同押送官府究治。值得注意的是，祠堂代纳的钱粮转为高利贷，由欠户偿还。拖欠本是穷极无靠、出自无奈，现在又转为高利贷，无异于落井投石，加剧了农民的贫困化。以前，拖欠有年，尚有幸得开恩蠲免的一线希望。如今连这条渺茫的路也被堵死了。再则，为了征解钱粮，祖祠需要经常性地了解属下子姓田产赎买典卖变异情况，规定凡有赎买典卖，必须到祠注册，并按价征银。民国《南海烟桥何氏家谱》卷末《惇叙堂家规》记载：

> 向例，各房子孙自置产业，均有注册费，送出以助蒸尝。买受者，

---

① 同一地缘的各个宗族，为了弥补缺乏血缘关系的缺陷，需要有一个凌驾于各宗族之上的富有精神力量的象征物。赞翼堂被尊为共同的祖祠，正是为了适应这一需要。

② 张海珊：《聚民论》，贺长龄辑《清经世文编》卷五十八《礼政五》，光绪十二年思补楼重校本。

照业价，每两征银二分。典受者一分。倘抗例不交，粮务值理不代割税。或两造有争议，绅耆不为处断。切勿吝啬小费，致贻后悔。

这显然是巧立名目，勒索子姓。这里值得注意的是，土地所有权必须取得祖祠的确认，方能得到保证。土地所有权受到了族权的干预。

清中叶以后，珠江三角洲地区豪族赋役征解的变化，标志着宗法势力日益强大，日渐渗透基层政权的各个方面。封建宗法组织已成为封建统治的基础。

1984 年春写于广州

与谭棣华合作，原刊于《清史研究通讯》1985 年第 2 期。

徽州和珠江三角洲宗法制比较研究

宗法制度的故乡本在北方的黄河流域。起源于氏族公社，盛行于西周。尔后，虽然几经改变其形式和内容，以适应社会变迁的需要，但前后依然有一脉相承的关系。随着汉族与各少数民族间的相互融合，宗法制也逐步向周边地区扩展。到明代以后，作为越人故地的东南地区，宗族组织反而更加盛行。得益于商业化的一些单寒家族，冲破宗法制为官宦世家所垄断的藩篱，也修坟墓、祠堂，撰写族谱，置族产，按照宗法制的原则组织起来。宗族组织因而趋向民间，逐步庶民化、普及化。宗族组织也因而成为社会结构的基础，对中国政治、经济、文化生活的各个方面，发生深层的、长时段的影响。不研究、不了解农村宗法社会的性格，自无从了解近现代中国社会的症结所在。

宗族制度的问题，愈来愈为学术界关注。近年来，论著迭出，见解日新，使这一课题的研究不断推向深入。南方的宗族制，同源于北方古老的宗法制，自有其共同之处。但由于各地的历史特点、文化背景、生态环境千差万别，宗族制在各地也呈现出千姿百态、各具特色。本文拟就南方的徽州和珠江三角洲的宗族制做一比较，以就正于海内外学者。

一　待开发的生态条件下进行竞争的工具

徽州位于皖、浙、赣三省交界处，本属古代越人的故地。自汉末始，尤其于晋、刘宋、唐末，北方衣冠巨族源源迁入徽州。他们依然坚持世家

265

大族式的宗族组织，往往选择易于守御之地屯聚为坞壁①，并组成以本宗族的族人为核心，有部曲、佃客等依附农民参加的武装队伍，即所谓宗部、宗伍，其首领称作宗帅。宗帅，既是武装组织的首领，亦即宗族的族长。作为越人后裔的当地山民，有的也仿汉人组织成宗部，其酋长亦自称为宗帅。一些人众势雄的宗部甚至据守山头，恃险割据称雄，不纳王租，与中央政权相对抗。例如歙县宗帅金奇，率有万户，屯守勤山；毛甘万户屯乌聊山；黟县宗帅陈仆、祖山等领有二万户，屯守林历山。孙吴政权费了九牛二虎之力，才把他们镇压下去②。文献上记载的宗部、宗帅，究属汉人抑或越人后裔，已难以区分。南迁的北方士族之所以坚持世家大族式的宗族组织，是为了适应新移住区待开发的生态环境下进行斗争的需要。汉末"孙吴的建国乃是以孙氏为首的若干宗族对于另外各个宗族集团即宗部的胜利"③。这些士族除为争取南方政权而进行角逐外，就是为占有山场，争夺劳动力，而在彼此间以及与各地方原有族群的宗部展开斗争。他们通过坚持和强固原有的宗族制，加强内部的凝聚力，并不断地扩大其部曲、佃客（明、清时代演变成所谓佃仆、郎户之类的依附者）的队伍。这些部曲、佃客，且耕且战，既是封建依附者，又是地主武装。从中原移植于此的宗族制，成为在这块荒服土地的待开发的生态环境下进行竞争的工具。南迁的北方士族，在靠武力扩张其势力的同时，又以浸透着宗法思想的中原正统文化进行教化。他们终于在越人酋长控制下的徽州地区，取而代之。随着时间的流逝，汉人的源源移住，唐代以后，不仅越人的习俗日渐泯灭，山越之称也不见了，说明汉越已经融合。在这块"辟陋一隅，险阻四塞"的土地上，经过长期的土客斗争，遗留下来的是："聚族成村到处同，尊卑有序见淳风。"④ 宗族组织成为当地社会结构的基础。

① 叶显恩：《明清徽州农村社会与佃仆制》，安徽人民出版社，1983，第301页。
② 叶显恩：《明清徽州农村社会与佃仆制》，第11页。
③ 唐长孺：《孙吴建国及汉末江南的宗部与山越》，《魏晋南北朝史论丛》，三联书店，1955，第26页。
④ 吴梅颠：《徽歙竹枝词》，胡益民点校，安徽大学徽学研究中心编《徽学·2000年卷》，安徽大学出版社，2001，第380页。

珠江三角洲，在唐代之前，是一由越人所居住的、栖息于历史角落的荒服之地，"越俗犹未甚变"①。今天的珠江三角洲核心区，还处于岛屿峙立的浅海之中。汉末、晋、宋的移民狂潮，并没有直接移住此地。零星的移住，可追溯到秦、汉，但几乎都集聚于汉人的边疆城市番禺（即今广州）和三角洲边缘的台地。珠江三角洲是以宋代的移民为契机而得到初步的开发的②。明中叶以降，在广州市场转型的推动下，商业化兴起并日益加深③。社会经济因而取得迅速进步。

宋室南迁，偏安杭州之时，朝廷官宦、士大夫也纷纷南移。随隆祐太后来赣南的一路数万人，沿赣江的上源章水继续南来。他们跨过南岭寄寓南雄。④ 这些士大夫就道时所携带的随行人员和族人，以及邻里乡党，经在南雄地区暂住之后，便下浈水，入北江，顺江而下，移住珠江三角洲。据当地族谱如《罗氏族谱》等文献记载，从南雄珠玑巷移住珠江三角洲的一次集团性的移民中，便有33姓97家⑤。关于这些人，没有世系显赫的记载。他们移入珠江三角洲，是出自寻找优越的经济机会，出自求生计的目的，与为了避难而迁入徽州的北方士族有所不同。他们的后裔因得益于商业化，通过科举仕宦跻身权贵集团之后，追远溯本，把自己的家世与中原名族联系起来是明代以后的事。当他们进入珠江三角洲之时，如同当年北方士族移住徽州一样，面临在已被占领的生态条件环境中进行竞争的问题。凡在艰难的生存条件下，就必须依靠群体的力量。迁入珠江三角洲的北方士民，出于取得入住权、取得土地开发权的需要，出于兴修水利、开垦沙田的需要，也不得不高扬宗族制。他们把江南治理低洼地的经验运用于此地，沿东、北、西三江的主干修筑堤围。防水垦沙，既开辟了沙田，又加

① 丘濬：《送梁宏道教渝序》，《丘濬集》第9册，周伟民等点校，海南出版社，2006，第4181页。
② 叶显恩、许檀：《珠江三角洲的开发与商品经济的发展》，中山大学珠江三角洲经济发展与管理研究中心编《珠江三角洲经济发展回顾与前瞻》，中山大学出版社，1992。
③ 叶显恩、林燊禄：《明代后期广州市场的转型与珠江三角洲社会变迁》（未刊稿）。
④ 《宋史·高宗本纪》，中华书局，1977；李心传：《建炎以来系年要录》绍兴三年（1133）三月癸未条，中华书局，1988。
⑤ 见黄慈博编著《珠玑巷民族南迁记》，广东省立中山图书馆油印本，1957。

速了珠江水域的淤积。这一古老的浅海湾淤积成陆，并垦辟成良田，是同宋代以后源源迁来的移住者所付出的辛勤劳动和智慧联系在一起的。移住者对此地开发的成功，使他们取得了对当地的控制权，同在徽州的北方世族一样，反客为主。明代以后，当地的俚人（越人的一种）不见了，亦即被融合了。他们取得成功的法宝，也是宗族制。

迁入徽州和珠江三角洲的移住者，尽管迁移的动机，以及各自的情况不同，但他们都面临着一个在已被占领的生态环境中为求得生存而进行竞争的问题。宗族制既可用以表示对中央正统文化的认同，又可用以团结自己，以之作为同对方进行竞争的社会手段。从此也可见开发较晚的东南沿海宗法组织反而比其滥觞地中原地区更盛行的原因所在了。

二　宗法制传承的典型与宗法制的变异

移住徽州的衣冠巨族，在迁移之前，宗法组织严密，皆有系统的谱牒，门第森严。南迁时，依然保持原来的宗族组织。移住徽州之后，聚族而居，尊祖敬宗，崇尚孝道，讲究门第，以家世的不凡自诩。他们还撰写家法以垂训后代，力图保存其过去的一套家风。他们采取种种方法，极力维护并进一步强固原有的宗法制。到了宋代，程朱理学（又称新安理学）[①] 对其故乡徽州的影响尤其深远。通过程朱理学的鼓吹，宗族伦理被提到"天理"的高度。张载提出以宗法制来"管摄天下人心"[②]。程颐则认为加强对家族的管制，要有"法度"，治家者"礼法不足而渎慢生"[③]。就是说，对族众要绳之以宗规家法。朱熹也撰修《家礼》等书，制定了一整套宗法伦理的繁礼缛节，用以维系与巩固宗族制度。经与理学糅合起来的宗族组织，越发制度化了。"尊祖"必叙谱牒，"敬宗"当建祠堂、修坟墓，"睦族"须有族产以赈济。族谱、祠墓和族产，成为实现尊祖、敬宗和睦族的必不可

① 程昌《祁门善和程氏谱》记载，程颢、程颐"胄出中山，中山之胄出自新安之黄墩，实忠壮公之裔"，被视为歙县人。朱熹之先人亦婺源人。因此，程朱理学又称为新安理学。
② 张载：《经学理窟·宗法篇》，商务印书馆，1932。
③ 程颐：《伊川易传》，上海古籍出版社，1989 年影印本。

少的举措。根据理学的伦理纲常制定的宗规家法，则作为约束族众，以及佃仆举止的规范。当地各大族都按一家一族来建立村寨，形成一村一族的制度。村内严禁他姓人居住，哪怕是女儿、女婿也不得在母家同房居住。具有主仆名分的佃仆一类单家小户，则于村寨的四周栖息，以起拱卫的作用。随着宗族的繁衍，有的支房外迁另建村寨，也仍然保持派系不散。关心乡梓事务的清初官僚赵吉士曾指出：

> 新安各姓，聚族而居，绝无杂姓搀入者。其风最为近古。出入齿让。姓各有宗祠统之。岁时伏腊，一姓村中千丁皆集。祭用文公《家礼》，彬彬合度。父老尝谓，新安有数种风俗胜于他邑：千年之冢，不动一抔；千丁之族，未尝散处；千载之谱系，丝毫不紊。主仆之严，虽数十世不改，而宵小不敢肆焉。[1]

他的这一段话颇能概括徽州宗族制度的特点。从此可以看出，徽州的宗族制，坚持以父系为中心的严格的血缘关系，并与地缘相结合；坚持严格的尊卑长幼的等级制度和主仆名分；重坟墓、祠堂，坚守尊祖敬宗和恤族，崇尚孝道。

应当指出，这里所说的徽州风俗"千年之冢，不动一抔；千丁之族，未尝散处；千载之谱系，丝毫不紊"，似是绝无仅有的。因为历代战乱，兵燹所及，各大族都难逃厄运。尤其在唐末黄巢起义中，世家大族遭到毁灭性的打击。因在这次动乱中，士族官僚"丧亡且尽"[2]，以至于五代以后，"取士不问家世，婚姻不问阀阅"[3]。谱牒也在战火中烧毁或散佚。唯幸逃唐末战乱的世外桃源徽州地区的世家大族安然无恙。入宋之后，他们虽然不能恃其门第之高崇而取得官职，但凭借其家学渊源，通过科举仕宦而进入统治集团，即所谓"宋兴则名宦辈出"。他们原有的谱牒、祖坟，也自被保

---

① 赵吉士：《寄园寄所寄》卷十一《故老杂纪》，黄山书社，2008，第872页。
② 《新五代史》卷二十八《豆卢革传》，马小红标点，吉林人民出版社，1995，第168页。
③ 郑樵：《通志》卷二十五《氏族略第一》，中华书局，1987年影印本。

存下来了。并且坚持聚族而居。徽州宗族制一直保持与正统文化相一致，堪称正统宗族制传承的典型。

珠江三角洲的开发，始于宋代，为时较晚。宋代集团性的移民，见诸族谱的有以罗贵为首的 33 姓 97 家。其中今可考者有 13 家①。据文献记载，这些人均不属官宦世家。因官或因流徙，而卜居当地者，也曾"蝉连而居"②，并有在宋元建祠堂、置族田的记载③，但这些家族并不能世代相承地保持其显赫的地位。宗族制在珠江三角洲没有普遍推行。未见以恪守中原宗族制自诩者，却有士族与土人合流的先例。世为罗州刺史的新会冯融，本是燕主冯弘之裔，以其子高凉太守冯宝，婚于俚（后改黎）人首领冼氏女。后来冼、冯氏家族成为独霸一方，历梁、陈、隋、唐四代而未衰的大族。唐初冼冯氏之孙冯盎"所居地方二千里，奴婢万余人，珍货充积"④。"贞观（627—649）初，或告盎叛，盎举兵拒境"，唐太宗下诏将讨之。魏徵谏曰："王者兵不宜为蛮夷动，胜之不武，不胜为辱。"⑤ 视冯盎为"蛮夷"。珠江三角洲各大族以中原高贵血统相标榜，是在明代以后的事。明中叶，得益于商业化的单寒小姓，在当地经济普遍增长中所起的作用，使他们感到自己存在的价值，于是也仿效大族建立起宗族组织来。这就冲破了传统的宗族制与庶民隔绝的藩篱，使原为名门大姓所垄断的宗族制也走向民间，成为庶民的组织。庶民的子弟通过入学、科举而仕宦的道路，跻身统治集团。明中后期活跃于政坛上的珠江三角洲籍官僚，如伦文叙和伦以训、以谅、以诜父子，霍韬，李待问等，就分别从农民、鸭户、冶铁户等社会底层出身而出任朝廷大臣，或地方高级官僚。顺德梁储更是入居正德朝宰相。他们相互援引、互相攀附。例如，正德九年（1514）梁储充会试考官，擢霍韬为第一⑥；礼部尚书霍韬倚重佛山梁焯和番禺王用仪。这一新

① 黄慈博编著《珠玑巷民族南迁记》。
② 屈大均：《广东新语》卷十七《宫语》"祖祠"条，中华书局，1985。
③ 见叶显恩、谭棣华《论珠江三角洲的族田》，广东历史学会编《明清广东社会经济形态研究》，广东人民出版社，1985。
④ 《资治通鉴》卷一百九十三《唐纪》九，贞观五年十二月，中华书局，1956，第6092页。
⑤ 《新唐书》卷一百一十《冯盎传》，中华书局，1975，第4113页。
⑥ 万历《广东通志》卷六《藩省志》六《事纪》五。

兴的官僚士绅集团更是大倡宗法制，竞相叙谱追宗寻祖。都说是源于中原名宗大族，迁自南雄珠玑巷。如伦氏，望出京兆，黄帝臣伶伦之后；霍氏，望出太原，周文王之叔虔（因封于霍，亦称霍叔）之后等。各大族迁自珠玑巷之传说，更被编演成美丽动人的故事，自明代起盛传不衰，妇孺皆知。新贵宗族附会的族谱，敷张成故事传说，传说又成为后来编写族谱的依据。有谱牒以尊祖，自可立祠堂以敬宗、置族产以睦族了。在建构谱系中，对始祖的附会、对祖宗的粉饰，几乎成为修谱的通病，非珠江三角洲所独然。唯同姓不同宗者，采取虚立名号，联宗通谱，建立共同的宗祧继承关系的做法，在徽州，是一禁忌；而在珠江三角洲，却是公然盛行的。更甚者，一些居住相邻近的寒姓单家，也以抽签、占卜方式来确定共同的姓氏，并且虚拟共同祖先，合同组成一宗族。虚拟宗族的流行成为珠江三角洲宗族制的一个特点。这同以父系为中心的血缘关系组织起来的徽州宗族制迥异。

聚居性本是宗族的一个特点。地缘是血缘的投影[1]。但是，卜居珠江三角洲的官宦之家，虽曾"蝉连而居"，但并非一味追求单姓村。例如，"族属之蕃，甲于一郡"[2] 的名族沙湾何氏，是在 13 世纪来到由泥沙淤积形成的名为"沙湾"的冲积平原的。与何氏先后陆续移住于此的还有李、王、黎和赵等四姓。今天聚居沙湾的大姓，即这五个姓氏。据口碑相传，在何氏来此之前，已有张、劳、曹、康、麦和朱等姓，但今已亡绝无遗。[3] 据笔者披阅近年出版的有关珠江三角洲地名志的资料，有的村落，是由数姓共建的。宋代立村的东莞李屋（原由李、黄、胡三姓立村，因李姓人多，以李名村）、麦屋、朱屋（此二村也因麦、朱人多而以其姓名之）等即是[4]。有的古老村落，兴废无常，村名是随着移住者的嬗替而不断改变的。例如，增城县新村，唐代由江西迁来，名为四门村。元代有林、郑、张、赖等姓

① 费孝通：《乡土中国》，三联书店，1985，第 69—75 页。
② 龙廷槐：《敬学轩文集》卷七《书外海陈氏家谱后》，清道光二十二年龙元伟刻本。
③ 参见刘志伟《祖先谱系的重构及其意义——珠江三角洲一个宗族的个案分析》，《中国社会经济史研究》1992 年第 4 期。
④ 广东省东莞市地名委员会编《广东省东莞市地名志》，广东高等教育出版社，1987。

移住，取名新村。后因郑姓取得对该村的控制权，又叫郑新村①。之所以各姓先后迁住一村，是因为三角洲的丘陵、台地有限，为了就近垦辟沙田，受生态特点的局限，自不能像徽州的大族般以堪舆风水术卜定。晚清以后，随着大片沙田的垦辟，居民沿着河涌搭茅棚，村落形成线状。番禺冲决三角洲上的鱼窝头镇的大涌村、良角村等即是。这些所谓村落，有的绵延数里。居住于此的或为属贱民等级的疍民，或为被大族役使的称作"水流柴"的"耕仔"（又称"开边人"，意为"外边人"）。除有的耕仔系离宗主村别居的族员外，一般地说，新沙区的线状（或带状）村落，都没有宗族组织。其中一个原因，就是缺乏地域的聚居性。在徽州，从宗主村分迁的支派，则坚持聚族而居，"仍以祖居为宗"。《休宁范氏族谱》记载：始祖范传正于唐代元和（806—820）末移住博村。自宋至明初，依次分迁出汊口、林塘、油潭、合干、闵口和瑶关等六村，皆以博村为宗主村。村居形胜图详载于族谱，不容他姓搀居其中。可见对单姓聚居的重视。

祠堂作为对应作用于敬宗，并和谱牒、族田合同作用于宗族制的宗旨而备受重视，并且成为判定一血缘群体是否形成宗族的重要标志。在珠江三角洲，祠堂尤其受到重视。清初，屈大均指出："其大小宗祖祢皆有祠，代为堂构，以壮丽相高。每千人之族，祠数十所；小姓单家，族人不满百者，亦有祠数所。"② 在广州等大中城市，联姓祠甚多。据统计，光绪元年广州城内便有联姓祠宇85处③。对于缺乏血缘和地缘关系的虚拟宗族，祠堂更成为加强凝聚力的法宝。尤其值得注意的是，祠堂也采取股份制合同兴建。民国年间，就有由国民党军长黄国梁倡首，增城、龙门、惠州和从化等地黄姓集资，分五股出资兴建者④。祠堂是宗族身份的标志，番禺沙湾就以是否有祠堂作为判定"埋边人"（意为里边人，指大族）和"开边人"（意为"外边人"，指被役使的小姓）的根据；而且可以提高一个人的社会地位，增强商业上的信誉。可见在珠江三角洲，祠堂之特别被重视是同虚

① 广州市地名志委员会编《广州市地名志》，广东人民出版社，1989，第544页。
② 屈大均：《广东新语》卷十七《宫语》"祖祠"条，第464页。
③ 光绪《嘉应州志》卷二十三《禁联姓祠》。
④ 广州市地名志委员会编《广州市地名志》，第542页。

拟宗族之盛行和商业化有关。凡此种种，都可看出珠江三角洲的宗族制较之于徽州的显然是一种已经变异的亚种形态。

三　社会特权的追求与族内经济关系的商业化

宗族组织是与传统的家族主义文化相适应的。它具有政治、文化和经济的功能。作为传统宗法制传承典型的徽州宗族组织，其主要功能在于谋求并维护本宗族的社会地位和特权。因此，选拔精英，以科举仕途求高官，和以经商致富，以捐输捐纳而得官衔，便成为其取得宗族社会地位和特权的途径。由于重视族内子弟的培养，"宋兴则名臣辈出"；明清时期，出现"人文郁起"的局面。"以才入仕，以文垂世者"愈多。所谓"一科同郡两元者"①；"兄弟九进士，四尚书者，一榜十九进士者"②；"连科三殿撰，十里四翰林"③等佳话频传。单以歙县为例，居科名之先者，如中状元的有唐皋、金榜、洪莹、洪钧等；立相国之隆者有许国、程国祥等；阐理学之微者有朱升、唐仲实等；大经济之业者有唐文风、杨宁等；宏政治之才者有唐相、吴湜等；擅文章之誉者有汪道昆、郑桓等；副师武之用者有汪宏宗、王应桢等；因商致富而上交天子者，如得乾隆帝欢心的盐商江春、鲍廷博等。④这里只略举一二，但已足见人才之盛了。徽人通过祭祖、分胙、读谱、宣约（即宗规家法，有的还读"圣谕"）等活动，培养对家族本位理念的认同，以加强族内的凝聚力。所以，这些宗族经历千余年而"未尝散处"。通过赡济贫穷族员，培养族众对宗族依赖的情感。有的族田较多的宗族，"节妇孤儿与出嫁守志，以及贫乏无依者，生有月粮，寒有冬衣，死有棺衾，葬有义冢，嫁有赠，娶有助，莫不一均沾其惠"⑤。宗族内部，还可

---

① "两元"指康熙辛未状元戴有祺、会元张瑷。徐卓：《休宁碎事》卷之一"万青阁偶谈"条，转引自张海鹏、王廷元主编《徽商研究》，安徽人民出版社，1995，第506页。
② 赵吉士：《寄园寄所寄》卷十一《新安理学》，转引自张海鹏、王廷元主编《徽商研究》，第506页。
③ 许承尧：《歙事闲谭》卷十《科举故事》，李明回等校点，黄山书社，2001。
④ 见拙作《明清徽州农村社会与佃仆制》第三章、第五章。
⑤ 《重修古歙东门许氏宗谱》卷首《许氏总阖族公撰观察公蓬园公事实》。

"有无得以相通"，"吉凶有以相及"，① 具有道义经济的功能。总而观之，徽州宗法制的功能着重于谋求尊崇的社会地位和政治特权。

珠江三角洲因明代以后得益于商业化而引起宗族制的普及化，又由于生态环境、文化背景的特点，其宗族制已发生了变异，不同于徽州宗族制是直接移植于北方，具有正统性。它虽然具备传统宗族制的一般功能，但又有其特点，这就是经济功能的扩大化。

珠江三角洲的族产较之于徽州的要丰厚而且多样。这同珠江三角洲特有的生态环境密切相关。其宗族的发展，以及经济实力的增强，是同沙田的开发联系一起的。清朝政府规定：占地十顷以上者，"不得再种沙田"，"小民围筑沙滩亦不得过五顷之数"②。用宗族的名义承垦，则不受此限。而且"工筑浩繁"，"有沙田十亩者，其家必有百亩之资，有百亩者必有千亩之资而始能致之也"③。唯名宗大族，或得益于商业化的寒门宗族，才有足够的资金向政府申报承垦。因此，围垦沙田成为增强宗族经济实力的重要途径。有的宗族也因经营沙田和其他族产而日益向经济实体转化。在 20 世纪 30 年代，80% 的农户生活在宗族组织之中，族田约占土地总面积的50%④。族田所占比例之高，为全国之冠⑤。私人土地所有制向宗族集团土地所有制转化，似是清中叶以后东南地区出现的一种趋势。但是，这种转化如此之迅速，则珠江三角洲的耕作系统所使然。沙田的开发、基围的修筑、沟渠的开凿、水窦的排灌，都需要统一组织和管理。在难以监督的个体耕作情况下，小规模的田场经营，其优势则远胜于大规模的农场经营。这种适合于大面积土地占有和小规模田场经营的生态环境，正是宗族集团

① 苏大：《大宗小宗说》，《新安苏氏族谱》。
② 《粤东省例新纂》卷二《户例》上，台北：成文出版社，1968 年影印本。
③ 陈在谦：《与曾勉士论沙田书》，《广东文征》第二十三卷，第 2 册，香港珠海书院出版委员会，1973。
④ 陈翰笙：《解放前的地主与农民——华南农村危机研究》，冯峰译，中国社会科学出版社，1984，第 38 页；又见《广东的农村生产关系与生产力》，中山文化教育馆，1934，第 14—17 页。
⑤ 关于中国各地族田的分布及所占比例情况，请参阅张研《清代族田与基层社会结构》，中国人民大学出版社，1991，第 38—90 页。

土地所有制盛行的重要原因。

珠江三角洲沙田的承垦与管理，也因而成为宗族的重要功能。明中叶以降，农业商业化的日益发展，并由此而赚取的愈来愈多的利润，是沙田开发的资金来源。漂荡在河面上的贱民——疍家（又称疍民），又为之提供了充足的廉价劳动力。据笔者的实地调查，顺德县大良镇东门外的云路（原称海沥沙），就是在大族的组织下，由胼手胝足的疍民开发出来的。在宗族资金不足的情况下，则采取合股的形式来筹集。例如，东莞县张梯云馆、邓荫兰堂、何醉经堂、何修德堂于光绪二十年（1894）合伴出银建筑海心洲沙田，1914年张如见堂集股领照筑堤以保护太和洲沙田等。[①] 连沙田的田场管理、割禾、收租，乃至谷物储所、平抑米价等，有的宗族也下公文、出告示，做出规定，行使司法权[②]。

除拥有族田外，宗族还有族墟、族店、码头、族窑等。不同于徽州几乎仅限于族田和山场。一些有政治特权的宗族甚至相竞控制重要的经济行业。例如，作为佛山的经济支柱、享有官准专利的铁冶业，就为冼、霍、李、陈等巨族所相竞争夺。明人陈子升指出："佛山地接省会，向来二三巨族为愚民率其利，唯铸铁而已。"[③] 可见控制这一行业，即可掌握佛山的经济命脉。因霍韬的发迹而显赫起来的霍氏家族，就控制有铁、炭、陶瓷、木植，以及其他"便民同利"的产业，诸如墟场、市肆、码头、店铺等。石头霍氏宗族设有纲领田事一人、司货一人。司货之下又设司窑冶一人、司炭铁一人、司木植一人，各司其职，以适应经济管理的需要。

珠江三角洲的族产，也不同于徽州的只作为宗族的活动经费和恤族之用。它已注入商品意识，属于营利性质。族店、族窑等，本是商业行为，以营利为目的，固不待言，就是族田的收入，除去宗族活动经费，"留存备

---

① 黄永豪编「許舒博士所輯廣東宗族契據彙錄」『東洋学文献センター叢刊』第49輯、東京大学東洋文化研究所附属東洋学文献センター、1987、序。

② 见番禺县沙湾镇乡族组织处理乡族事务的文件《辛亥壬子年经理乡族文件草部》。

③ 光绪《广州府志》卷十五《舆地略》七《风俗》，据清光绪五年刊本影印，台北：成文出版社，1966，第20页。

用"（主要用于追加投资或新的投资）外，余者"均分""均荫"①。集股开
发，或集股购置的沙田收入，有的明文规定："按股均派，一宿不延。"② 显
示出其为分益的商业行为，而不是实行徽州的道义经济。

珠江三角洲宗法组织的经济功能，还表现在通过族规家法限制、禁止
或规范族众的某些经济行为。例如，石湾《霍氏崇本堂族谱》中，就有
"农有百谷之当布""工有百艺之当做""商有百物之当货"等作为家训，
要族众"能依此嘱，永为福人"，还有"商贾三十六善""农家三十六善"
等规范族众从事商贾、农业等经济行为③。

四　宗族伦理与商业

中国大陆一度流行的学术分析模式，认为商品经济的发达导致资本主
义萌芽，宗族组织是一种落后的阻碍社会进步的保守力量。但是，从近年
来笔者接触的资料看，这两种似应互相冲突、矛盾的事物，却表现出相安
无事、互相适应，在一些地方甚至表现出相辅相成、相得益彰。关于这一
问题，徽州与珠江三角洲提供了可做比较的范例。

明清时期，徽州商业资本的发达和宗族制的强固是众所周知的。两者
关系之密切，从徽商对宗族制所做的贡献即可看出。徽商在商业上取得成
功之后，几乎都念念不忘地行尊祖、敬宗和恤族之举，诸如修谱、建祠、
置族田等。他们为宗族活动提供了源源不断的经费来源。与此同时，徽商
或通过"捐输议叙"（明代）、"捐纳"（清代）获得荣衔虚职，或通过培养
子弟（包括用族产培养族贫之俊彦），经科举而入仕，以实现缙绅化，跻入
权贵集团，提高本宗族的社会地位。以壮丽祠墓相高和极力追求缙绅化，
都是为了实现"家族荣耀"的终极关怀。在浸渍家族本位的宗族理念中，
个人的升迁荣辱，是同宗族联系一起的，即个人的身份地位取决于所在的

---

① 《佛山梁氏家庙世守书·经产》，光绪十四年刻本；韩锋：《番禺县古坝乡志》，民国刊本。
② 黄永豪编「許舒博士所輯廣東宗族契據彙錄」、『東洋学文献センター叢刊』第49辑、170頁。
③ 霍春洲：《家训》，《霍氏族谱》（佛山），道光刻本。

等差次序的伦理构架中的位置，取决于所属社会集团的势力。唯有提高本宗族的社会地位，方能实现自己的价值。所以，追求家族荣耀的终极价值观念，成为驱策族人勤奋营商（胡适称之为"徽骆驼"）的精神力量。当地流行的"弃儒从商"、"贾服儒行"、由贾而"缙绅化"等行为模式。也是源自这一宗族观念。

宗族伦理驱动商业的运作，还表现在提倡"新四民论"。"士农工商"是中国传统社会职业构成的次序。明代嘉万（16 世纪）以降，在徽州出现把商业置于农工之上而与士并列的"新四民论"。清代珠江三角洲的文献，则提出"四民皆本"，甚至"以商立国"的思想[1]。重新调整职业构成次序的"新四民论"的出现，显然同国内外的经济形势变化有关。最引人注目的是作为商品构成部分的日用百货的流通日益广阔，商品经济的发展显示出与以前不同的特点。加之五代之后，"取士不问家世"，而以科举为晋身之阶。清人沈垚对此感叹道："古者士之子恒为士，后世商之子方能为士。此宋元明以来之大较也。"为何"商之子方能为士"？非营商者，"子弟无由读书以致通显"。[2] 很显然，缺乏经济基础，想读书仕宦是不可能的。求富最便捷之途莫过于营商。商业的成功既关系着家族的荣耀及其绵延不衰，提高商人地位的"新四民论"因而出现。

宗族伦理不仅引发营商的动机。规范徽商的行为模式，而且在商业的经济行为中也发挥作用。富商巨贾所使用的伙计，首选的是族人并倚重之。汪道昆的曾大父玄仪，便将"诸昆弟子姓十余曹"带去经商，后来这些昆弟子姓也都发了财，有的甚至积资超过他自己[3]。富商歙人吴德明"平生其于亲族之贫者，因事推任，使各得其业"[4]。这种吸引族人从商之举，使

---

① 参见《岭南冼氏宗谱》卷五之一《艺文谱》上；郑观应《盛世危言·商务》，新华出版社，1994。

② 沈垚：《落帆楼文集》卷二十四《费席山先生七十双寿序》，1918 年嘉业堂刻《吴兴丛书》本，《续修四库全书》集部第 1525 册。

③ 汪道昆：《太函副墨》，崇祯六年刻本。

④ 吴吉祜：《丰南志》，安徽省图书馆藏民国抄本。

"业贾者什七八"①，出现举族经商的盛况。例如，汉口的徽人商业为绩溪胡氏所开辟，在通州则由仁里程氏所创。② 还出现某一家族垄断某一行业的情况。如绩溪上川明经胡氏，以胡开文墨业名闻天下，上海的墨业几为之所垄断③。徽商在各地的商业网络都带有宗族性。利用商业网络互通讯息④，甚至采取联合行动与同行相竞争。南京 500 家徽商当铺联合起来凭其雄资，用低息借出，击败闽商的典当业，即一例⑤。在扬州的盐业，始为黄氏所垄断，尔后汪、吴继起，清代则为江氏。徽商对扬州盐业的垄断，以及在山东临清"十九皆占籍"⑥，长江沿岸"无徽不成镇"的谚语，都说明扬州和临清等以及长江两岸的一些城镇是徽商带领族人开辟的商业殖民地。由上可见，一旦取得商业的成功，便可吸引族人前来依附，最终或垄断某一行业；或占据某一城区，开辟商业据点。他们借助宗族而形成商业网络，相互扶持，互通信息，甚至联合行动，击败竞争者。

值得注意的是，在徽州未曾发现如同珠江三角洲般由礼堂族长出面经营产业，如开族店、承垦沙田等，利益由族众均占的情况，而是在宗族内部互相扶持，以求共同发展。例如，婺源程栋在汉口营商得厚利，置有产业。"凡亲友及同乡者，借住数月，不取伙食，仍代觅荐生业。"⑦ 这同徽州本土族内实行的道义经济相对应，与珠江三角洲的宗族内部趋向于经济上的公平分益迥异。

珠江三角洲的宗族组织，如前所述，是因商业化的出现而推行的，并随同商业化的加深而日益庶民化、普及化的。宗族制和商业化有互相依存

---

① 汪道昆：《太函集》卷十六《阜成篇》，胡益民、余国庆校点，予致力审订，黄山书社，2004。

② 《胡适之先生致胡编纂函》，《绩溪县志馆第一次报告书》，转引自张海鹏、王廷元主编《明清徽商资料选编》，黄山书社，1985，第 215 页。

③ 《上川明经胡氏宗谱》（绩溪）下卷《拾遗》。

④ 参见臼井佐知子《徽商及其网络》，《中国社会与文化》1991 年第 6 号，中译文（何小刚译）刊于《安徽史学》1992 年第 1 期。

⑤ 《金陵琐事剩录》卷三，转引自谢国桢《明代社会经济史料选编》中册，福建人民出版社，1980，第 200 页。

⑥ 谢肇淛：《五杂组》卷十四《事部》二，中央书店，1935。

⑦ 《婺源县采辑·孝友》，唐力行：《商人与中国近世社会》，浙江人民出版社，1993，第 76 页。

的关系。宗族制的盛行，既表示边陲地区对正统文化的认同，又是新兴的士绅阶层将正统文化与自己的带有商品意识的价值观相糅合的结果。明中叶，以酿酒生意发迹的南海"太原霍氏"晚节公把"酿酒之法"写入"家箴"，告诫子孙世代遵守。清代康熙年间，这一家族又将有关手工业和商业的注意事项写进家训，以规范子孙的行为①，表现了其对工商业的关注和支持。

珠江三角洲宗族组织对商业的关注，不似徽州般只是为求致富而缙绅化。他们在缙绅化的同时，也直接用其货币经济的力量以通显。他们通过捐资举办公益事业，诸如善堂、医院、育婴堂等，而取得在地方上与士绅并列的名流地位。这说明已不完全恪守"官本位"的价值观。清末中山县人郑观应便指出："商务者，国家之元气也；通商者，疏畅其血脉也。"又说："士无商则格致之学不宏，农无商则种植之类不广，工无商则制造之物不能销。是商贾具生财之大道，而握四民之纲领也。"② 郑观应视商为四民之纲，以商立国的思想，正体现了这种价值观。它较之于徽人以商做第一生业，已具有质性的飞跃了。

商品意识、商业行为，被运用到宗族组织的各种活动之中，诸如合股建祠堂、修水利、组织合会等③，甚至仕宦官场之中，也以贪赃之多寡，为判断人能痴的标准④。

在宗族内部出现利益均沾，宗族日益趋向以谋利为目的的经济实体的同时，宗族内部也出现了投资与借贷的关系。凡不能偿还宗族债务的族员，要变卖家产抵足。"产业尽变仍不足抵偿之数"，将其本人，及其子孙"革祭"⑤。

---

① 南海石湾《霍氏崇本堂族谱》卷三。
② 郑观应：《盛世危言》三编卷一《商务》二，夏东元编《郑观应集》（上），上海人民出版社，1982，第607页。
③ 合股建祠堂，见广州市地名志委员会编《广州市地名志》，第542页；合股修水利，见《南海甘蔗蒲氏家谱·杂录》；组织合会，请见叶显恩、谭棣华《略论明清珠江三角洲高利贷资本》，明清广东省社会经济研究会编《明清广东社会经济研究》，广东人民出版社，1987。
④ 万历《新会县志》卷二《风俗纪》："仕之归也，不问人品，第问怀金多寡为轻重。"
⑤ 南海《潘式典堂族谱》卷一《家规》；又可参见滨下武志《关于中国传统经济行为的几点考察》，刘志伟整理，《广东社会科学》1992年第6期。

温情脉脉的宗亲道义不见了，有的是不论宗亲的商业关系。

珠江三角洲宗族组织在商品性农业的扩张中，在建立以出口贸易带动本地区手工业、农业发展的"贸—工—农"经济体系和建立一系列的商业企业过程中①，尤其在举世熟知的着中国民族工业近代化先鞭的机器缫丝取代手工缫丝的带有产业革命精神的壮举中，都发挥了作用。在引进侨资、集聚零散的资金以建置机器缫丝厂，利用一些祠堂、庙宇作为厂房等举措中，宗族组织在一定程度上都起了组织者的作用。可以说，珠江三角洲的宗族组织充当了农业商业化、乡村工业近代化、商业企业化的推动者，乃至组织者的角色。

综上所说，南方本是世居族群的故居。当北方汉人迁入时，都面临一个在已被占领的生态环境中求得生存而进行竞争的问题，因而需要高扬团体组织以做竞争手段。基于南方的生态环境和耕作格局，古老的宗族制便被视为最佳的选择。宗族制度的建立，需要有士绅倡导并具备足以维持生计以外的余资充作修谱、建祠和置族产的费用。因商业的发达而取得经济发展和文化进步的南方，恰恰具备这一条件。所以，一些寒门弱姓也组建起宗族组织。宗族制由高门大姓所垄断的格局因而被冲破，它走向民间，不断地庶民化、普及化。这是南方宗族制得以盛行，并和商业发达联系在一起的原因。

在南方，就徽州和珠江三角洲而言，宗族制和商业间的关系都相辅相成，但又各有不同。如果说徽州宗族制是一直保持与正统文化相一致，堪称正统宗法制传承典型的话，那么珠江三角洲的宗族制却是已经变异的亚种形态。宗族制在徽州是以维护和谋求社会地位、政治特权为其主要功能的，而在珠江三角洲却着力于扩大其经济功能的一面。珠江三角洲的宗族直接经营产业，并出现向经济实体转变的趋向。宗族内部也相应出现利益

---

① 关于商品性农业的扩张，"贸—农—工"经济体系和近代商业企业的建立等问题，因限于篇幅，不能展开讨论，请参阅拙作《略论珠江三角洲的农业商业化》（刊于《中国社会经济史研究》1986年第2期）和《地利、传统市场与珠江三角洲的海外贸易》（刊于《珠江三角洲历史、地理、经济情况及南洋华侨发展史》，香港第二届世界华商大会筹备委员会，1993）两文。

分沾，而不是徽州的余缺互济的道义经济。徽州宗族制之所以支持商业，主要着意于因商致富而缙绅化，坚持"官本位"的价值观，因而在引发营商致富的动机中，已包含了否定或摧毁商业企业发展的因素[①]，商业经济既作为传统社会经济的附丽，而不是其异化的力量，徽州商业资本自不能超越传统社会所规范的商业运作的轨迹。而珠江三角洲却出现因商致富之后，通过发挥货币经济的力量直接谋求与士绅并列的社会名流地位的趋势，没有恪守"官本位"的价值观。也正因为如此，宗族组织在农业商业化、商业企业化、乡村工业近代化中，发挥了或为支持者或为组织者的作用。其商业行为也已越出常轨，并发出以商立国的呼唤。

附记：这是提交1995年黄山第二届徽学研讨会的论文，经征求师友的意见，做了一些订正。近20年来，笔者一直致力于徽州和珠江三角洲社会经济史的研究。对这两个地区宗族制及与此相关问题的一些结论性的看法，已散见于发表的论文和刊行的专著。限于篇幅，本文在沿用以前的一些看法时，只好尽量少引原始资料。敬请读者鉴谅。

本文原刊于《中国经济史研究》1996年第4期。

[①] Michael R. Godley, *The Mandarin-Capitalists from Nanyang: Oversea Chinese Enterprise in the Modernization of China 1893-1911*, Cambridge University Press, 1981.

雍正承缵大统是康熙意旨还是改诏篡夺？

《雍正王朝》电视连续剧的播出，轰动香江，雍正皇帝成为千家万户的话题。这是因为剧情与观众心灵中的现实相互观照引起了共鸣。作为艺术形象的雍正皇帝与真实的世宗胤禛是有距离的。因《雍正王朝》剧而对雍正皇帝的种种史实的关注是很自然的。胤禛是否如同民间传说的那样是采取不正当的手段，篡改遗诏而登上宸极的阴谋家？这是人们所感兴趣的一个重要问题。要弄清这一问题，需要了解清代早期嗣位习俗的影响，以及作为少数的满人入主中原后仿效汉族立嫡长为皇储需要经历一段过程。康熙在位时间之特长也增加了这一问题的复杂性。对民间的传说，则应从反映当时各种政治势力的动向和意愿的角度去理解。

一 清早期以实力较量为基础的嗣位习俗

雍正之父康熙，本是一位雄才大略之君主，从文治武功、品德才能看，都堪称历代皇帝中之杰出者，为史家所称道和推崇。康熙朝历来也被视为有清一代最隆盛的时代。然而恰恰是康熙朝，为立太子事，父子兄弟之间，互相倾轧，视同敌国。这非系康熙之无能，而是革新满人帝位继承风俗过程中不可避免出现的纠纷。

满人旧制，不预立太子，老汗死后才由八旗旗主公推新汗。后金的缔造者、"清"的奠基者努尔哈赤，两度力图建储，终未成功。努尔哈赤死后，是在实力较量的基础上由诸王、大臣公议立其八子皇太极为新汗的。

282

清的创建者皇太极死后，其十四弟多尔衮、其长子豪格都要争夺皇位，尤其掌有实力的多尔衮最有条件继位。由于两黄旗大臣坚持新帝应由太宗皇太极诸子中选立，加之孝庄皇后、福临的生母博尔济吉特氏以她的胆识、谋略和特殊的手段，笼络住多尔衮，争取了礼亲王代善，击败了豪格，福临才得以嗣位，是为顺治皇帝。顺治死后，康熙作为三皇子，上有兄长福全，下有弟弟常宁，他之所以继位，也因获得这位祖母孝庄皇太后的特殊钟爱和培育。康熙之所以能较顺利地登极，是由于顺治生前已掌握上三旗，在八旗中其势力居绝对优势。可见皇位的继承基本上是建立在实力较量的基础上。

康熙之前，皇位的继承虽然没有制度化，但顺治临终时以遗诏指定三皇子玄烨为太子之举，已显露出皇嗣制度出现预立太子的趋势，也标志着进入中原后的清皇朝逐步加强皇权和制度上不断汉化。

二 太子之复立复废，为诸皇子提供觊觎皇位之机

预立太子对于清皇朝是陌生的，没有成法可依。但基于满、汉历史经验和现实需要，皇帝从自己的儿子中预先确定一个足以信赖的继承人，可以保持皇权的连续和稳固，又可防止诸子争夺皇位的纠纷。而且，立了皇储，也可起到扩大声势、稳定人心的作用。所以，康熙十四年十二月十三日（1676 年 1 月 27 日），康熙皇帝亲御太和殿，册立刚满周岁的皇二子、嫡长子允（本以"胤"为排辈，后避雍正讳，改为"允"。本文除胤禛外，均用"允"）礽为皇太子。显然是仿效汉族立嫡立长的原则。此时康熙才 22 岁。为了培养太子成为合格的接班人，康熙亲自慎选品学兼优的名儒为师，甚至亲授经书和治国的经验。有时还着太子代为处理朝政。康熙三十五年康熙亲征噶尔丹，便命太子"代行郊祀礼，各部院奏章，听太子处理"，即代行处理日常事务的职责；次年，康熙挥军宁夏，"仍命太子居守"，旨在培养其治国的能力。

对于太子，聪明才智、施政能力固然是必须具备的，但忠爱君父尤为重要。在皇储的举止言行中，最令康熙不能容忍和难以忘怀的是太子的不

孝。康熙二十九年，在乌兰布通之战前夕，康熙征途中生病，令皇太子和皇三子前来迎候。当皇太子看到皇父病体支离的神态时，"略无忧戚之意，见于词色"。这使康熙大为恼怒，即令太子先回京师。后来又看到皇太子对诸王、贝勒、大臣、官员，动辄凌虐、捶挞，甚至勒索地方官等种种暴戾不仁之举，加之勾结大学士索额图，培植党羽，结成死党，形成侵犯、威胁皇权的潜流。康熙四十一年，太子随御驾巡视山东时，途中病住德州。康熙召索额图前往侍奉太子。可能就在德州之时，索额图煽动其主子阴谋逼宫，抢班夺权。所以康熙在次年以"议论国事，结党妄行"之罪，将索额图幽禁，后死于幽所。所谓"议论国事"者，后来康熙终于点破，说："从前索额图助伊（指太子）潜谋大事，朕悉知其情，将索额图处死。"处理索额图案件后，太子依然我行我素。康熙四十七年五月，康熙巡幸寨外，随同御驾的皇十八子允祄罹病，百医不愈，且有日趋恶化之势。康熙和随同御驾的诸皇子、大臣，无不忧心焦虑。唯皇太子无动于衷。皇太子的对兄弟"无友爱之意"，激发了康熙对太子潜在的愤懑和猜疑。康熙又发现太子每当夜晚便逼近他的帐篷，从裂缝向内窃视，因而怀疑他居心叵测，必有异举。康熙终于九月四日从寨外返京途中，下谕旨废掉皇太子。

立了33年的皇太子允礽被废之后，诸皇子为争皇位，彼此间钩心斗角，互相倾轧，不惜投入一场刀光剑影的斗争中去，无所不用其极。庶出的皇长子允禔，认为立嫡不成，唯有立长，非他莫属。为消灭竞争对手，除去后患，他欲向被废的嫡长子允礽下毒手。一计不成，又求助于巫术，采用镇魇之法。因手段过于残忍、露骨，康熙将允禔革去王爵，严加幽禁。皇八子允禩，更是剑拔弩张，纠集死党，侵欺皇权，胁逼皇父立自己为太子。更为严重的是贵胄、外戚和朝臣卷入了这场立储的党争之中。储位空悬，既不能遏止愈演愈烈的争夺储位的纠纷，也难以平息历史形成的朝野渴望立储的要求。

康熙一方面面对储位空缺而引发的愈演愈烈的纷争压力，另一方面又困扰于没有物色到理想的立储人选。在焦虑万端，而又百般无奈的情况下，姑且推出原立的皇太子，以应付当时面临的困境。他于康熙四十八年三月复立允礽为皇太子。关于复立皇太子一事，后来他说："诸大臣保奏八阿哥，朕甚无奈，将不可册立之允礽放出。"这是心里话。从此可以看出，太子的复立是康熙的权宜之计。当然，对太子的废黜，他事后经过反省，觉得斥责太子的过失有言过其实之处。人孰无过，经过这次惩罚，希望皇太子痛改前非。

但是，事与愿违。皇太子允礽并不因为废而复立而有所反省和警觉。康熙本是屈服于胁逼立储的环境而暂且复立太子，以观后效。这一点不少朝臣是了解的。被罢斥回江南老家的王鸿绪就曾说："我京中常有密信来，东宫目下虽然复位，圣心犹在未定。"基于这一情况，皇太子不仅不审时度势，不善于汲取教训，反而故态复萌，且有变本加厉之趋势。由此而引发了皇帝与皇储间更加尖锐的矛盾斗争，而且皇太子与诸皇子之间的争斗倾轧也没有缓和。太子再结朋党，侵夺皇权，尤为康熙所不能容忍。在太子看来，被立储已经历三十多年了，应当尽早即位。他曾发怨言道："古今天下，岂有四十年太子乎？"怀有攀龙附凤于新朝之心者，也前来投靠而壮大太子的势力，形成对皇权的威胁。雄才大略如康熙者，对此也感到面临骑虎难下之势：要么让位于太子，要么被太子以逼宫的手段赶自己下台。他在困惑中总结历史经验，终于领悟到不预立太子为好。于是，在康熙五十一年九月再废太子。而且，在上谕中说：太子的恶行"断非能改"，以后不得再为他保奏，并对太子党做了处置。我们从他于再废太子后数月所下的一份谕旨中可以看出他当时的心境。其谕旨指出：

> 宋仁宗三十年未立太子，我太祖皇帝并未预立皇太子，太宗皇帝亦未预立皇太子。汉唐以来，太子幼冲，尚保无事；若太子年长，其左右群小结党营私，鲜有能无事者。……今众皇子学问、见识，不后于人，但年俱长成，已经分封。其所属人员未有不各庇护其主者，即使立之，能保将来无事乎？

康熙绞尽脑汁，想效仿汉人皇朝，立嫡长为皇储，把立储制度化。但由于他在位的时间为历朝帝皇之最，长达 61 年。他在位时，存活下来的 24 个儿子中除皇六子允祚、皇十一子允禗和皇十八子允祄夭折，排行于 20 位以后的 5 位皇子未满 18 岁外，皆已成人。而且由于他重视对皇子的教育、培养，皇子个个都具非凡的学问与见识。又由于八旗制度的关系，诸皇子皆被分封，各建府第，设置官署，分拨人口，享有世爵，自然形成一股政治势力。太子位崇，其势力尤为强大。这是康熙朝皇权与皇储间、皇子之间，形成尖锐的错综复杂的矛盾斗争的原因。从康熙在奏折中所流露的心境，也可看出，他已觉悟到诸皇子俱已长成，均有学问与见识，又因分封而都拥有政治势力，即使立储，也难保无事。他生前不准备再立储。

三　储位成为无主之鹿，诸皇子竞相追逐

康熙既对太子允礽复立复废，否定了立嫡长的原则；皇长子允禔阴谋立储被革王爵，严加幽禁，意味着立长（指庶出）也被否定。基此，皇太子之位，已成为诸皇子机会均等的竞争目标，已经不存在"夺嫡"和僭越的问题。皇储这一无主之鹿，诸皇子都力图在宫中追逐。为了猎得储位，诸皇子势必尔虞我诈，纵横捭阖，施展浑身解数，以先得而后快，不存在以平常心对待被指定嗣位的问题。

在这场储位争夺中，既然机会均等，自然是以能者得之。以诸皇子的智慧、才能、人望而论，在皇长子允禔被幽禁、立为太子的皇二子允礽复立复废的情况下，尽管他俩仍存奢望，暗地里也从事争储、复储的活动，但事实上已被排除出竞争之列。最有条件觊觎储位者，当推皇三子允祉、皇四子胤禛、皇八子允禩和皇十四子允禵。他们都各结朋党，拥有强大的政治势力。让我们对之做逐一的分析。

皇三子允祉，康熙十六年生。在皇太子允礽被废黜、长子允禔被幽禁后，年齿最长，又封为诚亲王，在诸皇子中地位特殊。他以学者的面目出现在政治舞台上，博学多才，又显得温文尔雅，深为康熙所喜爱。康熙命他负责修辑律吕、算法等书。他还奉命修坛庙宫殿乐器。方苞等著名学者，

聚集于其门下，开蒙养斋馆。大部头的类书《古今图书集成》就是在他的主持下完成的。康熙五十六年冬，皇太后病重及死后办理丧葬期间，康熙罹病，难以事事亲自料理，皇七子允祺因系皇太后所抚养，要求代替皇父料理却为康熙所拒。康熙指定允祉和其他三位皇子即胤禛、允裪、·允禄协助自己料理，可见对他之重视。允祉争储虽然不那么明目张胆，但暗中依然有活动。他的门下仆人孟光祖就曾打着他的旗号，前往陕西、山西、四川、湖广和广西等省联络，拉拢督、抚等官员。康熙为此处斩了孟光祖，并将与此案有牵连的佟国襄革职，对年羹尧革职留任。对允祉虽然不加追究，但并不意味着允祉与孟光祖的活动无关。允祉还将"颇通才学、兼通天文"的武进县人杨道升请到府里，询问天象，试探得皇位的可能性。后来雍正斥责他"希冀储位"，在废允礽后"以储君自命"，应当是有所根据的。但他毕竟是书生本色，缺乏政治手腕，关于立储一事，看不出康熙有寄意于他的任何迹象。

四　八阿哥争储过于明目张胆，为皇父所忌恨

皇八子允禩，康熙二十年生，母良妃卫氏。少时为皇长子允禔生母惠妃所抚养，因而与允禔相亲近。康熙的哥哥裕亲王夸他"心性好，不务矜夸"，"有才有德"。诸臣奏称其贤。深得康熙的欢心。康熙三十七年受封为贝勒，在受封兄弟中年齿最幼，时年仅十七岁。他以仁爱自励，着意笼络人心，收揽人才。无论是文士还是术士，乃至鸡鸣狗盗之徒，他都广为结纳。利用这些人为之制造舆论，测算天命，观察天象，充当鹰犬。他与皇长子允禔、皇十四子允禵深相勾结，旨在搞垮皇太子；但又各怀鬼胎，以夺取储位为目标。为达到这一目的，不惜密谋刺杀皇太子。首次废掉皇太子，固然是皇太子咎由自取，但允禩等人的作为显然也起到了推波助澜的作用。

太子被废后，企求储位的皇长子允禔看到无望后，转为支持皇八子允禩。当他用"面相人张明德曾相允禩后必有大贵"的话保荐允禩为太子时，不期反而激起康熙对允禩的大怒。康熙处决张明德，斥允禩"柔奸性成，

妄蓄大志"，阴谋夺储位。"将允禩锁拿，交与议政处审理"，革掉贝勒的爵位，并禁止他人为之辩护。当皇十四子允禵竟敢冒犯父皇，为允禩求情时，康熙被激怒得几乎欲杀之而后快。可见对允禩之处置态度之坚决。但是，由于允禩善于笼络人心，事后依然有人保奏他当皇太子。废皇太子后的两个多月，即康熙四十七年十一月十四日，康熙在畅春园召集满汉文武大臣，共议举奏太子事宜。令从诸皇子（除皇长子外）中举奏太子人选，表示"众议谁属，朕即从之"。当阿灵阿、鄂伦岱、揆叙和王鸿绪等大臣保举允禩时，康熙以他未曾历练政事，近又罹罪被拘禁中，其母出身寒微等为由，说不宜立为太子。后来发现保举皇八子的这帮大臣是"私相计议"，互相串通的，其后台是舅父佟国维和大学士马齐。康熙对此怒不可遏，痛斥佟国维和马齐别有用心，说允禩"庸劣无有知识，倘得立彼，则在尔等掌握中，可以多方簸弄"。在这一举奏太子的事件中，皇八子的太子梦不仅破灭，而且使举奏之诸大臣受到连累。

康熙在处理允禩阴谋通过王公大臣的举奏来夺取储位事件，以及惩处皇长子允禔阴谋夺嫡案件中，发现允禩与允禔狼狈为奸，允禔固然狠毒，允禩尤为阴险。他甚至把复立太子一事，说成是为了防止允禩夺取储位。康熙在复立太子后就说："诸大臣保奏八阿哥，朕甚无奈，将不可册立之允礽放出。"从此可见对皇八子的厌恶。

皇八子并未因争储位受挫而善罢甘休，当皇太子于康熙五十一年再次被废黜时，他以为前有被保举当太子的历史，当再有被保举的可能。竟抑捺不住，专此径向康熙做试探。他对康熙说：我如今当如何做？要么装病，以免再发生保举之事。康熙说他这是越分不法之言。对他的如意算盘，做这样的揭露：自以为我已老迈，岁月无多，一有不测，他既为人所保举，届时谁敢与他争执？嗣位稳拿无虞矣！

尤其使康熙不能容忍的是，允禩恃其精明能干，善于笼络人心，又与诸皇子中的皇九子允禟、皇十子允䄉、皇十四子允禵，大臣中的鄂伦岱、阿灵阿等结成党羽，其财产，各有数百万之富；其权谋术数，足以迷惑人心，扰乱视听；其声势之大、党羽之众，莫能与之抗衡。据此实力，竟敢藐视皇父。太子允礽复废后不到两个月，康熙外出打猎，驻跸京北的遥亭。允禩出京为生母两周年忌辰祭祀，礼毕住京北的汤泉，与康熙行在相距不远。他不仅不亲往行在请安，反而着人送去一只将死的鹰。康熙认为这是将自己比拟作一只奄奄一息的垂老之鹰，素以雄才大略自许的康熙，何能忍受这种藐视？为此气得发昏，心脏病也险些发作。康熙大斥他"不孝不义"，视之为逆子，恨之入骨，甚至担心他逼宫篡位。康熙曾以不安的心情说：允禩"党羽甚恶，阴险已极，即朕亦畏之"。他告诫王公大臣说："朕恐日后必有行同狗彘之阿哥，仰赖其恩，为之兴兵构难，逼朕逊位而立允禩者。""果若如此，朕唯有含笑而殁已耳！"康熙五十五年九月，康熙对病危的允禩所持的态度，更能说明问题。允禩得了伤寒病，住在从京城往西郊畅春园路上的一处花园里。他已病得病体支离，处于垂危状态。康熙正从热河经京都往畅春园，唯恐路经允禩住处不吉祥，着人传旨给料理允禩病务的胤禛、允裪："将允禩移回家中之处，着诸皇子议奏"。此旨既表达了他的意思，又允许诸皇子建言。胤禛见旨，即要把允禩移回他在城里的府中，但九阿哥允禟不同意，理由是允禩病重，不宜移动。康熙闻悉，即说八阿哥已不省人事，若欲移回他的府中，"断不可推诿朕躬令其回家"。回看康熙四十七年巡幸塞外，皇十八子允衸罹病，治疗未见效时，康熙焦急如焚，太子对弟弟之病关切不够，斥之为"无友爱之意"，激起了对太子的愤懑。对十八阿哥怜爱有加，关切备至；对病危的八阿哥却视同路人，不顾其死活。父子之情，两者相较，何止天壤之别？康熙对八阿哥如此厌恶，如此猜疑，如此绝情，怎么可能传位于他？！

五　皇十四子有才有谋，但党附八阿哥且嫌孟浪，传位于他有大权旁落之虞

我们再看皇十四子允禵承位的可能性。允禵生于康熙二十七年，是四阿哥胤禛的同母弟。他党附八阿哥允禩，当允禩争储位受挫后，这一集团中的人寄希望于他。这是由于西北战事发生，康熙于五十七年三月命他为

"大将军王"，出征西宁，镇压策妄阿拉布坦的叛乱，为他在政治舞台上大露头角提供了机会。这一特命，以专征重托，集生杀予夺于一身，权重位尊。看到康熙对他如此倚重和信任，八阿哥集团的人自然欢欣雀跃，认为这是久悬的储位有所属的表示，也是他们争得储位的好机会。九阿哥允禟情不自禁地称誉他"才德双全，我兄弟内皆不如，将来必大贵"，甚至明目张胆地对允禵说："早成大功，得立为皇太子。"允禵也以皇储自许。他第一次离京西征前，对九阿哥说："父皇年高，好好歹歹，你须时常给我信儿。"又说，皇父"但有欠好"，就早早带信给我。他身在西宁，眼睛却盯着皇位。

是否如八阿哥集团所一厢情愿的那样，康熙真的已把立储一事寄意于十四阿哥呢？种种迹象表明，作为有才能、有谋略，奋发进取的皇子，逐渐为父皇所倚重、所赏识，按理是有条件被选为皇储的。但就当时的情况而言，作为考虑之列犹可，已经属意于他却不符事实，因为他还面临着另一个条件更优越的对手四阿哥。如果他能在平定策妄阿拉布坦的战事中表现出卓越的才干，取得显赫的战果，似乎还可以缩短与皇储目标的距离。他在康熙五十九年率军进入西藏，扫除了准噶尔人的势力，结束了西藏的战乱，无疑是立了大功。但是，在策妄阿拉布坦领区，战事却一直没有进展，而且军士病亡时有发生。为此，康熙于六十年十月，召他回京，面授用兵方略。他从是年十一月滞留至次年的四月才重返行辕。战事并非如原来想象般顺利。因此，没有理由说康熙已经内定他为太子。

上面我们说，从康熙对他的倚重看，有可能意在培养他成为皇储，这仅是一种猜想。从这件事，也可做出另一种判断。有学者认为，康熙明知道允禵党附允禩，受允禩支配。传皇位于允禵，最终有大权旁落于允禩的危险。这是康熙最担心出现的局面。同时允禵是一位最易铤而走险的人，他敢于冒犯父皇龙颜，不顾事实，保奏允禩无心加害皇太子而激怒康熙拔刀欲杀之，即一例。允禵就是康熙所说的"行同狗彘之阿哥"，可以为允禩"兴兵构难"，以逼宫逊位的人。远遣出征在外，可以避免他在京冒险生事，既分散了允禩的势力，又可让他的才能在西征中发挥作用。这是康熙对允禩集团略施小计，以保证他心目中的皇储能顺利继位。如此分析，同样也是一种猜想。

允禵不是康熙心目中的皇储，我们还可找到更有力的理由。这就是允禵被远遣西征，并长驻西北军前，康熙病重仍未被召回。我们知道，康熙从四十七年冬始，疾病缠身，已有桑榆晚景之感。到了康熙末年，病情愈益加重，自感来日无多，说什么"生死常理，朕所不讳"。在此情况下，不可能立长驻西北的儿子为太子。当然就这一件事而言，也有人引出不同的结论。认为争储激烈，在京不安全，令其外出，倒合"申生在内而危，重耳在外而安"之意，允禵握有重兵，何事不可为？这种分析，也不符合事实。允禵拥兵在外，并不有所作为；让允禵握重兵作为争皇位的实力后盾与康熙的主张也是相违悖的。康熙最担心的正是为嗣位事，"兴兵构难"，天下大乱；他需要的是顺利缵承大统，国泰民安。

以上种种分析，都否定了康熙要传位于皇十四子允禵的看法。下面我们来看看皇四子胤禛在康熙心目中的地位与承大统的可能性。

六 胤禛以孝、诚、和、忍为宗旨，养韬晦光，深得康熙的喜爱和信任

皇四子胤禛，生于康熙十七年。在储位的角逐中，也从不让人，只不过善于伪装，采取内张外弛的策略。他门下的奴才戴铎的话，最能概括他在争储中的行为，这就是"孝以事之，诚以格之，和以结之，忍以容之"。他注意在父子情感上与康熙沟通、交流。每当奉侍从御驾时，总是善解圣意，殷勤恳切。康熙赞他"诚孝"。在建言与奉命处理政务中，处处表现出对皇父的绝对忠诚和孝敬，所以赢得其父的欢心。康熙将畅春园附近的一处花园赐予他，并赐其名为"圆明"，这就是后世享有盛名的圆明园。康熙建造热河避暑山庄之后，也将其侧的狮子园赏予他。康熙晚年，面对诸皇子争储而引发的明争暗斗、互相倾轧的格局，恼怒交加，险些病倒，因而父子感情日疏。唯他和三阿哥尚能承欢于父皇膝下，常被召随驾做京西和热河花园之游。不仅如此，康熙有时也临幸赏赐给他们各自的花园，这是

他们的殊荣。据冯尔康教授统计，康熙临幸胤禛的花园有十一次之多。康熙辞世前的最后一年春，他幸临胤禛的圆明园牡丹台赏花，乘其兴趣正浓之时，胤禛把弘历（即后来的乾隆帝）引出与其翁相见。康熙一见，对此孙格外青睐，命送宫中养育。尔后又命带弘历随驾往热河避暑山庄居住。当弘历随从康熙临幸其父的另一花园狮子园时，康熙召见弘历的生母钮祜禄氏，连口称她是"有福之人"。康熙挥毫书写"五福堂"匾额以赠胤禛。从此可见父子情感之笃。

由于装出勤慎孝悌的样子，他既博得康熙的喜爱，也赢得兄弟的欢心。与兄弟，虽怀有疑忌，心存对立，但在康熙面前，从未流露，反而处处显出孝悌之情。康熙五十三年，当八阿哥受谴时，他径向父皇求情，说八皇子的好话。其父为他常"为诸阿哥陈奏"所感动，说他"性量过人，深知大义"，"似此居心行事，询是伟人"。他富有心计，而城府深锁，高深莫测。他本苦心孤诣地一味争储，但当其门下奴才戴铎向他陈述争储的纲领时，却煞有介事地说什么"我若有此心，断不如此行履也。况亦大苦之事，避之不能，尚有希图之举乎？"甚至访名山古刹，与山僧、野老交游。视荣华富贵为过眼烟云，他写道："千载勋名身外影，百岁荣辱镜中花。"他辑录群书中赏心悦目的文字，命名为《悦心集》，借以宣传恬淡、出世的思想。他装扮成怡然自得、与世无争的"天下第一闲人"。显然是为了躲开政敌，采取的是韬晦之计。

但是，当他接受康熙指令处理案件和事务时，却表现出认真、果断，而且讲求功效，与他诗文中表达的怡然自得、玩世不恭迥异。他显然在刻意向康熙表露其才干和政治主张。例如奉命查处太监曹之璜索诈案件时，置以重典，"以警戒余人"；得知鄂伦岱以国戚自居，不知畏惧，且结党营私时，主张乱臣贼子，当正以国法，不当宽贷。正如戴铎所评价他的："聪明天纵，才德兼全，且恩威并济"，不似八阿哥"柔懦无为"。康熙晚年，对胤禛不仅频繁召见，差遣亦明显增多。频频委以代行祭典的差事，尤其值得注意。大祭主持，历来皆由康熙亲行。康熙晚年因年迈多病，往往命胤禛代行大祭之礼。这表明康熙对胤禛的倚重，也是对可能由他嗣位的一种暗示和默认。

胤禛为争储而结集党羽，也不后于诸阿哥。川陕总督年羹尧、步军统领隆科多、皇十三子允祥等，都是其党的骨干。只不过人数有限，且身居要职者仅限前提及的三位，其余的皆不属显官，而且争储不那么明目张胆，不为朝廷内外所注目罢了。但这些人在他嗣位的关键时刻，却起到无可替代的作用。

综观有条件嗣位的诸皇子中，太子允礽两度被废黜，难以东山再起；皇长子允禔，阴险毒辣，心术不正，已被监禁；八阿哥允禩由于明目张胆地争储，为父皇所忌恨；三阿哥允祉是一位坐而论道的学者，缺乏政治才能；十四阿哥允禵虽有才干，但尚嫌孟浪，且本属八阿哥党人，立之有大权旁落之虞；唯四阿哥胤禛有可能具有如同康熙晚年就立储事对王公大臣所说的"坚固可托"的理想太子的条件。康熙曾说："朕万年后，必择一坚固可托之人与尔等作主，必令尔等倾心悦服，断不致赔累尔诸臣也。"这里说明康熙对皇储一事，心中已有所属，而且早于康熙五十六年冬写了遗诏，安排了后事。这一遗诏，花了十年的时间酝酿而撰写，可见是经过深思熟虑的。为恪守他的不再预立太子的主张，自不可能将立储事写在其中；也因此之故，不再向王公大臣透露罢了。

康熙于六十一年十一月七日发病，便从南苑回驾畅春园静摄。初九日，因病不能亲行南郊冬至祭天大礼，命胤禛代行祭礼。胤禛遵旨于斋所斋戒，唯派人往皇父榻前问安。十三日，康熙弥留之际，三度从斋所急召胤禛晋见。负有祭天重任的胤禛，一天内三次被召见，必寄重托。有一说是晋见时，康熙将其父顺治帝赠予他日常持带的念珠传予胤禛。是日还召见皇三子、皇七子、皇八子、皇九子、皇十子、皇十二子、皇十三子和理藩院尚书、步军统领隆科多。康熙戌刻（晚7—9时）崩于寝宫，由隆科多传旨，谕令皇四子胤禛继帝位。

综观诸皇子争储的表现和康熙对诸子的态度，以及康熙弥留之际的史料记载而做出理性推论，胤禛的继位应当是康熙的本意，既没有夺嫡，也不存在改诏篡位之事。

七 宫中逐鹿，得者必遭诟病

雍正嗣位一事，一直众说纷纭，成为历史上的公案。关于雍正夺嫡的种种传闻，以及野史记载，其真实性如何呢？试举其要者略加剖析。

一说是康熙原传位于十四阿哥允禵，四阿哥胤禛将"十"字改为"于"字，篡了位。要彻底攻破这一传说，最有力的证据是拿出康熙亲笔传位的遗诏。康熙死后三天，即于十六日宣布的遗诏，用的是满文本，此诏与康熙五十六年冬预作的遗诏基本相同，唯增加指定继位人和遵照礼制办理丧事的内容。后者显然不是康熙生前亲笔。因用的是满文，引起御史汤保等人参奏宣读遗诏的鸿胪寺官，指责其没有宣读汉文本。可见遗诏应有满、汉两种文本。满文不存在如同汉文般为篡改提供方便的情况。就是汉文本，做如此篡改也是行不通的。改成"传于四子"，四子之前缺少"皇"字不符清朝制度，而且当用"传於"，而不是"传于"，因为当时的"於"与"于"尚未通用。可见此说不符事实。

另一说是康熙病中本降旨召十四阿哥允禵从军前来京，此旨为隆科多所隐。先帝宾天之日，允禵未到，隆科多遂宣旨立胤禛。此说是不符清代朝廷办事程序的。下诏召回允禵，当时应由内阁票拟诏书，由兵部派专差由驿站发送。在内阁、兵部没有任职的隆科多不可能越分插手此事。何况当时诸皇子争储激烈的情况下，果真有此事，必然引起天下大乱。而且隆科多怎么可能不成为讨伐的对象呢？

类似的传闻，同样缺乏证据。依笔者之见，康熙复立、复废太子本是一大失策，诸子争储又闹得满朝乌烟瘴气，朝廷内外围绕着"国本"的废立，议论纷纷。在此情况下，无论哪一皇子继位，都势必引起议论和猜疑。加之争储的失败者，绝不可能善罢甘休。因此，就胤禛继位事，抓住一点，不及其余。按照自己的理解和愿望，加以发挥，敷衍成各种各样的故事，经口耳相传，距事实也就可能愈来愈远了。

本文原刊于（香港）《文学与传记》1999 年第 7 期。

略论雍乾时期社会经济的结构性
变迁及其历史地位

    清代的康雍乾三朝，历来被史家津津乐道，称颂之为"康雍乾盛世"。在这一历史时期内，社会经济发展的趋势是：康熙中后期（从康熙二十二年至六十一年，1683—1722）为"盛世"的起步和奠基期；雍正和乾隆的前中期则是它的继续发展和巅峰期；乾隆后期（乾隆四十年，1775 年以后），盛世已陷入停滞并渐露衰微的迹象。本文力图论述雍正、乾隆时期（1723—1795）社会经济的结构性变迁及其在中国历史上的地位与特点。

一

    雍正、乾隆时期，社会经济的变迁最引人注目的是人口的急剧增加和土地垦辟的显著扩大。

    在以劳动力为社会生产力的主要标志和以土地为基本生产资料的传统社会，人口和耕地面积急剧的、大幅度的增长是社会经济繁荣的主要标志。

    根据何炳棣教授的估计，明代万历中期，我国的人口约为 1.5 亿人[1]。经历了明末清初战乱的顺治初年，估约 1 亿人。就是说经过明末的大战乱，

---

① Ho Ping-ti, *Studies on the Population of China 1368–1958*, Cambridge, Massachusetts：Harvard University Press，1959，Chap. 2.

人口减少约 1/3①。到康雍之际，经过半个多世纪的恢复，人口已大体达到明万历中期的额数。尽管经历半个多世纪方得复原，但时人不察，只觉得这期间的人口繁衍迅速。当时的人口与土地的比例不仅没有失调，而且由于人口的恢复，为边陲地区和山区的开发提供了劳动力。然而，康熙、雍正二帝目击人口急剧繁衍的现象，已投以深切的关注。康熙五十三年，康熙帝说：

> 条奏官员每以垦田积谷为言，伊等不识时务。今人民蕃庶，食众田寡，地尽耕种，此外更有何应垦之田为积谷之计耶？②

雍正帝即位的次年（1724），在一次对各省督抚的谕旨中也说：

> 国家休养生息，数十年来，户口日繁，而土田只有此数，非率天下农民竭力耕种，兼收倍获，欲家室盈宁必不可得。③

他俩由于人口的压力而产生的忧患感溢于言表。康熙帝甚至为了摸清人口的底细，于康熙五十一年降旨说：

> 各省督抚奏：编审人丁数目，并未将加增之数尽行开报。今海内承平已久，户口日繁，若按见在人丁加征钱粮，实有不可。人丁虽增，地亩并未加广。应令直省督抚，将见令钱粮册内有名丁数，勿增勿减，永为定额。其自后所生人丁，不必征收钱粮。编审时，止将增加实数察明，另造清册奏报。朕凡巡幸地方，所至询问，一户或有五六丁，

---

① 17世纪出现过一次全球性的危机。这次危机一部分是由于气候方面，当时全球各地的平均气温普遍下降2—8℃，被一些史学家称为"路易十四小冰期"。有人认为1605—1655年，中国人口减少了35%，这与欧洲各国人口减少的比例大致相同。见魏斐德《关于中国史研究的几个问题》，陈志和整理，《广东社会科学》1985年第2期，第111—112页。
② 《清圣祖实录》卷二百五十九，康熙五十三年六月丙子，台北：华文书局股份有限公司，1969。
③ 《清世宗实录》卷十六，雍正二年二月癸丑。

止一人交纳钱粮，或九丁十丁，亦止二三人交纳钱粮。……前云南、贵州、广西、四川等省，遭叛逆之变。地方残坏，田亩抛荒，不堪见闻。自平定以来，人民渐增，开垦无遗。或沙石堆积，难于耕种者，亦间有之。而山谷崎岖之地，已无弃止，尽皆耕种矣。由此观之，民之生齿实繁。朕故欲知人丁之实数，不在加征钱粮也。……直隶各省督抚及有司，自编审人丁时，不将实数开明具报者，特恐加征钱粮，是以隐匿不具实奏闻。[①]

从这段谕旨中可以看出，康熙帝根据躬临视察的情况，认为官方编审的人丁和实际数额相去甚远。之所以隐匿不报，是"恐加征钱粮"。因此，从康熙五十一年起实施的"盛世滋生人丁永不加赋"，是为了取得人口和丁（按16—59岁属丁）的实数。但是，"恐加征钱粮"的心理，不是一纸谕旨所能消除的。从康熙五十年至六十一年的十一年间，人丁从24621324人增至25763498人，仅增加了1142174人。显然，这一数字较之于人口实际数仍相去甚远，只不过表示了为取得人口实数，康熙帝用心之良苦罢了。实际上，此时的人口当已达明万历中期的额数。这里应当指出，康熙帝出自对人口快速繁衍的忧虑，而企图用实施"盛世滋生人丁永不加赋"的政策，来摸清人口的实数，然而，其目的没有达到，客观上反而鼓励了人口的增殖。这是康熙帝始料不及的。

据官方的统计，乾隆二十七年人口数突破 2 亿大关。乾隆五十五年突破 3 亿大关。这是中国人口史上具有深远意义的数字。

人口如此迅速繁衍，其原因是多方面的。有国家政权体制及其实施的政策等政治因素，也有社会和经济方面的因素。我们知道，新建立的清皇朝在恢复社会各方面正常运转的过程中，所采取的措施同前朝明代大同小异，耗费的时间却多了一倍。继康熙帝之后的雍、乾二帝是历史上精明能干的封建帝皇，富有进取精神，单从雍正帝一丝不苟、卷帙浩繁的朱批谕旨，就可看出他履行皇帝职责之认真。除雍正帝外，康熙帝和乾隆帝祖孙

---

① 朱寿朋编，张静庐等校《东华录》康熙朝，康熙五十一年二月乙亥，中华书局，1958。

寿命皆长，在位时间分别达六十一年和六十年，使其政策能够保持连续性地实施，因而也就保持了社会的长期稳定。这就为人口得以平稳增殖提供了前提。又如前述的康熙五十一年实行"盛世滋生人丁永不加赋"的政策，以及雍正年间推行的"摊丁入地"、取消人头税的政策，客观上也鼓励了人口的繁衍。尤为重要的是小农经济结构，历来就有鼓励增殖人口的机制，而且是深层长期起作用的因素。持久的社会安定，使这一机制得到充分的发挥。又如耕地面积通过开发山区及边区得到扩大，农业生产集约化的提高，高产作物如玉米、番薯等的广泛推广，工农业产品商品化的增进，等等。加之1680年至1820年，是世界性气温回升的长波，使农业生产能够保持平稳地发展。这些都使物质资料生产有可能养育更多的人口。要言之，因政治、经济和社会各种因素以及自然气象等因素的相互结合、交相作用，而出现了一个持续一个世纪的经济繁荣和政治开明的中国历史上所仅见的"盛世"局面，是人口得以突破2亿，乃至3亿大关的原因。

人本身的生产和物质资料生产，在传统社会是互为条件、互相渗透、互相制约的。两者之间必须保持一定的比例关系，人类社会方能协调地发展。一旦失调，就会给社会带来危机。作为物质资料生产的主要对象的耕地，雍乾期间增长的情况如何呢？它与同期人口的增长速度相比较是否协调呢？现根据官方的记载，将雍正二年至乾隆四十九年（1724—1784）耕地与人口的变动比较统计如表1所示。

表1　雍乾时期耕地与人口的变动比较统计

年份	全国入册耕地面积（顷）	指数	全国在册人口数（人）	指数	每人平均耕地数（亩）
雍正二年（1724）	7236327	100	25510115〔150000000〕	100	28.04〔4.82〕
乾隆十八年（1753）	7352218	102	183678259	720〔122〕	4
乾隆三十一年（1766）	7807290〔9800000〕	108〔135〕	208095796	816〔139〕	3.75〔3.42〕

年份	全国入册耕地面积（顷）	指数	全国在册人口数（人）	指数	每人平均耕地数（亩）
乾隆四十九年（1784）	7605694〔9800000〕	105〔135〕	286321307	1122〔191〕	2.65〔3.42〕

注：〔〕内数字系修正数。

资料来源：孙毓棠、张寄谦《清代的垦田与丁口记录》，中国社会科学院历史研究所清史研究室编《清史论丛》第1辑，中华书局，1979。

　　表1中的田亩统计数，我们只能视为官府所掌握的耕地纳税单位数字。基于度量衡制度的混乱，田地山塘河荡折算弊病繁多，而且多用目测估算，未做过严格的测量，欺隐漏报也在所难免。官方所掌握的这些数字与实际之背离是不言而喻的。但是，这些统计数的消长尚能大体反映其增减的趋势。人口或人丁统计数与田亩数一样，也是一个官方用以征税徭的依据，有的则径作纳税的单位。但到乾隆年间，特别是乾隆中后期的统计数相对地说是比较接近实际的，这是因为推行摊丁入地之后，经过事实证明，既已不把人丁作征税依据，也就无须隐瞒了。

　　正因为官方统计数之不确实，学者们根据各自的理由得出种种的修正数。笔者认为康熙末年，人口已恢复到万历中期的额数。表1中雍正二年人口的修正数即采自何炳棣教授对万历中期的估计数。乾隆三十一年田亩的修正数，则来自珀金斯《中国农业的发展（1368—1968年）》一书①。如果这两个估计数符合事实的话，那么，从雍正二年至乾隆四十九年的60年间耕地面积增加35%，而人口在同一时期却增加了91%。耕地面积保持平稳上升的趋势，而人口却是急剧增长。因此，人均耕地面积也从4.82亩降至3.42亩。

　　我们知道，乾隆年间，边陲地区如东北、东南沿海大小岛屿、云贵地区、西北地区的新疆和甘肃以及河南等均有程度不同的开发。乾隆中叶以后又着重开发内地的山地和丘陵地带。山头地角，乃至硗瘠之地也被垦辟了。尽管如此，仍跟不上人口繁衍的速度。

①　德·希·珀金斯：《中国农业的发展（1368—1968年）》，宋海文等译，上海译文出版社，1984，第310—313页。

耕地与人口比例的失调，我们从乾隆年间粮食的短缺、粮价的上升就可看出来。根据王业键、黄国枢先生的研究，粮食的短缺，主要发生在经济发达、人口密集的沿海地区。沿海各省除辽东和山东外，从北方的直隶省一直至南端的广东省这一狭长地带是当时的缺粮区。内地的湖北和山西也是缺粮区，余粮区为安徽、江西、湖南、四川、广西、陕西、河南、山东和东北地区。其余的则系自给自足区。① 这是各地区的自然资源与人口密度之差异所造成的。调节粮食盈绌的交通运输线，主要靠长江、运河和沿海航线三条水路。这三条航线与其相联结的河流、湖泊，组成水路运输网络。汉口、广州等大埠成为米粮贸易中心。据吴承明先生的估计，通过长途贩运的粮食已达 3000 万石（合 45 亿斤）以上。基于粮食短缺，就国内粮食做盈绌的调剂仍感不足。清王朝一方面严禁粮食出口，外出贸易的商船所带食用的米粮数量也有严格限制；另一方面，采取奖励外洋米谷进口的措施，输入洋米可免进口税，后来又不断提高对运米洋船的优待条件，甚至可对运进一定数量以上米粮的中国商人，奏请议叙，授予不同的官职。这种企求洋米的做法，表明朝廷对需求进口粮食之迫切心情。另外，我们从乾隆五十年和五十一年，朝廷所做的声势巨大、范围广阔的"劝种"番薯、推广高产作物的活动中，也可窥见当道者对解决粮食问题的苦心孤诣。

粮食紧缺，仅仅是人口压力的直接反映罢了。乾隆朝人口如此急剧增殖给社会所带来的影响是广泛而深远的。它为尔后社会的危机埋下了根子。嘉庆年间大规模的白莲教起义和此后太平天国运动，虽不能仅仅归结为人口的原因，但它不失为一个在深层起作用的历史因素。

二

中国传统社会和经济发展到高度成熟，是雍乾时期令人瞩目的成就。

雍乾时期的社会结构，呈现出多层次的复杂的多元关系。从阶级关系

---

① 王业键、黄国枢：《十八世纪中国粮食供需的考察》，"中央研究院"近代史研究所编印《近代中国农村经济史论文集》，1989。

看，既依然表现为地主与农民的对立，但彼此的关系已较前有所变化：出现了严格的隶属关系向单纯的纳租关系转变的趋势，人身关系日益削弱；地权也从地主的单独垄断演化成所有权与使用权的分离；佃农所享有的使用权，实际是分割到的部分土地所有权；身份和经济的相对独立性，使佃农支配自己产品的余地扩大。从社会组织看，国家政权势力企图渗透农村基层社会的里甲制（后改为保甲制）的作用，日渐为宗法制所取代。有姓氏与村庄合一的宗族组织，又有以神庙祭祀圈为范围的社区组织。宗族制本是贵族及官僚阶层的社会组织，经宋代程朱理学的改铸才庶民化，并且渐普及民间。雍乾年间尤其是宗族组织普及化的时期。值得注意的是在东南沿海地区出现了"泛家族主义"的历史演变。有同姓不同宗者，"虚立名号"，联宗通谱，建立共同的宗桃继承关系。更甚者，一些居住相邻近的单零姓氏，以抽签或占卦的方式来确定共同姓氏，并虚拟共同的祖先，合同组成一宗族。闽粤地区的宗族组织，多有分家提留族产的规定。代代提留，族产愈积愈大。族产丰厚者，演变为以营利为目标的经济实体。以上可见，宗族组织已从以血缘为纽带，演化成以地缘为纽带，进而演化为以经济利益为纽带。大凡以血缘关系为主要纽带的宗族，属继承式宗族；以地缘关系为纽带者，属依附式宗族；以经济利益为纽带者属合同式宗族。在依附式宗族中，弱房依附于强房，或弱姓依附强姓，合同式宗族的特征是族人各有一定份额的股份所有权，并以合同的形式确认各自的权利和义务[①]。以鬼神祭祀圈为范围组成的社区共同体则由族绅和乡绅相结合，形成带有自治性质的乡族集团。还有流行于城乡的秘密会社组织。这种组织合异姓为一家，使其宗族化。虚拟宗族、社区共同体和秘密会社，皆系以宗族为幌子的帮派集团。乾隆中后期，由地方乡绅倡导和控制的社仓、义仓、义学等慈善机构纷起，以此作为乡绅控制基层社会的一种手段。其目的是加强基层社会的内聚力。它同社区共同体组织是互为表里的。从身份等级看，则有良与贱、凡人与奴仆之区别，还有士绅与平民之分。

民间的社团组织，也获得充分的发展。城镇的工商业者，按地缘关系

---

① 参见郑振满《明清福建家族组织与社会变迁》，博士学位论文，厦门大学，1988。

所组成的会馆、公所越发增多，几乎已遍及各省首府、大小口岸及内地的商埠、市镇。清初迁入四川的移民也纷纷建立会馆（或称宫庙）①。会馆是所在城镇、口岸的某一地区同乡会。创建会馆的目的：一是联络乡谊，通过祭祀神祇和聚宴，为同乡者排难解纷，办理善举，以敦乡谊，增强凝集力；二是分析行情，共商对策，以谋本地区集团的利益。

我们看到这时期的社会基层组织虽无大兴大革的变动，但各种基层组织、社团、赈济慈善机构，互相胶着，互相重叠，趋向更多元化和严密化。

雍乾时期的经济发展水平，也达到了巅峰。这时期政治的开明、社会的稳定、实施奖励农耕的政策等，为经济发展提供了有利的社会生态环境。农业的耕作工具和排灌器械，从乾隆七年《钦定授时通考》看，没有新的进展。但过了几年，即于乾隆十二年，深耕犁见于记载②。这显然是为了适应集约化耕作的需要。应当说，乾隆年间的集约化耕作程度已达到空前的高度，这是当时农业的最大特色。注重选种、育种、引种，采用单株选种法（一穗传）所育成的水稻良种御稻，就是雍乾之际出现的③。水稻区北移，推广早熟稻。如四十子稻，在田仅 40 日便可收获，这就为多熟种植提供了可能性。家肥（沤制肥）的运用普及化，注意补充和培肥地力。乾隆十二年杨屾编著的《知本提纲》一书，对施肥技术做了总结，将我国肥料分为十大类，提出施肥三宜原则。深耕不仅为各地所采用，自乾隆四十三年始，北方地区还采用深耕、种植绿肥等方法，改良盐碱土。善于因地制宜创造出了多种多样的轮作复种、间作套作和多熟种植的耕作制度。这就等于扩大了土地面积，提高了土地利用率。农作物的组合型也趋向合理。既注意改善农作物生长的环境，又着力提高农作物本身的生长能力。珠江三角洲从明中后期始创造的多种经营，农牧桑渔结合，利用自然界物质循环，节能低耗，维持生态平衡，并实行农产品综合加工利用的所谓"桑基渔塘"形式的农业生态系统，在此时更臻于完善。它代表了中国传统农业

---

① 参见何炳棣《中国会馆史论》，台北：台湾学生书局，1966。
② 参见梁家勉主编《中国农业科学技术史稿》附录《中国农业科技史年表》，农业出版社，1989。
③ 参见梁家勉主编《中国农业科学技术史稿》附录《中国农业科技史年表》。

技术的最高水平。这些都标志着农艺在这时期有了显著的进步。还有值得注意的是，高产作物玉米和番薯的推广。玉米和番薯均能在砂砾地和山区生长，耐旱，不与五谷争地。玉米的大规模种植是在乾隆中期以后及嘉庆年间。那时广阔的山区及边陲、海岛地区皆因流民的移入而得到开发，适合于山地种植的玉米，因而迅速推广。16 世纪前期引入的新品种玉米，经历二百多年，其价值与意义，于此时才真正体现。番薯是明万历年间首先从闽广传入的，虽然它一引进，便受到重视，但极力推广，形成种植高潮，也是在乾隆年间。乾隆帝于乾隆五十年、五十一年下诏谕倡导种植，对推广这一品种起了推动作用。无论民间的乐意种植，抑或官方的劝种活动，皆非偶然。它是面对日益加剧的人口压力所做出的反应。因为番薯产量可"亩收数十石"，能"胜种谷二十倍"，不仅产量高，又可在高地种植，平时既可饱众多人之口腹，歉岁又可救饥馑。[①] 它不失为救灾之良种。

劳动产品的商品化有了引人注目的增进。华北、江南、珠江三角洲和川陕鄂三省边界山区等地区，扩大了经济农作物的种植，并由此而引起农产品手工加工业的兴起。社会分工的扩大，促进了商品经济的发达，商路的进一步开通。通达上游的长江航运，从上海至华北、东北的北洋商运，是在清前期畅通或发展起来的。为了运云南钢矿，在宜宾以下疏凿险滩，开通了金沙江航路 1300 余里，内河的航线已在 5 万公里以上，沿海航线也有 1 万余公里[②]。水运发达区如岭南地区、沿海运输与内河运输紧密相连为一体，形成一个纵横南海，通贯西、北、东三江，兼带岭北的巨大运输网络。市镇越发繁荣，农村集市蜂起，具有地方性和区域性的中心市场的市镇也有很大的发展。在商品经济发达的江南、岭南等地，墟市和地方区域中心市场组成一个相互勾连、各具功能的市场体系。称誉一时的天下四大镇——汉口、佛山、景德、朱仙，就是因商品经济的发展而兴起并于此时得到了长足的发展。它显示了与郡县市镇迥异的发展道路。华北地区的北

---

① 郭松义：《玉米、番薯在中国传播中的一些问题》，《清史论丛》第 7 辑，中华书局，1986。

② 许涤新、吴承明主编《中国资本主义发展史第一卷：中国资本主义的萌芽》，人民出版社，1985，第 271 页。

京、华中地区的汉口、江南地区的杭州、岭南地区的广州、东南沿海区的福州等皆成为统属一巨区的区域性市场中心地。彼此间的联结便初步形成了松散的、疏密不同的全国性市场网络。通过这些互相联结的市场，商货由上而下不断地扩散，或自下往上源源地集中，使市场经济生生不息。

商人集团与商人资本势力越发雄厚。称雄商界的徽商，藏镪百万者在明代还称巨贾，乾隆年间有的拥资已逾一千万，新崛起的广东洋商（或称十三行商人），拥资竟达二千多万，可与法国王公比富。长距离的商货贩运已有了进一步的发展，明代的长途货运主要集中于南北大运河航线（包括长江以南从赣江越大庾岭道进北江到广州的南路航线），雍乾年间贯穿南北的南、北洋航线和贯穿东西的长江航线已显繁忙，湖广的粮食、川陕的木材、江汉平原的棉花、蜀地的丝茶及南北土产，皆汇入长江航路。汉口的崛起，正以此为背景。货币金融经济也相应得到发展。城市的钱庄、银号、典当等信用交易市场比较广泛地建立，显示了货币流通的扩大化。

社会与经济的变化是互为表里的，正是受到商品经济的冲击，农民与地主之间的关系才逐渐从封建隶属向单纯的经济剥削转化，人身依附得以松弛。人身的自由使农民可以独立支配自己的剩余产品，促进了市场经济的发展。可见社会关系的变化，直接对经济发生影响，而经济的发展又促使基层社会结构的变迁。本文着重论述的基层社会变化，几乎都直接、间接地围绕这一问题而展开，我们认为只有发生在基层社会的变化，才真正反映了社会结构的变迁。

三

周边地区和山区的开发，各具特点的经济巨区和全国性市场网络的初步形成，是雍乾时期一重要历史特点。

多民族国家的统一局面，经过康雍乾时期对边境的用兵而得到了进一步的巩固和发展。中央对周边地区的有效控制，为边陲地区的开发提供了前提；人口的急剧增长而出现的相对过剩人口，也需要从内地向经济机会优越的边陲地区流动。东北地区被视为"龙兴"重地而厉行封禁政策,不允汉人流入。但是自康熙以后,直隶、河南、山东等地失掉土地的农民,冲破了清政府的"禁令",源源不断地流入东北地区。据统计,乾隆六年至四十二年（1741—1777）,到东北去的汉人就达789000人,使人口增加了一倍半①。他们带去先进的生产技术,和东北各族人民一起,开垦了大量的荒地,种上高粱、大豆和玉米。仅吉林一地,乾隆四十五年开垦的民地就达11600余顷,比雍正末年增加了四十二倍多②。蒙古地区,据乾隆十四年的估计,内地百姓往"归化城、八沟、多伦诺尔数处所属之人,已至数十万"③,原系蒙古草原的晋西北清水河地区,于乾隆元年设厅,"民人寄寓者十有余万"④。这些榛莽之地,因内地劳动人民移入而得以开发,他们传入农业、手工业技术,畜牧业也发展起来,还带去了中原的文化,使内地与蒙古地区的经济文化差别不断缩小。东南沿海大小岛屿,内地人民纷纷流入,建盖草寮房舍以居住,耕垦其间。台湾岛成为福建、漳、泉、福、兴等府和广东潮惠地区贫民流徙的场所。到乾隆三十四年,迁入台者"闽人约数十万,粤人约十余万,而渡台者仍源源不绝"⑤。迁台的汉人传入内地的农业、手工业生产技术,与高山族人民一起,种上五谷、棉花,还种蔗制糖。西南地区的云贵两省,则成为全国开矿业最发达的地区,生产银、铜、黑白铅、铝等的矿厂林立,规模在万人、数千人不等⑥。云南矿业的大厂,工人竟达七八万人。有人说"合计通省厂丁,无虑数百万人"⑦。云贵矿业的发达,反映了商品货币经济发展对矿产品需求的增大,也是乾隆帝顺应经济发展的要求,所采取的从严厉禁矿转为允准并鼓励开矿的有胆识的明智的政策的结果。

---

① 乾隆《盛京通志》卷三十五《户口》。
② 乾隆《盛京通志》卷二十四《田赋》。
③ 光绪《大清会典事例》卷九百九十四《理蕃院》三十四《刑法》《盗贼》,《续修四库全书》史部第551册,上海古籍出版社,1996。
④ 刚毅修,安颐纂《晋政辑要》卷一,《续修四库全书》史部第573册。
⑤ 《清高宗实录》卷八百四十五,乾隆三十四年十月。
⑥ 《清高宗实录》卷三百一十一,乾隆十三年三月癸丑。
⑦ 唐炯:《成山老人自传年谱·附录》,宣统二年铅印本。

边区的开发及其经济发展水平的提高，促进了它同内地的经济交往。这又为多民族国家统一局面的巩固产生了积极的作用。

乾隆中叶之后，人口从流往边陲地区转为以流入山区为主。我国广大幅员属于山区丘陵地带，从流行的"三山六水一分田"的古谚中可看出山区所占分量之巨①。鄂西、湘西、赣粤山区等多为少数民族所聚居。经过雍正年间大规模地推行"改土归流"之后，朝廷以中国原有行政机构代替土司的部落制度，采取更有活力的融合政策，撤除了各少数民族与汉族间历来所存在的种种藩篱，为汉族劳动人民进入山区开发创造了有利条件。进入山区者，或依山傍谷，结棚有居，以开山种地为务；或聚集于矿区，以开采矿产为业；或将山区的产品进行加工，发展制茶、伐木、造纸等手工业。山区的农业和手工业因而得到发展。有些山区如川陕鄂地区，商品经济得到长足发展，成为著名的经济发展区。

从上可见，相对过剩的人口为寻找优越的经济机会和生活水平，先流往边陲海岛，继而向山区移徙。人口的流动，使其布局趋向合理，既缓解了人口对社会压力造成的矛盾，周边和山区也因而得到开发。

在全国政治统一局面的条件下，由于商品经济的发展，在市场网络和交通、资源等因素的交互作用下，初步形成江南、华北、华中、岭南、东南沿海等几个自成体系而又各具特色的经济巨区。

这里所谓的经济巨区，是以位于具有丰富资源和优越交通条件的经济核心区内的某一城市为市场中心地，通过交通渠道不断向四周扩展其贸易范围，在以它为中心联结周围各级市场所组成的市场网络的长期统合下而形成的。经济区域与市场中心地的形成是连在一起的，市场中心地是经济区域中的枢纽点。经济区域既因经济交流的统合而形成，又受资源分布和地理特征所制约。

---

① 据中国科学院自然区划委员会所编的四百万分之一《中国地貌类型图》（中国科学院自然区划委员会所编《中国地貌区划》，科学出版社，1959）一书的估算，我国各种山地约占全国土地面积的 2/3（66.1%），平原占 1/3（33.9%），可谓一多山国家。今天之所以有约 1/3 人口、4/10 耕地分布于山区，1/3 粮食出产于山区，乾隆年间对山区的开发，实为一关键。

江南经济巨区，处于长江下游，地势低平，形成以太湖流域为中心的浅碟形。大运河的最南段——江南运河纵贯三角洲的中部，湖泊和河塘交错，太湖流域联结许多湖荡和河港。水网密集，具有水土、热能等优越条件，适合农业生产。河道宽而浅，水量大而流速小，适宜养殖业。唐宋以来，众称"鱼米之乡"。将农业经营和各种副业、家庭手工业结合起来，形成以粮食生产为主、兼营蚕桑、棉花、养鱼、茶叶、水果等副业，以农带副、以副养农的产业结构。商品经济发达，市镇林立，形成以苏州为市场中心地，联结多等级市场的商品流通网络。以输出生丝和绫绸等丝织品以及棉花、棉纱和棉布为主，输入的商品则以长江中上游的粮食为最主要。都市化和人口密度皆处于全国之首位。

华北经济区，包括黄河中下游、海河水系，淮河和滦河流域地区。处于中纬度（33°N—41°N）暖温带。北部、西部、西南部有燕山、太行山、伏牛山和大别山等环抱，东部濒临黄、渤两海，除山东和苏北有局部丘陵山地外，平原坦荡通阔，为中国最大的平原区域。农业生产、粮食作物以旱地作物如小麦、高粱和谷子为主，经济作物以棉花、花生、大豆、烟草为最重要；手工业则以棉纺织业为最为有名，济宁、东昌等地棉布勃兴，山东一带原为传统的江南布市场，此时已被济南、东昌棉布所夺。[①] 商品经济发达的山东一带，哪怕是偏僻的乡村也有市集分布，整个区域已形成以顺天府（北京）为中心的市场网络。

岭南经济区，北倚南岭，南滨南海，有珠江水系纵横其间。处于亚热带和热带范围，受热带海洋性气团影响，水资源之丰为全国之冠。作物可三熟，适宜于热带经济作物及多年亚热带经济林木和水果。经济发达的珠江三角洲是其经济核心区。生丝和丝织品、糖、铁器、果品等是输出的主要产品，广东所缺的粮食，除从本区域的广西补给外，还从湖南、江西乃至暹罗、吕宋等地输入。广州是本区域的市场中心地，通过珠江水系将散布各地市镇统合起来。区域内不同等级的市场相互联结，形成层层勾连、功能各异的市场网络。

---

① 临清市人民政府编《临清州志》卷十一《市志》，山东省地图出版社，2001。

东南沿海区，主要指福建省（包括台湾府）。发源于武夷山的众多河流所构成的排水盆地，是该区域的经济核心区。该区域背山西海，西、北二面无坦途与邻省相通，自古号称海疆偏僻处；东南二面滨海，有鱼盐之利。明代以来，农业有显著的发展，尤其令人瞩目的是经济作物的大规模种植。这里成为茶、烟、糖、水果的重要产区，所缺的粮食，主要仰仗台湾运进，也从广东、江浙转运来一部分，还有部分是从海外的吕宋等地输入。尽管乾隆二十二年关闭闽海关，但仍允准厦门与吕宋间的贸易。事实上商人通过贿赂官员，依然进行海上走私贸易。对外贸易给该地区注入经济活力。商品经济发展水平较高。输出的产品糖、瓷器、茶为大宗。区域内部商品交换活跃，墟市蜂起。例如乾隆时，上杭县平均约 15 个自然村、160 户 800 口便有一处市集①。各层次的市场相互勾连，形成以福州为中心地的市场网络。

长江上游区，其核心是四川盆地，盆地内部地势低缓，气候条件优越。在南部长江河谷和岷、化、嘉陵江等下游地带，气候条件更好，适合农作物生长。成都平原自古被称为"天府之国"。明末农民大起义中，四川破坏最为严重。明代本是富庶之地，清初已变成人烟稀少，田园荒芜之区。为了恢复四川的社会经济，官府通过招徕流民的办法，增加四川的劳动力。湖南、湖北、江西、福建、广东的贫苦百姓纷纷迁入，尤以两湖为最多，故有"湖广填四川"之谚。到乾隆中期，人口的移入已显饱和。社会经济得以恢复，并成为沿海缺粮区的粮食供应基地之一。商品经济也得以复苏。除少数边缘山区外，一般墟场（墟集）平均面积在 100 平方公里以内，从十几平方公里至上百平方公里；场均人口在 1000 至 8000 多。② 尽管农村墟市的分布密度较之于江南等商品经济发达的地区还属稀疏，但各级市场已互相联结，初步形成以成都为中心的市场网络。

---

① 据乾隆《上杭县志》卷一《区域》，又卷三《版籍》记载做出的计算，转引自厦门大学历史研究所社会经济史研究室编著《福建经济发展简史》，厦门大学出版社，1989，第 254 页。

② 高王凌：《乾隆时期四川的场市、场市网及其功能》，中国人民大学清史研究所编《清史研究集》第 3 辑，四川人民出版社，1984。

其他如云贵地区、东北地区、内蒙古地区、新疆西藏地区等，也出现了许多繁荣市镇，但尚未形成有系统的市场网络。

前述的经济区域，既各自形成网络，区域之间也通过长江、大运河和沿海航线，联结其他的大小河流，形成一个相当有效的运输系统。每年大约3000万石（合45亿斤）粮食和4500万匹的棉布，以及其他商货，便通过这一系统运销各地。这标志着全国性市场已初步形成。

四

中国被卷入更广阔的世界市场，在世界市场上的地位日渐从优势向劣势转化，这是雍乾时期的又一重要历史特点。

18世纪，是世界资产阶级取得革命胜利的时代，是从原始积累向产业革命转折的时代。此前，英国资产阶级革命取得胜利。1775年爆发了英属北美十三个殖民地独立战争，次年通过《独立宣言》，建立了美洲第一个资产阶级独立的共和国。1789年，法国也爆发了资产阶级革命，后取得胜利。欧洲新崛起的资产阶级，以横渡大西洋通往美洲的航线和绕过好望角通向印度、中国等地的航线被开通为动因，掀起了一系列的变革，诸如：实施商业革命，即扩大世界市场，增多流通商品的种类，增辟商路，转移贸易中心，改变商业的经营方式；以价格革命作为资本原始积累的因素之一，加速西欧封建制的解体，促进了资本主义生产关系的发展，开展产业革命等。公元1784年（乾隆四十九年）蒸汽用于纺织工业，开启了技术史上的蒸汽机时代。蒸汽机在纺织工业中的迅速推广，引起了采掘、冶金、机器制造部门的技术革命。法、德、美、俄等国也随之相继实行产业革命。西方列强，正以其勃兴的经济实力向世界各地扩张。幅员辽阔的文明古国——中国，自然成为它们争夺的对象。它们纷至沓来，既不像17世纪传教士那样来华从事文化渗透，也不同于19世纪用坚船利炮来攻打中国的门户，而是采取贸易的形式，进行经济上的渗透和掠夺。中国因而被卷入更广阔的世界市场。在此之前，中国的海外贸易是以东南亚各国为主的。虽然自从明代晚期以后，由于西方各国对东南亚各国的侵略、控制，与东南亚的贸易已带有中西方贸易的性质，但毕竟不是直接的贸易。此时，中国的海贸已转为以西方各国为主要对象，尤以英国为最主要。在美国建国后的第8年即1784年，美国第一艘"中国皇后"号首航广州，虽显得姗姗来迟，但中美直接通商一经开创之后，贸易额便与日俱增。中国北部的陆路，则主要是与沙俄的贸易，已先后开辟了北京、恰克图、尼布楚、祖鲁海图等四个贸易点。中俄贸易也出现了一番新气象。中西贸易的规模有了较大的扩张。商品种类增多，商品结构也发生了变化，从中国传往西欧的饮茶风气，到18世纪已养成习惯。因而从18世纪20年代起，茶叶已取代传统的商品丝货的地位成为贸易额最大的单项商品。中国与西方世界的联系日益广泛。中外关系开始从古代型向近代型转变。

面对西方各国纷纷前来要求通商的形势，雍乾两帝并没有做出积极的反应。他俩在治理国内问题上，不愧为英明有为之君主，但由于为传统的农本思想所羁绊，其对海外贸易持政治考察多于经济利益的权衡；传统的思维方式，促使其习惯于同别人的昨天、前天相比，不乐于同别人的今天、明天相比，依然以泱泱中华大国自居，把前来通商的西方各国斥为夷。将与外国通商，视为"加惠远人，抚育四夷"。当"夷情恭顺"时，以通商贸易作为怀柔手段；"外夷桀骜"时，则以停止贸易作为驭夷机宜。

为了适应海外贸易的需要，早在康熙年间便已建立海关制和行商制。海关制的建立，意味着古老的市舶司制的结束，是关税管理体制的一个进步。洋货行（或称十三行，康熙五十九年联合成公行）的出现，则标志着行商居间贸易体制的确立。清王朝对海外贸易既不做直接的控制，又不放手民间自由经营。在对外贸易扩大的情况下，清王朝把行商制作为管理海外贸易的中间环节，亦即外商与官府间的缓冲器。随着西方资本主义国家产业革命的进展，英国等国家在中国这样偌大的国度推销其商品的要求愈加强烈和迫切，急于同中国东南沿海各口岸建立更广泛的贸易关系。清王朝本着防夷为第一要务的宗旨，于乾隆二十二年，关掉江、浙、闽三海关，把中西贸易仅限于广州一口，并健全中西贸易体制：粤海关负责征收税收并管理行商，十三行负责同外商贸易并管理约束外商，指定黄埔港为外国商船的停泊所，澳门为各国商人的共同居留地。这四个环节又各自形成一套制度。北边陆路与沙俄共设的四个贸易点，也收缩为仅存恰克图一处。

提防外国的侵略，坚持国家主权平等的原则，无疑是正确的，但在当时的形势下，唯有积极发展海外贸易，充实经济实力，方能增强国防力量，保持国家主权的独立，这种消极的闭关自守，其后果是不言而喻的。后来中国受尽西方列强侵略的切肤之痛，饱尝屈辱之苦，实于此时埋下了祸根。

中国在国际市场上之地位从优势向劣势转化，雍乾两朝实在是一关键时期。在中国传统海上贸易对象的东南亚各国，尽管明中叶起，葡萄牙、西班牙和荷兰等早期的西方殖民者相继东来，以武力为后盾，采取贸易和掠夺相结合的方式，打入东南亚市场，但终无法夺走中国商人在那里的优势地位。明末清初（17世纪上半叶）在中国—菲律宾—拉丁美洲三大角，以及中国与日本、东南亚等地区的贸易这两处最活跃的世界市场中，中国依然居卖方市场的有利地位，中国的商品经济以其明显的优势对世界市场的形成与发展起着举足轻重的作用。在世界民族之林，中华民族依然处于前列。[①] 到了18世纪，中国在国际市场上的颓势不断显露。传统的东南亚市场，日渐丧失。18世纪中叶，在印尼雅加达还发生了荷兰殖民者残杀华侨的"红溪事件"。被称为中国丝市的马尼拉市场已被西班牙所占夺。西班牙殖民者甚至强迫中国帆船为其载运军火，对中国商人横加迫害。中国商人在东南亚受到排斥，其地位已日渐退居劣势。中国商人和西方国家的商人，正经历着一个彼此消长的过程。到19世纪20年代，在东南亚市场上，中国商人处境越发恶化。同一向友好的暹罗、越南等国家，虽然保持正常的贸易，但入侵这些国家的欧洲殖民者的势力日益强大。印度尼西亚各岛已为荷兰、英国所侵夺。中国的帆船只能在其势力所不及的地区，如加里曼丹岛等地活动。勉力在马来海峡附近地区活动的中国帆船，也已沦为荷兰、英国殖民者贸易的中介人。菲岛市场更是丧失几尽。可见东南亚洲各国市场上中国商人的地位，经历着从明代的绝对优势，到清代的日渐缩小

---

① 参阅张铠《晚明中国市场与世界市场》，《中国史研究》1988年第3期。

而退居劣势，终于丧失的过程。

在与西方各国的直接贸易中，中国也日渐趋居劣势。海贸与航运是连在一起的，清王朝对造船的种种限制，扼杀了原居优势的造船业。相反，英国等西方国家对海贸极力扶持，以飞快的速度发展其航运业；随着产业革命的展开与深入，西方国家已经能够为市场提供越来越多的产品，而中国的产品并没有多少变化。因此，到了 19 世纪，中国商人在国际市场上便难逃衰败的厄运了。这反映出中国传统的农业社会终于落后于新兴的西方工业社会。①

五

乾隆后期出现的国家政权对基层社会控制的削弱，乡绅势力作用的加强，也是一个值得注意的历史特点。

基于中国传统社会的多元化结构②，国家实现其对社会的控制，也不是一元化的。一方面，靠国家设置的行政系统来维持全国大一统政权的正常运作；一方面，又通过凌驾于基层社会之上的地方势力系统来实际控制广大村民。这两大系统既互相矛盾冲突，又互相适应利用。国家政权对社会的控制，就是两大系统在互动过程中实现的。

白秦汉以来，中国国家的政体就是以文人组成的官僚制为重要特征。这一官僚制的行政系统是由中央委派一官员出任地方的行政长官，作为中央的代表对朝廷负责。县一级是地方上直接临民的行政单位。因实行回避制，知县以上的官员不能在原籍任职。新上任的地方长官不熟悉当地的情况，甚至不懂当地的方言，一切便假手于衙役、书吏和幕僚了。而这些办事人员除糊涂收税、缉捕等事务外出执勤外，皆高踞衙门，不同平民百姓打交道。因而它不可能真正控制基层社会。可以说在帝制时期至民国时期，

---

① 参见张彬村《16 至 18 世纪华人在东西水域的贸易优势》，张炎宪主编《中国海洋发展史论文集》第 3 辑，台北："中央研究院"三民主义研究所，1988。
② 傅衣凌：《中国传统社会：多元的结构》，《中国社会经济史研究》1988 年第 3 期。

都未真正实现对广大农村的直接控制。这里并非说，历史上的国家政权甘于放弃对基层社会的控制。历史上推行的乡里什伍组织，就是力图将其政治权力渗入农村的一种手段，亦即用以充当其在基层社会的统治基础。但是，一味追求繁礼缛节、不讲求实际工效、高高在上的县衙门同样不能有效地直接控制这一系统的组织。中国传统的官僚体制的特质，决定了它需要地方上有一中介的势力为之直接控制基层社会。

这一国家和基层社会之间的中介势力，在不同的历史时期有不同的名称。汉代的豪族、六朝隋唐的士族、宋代的形势户、明清的乡绅，就是它在不同历史时期的称呼。它们之间固然有种种差异，但彼此间却有一脉相承的关系。朝廷既要靠这一中介势力实现其对广大农村的控制，但唯恐其羽翼太丰，尾大不掉，所以又要时加防范。扎根于地方上的这一中介势力享有种种特权，如赋役优免权、司法豁免权等。它们认同于朝廷、以官府的代表或代言人自命，也正由于官府的授权和承认，它们才能配合去施加对基层社会的控制。与此同时，它们又往往以地方利益的代表者身份与官府抗衡。对社会的控制中表现出来的中央集权和地方分权是一种对立的统一，也正是中国专制主义中央集权的内涵。

乾隆后期，在国家的官僚系统与乡绅势力之间的互动关系中表现出来的趋势是：国家对基层社会的控制力日渐削弱，乡绅在广大农村的作用却不断加强。主要表现在：官府直接渗透农村的势力——里甲、保甲等基层行政组织的作用日益丧失，其职能日渐为宗族组织或社区共同体组织所取代，里长甲首、保甲长金听命于乡绅；乡绅对各种基层社会组织的控制范围更加广泛、方法更加多样。

一般地说，乡绅对农村的控制多限于治安、司法、教化等方面，乾隆后期则已经扩及社会保险与公共福利事业（如仓储、赈济、平粜、修桥补路等），乃至兴修水利、土地开发、市场管理等经济活动。乡绅控制的手法更加巧妙、更加多样。他们兴设族田、学田、义田、社仓、义仓、义渡、义集、私税、私牙等乡族共同经济，以此作为控制基层社会的经济手段。他们还通过对鬼神迷信活动的参与，控制地方上的祭祀圈。国家敕封的神灵，往往被迎为某一地方的主祭神而形成以祭祀圈为范围的社区组织。在祭祀中按照官方的礼仪，游神赛会中也尽力显示和突出正统文化的象征。不同地位的成员在活动中扮演不同的角色，用以确定并强化其身份地位。迷信活动的潜移默化影响，远胜于死板的儒家伦理道德的说教。按照传统的习惯，乡绅主要是以个人的权威，对地方的曲直是非做出仲裁而达到息讼、教化的目的。这时期乡绅则通过宗族组织、乡族共同体组织去发挥控制基层社会的作用。乡绅在这些基层社会组织中往往充当组织与协调的角色。

乡绅对农村社会控制的这种转变，显然与基层社会组织趋向更加多元化和严密化有关，同朝廷的政策也不无关系。例如，雍正年间推行"摊丁入地"，意味着国家从传统的控制人转为控制基本生产资料——土地，意味着国家对基层平民百姓的控制松弛。又如，官府原先直接控制粮食调运、仓储、赈济等地方保险事业，乾隆年间，也不断从这些领域退出。凡此等等，都为乡绅对农村社会的进一步控制提供了空隙和可乘之机。

总而言之，乾隆后期乡绅对基层社会控制的加强，是社会控制力量面对当时社会结构的变迁而表现出来的适应，也是其应变能力强化的表现。

结　语

我们从以上五个方面粗粗地勾勒出雍乾时期社会经济的主要特点及其发展趋势。从此可以看到，当时在中国广袤的土地上，发生着深刻而影响重大的变动。在这为期七十多年的历史时期中，由于人口激增，由于周边地区和山区的开发，各级商品市场及其流通网络的发达，农业、官私手工业、矿业都有了比前此任何时期更为可观的发展，品种、产量、栽培技术、工艺要求等方面，都达到了中国封建社会生产的巅峰。在一定意义上来说，正在加速地进行着由传统农本经济向工商品货币占重要地位的社会经济结构的转变。当然，这一切发展变动仍然没有从根本上突破封建生产关系的樊篱，而且还潜藏着许多重大的矛盾，这些潜藏着的矛盾无可避免地在本历史时期的晚段，即乾隆四十年前后逐步暴露并逐渐激化。雍乾时期不但是清代，而且也是中国历史上有着重大关键意义的历史阶段之一，就在于它的封建社会和经济结构发展到高度成熟而又迅即下滑。它是一个空前兴盛的时期，又是矛盾交错、无可避免地从兴旺转入衰败、由治及乱的时期。剖析雍乾时期的社会经济，既应看到直到 18 世纪中期，中国传统社会的生产力仍蕴蓄着一定的继续发展的余地，生产关系仍有着与发展中的生产力相协调的一面，但它同时又存在着对立之严格约束限制以至残害生产力的方面。乾隆后期财政经济凋敝、颓势渐露，主要是中国社会内部矛盾冲突难以调和的表现。当然，也正是在这个时期，中国被进一步卷进世界市场，在农业生产、通商贸易以及币制等方面都与世界市场发生日益密切的联系；同时，中国在世界市场上的地位不断地从优势转向劣势。雍乾时期是中国古代社会经济发展的最后一个高峰，又是这个时代的尾闾，往前发展，面临着的乃是一个更加广阔、更加波涛汹涌、更加矛盾复杂的近代世界。本文试图对清代雍乾时期社会和经济的各个方面进行剖析，正是着重从上述特点入手的。如果能有助于读者诸君对中国传统社会经济后期变迁的了解，以及对它与近代世界的内容衔接的探索，乃是我们而深豫的。

原刊于《中国社会经济史研究》1991 年第 4 期。

地权、法权与家族主义

作为人类衣食之源的土地，不但有其自身的历史，而且是农业社会传统风俗与信仰的故园。土地关系与土地所有权，反映了中国传统社会的财产关系和法权观念。财产法权观念，不仅影响、制约经济领域的各个方面，而且影响、渗透到习俗、信仰，乃至政权体制、耕作系统等各个层面。它对两千多年来以农立国的、以家族为中心的中国传统社会结构，起着深层的、长时段的作用。

一

土地是中国传统社会的主要财产。关于土地财产权，中国历代的法律既没有对之做出不可侵犯的确认，也没有做出有效保护的规定。律令的内容多系恐怖镇压之严刑峻法，以维持社会秩序。从家法、族规至朝廷律令，都是以义务为中心观念，规定不同身份的社会成员应尽的义务。大清律之户婚及杂律各篇，虽有继承、物权、债权之规定，但也是从惩罚出发，而不是从保护私人财产权着眼。真正意义的民事法，未曾出现。清末，在列强各国施行法治的影响、推动下，曾聘日人参与制定的所谓《大清民律草案》，也因清朝的灭亡而夭死胎中。

产权既没有法律上的确认，民间的产权观念也是含糊不清的。这从珠江三角洲的官府案牍、风俗惯行和契约文书中，可以清晰地看出来。案牍代表着官方的行为哲学和施行准则；习惯和土地契约，则代表着民间对产权的看法、观念和遵循的准则。习惯和契约，在地方可谓极为本土化的中国式的法律。广州府（明清时期，大约相当于珠江三角洲的范围）及其属下县的案牍，主要的有明末颜俊彦的《盟水斋存牍》和清末聂尔康的《冈州公牍》。这些案牍载有丰富的土地关系和地权观念的资料。土地契约，自宋元以来，在私人产权的转让、典当、承继等中，广泛使用，与惯习相辅相成。如果惯习与土地契约互相抵触时，则以当事人所立的契约为准。习惯法，国内各地已有相当多数量的调查材料汇集出版①。珠江三角洲虽做过一些这方面的调查，但已出版的只有和江南地区的调查合同一起用日文出版的《华中华南三角洲农村实地调查报告书》② 一书。土地契约文书方面，除《许舒博士所辑广东宗族契据汇录》（日文）③ 和科大卫、陆鸿基编辑的《向东村杜氏地契》④ 已经出版外，还有谭棣华和叶显恩搜集，由谭氏整理编辑的《华南土地契约文书》等，正待刊行。

从惯习、契约看，清代的土地权与西方财产权有截然不同的特质。在表达土地类别、产权交易和租佃关系上，常用一些正反两义的形容词，如田皮、田骨，田底、田面，死卖、活卖，大租、小租等。这里的皮与骨、底与面、死与活、大与小等平行、生动的对称语，体现了中国人的思维方式。科学史家李约瑟认为中国人的思维出自阴阳、正反对称观念，是一种本能性的内在反映，而不似西方思维模式，以外在的因果关系做一逻辑的演绎，构成法理的基础。于是中国的地权观念与西方观念的法理迥异。

中国的土地权始终没有游离出来成为一独立的个体。地权作为一个客体，是由多个主体所占有的，亦即由共同体的总代表国家、乡族共同体和

---

① 关于国内各地民事习惯调查资料的出版情况，请参阅居蜜《从各省习惯法和土地契约看清代土地权的特质》，叶显恩主编《清代区域社会经济研究》下册，中华书局，1992。

② 滨岛敦俊、片山刚、高桥正「華中・南デルタ農村実地調査報告書」『大阪大学文学部紀要』第 34 期、平成 6 年 3 月、305-576 頁。按：这一调查报告是 1989—1991 年连续三年冬天，叶显恩、陈忠烈等与滨岛敦俊、片山刚教授联合调查，后由滨岛、片山先生整理，用日文出版。

③ 黄永豪编「許舒博士所輯廣東宗族契據彙錄」『東洋学文献センター叢刊』第 49 辑、東京大学東洋文化研究所附属東洋学文献センター、1987。

④ 科大卫、陆鸿基：《向东村杜氏地契简介》，《香港中文大学中国文化研究所学报》第 11 卷，1980 年。

个人分层占有。随着地权的分化，如田面权、田底权、永佃权等，占有同一地权的主体就更多了。因此，地权的转移，受到了分层占有的各个主体和地权中某一权能的支配者的牵制。这是中西方土地所有权的主要差别所在。

个人对土地缺乏绝对的处置权。拥有者与土地之间的关系，不只是人与物的关系。两者的关系代表着所有者的个性、身份、社会地位和土地的类型。例如皇室贵族与其拥有的皇庄、大族与其拥有的族田、农民与其拥有的田地，拥有者的身份地位和土地的类型，都是各有不同的。土地因其拥有者而具有不同的品格。土地既是属于个人的，也是属于社会的、集团的。因其未能完全游离出来成为独立物，所以，在市场上也就不能完全按照价值规律运作。"产不出户""先尽乡族"的陋习，即一明证。我们看到土地卖而未断，断而不死，已历数十年，业经数主，还可不断加找田价。"活卖"和典的形式，是"产不出户"的应急举动，也是维护家族利益的措施。土地的所有权，不只是与个人，而且是与家族相连的。土地家族化与传统的以家族为核心的文化是互相应和的。这就是中国土地所有权的特质。①

二

珠江三角洲，本是中国三大河流农业区之一。在传统社会里，人们生于斯，息于斯，拖泥带水地下田讨生活，与这片天天亲近的土地，结下了不解之缘。据笔者实地调查，最普遍受人们膜拜的神祇——土地神、社公，不仅塘边路旁随处可见，而且在村口、巷头和家门口也都有其神位。对土地神的崇拜，表明对土地不可或缺的依赖。土地，即财产，即安身立命之源。明代以前，能否取得入住权，一个重要的依据，即是否已经取得土地所有权。自明代始盛传的珠玑巷传说中，珠玑巷移民之所以将申请路引词、

---

① 关于珠江三角洲土地占有关系和所有权问题，拙稿《明清珠江三角洲商业化与社会变迁》一书辟有第四章"宗法土地制度与商业化"专做讨论，可供参考。叶显恩：《明清珠江三角洲商业化与社会变迁》，中山大学出版社，2020。

官府公牍之类文件，载诸族谱，而且口耳相传，广为散播，正是为了证明迁入珠江三角洲的移民，是得到官府批准，合法取得土地权，从而取得入住权的。由此可见土地问题对社会生活关系之重大。

对于土地产权，如前所述，缺乏法律上确定的含义，反映在法权观念上也是含混不清的。中国没有西方那种明确地建立与界定所有权范畴的罗马法传统，也未曾出现似资本主义发展初期那样的呼唤天赋人权和私有财产神圣化的启蒙思想，与此亦有关系。从笔者涉猎的资料看，由于没有绝对的确定的产权，没有明晰的产权法律观念，土地侵权的纠纷聚讼蜂起。颜俊彦集其于明末在广州府推官任内的案牍而成的《盟水斋存牍》一书，就保留有这方面大量的档案。当地的豪右势宦，"假威炀焰，动辄插竖旗，公然霸占田产"①。衙役、无赖、神棍等土宄，也勾结势豪家，以投献、影射、局骗等伎俩，掠夺田产。热心于桑梓事务的明末清初人屈大均曾经指出：珠江三角洲之田，"其濒海者，或数年，或数十年，辄有浮生。势豪家名为承饷，而影占他人已熟之田为己物者，往往有之。是谓占沙。秋稼将登，则统率打手，驾大船，列刃张旗以往，多所杀伤，是谓抢割"②。或明或暗的侵权行径，使人们无法树立财产的安全感，打击了个人追求财富的积极性。

侵权的行为，也影响土地契约买卖的公平交易。豪右势宦，名为购买，却往往压价成交。"或既得其业，而揩价不敷；或已卖他人，而复行强买；或原按本银，而垂危勒券。"③"粤中契价虚半"④（即实价为契写价的一半）的陋俗，以及在当地活卖与典、按契约互通，似与此有关。尤其是来自家族的干预，往往使已成交的土地不能实现产权的转移。这些都影响商业行为的正常运作。

在缺乏明确的产权法律观念，又没有形式主义的罗马式的法典的情况下，处理民间产权的纠纷，是从"情法兼顾"和息事宁人出发的。明末主

---

① 颜俊彦：《盟水斋存牍》一刻《谳略四·假冒占田梁储廷等一徒一杖》，北京大学图书馆藏明崇祯五年刻本。

② 屈大均：《广东新语》卷二《地语》"沙田"条，中华书局，1985。

③ 颜俊彦：《盟水斋存牍》一刻《谳略四·争田何忠杖》。

④ 颜俊彦：《盟水斋存牍》二刻《谳略三·争屋卢我振等杖》。

管广州府司法的颜俊彦就公然提出，对产权争讼的判决，当以"情法兼尽"为准则。从他的《盟水斋存牍》一书看，大凡他判案时，既要参照律例，又要照顾种种情由，如兄弟争产，有以"情胜于法"，做"三分情，七分法之处分"者；有弟趁兄出远门之机，荡卖兄产，因已"无从追还"而判由弟向"买主议追洗业（按：加找田价而断卖）"，对兄稍做补偿而了结者；有因分家产不均而争讼，既参照"子无嫡庶分授"的规定，又"参之族，酌之情理"，以善处人情骨肉之关系者；等等。这是就家庭宗族内部的亲情而言。至于三姑六婆的裙带关系，以及上司、同僚、座主、同年、门生、故旧等社会关系的人情，就更加广泛而繁杂了。例如，有一势宦家占人田产，因该势宦"捐馆未久，弱子不支，……不忍深究"，而判给田主以洗业银而结案。这是出自对同僚情谊的照顾。又如，有一贫而无赖的刁钻者，借故向买主加找田价，也以"助其贫"为由做出偏袒的断决。这里，则纯属为了息事宁人。

颜俊彦，浙江桐乡人，自崇祯元年至四年（1628—1631）出任广州府推官。他奉清明、持平为圭臬，并题其署为"盟水斋"以自励。任内被称为"严明坚正，判案如神"，享有赞誉。他的严明不是因他治之以法，坚持法律面前人人平等；而在于他能做到"情法兼尽"。较之于一味徇私枉法的贪官，他还能兼及"法"的一面，大概这是他受到称颂的原因了。

要做到"情法兼尽"，需要高超的权术和善于和稀泥，搞"均衡""和谐"。所谓"均衡""和谐"，即儒家典籍中的"致中和"。这是人们立身处世的哲学：在官场，搞平衡术；在家庭内部，父慈子孝，兄友弟恭；在宗族内部，实行道义经济，余缺互济；连饮食也是冷暖适中；中药的宗旨，是调和机体的平衡；堪舆风水学的要义，则在于和自然界保持均衡与和谐。"致中和"（亦即中庸之道）成为中国文化最基本的运作法则。①

民间发生了纠纷，不是诉诸公庭，而是一听族长、士绅的裁决。是非曲直的标准，也以士绅制定的"乡约""宗规家法"等为依归。明初，顺德

---

① 李亦园：《从民间文化看文化中国》，文化中国展望：理念与实际学术研讨会论文，香港，1993。

平步的唐预等六位士绅，被称为"六逸"。他们以隐居乐澹自况，出行"衣冠整肃"，道貌岸然。尝定乡约，"行一年，争讼息"。又有黎和者，"辟莱芜以耕，吟啸自如。尝揭八行为家训，乡人化之"①。通过士绅的言行教化，人们养成了对宗规家法、乡约等的敬畏感而自觉服膺。大凡停滞的社会，传统的软的约束力是可以奏效的。但是，到明中叶商业化兴起以后，宁静、敦厚的乡村人际关系，逐步为争竞之风所取代。因纠纷而诉诸公庭者日多。这表明人们要求以外在的硬的约束力，来维护社会的公平。面对争讼纷起的局面，方志的作者痛心疾首，不禁惊呼"世风日下"。对于专门从事撰写讼状，替人打官司者，视之为行一种恶行，斥之为"刀笔吏""讼棍"，痛骂他们是在挑拨是非。

"法"，在按等差次序确定一个人的身份地位的差序格局的社会，是不允许有同施于一切人的统一准则的，不允许不分差序的法律平等。法律，是看所施的对象的情况，而加以程度上的伸缩。法律不仅不排斥私情，而且要求与人情相结合，依人情的厚薄、亲疏而张弛。在情法兼及的办案过程中，"法"尚有律例可依，"人情"却因人而异。在"人情"的驱动下，"法"变成了伸缩自如的弹簧。人情愈盛行，"法"的地盘便随之而愈小。"人情练达即文章。"人们竞相巴结攀附、拍马屁、走后门，都来用心于做人情的文章。"公事公办"和人情法则是相互对立的。如说"公事公办"，自必而被骂为"打官腔"了。

尤其重要的是，缺乏罗马式的形式主义的法律，不能对追求财富和拥有私产者提供有力的保护，压抑了市场机制的启动和运转。对珠江三角洲来说，这是清代小农经济商业化不能跨上高一台阶的一个重要原因。

三

土地权未曾游离出来，成为独立的个体，而是与家族密切联系在一起的。个人没有绝对的财产所有权，自亦缺乏独立的人格。个人的升迁荣辱，

---

① 光绪《广州府志》卷一百一十五《列传四》，广州粤秀书院刻本。

是同皇朝的钦赐（即科举仕宦），是同家族的盛衰隆替联系在一起的，亦即个人的身份地位，取决于共同体的总代表皇朝的覃恩钦赐，取决于他本人所在的差等次序的伦理架构中的位置，取决于所属的社会集团的势力。在士庶分明的传统社会，高门大姓永远是尊贵的。高官无寒门。一个人本事再大，如出自寒门，也是当不了高官的。实行科举文官制度后，才出现了社会的纵向流动，即一些寒门弱族因族内有俊彦精英中举仕宦而跻入显贵集团。例如伦氏家族因伦文叙和以训、以谅、以诜父子，霍氏家族因霍韬，李氏家族因李待问，通过科举仕宦进入权贵集团而显赫发迹，成为岭南的名族。大凡发迹了的宗族，都以修族谱，追本溯源，追述祖宗之所自为急务。他们建祠堂，置族田，提倡宗族制。出自对中原文化的认同，每每粉饰自己的祖先，声称迁自南雄珠玑巷，本系中原名族之胄。一些单寒小姓，出自攀附大族以求庇护的动机，也自称来自珠玑巷。珠江三角洲各族迁自珠玑巷的传说，因此而流行起来，家喻户晓，妇孺皆知。珠江三角洲人来自珠玑巷的传说，犹如华北一带移民共同来自山西洪洞县大槐树的传说、山西北部移民来自山西马邑乡的传说、客家人来自福建宁化县石壁洞的传说、福建人来自河南固始县的传说、广西壮族来自山东青州的传说等①，是为了某种需要而流行起来的。这一传说的出现，适应了宗族庶民化、普及化的需要，也反映了以家族主义为中心的文化，明代以降日益牢固而普遍地移植于这块越人的故地。

如前所述，中国自古所谓法律，几乎都是从义务本位出发，规定的是种种刑罚，至于债权、物权问题却一直是被忽视的。这显然是与中国传统的家族本位观念相呼应的。从家族伦理情谊着眼，重要的是人情的温热、人伦的和谐，财物却处于次要的地位。就人生的目的而言，是为祖宗（即所谓尊祖敬宗，光宗耀祖）、为子孙后代（繁衍后裔，绵延家族）而活着，与西方的个人本位大相径庭。

家族组织具有政治、经济、教化的功能，是以亲属伦常组成的社群。族长往往集族权、绅权于一身。他是家法宗规的执行者、纲常伦理的说教

① 牧野巽『牧野巽著作集・第五卷・中國の移住傳說』御茶の水書房、1985。

者，也是族产的主管者。祠堂则是祭祀祖宗和正俗教化之所。正如方志所载："其族长朔望读祖训于祠，养老尊贤，赏善罚恶之典，一出于祠。"家族成为出入相规劝，以教化来平息、化解族内的矛盾，贫困得顾恤，实行道义经济的共同体。族内成员唯知宗规家法、族长的权威，不知衙门公庭，更不知法律为何物。

随着珠江三角洲商业化的兴起和进展，宗族的功能不断扩大。清中叶以后，本属政权基层组织——里甲职能的"催征钱粮"①，也改为祠堂族长出面征收。祠堂族长的越俎代庖，意味着其权力的膨胀，确认了其对土地的管辖权，加强了家族的控制力。

宗族功能的扩大，尤其表现在经济管理上。大族在通过科举仕宦显示其政治实力的同时，还以把持地方的某一经济行业来表现其经济力量。例如，作为佛山的经济支柱、享有官准专利的铁冶业，就为冼、霍、李、陈等巨族所竞相争夺。明人陈子升指出："佛山地接省会，向来二三巨族为愚民率其利，唯铸铁而已。"② 可见控制了这一行业，即可掌握佛山的经济命脉。因霍韬的发迹而显赫起来的霍氏家族，就控制有铁、炭、陶瓷、木植，以及其他"便民同利"的产业，如墟场、市肆、码头、店铺等。入清以后，因沙田的开发日益加快，族田迅速膨胀。光绪年间，历任广东陆丰、南海等县知县的徐赓陛向其上司禀称："粤东祖祠之祭产，其为田必数十顷"，"粮额实占其邑之半"③。此话不虚。据 20 世纪 30 年代调查，珠江三角洲的族田一般占总田数的 40%，沙田区甚至高达 80%④。族田所占比例之高，为全国之冠⑤。族田的不断增殖，正是土地日益家族化的表现。宗族通过增置

---

① 参见叶显恩、谭棣华《关于清中叶后珠江三角洲豪族的赋役征收问题》，《清史研究通讯》1985 年第 2 期。

② 光绪《广州府志》卷十五《舆地略七·风俗》。

③ 徐赓陛：《不自慊斋漫存》卷五《复本府条陈积弊禀》，《笔记小说大观》影印清光绪八年刻本，台北：新兴书局，1977。

④ 叶显恩、谭棣华：《论珠江三角洲的族田》，广东历史学会编《明清广东社会经济形态研究》，广东人民出版社，1985。

⑤ 关于中国各地族田的分布及所占比例情况，请参阅张研《清代族田与基层社会结构》，中国人民大学出版社，1991，第 38—90 页。

族田，通过创置族墟、族店、族窑等发展商业的举措，来加强家族的经济实力，族内成员对家族的向心力随之增强。家族本位也因之而增进。

顺带需要指出的是，古老的宗族制，最初出现于中原地区，本与封建制相连，以尊祖敬宗和睦族为其职能。而且宗族制原为高门大姓所垄断。但自从宗族制被移植到商品经济发达的东南地区之后，便冲破了传统的宗族制与庶民隔绝的藩篱，出现了宗族组织的庶民化和普及化的局面。宗族组织被注入商品意识，借商业化求自身的发展。得益于商业化的宗族，又回过头来高扬宗族制。清代以后，一些同姓不同宗者，采取虚立名号、联宗通谱的办法，建立共同的宗祧继承关系。有的单寒小姓，也因居住相邻而以抽签、占卜方式来确定共同的姓氏，并虚拟共同的祖先，合同组成一宗族。宗族组织在东南沿海的蓬勃发展，同在其故乡中原地区的渐趋衰落，形成鲜明的对照。众所周知，传统制度的绵延是同停滞的社会相适应的。南方宗族制的变异，正是为了适应社会日益商业化的变迁。

综上所述，中国传统社会没有完全的土地所有权。产权的不明确，导致了法权观念的含糊，真正的民法也未曾出现。对产权的纠纷，执法者不是治之以法，而是从善处人情关系出发，做"情法兼顾"，或"情胜于法"，甚至"以法徇私"的判决。缺乏对私有财产提供绝对的法律保护，挫伤了人们追求、积累财富的积极性，压抑了市场机制的启动和运转。

土地所有家族化与传统的以家族为中心的文化是互相应和的。从家族伦理情谊着眼，必然追求人生和谐的价值取向和执着亲情的道德情操，必然是重于情，而轻于物。所以，当发生财产纠纷时，不是着力于辨明是非、归属；而是从息事宁人，保持人伦的和谐出发，做出"人情兼尽"的判决，以教化融解族内的矛盾。唯知家法宗规，而不知法律为何物。崇拜长老，迷信权威，是培植和维护皇权专制的温床。

治之以法、在法律面前人人平等、排斥私情、机会均等的法治社会，是同明确产权、绝对保护产权的法律，联系在一起的。家族主义与个人本位是互相排斥的两极。家族本位，使个人没有行使所有权的自由，它迫使财产所有者割让人格。有了完整的绝对的产权，才能有个人独立的人格，个人本位才能取代建筑在等差次序基础上的家庭本位。这里所谓的个人本位（或称个人主义），不是俗称的"自私自利"。其哲学定义，即从个人作为人的角度来尊重个人，反对个性束缚，主张有表达意见和选择的自由，肯定追逐个人利益的合理性。

本文与美国学者居蜜博士合作，原刊于《现代与传统》1995年第8期。

论社会经济史的区域性研究

近几十年来，社会经济史的区域性研究成为一股重要的国际学术潮流。在社会经济史的区域性研究潮流方兴未艾之际，从史学认识论和史学方法论的角度对之进行理论分析，以期对其科学背景、学术价值和研究方法取得较理性的认识，是有意义的。

一

社会经济史区域性研究国际学术潮流的兴起，有着深刻的科学和哲学背景，它与同一时期科学方法论由决定论向选择论的转变、学科发展多元化的趋势有密切的联系。

培根以后以经典物理学为代表的近代科学认为，线性的、严格确定的、必然的因果关系是客观规律的唯一形式。这样一种决定论的认识模式，对18 世纪由维科创立、至 19 世纪末在西方历史哲学领域仍占统治地位的思辨历史哲学，产生了重要影响。这个学派承认历史发展规律性的存在，但忽视历史发展的多样性和不平衡性，只是根据其思想哲学体系来构造历史的规律和模式，并根据他们所主张的各种结构来判断整个历史进程的形式、意义和方向。大多数思辨的历史哲学家都机械地把历史进程划分为几个线性的运动的阶段。维科认为各个民族发展都要经过"神权"、"英雄"和"人权"三个时代；康德的学生、博学多才的赫尔德则把人类发展进程分为"诗"、"散文"和"哲学"三个时期；第一代实证主义大师和近代社会学创始人孔德，也提出了社会的三段论模式："神学的社会"、"形而上学的社会"和"实证的社会"。一直到 20 世纪前五十年，德国的施宾格勒和英国的汤因比仍然坚持这种思维方式。

由于这种线性决定论的思维模式有近代科学的巨大成就作为其科学基础，也由于 19 世纪末以前欧洲在国际舞台上的重要地位及其人文社会科学的高度发展，西方史学界出现了一种根深蒂固的欧洲中心主义思潮。史学家们以欧洲社会的发展模式作为全世界历史发展的规范，忽视各个国家、各个民族、各个地区自己不同道路和特点。在这样的学术背景下，无论如何，社会经济史的区域性研究是不可能得到重视的。

19 世纪与 20 世纪之交，自然科学又取得了重大的进展。科学思维的方式因而发生了重大变革。数理统计及以概率论为基础的思想方法逐步在自然科学研究中得到广泛运用。数理统计以著名的"大数定律"为基础，自然界规律的确定性被一个高的概率所取代。概率的观点在量子物理学中取得的重大成就，使人们认识到或然性规律的存在。或然性规律认为事物的运动和发展有各种可能性和趋向性，各种可能性的集合构成可能性空间，而现实性不过是在无限的可能性世界中进行的选择。① 这种选择受到事物的有机联系的制约，从而表现为一种或然的规律性。第二次世界大战以后，科学研究出现的从一元到多元、从绝对到相对、从确定性到不确定性、从精确到模糊等明显的变化趋势，与选择论科学思想有着密切联系。

与这种科学思想和科学发展趋势相适应，出现了以克罗齐、科林伍德、阿隆、马鲁、波普等为代表的分析的历史哲学。这个在当代西方历史哲学领域占主导地位的学派，不再按照某种思辨哲学体系的框架规定历史进程的模式，而是主张对历史和历史学进行专门的、具体的研究，并强调广泛汲取当代各种哲学思想和各门新兴学科的理论和方法。这个学派的许多历史学家有明显的相对主义倾向，不同程度地否认历史的客观性，因而受到许多批评。但它在促进当代西方史学由叙述史学向分析史学转变，促进史

---

① 参见朱葆伟、李继宗《从现代科学的发展看决定论与选择论》，《光明日报》1987 年 3 月 16 日。

学科学化、多样化方面，却有不可忽视的作用。正是在这样的哲学背景下，近四十年西方史学出现了许多新的趋势①。社会经济史区域性研究的兴起，也是在这种学术动因的作用下产生的，因为只有承认历史发展的多样性、地域不平衡性和社会历史规律的特殊性，区域性的研究才真正具有学术价值。

此外，第一次世界大战之后，亚、非、拉国家民族解放运动的高涨和殖民体系的崩溃，使战前以西方世界为中心，视西方社会模式为世界文明模式的欧洲中心主义传统受到很大冲击。各个国家、各个地区的不同历史发展道路受到普遍注意，并成为史学研究的重要课题，这就形成了社会经济史区域性研究国际学术潮流兴起的社会动因。

在西方，法国年鉴学派对区域社会经济史研究的贡献尤为引人注目。其创始人之一费弗尔的著名著作《腓力普二世与法兰西康德地区》就是一部典型的区域性研究著作，为巴黎大学后来的地方史研究做了开创性工作。古贝尔的《1660—1770 年的博韦与博书西》和拉杜里的《朗格多克的农民》都是有名的区域社会经济史研究论著。这个学派引人注目的作品是被誉为西方史学界"教皇"的布罗代尔的《地中海与菲利普二世时代的地中海世界》。这部历时二十年完成的巨著，不但以其独特的历史观和学术眼界产生巨大影响，而且也长期被西方的区域社会经济史研究者奉为圭臬。除年鉴学派外，结构主义史学、计量史学、新马克思主义史学等西方主要史学流派的史学家和众多的无学派史学家中，有不少人致力于社会经济史区域性的分析性研究。西方汉学界对中国传统社会史的研究兴趣，同样经历了一个从一元到多元的发展过程，近二十年来区域性的社会经济史研究，也成为十分热门的课题，取得了一批富于启发性的成果，其中包括施坚雅著名的区域经济史理论。

现代中国史学受到本民族史学传统和外来学术思潮的双重制约，其社会经济史的区域性研究工作至迟在 20 世纪三四十年代就已经开始。老一辈社会经济史学者在艰苦的工作环境中，做了许多开拓性的工作。近十年来，

---

① 参照杰弗里·巴勒克拉夫《当代史学主要趋势》，杨豫译，上海译文出版社，1987。

由于中国马克思主义史学方法论本身的要求，以及受到国际史学潮流的影响，区域性的研究越来越受到中国社会经济史研究者的重视。研究人员逐步增多，研究课题不断开拓，研究成果不管是质还是量都有明显进步。区域性研究方兴未艾，正呈现出生机勃勃的景象。

我国台湾史学工作者，对区域社会经济史的研究，也做出了贡献。台湾"中研院"近代史研究所于 1973 年便已制定了"中国现代区域研究计划"。

二

学术界在习惯上称全国的综合性研究为宏观研究，把区域的分析性研究称为微观研究，似是两者之间有着巨大的差别，其实不然。

首先，就研究领域而言，宏观与微观的划分是相对的。社会人文科学的研究课题从空间范围或包含的领域来说，确实有大小宽窄之别，但所谓宏观与微观的划分，并无绝对的界定。例如，全国性研究相对于国内某一地区性研究，可被视为宏观、全面的，但相对于跨国界的大的区域性研究，又可认为是微观的、局部性的。社会经济史区域性研究中的"区域"的划分，既可以行政区域为界，也可打破行政区域的界限，按山脉走向、江河流域、市场网络和人文风俗的标准来确定，本无一定之规。有时区域还可以是跨国界的，例如布罗代尔的《地中海与菲利普二世时代的地中海世界》一书就包括了地中海沿岸的许多国家。中国东南沿海与东南亚各国，也可以是一个引人入胜的研究区域。

其次，史学研究的方法并无所谓宏观与微观意义上的划分。一般来说，科学方法论可以有哲学方法、一般科学方法和专门学科方法三个层次。哲学方法是适合于一切科学研究的最普遍的方法论原则，所有的科学研究都是在一定的哲学方法指导下进行的，区域社会经济史的研究者应该具有良好的哲学素养。在诸多的学术研究者中，其哲学信仰必然有所不同。哲学方法论的差别取决于学术工作者的哲学信仰，与研究课题的大小宽窄不会有什么联系。一般科学方法是指普遍适用于自然科学或社会科学研究，以及对两者都适用的研究方法。对历史学来说，这一层次的方法包括数学方法、逻辑方法、系统科学方法、语言学方法、修辞学方法、社会调查方法等。在具体的研究中，史学工作者可能在各种方法中有所侧重，但所谓的宏观和微观研究对这些方法的应用并无明显差别。专门学科方法是指各门科学中运用的具体方法和技术，就历史学而言，主要是指考古学、文献学和历史编纂学方法，在这个层次上，方法的选择与课题的大小也没有对应的联系。所以，所谓宏观研究与微观研究的划分，并无史学方法论方面的基础。

又次，史学研究结论适用范围的大小，与研究课题的"宏观"或"微观"并无绝对的联系。通常认为，区域性研究所得出的结论，只适用于局部地区，其实，这是一种缺乏学术通识的误解。史学研究不管是全国性的还是区域性的，从认识论上看都是利用有限的史料重建无限的历史，把握普遍的历史规律的过程。史学研究者不可能穷尽所有史料，而且即便把全部史料都整理利用起来，也不能完全真实地再现无限的社会历史生活。所以，在史学研究过程中，研究者一定要实现对史料的超越，这种超越的程度可能与研究课题有关，但在更大程度上取决于研究者个人或其群体的历史感、科学理论素养和哲学思辨能力。在学术实践中，所谓"微观研究"常常可以得出具有普遍意义的结论，例如摩尔根对北美魁北克印第安人亲属制度的研究，就揭示了整个人类史前史的许多奥秘，其《古代社会》被恩格斯誉为像"达尔文学说对于生物学那样具有决定意义的书"①。同时，人们对社会历史发展的科学认识，并不是一些没有联系的普遍或特殊原理的简单叠加，而是由许多互相联系、互相嵌合的多层次的理论认识构成的网络，其中任何理论认识的改变，都有可能引起整个历史认识的结构性变化。

最后，史学研究的学术价值，并不取决于研究领域的大小，如同不能认为以各种宇宙观现象为研究对象的天体物理学的学术价值，大于以基本粒子为主要研究对象的量子物理学一样，我们没有理由认为全国性研究的

---

① 《恩格斯致卡·考茨基》，《马克思恩格斯选集》第四卷，人民出版社，1972，第442页。

学术价值必然大于区域性研究。史学研究的功能，不外乎学术功能与社会功能两个方面：学术功能，即史学研究的发展可以推动整个科学事业的发展，丰富和提高人类的认识能力；社会功能，即史学研究通过它所揭示的人类社会生活的规律和哲理，对当代社会的经济生活、政治生活与文化生活产生影响①。这里讲的实际上也是历史学科价值问题。中国社会经济史的区域性研究，在这两个方面都具有很大的意义。就学术价值而言，中国幅员辽阔，由于环境的作用和历史上开发的先后，各个地区的社会、人文条件千差万别，社会历史发展表现出明显的地域不平衡性。近几十年来中国的史学家虽然对中国历史的各个方面，都做了有益的探索，而且，无疑已经取得了巨大的成果，但是从这些研究结果中，也不难看出尚带有线性的、因果决定论的色彩，选题也比较狭窄。对社会历史发展的不平衡性和多样性注意不够，许多成果流于一般的泛泛之论，缺乏从整体、系统观点出发做多侧面、多维多向的分析性研究。在现阶段，学术研究的多样化已成为中国史学发展的必然，社会经济史区域性研究的兴起正是顺应了这样的必然性。其深入进行必将大大丰富人们对中国社会历史的认识，并将使中国的史学在国际上形成独具一格的流派。就社会价值而言，近十年来由于对外开放、对内搞活方针的实行，中央与地方的关系得到较好的调整，对东南沿海地区实行一系列特殊政策和灵活措施，地方自主权和积极性进一步提高。在这种形势下，社会经济史的区域性研究，有助于使人们认识到中国社会、经济、文化发展的地域特点，加深人们对各地区历史和现状的了解，为各地区和全国的现代化建设及其他现实社会生活提供借鉴和启示。区域经济史研究的上述两方面的价值，都是全国综合性研究所不能取代的。对它们的价值大小也是无法比较的。实际上，学术研究的价值评判有着明显的主观性和时代感，受到学术研究从业者集团价值取向的重要影响。社会经济史区域性研究国际学术潮流的兴起，在很大程度上正反映了这种价值取向的转移，这样的转向与"宏观研究"或"微观研究"之类的问题并无多大联系。

---

① 傅衣凌：《谈史学工作者的知识结构和学术素养》，《文史哲》1987 年第 2 期。

三

"辩证法在考察事物及其在头脑中的反映时，本质上是从它们的联系、它们的连结、它们的运动、它们的产生和消失方面去考察的。"① 恩格斯的这一论述对于考察社会历史现象，是有指导意义的。人类社会是一个不断运动变化的多层次的结构性整体，社会、经济、政治和文化生活各个方面是互相制约、互相联系的。因此，对于社会历史运动的简单化的、线性的把握，并不能把史学研究推进一步。我们认为，经济史的研究对象应该包括整个社会经济生活，而且，应该通过经济史的研究来解释各种社会历史现象。区域社会经济史的研究者们在研究任何具体课题时，都要把它置于社会历史运动的总体中进行考察，从总体的结构中把握其地位、价值和发展趋势。这种从总体中把握个体，就是要求在研究某一问题时，注意与其他问题联系；同样在研究某一地区时，注意该地区与其他地区的联系，以及与全国，乃至世界历史总体的联系。要以一种系统的结构性的观点来认识所研究的地区。

如前所述，社会经济史区域性研究并无不同于史学研究其他领域的特殊方法。与结构性认识论相适应的，应该是研究方法的多样化。不但在研究不同课题时应采用不同的方法，而且在研究同一课题时，也应注意多种方法的综合应用。我们认为，在现阶段的中国社会经济史区域性研究中，应该强调以下几点。

第一，注重多学科的综合研究。在人文社会科学领域中，历史学的地位十分特殊，其研究领域涵盖了人类社会活动的所有方面。它与社会科学所有学科都存在交叉关系，从本质上说是一门综合性学科。所以，人文科学和社会科学各个学科的理论和方法，以及某些自然科学方法，对于史学研究都是大有裨益的。既然我们主张在区域社会经济史研究中要有一种结

---

① 《社会主义从空想到科学的发展》，《马克思恩格斯选集》第三卷，人民出版社，1972，第419—420页。

构性的眼界和认知前提，那就更有理由强调研究实践中多学科方法的综合运用。众所周知，年鉴学派长期保持其学术地位，影响历五十年而不衰的重要原因之一，就在于它从一开始便把多学科的综合性研究作为自己最重要的学术特色。

第二，重视长期起作用的因素。年鉴学派有所谓"长时段"理论，注重山川、河流、海洋、气候、植被、交通和谷物生产等因素对历史进程的影响，认为这些长期不变的因素，才在更深刻的层面上影响着社会历史的面貌。这样富于启发性的观点，却往往为我们所忽视。社会历史的发展有多个层次，发生于各个层次上的变化虽然相互关联、相互影响，但它们却不是同步的。各有其结构和发展动因。地理环境的变化是缓慢的。其缓慢的变化固然不能直接导致战争、革命、社会政治制度变更，但是，如果看不到这些因素对一个国家、一个民族、一个地区的社会、经济和文化面貌，发生的长期的、潜移默化的然而更为深刻的影响，也是违反科学的。马克思主义经典作家实际上十分重视地理环境的作用，马克思在《资本论》中就指出："撇开社会生产的不同发展程度不说，劳动生产率是同自然条件相联系的。这些自然条件都可以归结为人本身的自然（如人种等等）和人周围的自然。外界自然条件在经济上可以分为两大类：生活资料的自然富源，例如土壤的肥力，鱼产丰富的水等等；劳动资料的自然富源，如奔腾的瀑布、可以航行的河流、森林、金属、煤炭等等。在文化初期，第一类自然富源具有决定性的意义；在较高的发展阶段，第二类自然富源具有决定性的意义。"① 马克思在这里着重强调了自然条件对劳动生产率的"决定性的意义"。当然，自然环境绝不只对生产力施加影响，对一个地区的经济发展状况也发生作用。我们所讲的长期起作用的因素，也不仅包括各种环境因素，而且还应包括语言、文字、风俗、习惯、平民百姓的生活方式等人文因素。在中国社会经济史的区域性研究中，尤其应该重视家族制度、聚落形态、社会心理等传统因素的长期影响。

第三，加强定量分析工作。从 20 世纪 50 年代后期美国"新经济史"

---

① 《资本论》第一卷，人民出版社，1975，第 560 页。

学派兴起以来，历史研究的计量化趋势表现得十分明显，成为第二次世界大战后历史学科学化进程的一个重要组成部分。数理统计、经济数学方法和数理模式在史学研究中的大量运用，有助于建立一套能被更多的史学研究者认可的论证方法，使研究结论更为精确。在社会经济史区域性研究中应用计量方法，还有一个重要作用，就是更科学、更全面地反映人民大众的生活情况、生活方式以及心理状态。与以少数精英分子为中心的政治、军事、外交等重大活动不同，大多数平民百姓的活动是重复、平凡、非戏剧性的，而计量分析方法正以处理这类现象见长。既然社会经济史的区域性研究强调注重长期起作用的因素，注重社会底层的历史活动，就需要大量运用统计整理和计量分析手段，从平民百姓平凡的日常活动中，找出某种统计规律性，从中把握深层历史发展的趋势和哲理。

第四，加强个案研究和比较研究。个案研究是指选择有代表性的社会历史现象、事件、人物或集团的个体进行典型分析，被研究的个体往往是同类事物的信息载体，对其进行深入细致的研究有助于加深人们对同类历史现象及整个社会历史的总体认识。在社会经济史区域研究中，尤其应该注意宗族、村庄、集市、工场等较为重要的社会经济现象的个案分析。区域经济史的比较研究，不仅指不同地区之间的比较，而且包括同一地区不同历史发展时期的比较，还应包括不同国家之间的区域性比较。区域研究本身就是一种比较研究，纵向、横向、顺向、逆向都可做比较。通过比较研究，可以发现社会经济发展的地域不平衡性和同类社会经济现象在不同地区的表现形式，揭示社会经济发展的多彩多姿的风貌。

我们有理由相信，中国社会经济史的区域性研究是一项前途远大的事业，区域经济史研究者们任重而道远。希望更多志同道合的史学工作者加入这一行列，共同把这一事业推向前进。

本文与陈春声合作，原刊于《中国经济史研究》1988 年第 1 期。

我与区域社会经济史研究

崇实求真是史学家的终极关怀和追求目标。空泛的议论和情绪化的论述是与史学无缘的。我的个性是感情往往胜于理智。对于一个容易情绪化的人，要理智而平实地叙述、议论史事，是有一定难度的。而我偏偏选中历史学，并以此为终身职业，实在是一种自我挑战。三十多年来，对于我所选择的职业不仅无悔，且对它的热爱与日俱增。

记得 1957 年秋，我满怀兴奋地跨入了武汉大学历史系的门槛，但一经接触了专业课之后，觉得史学枯燥乏味，曾请求转系而未果。幸得诸多老师的教诲和疏导，才逐步培养了对历史专业的兴趣。当时系里的老师中，有治隋唐史的唐长孺、治近代史的姚薇元、治经济史的李剑农和彭雨新、治墨经的谭戒甫，治世界史的则有吴于廑、曹绍濂等，各治一史，各有所长，可谓群贤集聚。这些老师除李剑农先生因年老体弱，曹绍濂先生因错划为右派，不能给我们上课外，都先后给我们上基础课或专题课，老师们授业专注，认真负责。年近八十的谭戒甫老先生，当年在课堂上给我们讲解老子"守柔说"的情景，虽事隔近四十年还是历历在目。可惜当时我学识太浅，不能领悟老师们学术的要旨精义，徒有景仰、羡慕之情罢了。但他们都从不同的角度启迪了我的思维，培养了我的学术兴趣，尤其是彭雨新、唐长孺和吴于廑等，即使离校后，依然得到他们一如既往的爱护和具体指导。武大历史系的老师为我走向学术铺平了道路。每当念及武大，如沐春风，总是洋溢着欢乐和感激之情。

一　幸遇良师，受益终生

青年时代的际遇，往往影响一个人一生所走的道路。真正影响我学术生涯的是有幸遇到业师梁方仲先生。1962年夏，我在武大毕业后，有幸被著名的经济史学家梁方仲教授收为入门弟子。对于梁先生，只听武大的唐长孺、吴于廑和彭雨新等老师做过介绍，但知之甚少，更不了解先生的学术造诣。首次谒见先生时，他并非如我想象的那样是一位魁梧或英气逼人的教授，而是一位清癯而目光有神的蔼然长者。他住的是红墙绿瓦高敞的洋房。陈设朴素，但显得雅趣。引人注目的是住宅的空间几乎充满了中外各种版本的图书典籍。尤令我难以忘怀的是书房只留下刚够供先生下榻的单人床的空间。每当我步入先生的住宅就有一股书卷气迎面扑来。先生以书为伴，以书为友，徜徉于浩瀚的知识海洋之中。他以读书、著述、传授为乐。先生注重发挥学生的独立思考，给我们指定了必读的文献典籍和必须熟悉的工具书，定期给我们上版本目录学和经济史文献学，并将他的藏书供我们做所学的实习和训练。对遇到的疑难问题，以讨论式循循诱导。在治学方面给我印象最深的是强调学风的扎实和科研方法的训练。刚入学时是三年困难时期过后处于国民经济调整期间，政治气氛相对比较宽松。他对当时强调的阶级分析是唯一研究方法，殊为反感。他曾对我说："难道数量统计等就不是研究方法吗？"当我被推选为中山大学研究生学生会主席后，大概他担心我因此而热衷于社会活动从而滋长当官的欲望，曾约我做一次长谈。他谈及他是广州十三行商人的后人，先祖中曾出过翰林官等官员，对官场的黑暗每每听先人道及，最后说："想当官就不要当我的学生。"先生逝世后，从其令弟梁嘉彬教授回忆其兄的一封信中才知道先生原名"嘉官"，后来改为"方仲"。从此可证先生提醒我不要当官，实出至诚之言。

研究生时代，毕业论文的选定对一个人治学的方向和道路之影响是深远的。梁先生对确定我的毕业论文题目十分慎重。他认为应从主客观条件，以及未来学术的发展方向来确定论题。要考虑是否有潜在的可供开发的足够的资料；据此资料，学生是否有可能做出突破性的研究；是否有可能以此为起点继续拓展这一课题。后来我才意识到这是先生的经验之谈。先生正是以一条鞭法为中心，拓展出粮长制度、黄册制度、土地、田赋、人口等自成体系的明清赋役制度的研究。我自拟的题目为先生所否定。先生经与他的好友、中国社会科学院经济研究所副所长严中平先生商量后，建议以徽州的佃仆制度为我的毕业论文题目，因为1958年后陆续发现的一大批徽州民间契约文书尚乏人做较全面系统的利用，又从刚出版不久的《安徽文献书目》一书中得知关于徽州的文献传世甚丰，徽州作为徽商的家乡，对之做研究，有广阔的研究前景。难度是有关资料分布的地域广阔而且分散，加之我的所在地广东所藏甚少，唯有先生采购的一批徽州鱼鳞图册藏于中山大学历史系图书资料室可供利用。1965年，我随先生赴京搜集资料。经先生介绍，有幸与一批蜚声国内外的专家、老前辈，如吴晗、严中平、李文治、彭泽益、章有义等先生相识；还有一批当时正处中年的学者，如魏金玉、许大龄等先生，也是于此时有幸结识的，从他们那里得到诸多的教益。吴晗先生带我等前往十三陵参观途中，曾考我路旁遇见的文物遗址，因愧不能作答而难过了好几天；常叼烟斗的严先生就徽州佃仆制问题侃侃而谈，对我做许多具体的指导，并专请刚在《历史研究》上发表租佃制度方面长文的魏金玉先生给我做进一步的具体指导。魏先生不仅给我谆谆教导，而且将经整理的一批关于徽州的资料相赠，使我体会到学术的无私。许大龄先生不仅给我解答疑难，还亲自将我需要的书送到北京大学招待所供我参考。此次北京之行，使我眼界大开，懂得真正学者的风范，增进了对学术的理解和酷爱。于今想来，能得如此众多的名家教导，我实在太幸运了。

梁先生还就我草拟的毕业论文写作计划做了认真的批改和补充。先生着我尽可能将有关的论著读完，了解前人已做出的贡献，在此基础上确立自己应在哪些方面做出补充和突破；要先了解有关的资料分布的地址，搜集务求完备；还要到徽州做实地调查，搜集散置民间的文书契约和档案文献，注意访问长于地方掌故的老先生。先生的这一教导几乎成了我以后学术研究的规范。

在京告别先生后，我独自前往各地搜集资料。为了供比较研究用，我先到山东曲阜搜集孔府有关守墓户一类的封建依附者的资料。忆及杜甫《望岳》中"会当凌绝顶，一览众山小"的名句，我晚上独自攀登泰山，借以开阔自己的学术情怀。继而前往芜湖、合肥，搜集安徽师范学院、安徽大学，以及当地图书馆、博物馆所藏的有关文献资料。再是到徽州的屯溪市、歙县、祁门、绩溪、休宁、黟县等地做实地考察与搜集资料。遵先生之嘱，除到世家大族的村庄访问老农（其中有的是当年的老佃仆）外，还访问了祁门的胡樵璧、黟县的程梦余等先生。胡、程两位，皆系晚清举人，当时正任安徽省政协委员、文史馆员。胡先生还与我结下了忘年交，屡承他将其著作、手稿相赠。这次实地考察，使我得到许多感性的知识，增加了对徽州史料的敏感性，并有可能对史料做出切实的解释。此举令我尔后三十余年的史学研究工作，几乎都与社会调查联结一起。

二　一篇习作的保留，使我在区域社会经济史研究领域耕耘了大半辈子

梁方仲先生的言谈举止，都体现出对学术的执着追求和一丝不苟。这在我青年时代的心灵上刻下了深刻的烙印。研究生毕业后，我被留校任教，但因"文化大革命"愈演愈烈，终酿成乱哄哄的混斗。继而学校停办，我往粤北乐昌五七干校劳动改造。先生因受"文革"的摧残，终于得了不治之症。记得1969年冬，我请假回校趋先生病榻之前请安。师生相见，激动不已，颇有隔世之感。他强打精神，起身找出他珍藏的一羽毛球盒庄重地递与我。他说："这是你论文的手稿。为了躲过红卫兵抄查，我装入羽毛球盒，置于不被注意的角落，终于被保留下来了。"我手持此文，沉甸甸地显得格外地重。我感动得清然欲滴。这倒不是来自对拙作的自我珍重，因为在这动乱的时代，注意力已不在文章的价值了。动情的是老师的一片苦心和对我研究所得的重视。正是这一篇文章的保留，使我日后得以在先生所

指引的"区域社会经济史研究"的领域中，耕耘了大半辈子。也正是这次晤见，先生含泪对我说："明春你回来，我还有学术的事情给你交代。"一听此话，顿然伤感得难以克制，胡乱说了一些不着边际的安慰话，借以掩饰。次年春，干校搞所谓"清理阶级队伍"的政治运动，不准请假，未能返校探望先生。未料与先生的这次相见竟成了永别！

先生在我心灵中种下的学术根苗，虽遭"文革"的摧残，但经过1978年改革开放的春风一吹，又复活了。我想到在业师悉心指导下，在诸多先贤、学术前辈的苦心指教、帮助下，经过不惜劳苦地奔波南北搜求资料而写出的毕业论文，虽未得先生一句赞语，但他如此细心审阅、批改，又如此苦心呵护，岂不是表明他对此文的重视吗？于是我经压缩后，以《明清徽州佃仆制试探》为题，在《中山大学学报》1979年第2期上发表。此文由于采用了实证的研究方法，史料充实，颇得同行的称许，后来获得广东省社会科学研究优秀成果奖。其实这点成绩的取得，是同梁先生的精心指导，师友谭彼岸、魏金玉等的帮助分不开的。它给我巨大的鼓励，使我信心遽增。从此我与徽学的研究结下了不解之缘。尽管自80年代起，我已转以珠江三角洲区域作为我研究的对象，但依然没有忘情于徽学的研究，或写一些徽学的文章，或以珠江三角洲与徽州做比较研究。

三 由佃仆制而扩及徽州社会的各个方面，以此为典型，做"区域体系"的分析

中华人民共和国成立以来经济史的研究，多局限于生产关系史。自改革开放以后，由于确立了以经济建设为中心，经济史的研究才成为学术界的一个热点，并延伸与拓宽其研究领域。社会经济史的区域性研究，也是于80年代才勃然兴起的。众所周知，我国素以方志学之发达著称。地方是指中央以下的行政区。地方志记载山川、形势、风俗、方物、职官、人物、艺文等内容丰富的史迹，理应推动地方史或区域史的研究。但是，事实上中华人民共和国成立后至改革开放之前，地方史与区域史的研究，或被排

斥于主科之外，或为主科的附庸。区域史不同于地方史研究之处，在于其研究地域范围是根据题旨的要求来确定的，未必与行政区划相叠合。其研究范围可以小到有经济、人文内在联系的某一山区或平原，也可大到有经济联系或有地缘关系的跨国地域。法国年鉴学派率先做出举世瞩目的区域性研究成果。社会经济史区域性研究已成为国际性的学术潮流。但是，自从1949年以来，出于种种原因，我对法国的年鉴学派却一无所知。直至1976年，美国耶鲁大学郑培凯先生来访广州，以及1978年美国加利福尼亚大学洛杉矶分校（UCLA）黄宗智教授访问中山大学，才先后简略地向我介绍了这一学派，以及美国学者从事区域性专题研究的情况。当时我正在重新整理资料，准备继续研究徽州，培凯、宗智先生的启发，坚定了我拓展关于徽州社会史研究的决心。

1979年春，我制定了扩大研究徽州社会史的计划，经历史系同意后，又得到副校长刘嵘的支持。于是我再次到安徽搜集资料。在合肥，我利用了安徽省图书馆、档案馆、博物馆所藏关于徽州的资料。当时的图书资料部门，以被利用其所藏为荣，对来利用图书资料者，竭诚欢迎，鼎力帮助。省图书馆、省博物馆的先生们对我这个后学的指导、爱护，令我难以忘怀。省图书馆腾出一间小房供我专用，免去登记手续，凡有关徽州的文献，按顺序搬来供我使用。有的则借出让我晚上复印。由于有朋友和在当地工作的我的学生的帮助，又用了复印手段，所以工效甚高。仅仅两个多月，当地所藏，我已基本涉猎，并做了抄录、复印。我继而转往徽州地区再次做社会调查。动身前一天晚上，洗澡时滑倒，摔伤了腿，多亏同窗挚友卞恩才兄深夜背我上医院做紧急处理，次日又背我上飞往屯溪的飞机。我一直拄着拐杖，坚持爬山越岭，深入农村做社会调查。由于有了第一次经验，又有朋友相助，尤其是得到当地领导如地委常委、宣传部长朱泽等的重视，提供了诸多方便，调查工作的进展更为顺利了。由于对徽州社会史由知之甚少到知之渐多，许多疑难也得到了合理解释，虽然历尽了艰苦，却赢来了研究所得的欢乐。

1980年12月，中美史学界首次在北京举行学术交流会。我有幸被遴选为中国史学代表团团员出席此会。我提交会议讨论的题为《关于徽州佃仆制的调查报告》的论文，就是把在祁门的查湾和休宁的茗洲调查所得，参证以文献资料而写成的。不期此文颇得与会学者的称赞。刚创办不久的我国哲学社会科学界最高学刊《中国社会科学》于会后将此文以《关于徽州的佃仆制》为题发表在1981年第1期上，并翻译成英文在 *Social Sciences in China*（No.1，1981，pp.90-119）刊出。我既受到了鼓舞，又感到不足，决定继续拓展并深化这一课题的研究。我通过种种渠道，尽可能地将有关徽州的文献资料搜罗。例如，收藏在中国社会科学院历史研究所的徽州文书档案，未经整理，无法借阅。于是我径找林甘泉所长，请求整箱、整捆地让我翻阅。终于得到林所长的慨允，并临时腾出一间小房，由我专用。当时作为一个没有多大知名度的青年学者（美国史学代表团回国后报道史学交流会动态中称为第三代学者），在利用徽州文献资料过程中能得到各学术科研单位如此支持，于今看来是不可思议的。说明当时的学术还没有商品化，也没有等级化。

对徽州社会史的研究，由于文献资料都在外地，需要有一定的研究经费和离校外出的时间。幸好得到分管文科工作的副校长刘嵘教授的理解和支持，给我半年假期，并专拨了一笔经费。1980年，我正是利用这一假期和这一笔经费，在北京等地白天到学术单位搜集资料，晚上写作。为了节省经费，得学长邝柏林研究员之助，获准利用中国社会科学院哲学研究所办公室当我的寓所（当时商品意识未兴，还没有收费之举），内中的办公桌既可供我晚上写作，又可充我的卧床。反正我白天不在，不影响他们白天办公。我的第一部学术著作《明清徽州农村社会与佃仆制》就是这样在四处奔波中写作的。

随着我对徽州地区历史资料掌握的增多，明清时期徽州农村社会的许多问题逐渐在我的脑海中明晰起来，诸如缙绅地主势力的强大且久而未衰，商业资本的发达，宗族土地所有制的发展和宗族势力的强固，封建文化的发达、理学和礼学的盛行，佃仆制的顽固残存等，都是很有特点的。而这些问题又互相关联、交相作用。例如，缙绅地主势力的强大是徽商得以发展的政治后盾，而徽州商业资本又是促进当地文化发达、培植缙绅的经济基础。徽商捐资修建祠堂，购置族产，撰写家谱，又对宗族制的强固起了直接的作用。理学也和宗族制互相浸渍，互相影响。佃仆的盛行及其顽固残存，又与上述的几个问题有着密切的联系。对以上这些问题，要做出合理的解释，必须置之于徽州历史的总体中考察，并做区域体系（Regional System）的分析。历史的方方面面本是纠缠交错一起的，应当按照其本来面目进行研究，专题是为了叙述的方便而人为地分割出来的。愈加专题化，愈需要沟通。基于以上的认识，《明清徽州农村社会与佃仆制》一书，着重探讨以上问题，但诸如徽州的历史地理、资源、土地与人口的变动、徽州人的由来及其素质等，都曾涉及，并做详略不同的论述。此书完稿于 1981年，由安徽人民出版社于 1983 年 2 月出版。

《明清徽州农村社会与佃仆制》一书出版后，从国内外的学刊上看到的近十篇书评，从不同的方面做了肯定。这对一位处于中青之交年龄段的学者来说是极大的鼓舞。国内治明清史的老前辈傅衣凌先生与杨国桢教授联名写的书评中赞誉有加，称此书为"后来居上，超越前者，为我国社会经济史坛新添了一朵奇葩"。以治明史称誉海内外的老前辈王毓铨先生 1985年在全国明史研讨会上致开幕词时誉之为"中国地区史研究之榜样"。复旦大学的伍丹戈先生阅读后，也表示特别嘉奖，赐函称之为犹如"空谷足音"。区域性"市场结构"理论的开拓者施坚雅（G. William Skinner）教授于 1983 年 3 月底在美国斯坦福大学他的办公室与我相见时说："您的新著，我读过了。我原也想选中国的一个地方做研究，看了您的书，我不做了。"我知道他正致力于宁波、绍兴地区的研究。他还邀我在他办公室挂有刻写"宁绍研究计划"汉字的木牌前合照留念。美国的居蜜博士和日本的学者都有撰文评介。日本名古屋大学副校长森正夫教授、美国伯克利大学魏斐德（Wakeman）教授等曾将此书指定为其研究生课堂讨论的著作。魏斐德教授还主持将此书翻译成英文（译者为穆素洁博士和区㺃教授）。

由于我发表、出版了受到称许的关于徽州社会经济史的一系列论著，美国鲁斯（Luce）基金会和美中学术交流委员会在同一时间内都准备邀我访问美国。经征询我意见，终由黄宗智教授提名被通过聘为 Luce 访问学者，负责接待的是加利福尼亚大学洛杉矶分校（UCLA）。这次，以及 1988 年、1990 年应邀访问北美时，受聘为 UCLA 客座副教授（1983 年我已被历史系提升为副教授，但还来不及为学校一级评委会通过。当时的四位正副校长联名特批为以副教授的名义于 1983 年访美）、美国东西中心高级研究员，先后有机会访问了哈佛大学、耶鲁大学、斯坦福大学、普林斯顿大学、宾州大学、哥伦比亚大学、佩斯大学、奥本尼纽约大学、夏威夷大学等，以及加拿大卑诗大学（UBC）。尔后，又受聘为日本大阪大学客座教授，访问了京都大学、东京大学、名古屋大学、九州大学、金泽外国语大学及东洋文库等高等学校和学术机构；继而受聘为瑞典隆德大学客座教授，访问了斯德哥尔摩大学、哥登堡大学等。1992 年冬至 1994 年初，先后在日本、瑞典做学术访问期间，还得到荷兰莱登大学、英国牛津大学，以及美国夏威夷大学等多所大学邀于 1994 年上半年往访，以做学术交流。UCLA 还聘请为一个季度的客座教授。出于种种原因，我遵照所在的历史研究所所长的指令，于 1994 年初中断访问计划回国。与同行学者做学术交流，开阔了学术视野，增加了对北美、日本和欧洲等地汉学研究的了解。眼前豁然开朗，深深地感到学术领域是如此地广漠、浩瀚无边，又如此地深邃、多彩多姿。学问之道，固不能单以模式、架构之新奇，放论之高超而邀宠，亦不能闭目塞听、闭门造车而拒绝引进新的研究方法和吸收新的见解。人类科学技术的进步和人文学科的成就，本是在彼此间互相交流、互相启迪中取得的，其先后又有传承和发展的关系。随着交通的便捷，地球愈益变小，各地区间学术的相互交流和相互借鉴，也随之而不可或缺。作为一个学者，既要勤奋耕耘于学术之一隅，又要力求洞悉学术的整体。没有学贯中西的学识，没有高瞻远瞩的视野和情怀，没有自甘寂寞的艰苦劳作，恒久性的、世界性的著作，自成一说的名家，是不可能出现的。深知自己不敏，无大家的才具，但既作为学林中的一员，与世界各国学者之交流，体悟和理解中西学术之本源，就成为提高自己学术水平的关键。中国史的研究，已经不是中国人的专利，而是世界学者的公器。

基于这一认识，1984 年我从中山大学转往广东省社会科学院历史研究所组建经济史研究室并首任主任之后，与我广州的同事（中山大学、暨南大学等单位的同行），以广东省社会经济史研究会名义不定期地主办了一系列的学术报告会。曾先后邀请大陆与台湾的韦庆远、刘永成、庄吉发、刘石吉、徐泓，国外的黄宗智、滨岛敦俊、西川喜久子、滨下武志、片山刚、魏斐德、赵冈、王业键、伍若贤、郑培凯、李弘祺、孔飞力、华琛、苏耀昌、魏安国、科大卫、萧凤霞、罗多弼、穆素洁等学者，做学术报告。其中有历史学家、社会学家、人类学家，彼此间互相交流，互相切磋。我和我的同事希望像一块吸水的海绵，从海内外学者身上吸取有用的学术元素，经不断地消化，做出有自己特点的学术来。

四　区域研究的再尝试，在珠江三角洲的研究中蹉跎岁月

从 80 年代起，我转为以珠江三角洲为研究对象。之所以对珠江三角洲情有独钟，固然有地缘之便利，但更重要的还在于珠江三角洲具有独特的历史特点：本是僻处边陲，栖息于历史的角落，明中叶以降一跃而成为经济发达的地区、中西文化的交汇地、走向海外的通道。尤其在近代，珠江三角洲在资本主义浪潮的冲击下，因其处于首当其冲的地位，中国传统社会与资本主义世界体系互相冲突、互相适应的互动关系有极其复杂的表现。所以，拟探讨珠江三角洲经济的发展，以及其与当地的生态环境、人口增长、宗族组织、民间社团、文化风尚、价值观念等问题的相互关系。以经济发展与社会结构的变迁作为该研究课题的主旨。想着重探讨如下几个问题。

其一，经济演进的过程，及其在各个发展阶段的特点，力求从社会的总体把握经济现象。

其二，16 世纪后半叶广州市场的转型及珠江三角洲由此而引起的商业化，19 世纪穗、港、澳三足鼎立所形成的市场优势对珠江三角洲经济的推动。

其三，资本主义世界体系对城乡的冲击与后果在该地区的表现。

其四，农村基层市场组织，交换网络的结构、功能及其有效性，基层市场与中心市场的关系，市场因素对农村社会的影响，并由此而引起的从业结构的变迁。

其五，血缘性、地缘性和业缘性社会组织的社会分层、社会控制和社会流动的方式和运作，以及阶级结构的演变。

其六，基层行政组织与地方社会的权力结构，村民与国家政权关系的演变。

其七，近代华工出洋及其对侨乡政治、经济和人文社会的影响。

其八，价值观、行为规范的变化，以及其与经济发展、社会结构的关系。

一般被视为保守因素的宗族制，在珠江三角洲却与商业化相辅相成，甚至相得益彰。这种情况在东南沿海商业发达地区有代表性。对此也力图做出切实的理论上的阐释。不仅力图就珠江三角洲地区社会的经济结构、阶级结构、职业结构、基层组织结构、行政组织结构等方面做全面的结构与功能的分析，而且把珠江三角洲的各种变迁做互动的综合分析，既要注意其短期性的，或周期性的变迁，尤其要揭示其长期趋势的演变；既要探讨其变迁的原由、历程，更要揭示其变迁的趋向。

顾及历史有其继承性与延续性，又基于珠江三角洲原为中西矛盾、冲突的交汇地，社会变化急速，因之而出现的许多问题，直接延伸至当代。对珠江三角洲进行区域体系的研究，有助于解释为何珠江三角洲不仅着民族资本近代工业化的先鞭、是近代革命的策源地，而且成为今日社会主义市场经济的先行者。从更深层的意义看，有助于揭示中西文化冲突、交汇的地区，从守成到开拓，从传统到现代演变的底蕴。珠江三角洲正以其取得经济的腾飞而引起国际社会的瞩目。它作为社会主义市场经济先行者，有一种传统的历史基因。希望通过这一研究揭示传统在当代的转换趋势，在历史与现状的研究中找出衔接点。

我虽然自 20 世纪 80 年代起做的依然是区域性的研究，但从以上所谈的指导思想看，已明显地力图另辟蹊径，从不同的角度做出新的探讨。如果说对徽州的研究断续耗费了我十六年的岁月，那么做珠江三角洲的研究至目前为止已经蹉跎了近二十年的时光，而且迄今为止，这一课题的研究尚未结束。明中叶才形成的官僚士绅集团为珠江三角洲留下的地方文献远比"宋兴则名臣辈出"的徽州逊色。特别是反映清中叶以前的文书契约、账簿、族谱等不多，而海外学者、商人、传教士写下的反映近代商业社会情态的著作却相当丰富，这同海外贸易发达有关。基于这一情况，通过实地调查考察文物遗址，搜集散佚于民间的文书档案、碑文，以及口述资料，尤其显得重要而且必不可少。根据我在徽州做社会调查的体会，文献上的记载，有的是特殊事例。从某种意义上看，正因为其为特例，才为当时的文献作者所注意并记录下来。一般的习以为常的、童叟皆知的事情，反而往往被当时人忽视而未见诸文字。若仅凭文献记载推断，有时可能陷入以偏概全之弊。

　　这些年来，我花费了大量的时间从事农村社会调查和搜集市、县所藏的资料。1984年前，我还在中山大学任教时，已鼓励学生以珠江三角洲历史的某一专题为毕业论文题目，并带领他们到佛山等地做社会调查，搜集了广州市、佛山市档案馆、图书馆所藏的有关资料，发掘出大批民间土地契约和一些藏于民间的未刊手稿，如何仰镐的《小榄何氏发家史》等。80年代几乎每年我都有一段时间在珠江三角洲乡村做社会调查。有的是同海外学者，如先后与华琛（当时在美国匹兹堡大学，今在哈佛大学）、孔飞力（美国哈佛大学）、李弘祺（当时在香港中文大学，今在纽约大学）、麦礼谦（美国华侨历史学会）、穆素洁（美国杜克大学）等一起下去做短期的考察。从1989年起，我和我在广州的同事先后分别与海外学者做联合定点调查，如与日本大阪大学滨岛敦俊、片山刚选定顺德龙江、大良，番禺万顷沙，台山赤溪、四九等地做调查点；与科大卫（英国牛津大学）、萧凤霞（美国耶鲁大学）共同主持的以番禺沙湾、三水芦苞、南海沙头为点所做的民间信仰、民间宗教活动和民俗的调查。香港中文大学的"华南社会文化形态"研究计划，我也被聘为顾问而参加过部分活动。这些社会调查中，中方的主力是陈春声、刘志伟、陈忠烈、戴和、罗一星等年轻学者。中外学者联合做社会调查，有助于学术交流。从调查的视角、内容、方法，可以看到一个人的学养。在共同调查中，我从不同学科的学者身上得益甚多。做学术性的社会调查，从某种意义上说，是一种有效的综合学术训练。在广泛搜集有关珠江三角洲文献资料和社会调查的同时，按照前面所谈的研究构想，先做专题研究，不断扩大研究面，然后就一些问题做交叉研究。十几年来我先后就北方士民的南迁与珠江三角洲的开发，广州市场的转型与珠江三角洲的商品性农业、手工业的兴起，沙田的开发、宗族组织与商业化，水上运输与地方墟市网络，华侨、侨汇与珠江三角洲经济的演进等等专题，在《中国社会科学》（含英文版）、《中国史研究》、《中国经济史研究》、《中国社会经济史研究》、《广东社会科学》和港、台，以及国外学刊共发表了30余篇论文。应板桥稻乡出版社之约，从中选20余篇结成集子，以《珠江三角洲社会经济史研究》为书名，交由该出版社出版。（80年代与谭棣华合著的有关论文，因他早已收入《广东历史问题论文集》一书出版，未收在内。）另外，以珠江三角洲为重点，我主编（兼撰稿者）《明清广东社会经济研究》（广东人民出版社，1987）和《广东航运史（古代部分）》（人民交通出版社，1989）等书；又参与《珠江三角洲历史、地理、经济情况及南洋华侨发展史》（与王赓武、许学强分别撰文合集，由霍英东先生写前言，作为第二届世界华商大会指定参考书，香港1993年11月印行）一书的撰写。这些论著，都是从微观，或较大层面上对珠江三角洲社会经济史做阐释，以便进一步地做"区域体系"的综合研究。

十七年前，谈及区域性研究与全国性研究的关系时，我曾指出：由于地区历史发展的不平衡，"全国性的综合研究，自当以各地区的研究为基础；同样，地区的研究，也不能局促于狭窄的小天地，而必须放眼于全国历史发展的总体"（拙作《明清徽州农村社会与佃仆制》"前言"）。珠江三角洲作为中西文化交流的前沿、走向世界的通道，对之进行研究更应放眼于世界历史的总体。因此，我在研究珠江三角洲的同时，始终关注中国历史发展的总体，乃至放眼于与珠江三角洲相关的世界历史的研究。这期间，我与张难生合作的《海上丝绸之路与广州》（刊于《中国社会科学》1991 年第 1 期；又 *Social Sciences in China*，No. 2，1992，pp. 191-214），拙作《十九世纪下半叶夏威夷华人首富陈芳》（《华侨华人历史研究》1990 年第 4 期），以及我与韦庆远共同主编的《清代全史》第五卷（辽宁人民出版社，1991），等等，都有力求了解珠江三角洲在中国历史、世界历史的格局中充当的角色和所起的作用的目的在其中。

我在从事社会经济史研究中，从理论到研究实践都一直力倡区域体系的研究。在 1983 年出版的《明清徽州农村社会与佃仆制》一书，如果说是笔者关于区域体系研究的一个尝试的话，那么，为了推进区域社会经济的研究，我很想通过对珠江三角洲的研究，在学术功能上对"区域体系"的研究方法也有所推进。因此，我于 1986 年已和中华书局订有撰写《珠江三角洲的商业化与社会变迁》一书的合约。为了从理论到学术实践上了解并汲取国内外学者对区域研究的有益见解，曾请中国社会经济史研究的重要奠基者傅衣凌先生为主持人，于 1987 年以"区域社会经济研究"为主题，于深圳召开有二百余人出席的国际学术研讨会。与会学者的成果已收进由笔者主编的《清代区域社会经济研究》（中华书局，1992）一书。对于中华书局的约稿，80 年代末也已写出了初稿。但在修改过程中，由于认识的深化，现在正在做重新改写。此书已经历了十余年，至今尚未脱稿。

崇真求实，本是我追求的目标，并一直以此自许、自励、自勉。我理解的"求真"，就是绝对尊重史实，言必有征，以占有资料为第一位。要透过史实来显示历史的归趋，也要从历史的归向中看出具体史实的意义。"求真"，就是忠实的态度，因为即使"求真"达到了自然科学般可靠，也只有相对的"真"，绝非已达到"真"的尽头。历史是人和过去不断的对话，是永无止境的对话。只要投入赤诚心灵的气息、理性的精神，根源于史实，据此论人事的兴衰、时间的迁化，而不是怀有诡谲的心机、轻率的态度，"求真"便自在其中了。就我个人对史学研究的感受而言，在应学刊《社会科学家》（1998 年第 4 期）约写的"语丝"中有云："追求'藏之名山'之作，是未入道之时。王国维'人生过后唯存悔，知识增时转益疑'最能道出我心路的历程。"我觉得历史学的研究最大的困惑是无法验证过去，加之历史的演进如此错综复杂，纷繁多变，以经济运作过程而言，对发生于当前的已难以预测，更遑论发生在古代的了。所以，对于自己所写下的东西，究竟距历史的实际有多远，实在惊恐得很。常常扪心自问：对于自己所探讨的问题，在史料上掌握、理解的程度如何？对其纵向和横向的交叉把握如何？是否已置之于总体史学的格局中做了考察呢？这期间有多少独立的见解？在做诸如此类的自我审视中，惊恐多于自信。自己还在怀疑的东西，怎么便能匆忙向社会推销呢？这就是我为什么发表的东西越来越少，而且手头正在重新修改、补充的《珠江三角洲的商业化与社会变迁》一书难以定稿，尚处于难产状态的原因了。

目前，区域社会经济史作为一个分支的历史学，其面临的挑战，既是严峻的，也是前所未遇的。自然科学的各门学科研究进展之神速令人目眩口呆。人文学科的历史学能按常规蹈行吗？医学上动物的基因密码、地球以外一些星球的奥秘等，纷纷地被做出解答。科技的发展，正在飞速地改变人类社会的生活。面临电脑网络的出现和不断完善，传媒工具的变革，视觉文化的兴盛，历史学还能在多大的程度上保持现有的传统？历史学科如何克服无法验证过去的缺陷而趋向科学化呢？人类社会历史演进奥秘的揭示，能否如同自然科学一样取得日新月异的进展呢？21世纪的历史学还能保持现有的形态吗？这是经常浮现于我脑际的问题。

1998年7月29日于广州天河北幽篁室
本文原刊于张世林编《学林春秋》三编下册，朝华出版社，1999。

谈社会经济史的区域性研究

傅衣凌和杨国桢教授给我提供与大家座谈的机会，实在非常感谢。我很高兴与在座的青年学者们认识并交流学术观点。下面我想结合读傅先生著作的机会，谈谈关于社会经济史区域性研究问题的一些看法，目的是同大家交换意见。

一　学习傅先生的治学方法，推进区域社会经济史的研究

傅先生的学术观点、方法与道路，在国内外学术界有着意义深远的影响，我自己的研究就从傅老的著作中得益很深，受启发甚大。而且，由于其学术上的远见卓识和学术思潮的发展，这种影响正愈来愈大。傅先生的学术博大精深，我觉得尤其应该强调杨国桢同志已概括出来的以下三点。

1. 经济史和社会史的结合。傅先生在这一领域的贡献，杨国桢同志已做了很好的阐述："傅衣凌教授把中国经济史置于历史学的范围之内和社会史结合起来研究，从社会史的角度研究经济，从经济史的角度剖析社会，从而区别于着重研究经济制度和官经济的传统经济史，也不同于以阐述经济形态为目的的经济史（广义的政治经济学），建立了具有中国特色的社会经济史学框架。"历史学与社会学的结合，已成为世界史学的潮流之一。原先社会学家往往以历史学家沉溺于细微末节的描述，觉得没有意义而不屑一顾；而历史学家又以社会学家尚未将历史现象的来龙去脉弄清便轻下结论，急于建构模式，因而也往往投之以鄙视的眼光。彼此各持一端而相轻。

近年来，历史学家和社会学家已开始感到各自的不足，希望两者结合起来，取长补短，以推进各自学科的发展。例如黄宗智教授的《华北的小农经济与社会变迁》一书，就反映了这一学术发展趋势，在国内外学术界很受好评。台湾学者也有专文讨论两者的结合。傅衣凌先生的贡献就在于他在四十多年前就敏锐地指出了经济史与社会史结合的意义，并在自己的学术研究中一直坚持这一方法。现在他又不满足于两者的结合，在自己的研究中吸收了人类学、民俗学、统计学等等学科的理论和方法；提出要善于采用量化手段，将大量的数据包容到自己的著作中，以提高定性、比较和发展趋势分析的准确性和科学性；提出要采用比较方法，在各个地区、各个国家的互相比较中说明历史发展不平衡性的原因以及各个地区间的相互联系，并进而获得对历史总体的把握和了解。

2. 注重区域研究与个案研究。这样的研究在西方学术界已形成潮流，国内这方面的研究也日渐增多。这个问题将在下面详细论及。

3. 广辟资料来源，化腐朽为神奇，深入实地，做社会调查，在别人不屑一顾的东西中发现有用的资料。社会经济史的研究范围应该包括整个社会经济生活，但下层平民百姓的生活又很难在正史政书中得到反映，所以非到民间发掘不可。这是由中国社会经济史学科的研究对象所决定的。傅老也在这个方面做了开拓性贡献。

一个学派要得到发展，不断完善，非经过几代人的努力不可。青年一代学者任重而道远。

你们作为傅老的学生，应当把他的治学方法学到手，把他创导的区域社会经济史的研究推向前进。

二　从史学的功能看社会经济史区域研究的必要性

傅先生指出："史学研究的功能应该有两个方面：一是学术功能，即史学研究的发展可以推动整个科学事业的发展，丰富和提高人类的认识能力；二是社会功能，即史学研究通过它所揭示的人类社会生活的规律和哲理，对当代社会的经济生活、政治生活和文化生活产生影响。"这一论述是很有见地的，我们也可以从这两个方面理解社会经济史区域研究的必要性。

从认识论上看，人类认识总是不断经历从特殊到一般，又从一般到特殊的发展过程，历史发展的必然性、规律性总是通过千差万别的偶然性、随机性反映出来。历史进程不仅在时间序列上有进退快慢之别，而且在空间分布上也呈现出严重的不平衡性。以中国社会为例，面积几与欧洲相等的广袤国土上自然条件千差万别，各个地区的人文社会情况又由于历史上本地区开发的先后、人口的迁徙、风俗习惯的差别等因素而出现了千姿百态的面貌，只有分区域进行深入的研究，才能概括全国历史的总体。只有这样做，才能使得出的结论更接近客观历史实际，提高历史研究的科学性。

从社会功能上看，只有真实地揭示历史的面目，揭示社会发展的规律性和不平衡性，才能给当代人以借鉴和启示，"述往事"以"思来者"。就中国而言，十二届三中全会以后党中央在现代化建设中允许各地区实行一系列特殊政策和灵活措施，发挥中央和地方两个积极性，我们只有分别研究各个地区历史发展的特点和规律，以及这些特点对当代社会的影响，才能适应改革开放的形势，真正发挥历史研究对现代化建设和精神文明建设的借鉴作用。

我还觉得，分区域进行社会经济史的研究，还可避免滥发空论、拼凑史料和以偏概全的弊病。大家都知道，不分地区，随意将几条资料拼在一起，结果是什么问题也说明不了；或者以某一地区的材料无条件推广，当成全国普遍性的东西，也是不科学的，违反学术研究原则的。这种做法所得出的结论也就自难作为当代生活的借鉴。

三　区域社会经济史研究中的几个问题

（一）区域性历史研究与历史总体的关系

历史的总体是由多系统网络复合构成的，一个局部地区只是总体的一部分，受总体的制约，与其他地区有千丝万缕的联系。因此，全国性的综合研究自当以各地区的研究为基础，同样，地区性的研究，也不能局限于狭窄的小天地，而必须放眼于全国历史发展的整体。把个别的局部的历史，无限推衍，描绘成普遍的历史，其荒谬是不言而喻的。但离开中国历史的整体，囿于一隅之见，孤立研究地方史，无疑也不能揭示历史的真谛。地方区域性的研究和全国综合性的研究，应当并行不悖，互相促进。史学研究者既要扎扎实实、锲而不舍地深入研究具体的历史问题，又要有把握历史发展总趋势的通识和眼界，具备"上下几千年，纵横数万里，上穷碧落下黄泉"的胸怀和气魄。

（二）作为研究对象的区域的划定问题

社会经济史研究的区域，应该主要按自然环境（如山脉、河流、森林、草原等）而形成的地理条件近似的，或由历史、人文、经济因素而形成的彼此间具有依赖性和内聚力的地区来划分，而不一定与行政区划一致。这种划分应该是多层次的，即一个大的区域内部还可以做更细的划分。而且，划分的标准应该是多元的，即在研究不同的问题时，可以有不同的区域划分之法。在世界史的范围内，这种划分有时可以是跨国界的，如年鉴学派的代表人物之一布罗代尔就把地中海沿岸作为一个区域来研究。

我认为在研究区域经济史时，应该吸取经济地理的区位学、中心地学说和年鉴学派的历史空间观点等理论和方法，以提高我们的研究能力。例如，西方学者做区域研究时，往往在其中划出核心区、边缘区和半边缘区，指出各自在经济发展中的地位、作用和特点。施坚雅提出的区域经济史学理论，在中外史学界都引起了很大反响，其实他所运用的就是德国地理学家克里斯泰勒提出的"市场区位论"。克氏假想在一个人口均匀分布、购买力投向一致、消费水平相等、输入和输出便捷性同一、货源及物价不动的均质地域内，以消费者到最近供应点的距离为依据，推导出六边形的最有效市场区理论。施坚雅比较成功地以这一理论说明四川平原的情况，但当他把这一模式推衍到全国时，就未免有过于理想化的、不切实际的成分，因而，招致了许多批评。不过，就是最激烈的批评者，也不得不承认他的构想是富于启发意义的。

（三）注意长期起作用的历史因素

年鉴学派所谓"长时段"理论，重视地理、生态、气候、人口等长期起作用的因素。这些往往隐而不显的因素，经常组成"结构性的限制"，在更深层次上制约着各个地区历史的发展。所以，区域经济史研究必须十分注意这个问题。美国学者魏克曼就认为，17世纪初全球各地平均气温下降2—3℃的"路易十四小冰期"导致了全球性的人口减少，作物收成推迟，这可以解释明末清初中国人口减少和清兵入关的部分原因。我自己也试图研究地理条件与珠江三角洲在明清时代一跃而成为全国先进地区的关系。

必须指出，思想文化、风俗习惯、语言文字等人文社会因素，也可对历史网络发生长期的作用。如中国的儒家思想、封建宗法制、自然村等，就在很大程度上决定着中国历史发展的面貌。著名社会学家韦伯认为，不了解西方城市的性格，就无从了解西方近代社会的演变。受他的启发，我也觉得，在中国如不了解宗法制下农村的性格，也无从了解近现代中国社会的症结所在。

（四）注意历史横向联系的观照和分析

我们过去比较习惯垂直联系的思维方法，大凡研究一个问题总是探讨其根源、发生、发展乃至衰亡的演变过程，而对这个问题同其他问题如何互相激荡、互相渗透、互相作用，却较少注意。亦即只强调单线式的因果关系，忽视多线性的合力作用。但是，历史本身即多系统的网络复合物，诸事实之间是错综复杂、彼此渗透、互相关联的。唯有多元化的分析，才能揭示其多彩多姿的内涵。

横向分析，既可理解为对一个问题的分析，要兼及与之相联系的其他有关问题，也可理解为在研究某一地区时，注意该地区与其他地域的联系。国外有的学者用沃勒斯坦的世界体系理论研究珠江三角洲土丝产地的历史演变，把这一地区的农业商业化置于世界资本主义市场系统中去考察，得出了许多有启发性的结论。

横向分析也是对某一课题的多侧面分析。历史客观实体既是错综复杂地联结在一起,从不同侧面做全面的分析,自当可以使各个问题互通、互补,从而更真实地重建或还原历史。

本文为作者于 1987 年 5 月 18 日在厦门大学历史系研究生座谈会上的讲话稿摘要,由陈春声记录整理,原刊于《中国社会经济史研究》1987 年第 3 期。

继承史学传统，反映时代精神

——我对清史编纂原则和体裁文体的意见

我认为应当在继承中国的史学优良传统基础上，创造出富有时代特征的新史学体裁。中国史学出现和成熟较早，且根深蒂固，枝叶繁茂。就其体裁而言，汉代及其之前，已经出现《春秋》《左传》编年体和《史记》纪传体，甚至已有纪事本末体之雏形——《尚书》。此书以记言为重，但记言、记事本合一体。宋代袁枢《通鉴纪事本末》可视为《尚书》体裁的发展和完善。今日我国和西方通行的章节体，实为"纪事本末"体之运用和发展。编年体以年代为纲，纪传体突出人，纪事本末体重事件经过即事件"本末常变"。对纪事本末体，章学诚盛赞之，说：

> 本末之为体也，因事命篇，不为常格，非深知古今大体、天下经纶，不能网罗隐括，无遗无滥。文省于纪传，事豁于编年。决断去取，体圆用神，斯真《尚书》之遗也。

《四库全书提要》也极赞《通鉴纪事本末》所开创的体裁，曰：

> 纪传之法，或一事而复见数篇，宾主莫辨。编年之法，或一事而隔越数卷，首尾难稽。……（纪传本末法）编年、纪传贯通为一，实前古之所未见也。

这里指斥编年、纪传之短，高扬纪事本末之长，视之为古所未有，而不知其源来自《尚书》。从这三种体裁的先后出现，可见彼此的继承性，以及不断完善的过程。应该说三者间，各有短长。如纪事本末体，固可"因事命篇，不为常格"，"体圆用神"，但只能反映各个事件的"本末常变"，而不能成为囊括历时性、共时性的事件、制度、人物等在内的丰富多彩、繁纷流变的史学载体。

我们今天编纂一部大型的断代史，自当继承我国史学的各种体裁之长，创造出富有时代特点的新史学体裁。所以我主张采用"糅合多种体裁而成的综合创新体裁"。

新编纂大型清史应当反映时代，体现时代学术特征。大凡学术皆为时代产物，但并不因时代消亡而泯灭，故具有时代性和历史性。此乃真学术。孟子说："王者之迹熄而《诗》亡，《诗》亡而后《春秋》作。""雅""颂"一类诗，是为歌颂西周功业而兴，是周天子举行祭礼时的唱词，可视之为具有西周时代特征之史。《诗》随西周的消亡而亡。孔子作《春秋》，既反映时代，又引导时代。它采自鲁国旧文，被赋予时代精神，经编纂而成。此书可视为一部诸夏国际史，或曰诸夏霸政兴衰史。他创造寓褒贬于其中的"春秋笔法"，为当时及其后的乱臣贼子所惧。可见此书既有时代性，又有历史性。

孔子之后"五百年"，有司马迁撰《史记》出。汉代是一个既非六国贵族之裔，又非大商人当政的士人政权。刘邦一伙人多系平民出身，在秦末农民大起义的基础上，创建汉代新皇朝，且启开一代政治新风。显然，人在历史上的作用对司马迁影响至深。他创造"列传体"来分人撰写，突出个人。当然他也汲取《春秋》编年体作为其"本纪"蓝本。他本人就是听信其父所言，认为"周公卒五百岁而有孔子，孔子卒后至今五百岁"，将有人出来"能绍明世，正《易传》，继《春秋》，本《诗》《书》《礼》《乐》之际"。他自认其人即他本人。可见司马迁既有时代创新精神，又充满时代使命感。

编年、纪传、纪事三种体裁，历二千多年，各代史书编纂者，虽然根据其所处时代而对之有所损益，却未曾有大变革。这同至民国初年为止，中国社会未曾有大变革有关，也可说是漫长的迟滞性的传统社会制约了史学体裁的根本突破。

中国的今天，固然是中国历史的延续和发展，但它又同清代及以前的社会有根本性之区别，是一个从传统社会向现代化转型的时代。新时代应当有新学术。在世界封闭的先秦，就中国研究中国历史，尚情有可原；清代既已与世界各地发生了经济和文化联系，莫说不能就中国论中国，就是站在亚洲的角度研究中国也已落伍。何况正处于全球日趋一体化的今天，更应站在全球，站在时代高度审视清代史，并与世界学术潮流相接轨。今日清史研究，已不是中国学人专利，而是世界学术之公器。

李翰为杜佑《通典》作序曰："立事在乎师古，师古在乎随时。"是说继承要与时代结合。国学大师陈寅恪有一段为大家所熟悉的话：

> 一时代之学术，必有其新材料与新问题，取用此材料，以研求问题，则为此时代学术之新潮流。治学之士得预于此潮流者，谓之预流（借用佛教初果之名）；其未得预者，谓之未入流。此古今学术史之通义，非彼闭门造车之徒所能同喻者也。

陈先生在此强调学术时代性和学术之创新，并以此作为学术是否"入流"的标准。此可谓时代与学术关系最透入纸背之见解。

基于前面的认识，我认为传统的修史，以《清史稿》结束之，与前史合称二十五史就可以了。有人对《清史稿》不满意，而又有兴趣，可做《清史稿》考证之类功夫，以对之做订误。如果将新修大型《清史》与二十四史相衔接，且用文言文撰写，似是与时代隔绝之举。试问，伏生《尚书》本是一部篆体古文，由于汉代流行的是隶体，为便于当代人阅读，尚且改写成隶书；《资治通鉴》等重要典籍，今日也已有翻释成白话文。在通行白话文时代，看懂文言文者不多，反而要用文言文撰写，岂不是与当代人为难？岂不是蓄意束诸高阁而不让广大读者利用？继往、承前似乎有之，开来、启后就谈不上了。

在今日中国社会转型时代，历史提出诸多新问题，需要做新探索。同一问题，不同时代人的看法当有所不同。这是由于时代意识和价值取向，以及所处立场、视角不同。例如，海外贸易、洋务运动、买办等问题，就需要做新的探索。清代海外贸易，一改明代通过澳门葡商和东南亚的西商而与欧美做间接贸易的状况，西方各国商人可径来广州贸易。1757年，广州的对外贸易额比其在该世纪初增长了五倍。广州十三行商人于清代中叶也已经径往欧美的一些国家经商或投资当地企业。如同文行商人潘振承，在19世纪初，就已经将其贸易网络伸展到欧洲。丽泉行商人潘长耀曾借贷与美商，因得不到及时偿还，不得不于1815年写信给美国麦迪逊总统，抱怨美国商人欠他一百万美元没有偿还。伍氏家族也在美国的铁路和其他商业活动中做了投资。近日由于西方学者的努力，已经从美国贝克图书馆、孟买档案馆、瑞典档案馆、荷兰档案馆等处发掘许多中西贸易实况的档案，并有研究成果发表。过去我们以为广州十三行商人只在清政府与西商之间做中介业务。事实上，十三行商人的商业网络不仅越过传统的活动海域伸展到欧美各地，而且与国际的贸易网络相交织，甚至已经直接投资于美国等地。国际汉学家提供的新材料、新成果自当为我们所汲取。

对历史的需求是因时代之不同而有所不同。晚清民初的学人，对清代平民百姓的生活史，是不屑一顾的。但今日看来，从他们的社交应酬、宗教信仰、对灾害的应变举措、民间的迎神赛会等民俗活动中所反映的生活实态、心理特质，却可窥见人民群众运动的趋向及其对历史的抉择。近日学术界对基层社会的热心研究及所得成果，是值得重视和汲取的。历史上大凡司空见惯的大量重复发生的事情，常常未被重视而记载阙如，相反，幸得记载的却往往是特例。从唯物史观看来，前者恰恰反映历史的主流。对于当前学术界（包括国内外）根据时代提出新的问题，找新的材料，做新的学术所取得的新成果，毫无疑问，新编《清史》都应该汲取。即使是旧材料，也应该用时代的眼光，开发新的智慧，做出新的学问。作为一个历史研究工作从业者，既要站在时代的高度，审视历史上喧嚣的俗世社会的种种情态、问题，又要经过孤独、寂寞的思虑，提出有洞察力的见解。

我赞同采用"糅合多种体裁而成的综合创新体裁"，可参照白寿彝先生《中国通史》的设置：序说、综述、典志、传记四大部件。再增设"清代大事记"专卷，代替有人提出的所谓"纪年"。各个部分间，应当如白先生说的互相配合，形成有机的联系，而不是拼凑成一部丛书。在各个部分，根据需要将舆图穿插其间。宋人郑樵在《通志》里，已批评刘向、刘歆的《七略》"收书不收图"。图书结合，图文并茂，本是优良传统。近来对图的忽视，实在应当纠正。凡地图、人物像、文物照片，以及反映从官场到民间各种情态的图片，都应当广为搜集，以便选用。白先生关于"序说"的三个要点，是一创造开新。既反映当代学术潮流，又能同国际学术接轨。"序说"中如能再加上在前人学术基础上本书、本卷所做的贡献更好。

本文系作者在上海举行的新修《清史》研读会上的发言

中国社会经济史学的重要奠基者

——《无悔是书生：父亲梁方仲实录》序

今年是业师梁方仲先生诞生一百周年。中国经济史学会、清华大学历史系和中山大学历史系在广州联合主办国际学术研讨会，隆重纪念方仲先生百年诞辰。值此之际，方仲师的哲嗣梁承邺研究员撰写的《无悔是书生：父亲梁方仲实录》一书完稿，我有幸先读为快。奉读之余，不胜感慨系之。承承邺兄嘱为本书写序文，我乐意写下如下的感受和看法，以就正于广大读者。

方仲师逝世后，他的同事、朋友、弟子及再传弟子，以及学术界的同仁，已经先后发表一系列的纪念文章，对他一生的学术生涯、学术成就，做了追忆、评论。承邺兄是我读武汉大学本科时的同学，是一位有造诣的植物学家、中国科学院原华南植物研究所所长。他撰写的《无悔是书生：父亲梁方仲实录》一书，较全面地展现了其父一生的学术生涯。本书传主的活动内容，几乎都属中国社会经济史研究的范围。名人子女的回忆录的可靠性问题，素来备受争议。为此，本书的取材，几乎都引用书面材料，以足以佐证所记述传主走过的道路及其业绩。从此可见，本书非属亲情的回忆录，而是作者利用手藏的档案，并广泛搜集有关资料，耗费了巨大的精力与工夫写成的纪实传记。不难看出，作者尽量避免做主观评判，只是述而不作。有意采用纪实方式来叙述方仲师一生走过的起伏跌宕的道路和取得的业绩。

作者将传主置于当时国内外史学界的大背景下，以翔实丰富的资料来说明方仲先生的学术造诣及其在国际汉学中的地位和影响；论述了他在构建中国社会经济史学科中所扮演的角色和所起的作用；也描述了他的家学渊源，为人处世，以及在民族危难时的政治热情和"文革"期间的蒙冤罹难，可使读者从中看到当时知识分子的心态和际遇。作者不仅要让读者知道他做了些什么，同时也让读者知道他为什么这样做。尽量罗列资料，让史料说话，使学术界一些敏感的事件得以还原呈现。因此，我认为本书具有学术价值，可供专业研究人员和爱好史学的读者参考。对从事学术史研究者，尤其具有参考价值。

一　冲破家庭牢笼，走自己的道路

方仲（1908—1970）师出身于仕宦书香世家，出生地为北京。1911 年随父回归故里广州。其父为他命名嘉官，号方仲，显然期望他智圆行方，赓续仕宦家业。他经受庭训和私塾的严格训练。自幼受家学熏陶，奠下深厚的国学根基，擅长文章诗词。他既受传统文化的浸渍，又受五四运动新思想、新文化的激荡。身处新旧思想缝隙间。从他的家庭背景看，走官宦道路当是轻车熟道，也是先辈所期待的。但他一出生，科举已经废除，做官也为他所轻蔑，不屑为之。未来之路，究竟在何方？

方仲师自做抉择，自选方向，走自己的路。自幼拒用"嘉官"之名，坚持以号"方仲"行世，显示其具有叛逆的性格。他抵制家庭只读四书五经与古文、不准入洋学堂的旧规，毅然冲破家庭旧传统、旧礼教的牢笼，坚决北上求学，以求新知。1922 年 5、6 月间，他回到出生地北京，先上汇文小学三年级，继而跳级进萃文中学，后又转入北京崇实中学，皆系教会学校。1925 年，五卅运动爆发，反对帝国主义的浪潮汹涌澎湃。由于美国长老会主办的崇实中学校长（美国人）动手打学生而引发师生的愤怒，先生抛弃在该校的一年学籍，毅然转入天津南开中学，以示抗议。1926 年 9 月，先生以高中一年级的学历考入清华大学农学系。他认为中国自古"以农立国"，沧桑世变，皆与"农"有关。入清华选农学系，源于此。因农学系被取消，转入经济系，也是为了研究农业经济，以实现其夙愿。入清华研究院后，选定"明代田赋史"为研究论文，也与此有关。

方仲师 1930 年清华经济系毕业，继入清华研究院。1933 年研究院毕业，得经济硕士学位。1933 年冬，入中央研究院社会科学研究所。方仲师色彩斑斓的学术生涯自此始。

中国的根本问题是农村、农业、农民问题（即所谓"三农"问题，时至今日依然是有待解决的问题），国民经济基本上是农业经济。方仲师终身的学术研究课题正是着眼于农业经济，围绕着"三农"问题而展开的。他所着力探究的田赋、户籍、人口等课题，以及由此而牵涉的银矿、白银、驿运、番薯的输入、预备仓、食货志研究、土地制度与利用等等问题，无不直指"三农"问题，旨在以此为基础构建中国社会经济史。他对社会经济史的研究，应当说是潜心矢志，从未动摇，耗费了毕生的精力而无恨无悔。

方仲师坚持自己选择的道路：以研究农经为职志，钟情、陶醉、献身于学术与授业，"不以私自累，不以利烦虑"，书生清高之节，始终如一。

二 为创建中国社会经济史学，筚路蓝缕，奉献终生

刚步入学术界的方仲师，是一位满腔热血、富有朝气、充满激情的青年学者。他攻读的是经济史，服务的单位是北平社会调查所（后并入中央研究院社会科学研究所）。社会调查所和合并后的中央研究院社会科学研究所，皆由陶孟和（1887—1960）担任所长。陶氏是"中国最早的专业社会学家"，是中国社会学主要创始人。方仲师是陶氏门徒，一直为陶氏所赏识，且得到加意培养，寄意"成璧"。这是方仲师将经济学和社会学结缘之始。他一生的学术实践都致力于中国社会经济史学的创建、拓展。

20 世纪 30 年代前中期，方仲师撰写的一系列著作，如《明代鱼鳞图册考》《一条鞭法》《明代黄册》等，为中国社会经济史学起到开拓性和奠基性的作用。因而，赢得国内外学术界的赞誉，被称为"明代社会经济史专家"。

为了推进这一学科的研究，方仲师与志同道合的吴晗、汤象龙、罗尔纲、谷霁光、夏鼐、朱庆永、刘隽、罗玉东和孙毓棠等 10 人发起"史学研究会"，于 1934 年 5 月 2 日在北京宣布成立。尔后，张荫麟、杨绍震、吴铎、李埏、王崇武、缪鸾和等先后加入。"史学研究会"提出三大主张：（1）研究"整个民族"为主体的"社会变迁史"；（2）先有"专门的研究，然后才有产生完整历史的可能"；（3）注重史料搜集，"没有大量的历史资料，是不可能写出好的历史的"。这些主张在当时不失为振聋发聩的声音，今天看来依然是我们所追求的目标。以上提及的"史学研究会"的成员，后来都是学术界某一方面杰出的专家。他们作为时代的精英，有这种超前的、高远的目标，实不足为奇。

1944 年 9 月，方仲师应聘前往美国哈佛大学做为期两年的研究。1946 年 9 月转往伦敦政治经济学院做研究。当时，哈佛的阿欧尔教授和伦敦政治经济学院的托尼（1880—1962）教授都是负有盛名的经济学家。阿欧尔是生产力（生产技术）决定论者，而托尼则相信经济的发展是历史变迁的主要动力。经与这两位学者接触、切磋学术后，方仲师对阿欧尔的理论并不欣赏，而对托尼的许多学术观点，或有认同或相近。托尼是他在伦敦政治经济学院学术研究的指导者，方仲师自认受托尼的"启发不少"。

托尼是费边社的创始人之一。他的《16 世纪的土地问题》、《宗教与资本主义的兴起》和《乡绅的兴起》等都是社会经济史的著名论著。托尼研究的不是纯粹的经济史，而是经济、社会和文化的交叉史。这正是方仲师与之见解近似之处。

方仲师重视历史文献的搜集、整理和考辨，视历史资料为历史学的生命。资料的搜集，务求其完备。除正史、官书、政书、文集等外，注重搜罗散佚于民间的文书、档案、文物、契约、碑刻等资料。他 1934 年入中研院社会科学研究所之后，就积极参与清代档案的发掘整理。这批档案，嘉惠学林，许多学者，如汤象龙、罗玉东、刘隽、吴铎、李文治、彭泽益等，都据此选定课题，并取得丰硕成果。方仲师为了掌握更多的史料，总是趁在海外考察、研究之便，尽量利用时间到各国的图书馆去广为搜集。在日本，曾到宫内省图书寮、上野图书馆、东洋文库、金泽文库、静嘉堂文库、前田氏尊经阁等处，查阅和抄录公私藏罕见之明代方志、文集，以及其他有关资料。《明代一条鞭法年表》一文，参考的书籍就逾千种，其中多罕见版本。资料的翔实和丰富，成为方仲师著作的一个重要特色，并一直为学界所称许。

方仲师所写的著作，所做的论断，都是在详尽占有资料的基础上做出的，他最忌讳在脱离资料，或没有尽可能地占有资料的情况下，做漫无边际的推论和臆测。方仲师读他人的著作，不仅注意著者的结论，尤其重视著者所引用的资料。在他读过的书中，每每发现他对著者所引用的资料做了校对，有时还夹有批语。在他看来，原始资料是不能更改的，而结论却可随着资料发掘的不断增多而屡做改变。但是，这些资料也经历着被史家复活的过程。他善于把零散的、似乎互不相干的、不说明问题的资料按时、空、人、事串起来，使它说出话来，呈现出甚至是从未被人注意的历史现象。先生之所以注重民间文书、档案和民间俗本、平话之类的资料，是因为愈被视为平常、愈是大量发生的事情，愈易为正史、政书所忽略。而这些正是重建基层社会经济史所必需的史料。即使是虚假的资料，通过揭开其背后隐藏的意图、动机，说明伪造者当时的情形，也可获得新的真实史料。

实地调查是社会学的重要研究手段，历来为陶孟和所注重。加盟陶氏主政的中研院社会科学研究所，自当以实地调查为学术研究的重要手段。对此，方仲师不仅认同，而且亲身历练。1935 年，他就同朱炳南、严仁赓到浙江兰溪县、安徽当涂县进行土地陈报的调查；1936 年又与严仁赓往江苏、河南、陕西做地方财政的调查；1939 年 7 月，受陶孟和之命，往四川、陕西、甘肃等省调查农村经济，此行除重点访问延安之外，还在绥德、米脂、榆林、内蒙古、天水、宜川、秋林、城固、西安、汉中等地做了实地调查，先后历时 8 个月，搜集了大量有研究价值的资料。

方仲师对当年他参加创办的"史学研究会"提出的三大主张，终身服膺，一直孜孜不倦地追求。他以田赋制度作为国家与基层社会之间的衔接点来研究，正是放眼于中华民族历史的总体，尤其着重于以农民为主体的基层社会变迁史。方仲师视资料为史学的生命，其著作以史料翔实而丰富见长，也正是服膺他和他的学术同仁当年提出的重视史料的主张。至于当年提出的先做专题研究，在此基础上做整体史研究的主张，方仲师也是遵循无误的。他本计划在他围绕田赋史（包括明代以前的田赋史）已写出的专题文章的基础上，先完成《13—17 世纪中国经济史》，继而撰写《中国田赋史》，再进而写《中国经济史讲义》，构建他的中国社会经济史学的学术体系。

方仲师不仅对中国社会经济史学有奠基开创之功，而且终身为这门学科的拓展、完善做了无怨无悔的奉献。

三　三部著作，堪为中国社会经济史学的丰碑

诚如罗尔纲先生所说，方仲师是一位"专攻经济学，而博学多能"的"通人"（罗尔纲《忆梁方仲教授》）。但是他的博是为了专，由博而返约。他博古通今，国学功夫深厚，擅于诗词；他学贯中西，在哈佛大学、伦敦政治经济学院研究期间，受过西方经济学、历史学、社会学等学科的训练。他眼界高远，视野广阔，他主张学术研究应从大处着眼，小处着手；局部的研究，应当观照整体。也就是说，对某一历史事件或某一制度，不能孤立地进行研究，要同整个社会经济的发展变化联系起来考究。在他看来，各学科间本来存在着互相联系、互相渗透的关系。研究经济史离不开社会史和文化史，甚至同其他学科也有密切联系。没有广博的知识是不能适应专业的研究的。

方仲师著作丰富。他逝世后，中山大学历史学系早在 20 世纪 80 年代初已经指派专人搜集整理遗著，但仍难免有缺漏。中华书局推出的《梁方仲文集》（2008），当是收录方仲师著作最完整的一部文集。我认为《一条鞭法》、《明代粮长制度》和《中国历代户口、田地、田赋统计》三部可当代表作，堪为中国社会经济史学的丰碑。

方仲师先以明代田赋史作为研究目标。与此同时，他对田赋史相关的问题，以及明代前后的历史也做必要的观照。在他看来，非如此不能把握明代田赋问题，也不能了解明代田赋问题在中国历史格局中的地位。在对明代田赋史的研究中，他先从各个方面做专题研究。于1933年8月在《史地月刊》第8期，发表了《明代鱼鳞图册考》一文。鱼鳞图册，是明代征收田赋的依据。此文除利用《明史·食货志》《明太祖实录》等基本材料外，还利用大量地方志史料，论述鱼鳞图册的由来、内容和作用并阐述其与黄册的经纬关系。把这一问题推进了一步，得到国内和日本史学界的赞誉。日本东京大学仁井田陞教授称此文为这方面研究的代表作。记得我在1993年访问日本横滨时，横滨大学的鹤见尚宏教授就同我谈及当年他读先生此文的感受。方仲师在此文之后，又围绕明代田赋史问题发表了一系列有分量的论文，如《明代户口田地田赋统计》《明代"两税"税目》《明代的户帖》《明代黄册考》《易知由单的研究》《明代粮长制度》《田赋史上起运存留的分划与道路远近的关系》等，都各有创见，为学界所称许。

也许有人会认为，易知由单、两税税目、户帖等是一些小题目，不仅投射面有限，而且对建构总体史意义也不大。从社会效果上看似乎有其一定的道理，因为它不能概括可供借鉴的大范围的经验；但从学术功能上着眼，入手处不妨小，所见及者则不能不大。探讨一个小范围的题目，并从此折射出大千世界，因其功夫扎实，实证的可靠度高，反而更显得接近真实。一代史学大师陈寅恪正是以此见长，其影响随着时光的流逝而弥彰。至于囊括大范围的课题，由于涵盖面广阔，如果不就所涉及的众多问题，一一着手研究，必然以猜想代替实证，或借用他人的成果来拼凑而成。这是通论性的著作，往往学术生命短暂的缘由。先生主张先专题而后做综合研究，其理由正源于此。对学术成果的评估，主要以其学术价值为依据，而不以研究范围的大小来论定。

方仲师把田赋问题置于国家与基层社会之间的关系下来探讨，进而把握明代的社会经济。先生以"一条鞭法"为中心，考究了明代田赋制度的变革及其对社会经济发展的影响。关于一条鞭法问题便先后发表了《一条鞭法》《明代十段锦法》《释一条鞭法》《明代一条鞭法的论战》《明代一条鞭法年表》《明代江西一条鞭法推行之经过》等大文，用力最深。《明代一条鞭法年表》一文，参考的书籍，已逾千种，其中多罕见版本。他在《一条鞭法》一文中，以锐利的眼光，考察了明代赋役制度的变革及其对社会经济演进的影响，指出一条鞭法"可以说是现代田赋制度的开始"，它"打破了二三千年来的实物田赋制度"，标志着货币经济的抬头，显示出 16 世纪中国传统社会内部历史发展的趋向。此文于 1936 年在《中国近代经济史研究集刊》发表之后，在国内外历史学界引起了巨大的反响。次年，在日本被译成日文在《历史学研究》杂志连续刊载。1945 年美国太平洋关系学会特约请王毓铨先生对该文进行英文草译，1956 年美国哈佛大学东亚研究中心将《一条鞭法》和《释一条鞭法》（1944 年发表）两文合并编译为英文本（经哈佛大学杨联陞教授校正）出版，作为"哈佛东亚丛刊"第一辑刊行。费正清教授为英译本写的"序言"中，高度评价了这一著作开辟历史材料搜集的卓识和分析材料的精细，以及由此所得出的透彻明确的结论。指出"这部专著是论及明朝后期赋税和劳役系统地改换为以银折纳制度迄今最深入的研究，它对于近代中国货币经济发展的所有研究有着奠基的作用"。在学术界只要提及一条鞭法的问题，就会自然地联想起方仲师。

　　方仲师对明代粮长制度的研究，也同样做出了杰出的贡献。粮长为朱元璋所设，见载于正史。但在文献记载中互相歧异，矛盾百出。先生经过对繁杂混乱的大量史料做条分缕析的详细考订，论证了粮长制度的产生、演变和破坏过程。明确指出明中叶以前，粮长由地方首富，实即绅衿地主充当。其职责，除对所辖粮区赋税进行催征解运外，还负责丈量土地、编造鱼鳞图册、劝诫农耕，在有的地方还兼听理狱，或检举地方官吏不法事宜等，起基层政权的作用。这一制度主要推行于长江流域征漕各省，并不如正史所说通行于"天下"。明中叶之后，随社会经济的变化，粮长改为由农民充当，其性质也由"半官方"的性质转为对农民的封建徭役。先生还阐明了粮长制与里甲制的关系、粮长制的演变与整个社会经济的关系。关于这一问题，先生前后经历 20 年的反复思索和研究。经过五易其稿，扩充成一部近十万字的专著，于1957年由上海人民出版社出版。此书一出，同样赢得史学界的普遍赞誉。

方仲师的最后一部巨著是脱稿于1957年的《中国历代户口、田地、田赋统计》一书。此书上起西汉，下迄清末，首尾两千余年。对历代户口、田地、田赋分门别类，综合编辑，制成统计表格235份。内分正编、附编、别编三部分。后附有度量衡之变迁、历代户口地升降比较统计图。每表之末有注明资料来源，且多附有详细注释。全书将近百万字。征引书目达325种，其中很多是大部头线装书，其数不下数千卷。李文治先生回忆，这部巨著的图表，早在30年代已着手编制。40年代初在四川李庄时，已见先生查阅古籍制表。此书至1957年方脱稿，可见也经历了二十多个春秋。此书提供了经过整理、考订的关于历代户口、土地和田赋的数据，对学术界的贡献是不言而喻的。每当面对这一部巨著，固然叹服先生的学识渊博，尤其敬佩其锲而不舍的毅力。没有"板凳甘坐十年冷"的精神，是不能完其功的。文质彬彬的先生竟能承受着如此艰难而巨大的付出。此书交稿后很快印出清样，原计划于1962年出版。因"文革"十年浩劫，竟拖至1980年才得以问世。遗憾的是此书出版时，方仲师已是墓草久宿，永远看不到、听不到史学界对它的赞誉了。

此书一出，史学界的名家，如杨联陞、全汉昇、佐竹靖彦、傅筑夫、彭泽益、谷霁光等先生，都交口称赞。记得1980年，我作为一个青年学者出席由郑天挺先生主持的南开国际清史学术研讨会，聆听何炳棣教授做报告时，在限定的15分钟内，他竟用了7分钟来称赞先生的学术，对此书尤其赞誉有加。当时我想，先生如果还幸存，如果也在场，他一定会撤下眼镜，含有几分羞涩地笑道："过誉了，不敢当！不敢当！……"何先生还满怀敬意地在《南宋至今土地数字的考释与评价》一文中称先生为"明代赋役制度的世界权威"。

四 带着未遂所愿的遗憾，匆匆走了

方仲师的一生，可谓为学术而生，为学术而死。他是一位对学术执着追求、一丝不苟的儒雅学者。他忠诚于自己的专业，孜孜不倦，把一切无私地奉献给自己所追求的学术。他识见太高，追求的目标自当远大。他本着先专题而后总体史的研究途径，逐步拓展其研究，以求最终建立其中国社会经济史学的体系。

可惜天妒英才。解放后，先生在绵延不断的政治运动的缝隙中苦心孤诣，夜以继日，力图在有生之年，完成自己理想的目标。经过三四十年代着重于四方求索和积累资料，五六十年代，学术的磅礴人生，正当展现。谁料"文革"十年浩劫，"反动学术权威""为三反分子吴晗辩护"等罪名，横加诸先生头上。在超负荷的承受和折磨下，方仲师患了不治之症（肝癌），竟带着未遂所愿的遗憾，于1970年5月18日，以不足62岁的学术英年匆匆离去！留下的是史学界同仁的悲伤与叹息！

流年似水，恍惚间先生撒手人间已经38个年头了。但先生的音容笑貌、师生相处的情景，历历在目，宛然如昨。我经常想，先生数十年碌碌奔走于国内外图书馆搜集资料，与国内外的同行交流学术心得，学融哲经文史，识贯中外古今，孜孜不倦地上下求索，其目的正是实现其理想的目标，写出鸿篇巨制的信史（如《中国田赋史》《中国经济史》等）。如果没有十年浩劫，如果能给先生一个宁静的环境，他怎会如此匆匆离去！他的理想不是可以实现了吗？

方仲师是一位摆脱世俗功利、特立独行的学者。他的研究始终保持独立自由的精神，不为政治时尚所左右。他反对学术的功利性和依附性。在他看来，学术研究是为了求真而悦学，不是视学为术以取利。因此，其著作并未因时光的流逝而失去其价值。相反，它作为某一学术领域的时代路标，被代代薪火相传，益加彰显。

他的学养、阅历、操守、才智和识悟，造就了他具有国际学术的视野，具有与国际学术对话的资格。我们看到半个多世纪前，他已经与国际上经济学、社会学的先贤对话，进行学术交流。他在很大程度上借鉴或融通了西方的理论，运用多学科交叉综合的研究方法，为中国社会经济史学做奠基性、开拓性的研究。他的学术既承继了中国史学的传统，在当时也已经与国际学术接轨。

他注重文献资料的记载，也重视通过田野调查搜集散落于民间的各种资料。他曾到浙江、安徽、江苏、河南、陕西、四川、陕西、甘肃等省进行田野调查。通过实地调查来验证文献记载，从现实中受启迪，加深对历史问题的理解和把握，时至今日，依然是学术的规范和学术的潮流。在其著作中所体现的学术思想、治学方法，乃至学术规范，仍然是后学者得窥学术门径，走学术道路的指针。

在我看来，方仲师这样一个在中国社会经济学领域做出奠基性、开拓性贡献的杰出学者，在国内外享有崇高的威望，应当有不同形式的传记作品出现。关于他的业绩、他的思想、他的精神，需要从不同的场境描绘他不平凡的活动，从不同的角度展示他多彩多姿的精神风貌。要通过他反映时代，以他所处的时代来理解其人。他是在特定的历史环境中活动的，他既对当代起作用，又为该时代所制约。既要让人们知道他做了些什么，更要使人们了解他为什么这样做。要再现这位富有学术魅力和人格魅力的先贤之业绩、理想、精神及其丰富多彩的人生。当然，也需要真实与生动，这是传记作品的生命。我们期待着其他版本的梁方仲传记出现。

2008 年 11 月于广州番禺洛溪海龙湾水如轩幽篁室

收入梁承邺著《无悔是书生：父亲梁方仲实录》，中华书局，2016。

体悟中西文化之源流，开拓史学新天地

——《梁方仲遗稿》序

梁方仲先生的著述文稿，中山大学早在 20 世纪 80 年代初，已经安排专人负责搜集、整理。尔后，又有他的一些学生以及后学参与这一工作。自 1989 年由中华书局出版的《梁方仲经济史论文集》一书始，至今已先后出版五部[①]，其中以 2008 年为"梁方仲先生百年诞辰纪念会暨中国社会经济史国际学术研讨会"准备而由中华书局出版的《梁方仲文集》（八卷本）较为完整，但仍有一部分旧作和遗稿尚未收入其中。在梁先生遗物中又发现一批富有学术研究价值的历史专题数据统计和年表、听课笔记、读书笔记、书信翰墨、案头日历记事等，未曾披露。

作为一代杰出学者，方仲师的未收入文集的旧作、未刊稿，以及专题数据统计、年表等研究成果固然应当继续整理出版，以传诸后人。至于他的家学渊源，走过的学术道路，他的治学方法，他的学术关系网及他在其中的作用，乃至日常起居，等等，都是后学所关注的问题。在这些未曾问世的遗稿中，有 20 世纪前半叶用中、英文做的听课笔记，内有中国学界之泰斗陈寅恪、胡适，英国费边社名学者托尼[②]，以及革命领袖毛泽东在延安

[①] 《梁方仲经济史论文集》，中华书局，1989；《梁方仲经济史论文集补编》，中州古籍出版社，1984；《梁方仲经济史论文集集遗》，广东人民出版社，1990；刘志伟编《梁方仲文集》，中山大学出版社，2004；《梁方仲文集》（八卷本），中华书局，2008。

[②] 托尼（1880—1962），经济学家，费边社会主义者。曾任牛津大学研究员。他的《16 世纪的土地问题》、《宗教与资本主义的兴起》和《乡绅的兴起》等都是社会经济史的著名论著。托尼研究的不是纯粹的经济史，而是经济、社会和文化的交叉史。这正是方仲师与之见解近似之处。方仲师自认受托尼的"启发不少"。

窑洞的讲演笔记；还有分量不菲的读书笔记。其间保留了一些难得寻觅的资料，从中可以看到他当时的所学、所思、所得。从他与友人间的彼此诗词唱和、信札、墨宝和案头日历记事等中，既可窥见朋友间的交谊和学术交流，又可了解一个学者日常生活的真实情态。

梁老师留下的上述遗泽，具有历时性和独一性的品格，是难得的学术资源。它从一个侧面展示了梁老师真实的为人和为学。因此，本书的出版无疑是一个嘉惠后学之盛事，可喜可贺！

梁方仲先生，为创建中国社会经济史学科，筚路蓝缕，奉献终身，无恨无悔。他著作宏富，尤以《一条鞭法》、《明代粮长制度》和《中国历代户口、田地、田赋统计》三部巨著，为中国社会经济史学树起三座丰碑；他作为中国社会经济史学的重要奠基人是实至名归、当之无愧的。作为梁老师的入门弟子，关于他一生的理想、走过的道路、取得的业绩等，我先后已经有五文谈及①，喜读本《梁方仲遗稿》之后，仍感言犹未尽，拟再谈点感言，以就正于学术界同仁。

一　眼界与格局

我从梁师身上感受到作为一个学人，眼界和格局对学术的影响关系至大。当年梁师教诲我说：要小题大做。他意是指入手处不妨小，所见及者不能不大；从小问题折射出大千世界，即所谓"每于几微见世界，偶从木石觅文章"（吴于廑老师诗句）。其间存在一个个案与总体的关系，也就是说做小专题要放眼历史总体。眼界要高，格局要大，不能局限于就事论事，

---

① 《中国社会经济史学的重要奠基者》，梁承邺：《无悔是书生：父亲梁方仲实录》，中华书局，2016；又见陈春声、刘志伟主编《遗大投艰集：纪念梁方仲教授诞辰一百周年》，广东人民出版社，2012。《广东省社会科学院历史研究所叶显恩研究员在纪念大会上的发言》，见陈春声、刘志伟主编《遗大投艰集：纪念梁方仲教授诞辰一百周年》。《对学术执着追求、一丝不苟的儒雅学者梁方仲》，张世林编《学林往事》下册，朝华出版社，2000。《著名经济史家梁方仲传》，（香港）《文学与传记》1999年第1期。《梁方仲传略》，北京图书馆《文献》丛刊编辑部、吉林省图书馆学会会刊编辑部编《中国当代社会科学家》第4辑，书目文献出版社，1983。

自说自话。梁先生曾以易知由单、两税税目、户帖等小题目为文，其投射面虽有限，但将它置于田赋制度的总体中考察，同时放眼于明代的政治体制、社会结构、文化背景等宽阔的历史视域，便发现这些小题目不是一个孤立的史事，而是历史总体中不可缺少的一部分。他以田赋制度作为国家与基层社会之间的衔接点来研究，正是放眼于中华民族历史的总体，尤其着重于以农民为主体的基层社会变迁史。他本计划在他围绕田赋史（包括明代以前的田赋史）已写出的专题文章基础上，先完成《13—17世纪中国经济史》，继而撰写《中国田赋史》，再进而写《中国经济史讲义》，构建他的中国社会经济史学的学术体系。我觉得只要认真研读梁师的文章，当可发现他在选题立意、洞察幽微中所体现出的眼光之深邃、学养之深厚。他写出来的只是公之于众的一面，隐在纸背的另一面即所谓隐藏玄机，更具个人的特色和风格。具慧心的读者自可体会他治学的高远眼界和恢宏格局。

梁老师的眼界和格局是同他的人生高度相联系的。他出身于书香门第、簪缨世家。高祖同新、曾祖父肇煌，父子两人皆进士、翰林，任过顺天府尹和地方高官；祖父庆桂，举人，内阁侍读，学部上行走；父亲广照，留学日本，清末任刑部（后改法部）主事、举叙司员外郎。1911年，年仅三岁的梁老师从出生地北京随同父亲广照回到广州，与祖父庆桂同住在广州市区下九甫一座四进的大宅第——祖居"京兆第"。他幼承庭训，又有塾师系统教育，还不时请邬庆时等硕学名儒授课补习。家中藏书甚丰，俨然一图书馆，可供课余阅读。自幼便奠下了深厚坚实的国学根柢。及长，到天津、北京名校就读。尔后又到欧、美和日本留学。他在中外学海中遨游，可以同各种流派的学者、名家接触，请教、切磋，感受西方学术意蕴。梁老师宏富的著作之所以具有原创性、突破性，令人开阔眼界、开阔胸襟，之所以能处于学术的前沿，立于文化的高地，是由于他的博古通今和学贯中西的学识。

从梁先生社交层次，信札函件、诗词唱和中，可以看到他交往的人，或为同辈的学术精英，或为前辈学术名流，或为社会贤达。甚至还有清代末科的科举高中者①。他"择高处立"，因为站得高，所以望得远。但他又

---

① 指中山大学商承祚教授之父探花商衍鎏。

"寻平处住"。这就是他的为人格局。他学术上"发上等愿"，眼界力求宽阔而高远；但他又选"享下等福"，平日刻苦用功，生活俭朴。关于刻苦用功的情景，李文治先生的回忆文章中说："梁先生工作不分昼夜，在四川李庄时白天工作八小时，每天晚上工作到深夜，一年四季如此。"[①] 我 20 世纪 60 年代初在他门下攻读研究生时，偶尔深夜路过他窗下时，也发现屋内灯光仍然亮着，也印证了这一说法。至于生活之俭朴，我在前写的回忆小文中，也曾谈及中华人民共和国成立初期广州市市长朱光宴请他，因着陈旧的棉袄而被门警阻拦等趣事。他家的陈设同样陈旧简陋。共和国成立后不久，他在年仅四十多岁时被评为二级教授，每月 317 元的工资相当不菲，但经常用以接济亲朋故旧，如有困难的老助手、保姆等，所剩也就不多了。在经济困难、营养匮乏的年代，政府特殊照顾他本人的一点油、肉，也用来和他的学生共享。待人博爱竟至乃尔。

梁老师的为人为学，不禁令我想起左宗棠的一副名对联："发上等愿，结中等缘，享下等福；择高处立，寻平处住，向宽处行。"其曾祖父梁肇煌晚年同左宗棠是上下级的同僚，深得左宗棠的赏识和倚重，任过代理两江总督、江宁布政使之高官。梁家与左氏是结有缘分的。梁师的为人显然深受左宗棠提倡的这一为人格言之影响。

二 重视史学的基础建设工程

方仲师与吴晗、汤象龙等 10 人发起"史学研究会"时，就将"重视史料的搜集"作为研究会的主要宗旨之一。对于这一主张，他终身服膺。

在他看来史料的搜集、整理和考辨是史学研究的基础。基础不牢，立论就如同建在沙滩上，经不起考验。对史料要尽可能地广为搜集，就要懂得版本目录的知识，以及具备一定的古文水平，以有助于把握史料的含义。所以，我刚投入他门下时，他便教过我版本目录学，并着我去聆听刘节先

---

① 李文治：《辛勤耕耘，卓越贡献——追忆梁先生的思想情操和学术成就》，《中国经济史研究》1989 年第 1 期，第 9 页。

生开讲的《左传》等古文课程。

本遗稿中的读书笔记，虽然是其中的一部分，但也可从一个侧面看到他搜集史料方法的一斑。他是根据自己选定的研究方向来决定资料采集的，或做摘抄，或是读后心得，或做量化的统计，或做表列。量化统计，有一事一物的统计，也有某专题、某地域长时段的数据统计。诸如，《汉代的酒价》《唐宋明清米价物价》《宋代物价与京师火灾》《乾隆朝江苏省物价工资统计》[乾隆年间与 1926 年物料价值比较表、匠夫工资表、江苏省物料工资价值表（乾隆二十六年至三十年）、江苏省物料工资项目对照表、江苏省物料价值表补遗（乾隆二十六年至三十年）] 等等。《明代督抚表列》，就是表列的形式。梁先生把纷繁零碎的资料，按时、空、人、事串起来，显示出内在联系的脉络，使之灵动起来，以勾勒出历史的本来面貌。

梁老师注重社会调查。他认为社会调查的资料，既可扩大历史研究的资料来源，也可用以印证文献的记载。这与受陶孟和先生影响有关。陶先生是中国社会学的元老。1933 年，他加盟陶先生主政的中央研究院社会科学研究所之后，备受陶氏所倚重。1935 年，他就同朱炳南、严仁赓到浙江兰溪县、安徽当涂县进行土地陈报的调查；1936 年又与严仁赓往江苏、河南、陕西做地方财政的调查；1939 年 7 月，受陶孟和之命，往四川、陕西、甘肃等省调查农村经济。此行除重点访问延安之外，还在绥德、米脂、榆林、内蒙古、天水、宜川、秋林、城固、西安、汉中等地做了实地调查，先后历时 8 个月，搜集了大量有研究价值的资料。

做社会调查还可有助于提升对现实的活生生事物的理解能力。这往往是专业作者所缺乏的。法国年鉴学派大师马克·布洛赫，便把对现实的理解能力视为"一个历史学家最重要的才能"。因为现实是历史的延续，两者有内在的联系。在对现实感悟、理解能力的观照下，更有可能对过去的历史看得透彻。梁老师是率先将经济和社会相结合研究且取得卓越成就的学者之一，为中国社会经济史学科的创建，立下了开创之功。诚如居蜜博士（美国联邦政府成就服务贡献奖获得者）提交 2008 年在广州举行的"梁方仲先生百年诞辰纪念会暨中国社会经济史国际学术研讨会"论文所说，她调出她 20 世纪 60 年代在哈佛大学向杨联陞、余英时、费正清诸位大师学习的档案仔细阅读，"恍然悟出，当今一辈学人，社会经济史的基础是在梁先生的一笔一字中奠立的"。

在梁老师看来，资料的搜集、整理是研究工作的基础。他不仅这样教导我们，也是如此躬身力行的。他的《中国历代户口、田地、田赋统计》，便是一部中国社会经济史学科基础建设工程的巨著。他还编辑了一部《明代地方志综目》（见《梁方仲遗稿》）。这部工具书同样是基础建设工程的著作。他撰写《明代一条鞭法年表》时之所以能参阅过"逾千种"地方志，是因为他有这样基础性的研究。

梁老师视历史资料为历史学的生命。资料的翔实和丰富，成为梁老师著作的一个重要特色，并一直为史学界所赞誉。

三　不存在"唯一"的方法

梁老师在注重史料搜集、整理的同时，也注重、讲究治学方法。他强调作为历史学的从业人员，必须接受本专业的系统训练，包括中外历史知识、版本目录、史料搜集与考据、分析研究方法、对前人论据的检核，以及研究操作规范等基本功夫的训练。甚至还需要掌握并能够运用其他相关的边缘学科的研究方法。专业化的著作，要求对问题的看法深邃而系统。对一专业训练有素的学者来说，也许所论的似是小问题，却能小题大做，聚焦于小的同时，又要放眼于大格局。在选题立意、洞察幽微中，都应体现出一个人平时积累的学养。早在 1948 年，他就发表了一篇题为《论社会科学的方法》的文章。他认为，方法论：（1）逻辑完整；（2）各门类各有其方法，有的方法是互通的；（3）方法中的实证检验法。社会科学是从实用价值着眼，否则没有意义。唯物、唯心、哲学、神学、是社会价值问题，即所谓看法（approach）问题，只代表研究者对某些因素的特别注意，可分一元论与多元论两派。方法的选择，以目的决定：（1）要素齐全；（2）诸要素中质、量是否准确；（3）时空是否匹配。学科本身有适用于自身的方法，统计适用于量的分析，不适用于质的分析。方法是必须遵循的程序，亦即应用技术。有通则方法，亦有专科方法。这些见解于今仍然有参考价值。如果我们认真研读《梁方仲遗稿》一书，当可更深刻理解他关于方法论的见解。

他经常教导我说，做学问要厚积薄发。没有足够的资料积累，先不要写。在读研究生期间，主要是学习、掌握历史研究的基本功，掌握方法论。那时，老师是不赞同学生急于发表文章的。梁先生嘱咐我：应珍视研习时段，向老师学习。当时不存在以量化品评高下。

从梁先生的著作中看，他对方法论注重而娴熟。早在20世纪30年代，他就写过几篇学术评论文章，有的已被专攻学术史的学者收入关于学术批评的专书[①]。记得2000年吴承明先生从澳门讲学回来路过广州。我前往谒见求教，他对我说："我一直推崇佩服你老师梁先生。当我读到他对卜凯（John L. Buck）所著《中国土地利用》（*Land Utilization in China*，Chicago，1937）一书的英文书评时，我觉得他比当时同辈的学者高明。惜我平生未曾有机会亲聆其教诲。"由于梁老师的学术评论态度诚恳、立论公允、对事不对人，并没有引发批评者与被批评者间的失和。厦门大学陈诗启教授有一次对我说，1957年梁先生到厦大做学术访问的一次会上，曾严厉批评他，言厉而心善，回想起来，殊感难得。

关于治学方法论问题，基于20世纪60年代的政治环境和学术氛围，他没有给我传授太多这方面的知识。当时流行"阶级分析法"，甚至提到"唯一"的高度。有一次，他怒气冲冲地对我发感慨说："哪来的唯一方法，根本就不存在'唯一'的方法。"

四　为人和为学的完善结合

梁老师驾鹤西去，已经四十八个年头了。我深深地感觉到，他离去时

---

① 梁方仲：《中国田赋问题——评孙佐齐著〈中国田赋问题〉》，桑兵、张凯、於梅舫编《近代中国学术批评》，中华书局，2008，第295—298页。

间愈远愈显得高大而伟岸。和他相处的日子，没有这般感觉。真是"不识庐山真面目，只缘身在此山中"啊！

经过这么些年，我才慢慢领略到梁师在学术上的贡献及其价值。他在同国内外哲人宗师之交流中，体悟和理解中西文化之源流；他博古通今，学贯中西。他既勤奋耕耘于学术之一隅，又关注洞察学术的整体。他的学养、阅历、操守、才智和识悟，造就了他宽阔的学术视野，广博用宏。其学术成果坚实而丰硕，非同凡响。

梁先生的《一条鞭法》一书，乃天才之作，史识、史见震古烁今。此书是由当年留学美国的王毓铨先生翻译，由费正清一手促成，并写序文，杨联陞手书"一条鞭法"四字中文作该书题签。此书被列为哈佛大学中国制度史课程必读专著。居蜜博士撰文道：此书，"奠定梁方仲在社会经济史研究的国际地位"；同时"体现了当年国际汉学精英，同心协力，为学术铺盖一层基础平台"；也"体现了国际汉学的学术实力和世界平台"，并从中看到了"学术界的前景和希望"[①]。

梁师一生平实淡泊，与政治保持距离，忠于良知，不曲学以阿世，始终坚持独立自由的精神。"以读书、交友、著述、讲演为乐事。"（暨南大学教授朱杰勤悼念梁方仲文）把一生无私地奉献给祖国的文化教育事业。待人慷慨大方，却以俭朴自处。从家居摆设、日常生活，到待人处事，都保持书生本色，平民情怀，坚守中国的传统美德。

梁老师学生的回忆录中每每谈到他认真讲课、认真辅导、认真批改作业的事例。我个人感受尤深。有一次他看了我的作业，严厉地批评我说："主语经变换后，主语是不能省略的。"造句用词，都不放过。他蔼然可亲，谆谆教导，诲人不倦。说到高兴处，摘下眼镜，边擦边滔滔开讲。学生告退，他也每每送到门口台阶下，边送边谈，往往在门外又谈几分钟才回去。回忆起当年情景，真是如沐春风、如凌秋云。他那种雍穆仪态、祥和气度，总是令我肃然起敬，使我深刻认识到"身教""行教"的力量及其价值。我

---

① 居蜜：《梁方仲治学管窥——以〈明代十段锦法〉和〈一条鞭法〉为例》，陈春声、刘志伟主编《遗大投艰集：纪念梁方仲教授诞辰一百周年》。

们从梁老师身上可以看到为人和为学的完美结合，他是我们当老师的、当学术研究从业人员的楷模。

遵梁师哲嗣承邺兄之嘱，写下以上一些感言，是为序。

2018 年 11 月 13 日于广州幽篁室

收入《梁方仲遗稿：读书笔记》，中华书局，2019。

执着追求、一丝不苟的儒雅学者梁方仲

梁方仲先生，原名嘉官，号方仲，以号行。曾用方翁、方中、畏人等笔名发表过文章、诗词。汉族。祖籍广东番禺县黄埔乡南约荣西里。清光绪三十四年六月二十一日（1908 年 7 月 19 日）出生于北京，辛亥革命爆发后，与弟嘉彬一同南归，"重作岭南人"①。先祖梁经国于嘉庆十三年至道光七年（1808—1827）承办十三行中的"天宝行"，"侨居省城西"②。此后梁氏家族"科举仕宦，联翩鹊起"，成书香世家。祖父庆桂（1858—1931），曾参与康有为发起的"公车上书"，组织广东自治研究社，领导收回粤汉铁路利权运动。历任内阁中书、侍读，总纂《番禺县续志》，著有《式洪室诗文集》传世。父广照，曾随同康有为、梁鼎芬等讲习"三传"、"三礼"及古今诗词。清末，在刑部任主事、员外郎等官。辛亥革命后，以遗老自居，拒绝任职于民国政府。此时家道中落，为生活计，改入教育界，先后在唐山、香港、广州等地中学、大学执教。著有《中庸撮钞》、《柳斋词选》、《柳斋遗集》（女春华辑录）等书③。方仲先生兄弟姊妹十余人，排行第七，弟嘉彬④。广照先生执着于传统文化，重视先祖功名业绩，并以此训勉子弟。其子女只送入私塾，攻读四书五经与古文；不准入洋学堂，以免受外来思想的影响。

---

① 见梁嘉彬《忆梁方仲》，《梁方仲经济史论文集集遗》，广东人民出版社，1990。
② 见梁嘉彬《广东十三行考》，广东人民出版社，1999，第 321—327 页。
③ 关国煊：《梁方仲》，《传记文学》第 64 卷第 3 期，1994 年。
④ 著名历史学家，著有《广州十三行考》等书。

方仲先生自幼受家学熏陶，擅长文章诗词，承受着家里旧传统的严厉约束。五四运动爆发后，由于新的思想、新的文化，从京师而播及大江南北，乃至山陬海滨，先生及其兄弟姊妹也受到这一新思潮的浸染。对其家庭加诸他们的种种旧束缚，益加不满，于是联合起来进行抗争。先是先生的姊姊梁翘葆在亲友的帮助下从家庭出走，改名换姓考取广州的培正中学，当住宿生；其兄嘉饴则往香港就读于香港圣保罗英文书院；继而先生与其弟嘉彬，坚决北上求学，终于 1921 年秋前往其诞生地北京，上了北京汇文小学三年级。1922 年，先生跳级进萃文中学。1923 年 9 月转入北京崇实中学。这些都是教会学校。

崇实中学是由美国长老会主办的，校长由美国人出任。1925 年，五卅运动爆发，反对帝国主义的浪潮波及每一个角落，教会学校尤其最先受影响。因崇实中学校长动手打学生而引发学生的愤怒。为了表示抗议，先生抛弃在该校的一年学籍，毅然转入天津南开中学。1926 年 9 月，先生以高中一年级的学历考入清华大学。始读农学系。不料只读一年，该专业被取消。为了打好外文基础，先生先转入西洋文学系，念一年后再转入经济系。1930 年毕业，继入清华研究院。1933 年研究院毕业，得经济硕士学位。1933 年冬，入中央研究院社会科学研究所。先生色彩斑斓的学术生涯自此始。

一　以从事学术为职志，只顾耕耘而不求闻达

先生的先祖梁经国本曾承充富极一时的广州十三行商人，创立"天宝行"，但其后人不仅无意承袭从商的行业，反而对之讳莫如深。在其子（同新）若孙（肇煌）的家传中，只说这位先祖"侨居省城西，长厚有隐德，以历次捐输，加道衔"，而未曾道及承充洋行行商事。可见本以商发家，回过头来却轻商，忘其所自。显然，梁经国的后人只以读书科举仕宦为其家业了。但是，先生及长，科举已经废除，做官又为他所轻蔑，不屑为之。先生出生时，在刑部提牢任内的父亲，命其名为"嘉官"，意即企望他加官晋爵，光大宦门。但从后来先生拒用此名看，他无意于仕途。先生以后的

举动，更表明了他对官场的厌恶。因先祖出任过顺天府尹、江宁布政使等高官，对官场的黑暗每每听先人道及，他曾对其研究生说："想当官就不要当我的学生。"

先生受一位密友的影响，认为中国自古以农立国，沧桑世变，皆与农业有关。入清华选农学系，源于此。因农学系被取消，又终于转入经济系，也是为了研究农业经济，以实现其宿愿。1930年，入清华研究院后，选定"明代田赋史"为研究论文，也与此有关。1933年冬，经汤象龙先生介绍，先生进入由陶孟和先生主持的中央研究院社会科学研究所，继续以明代田赋史为中心做研究。陶先生是一位对后学爱护有加的蔼然长者。对这位刚入研究所的年轻人，倍加器重，着力栽培。曾说，考虑到方仲在明代田赋史方面已取得的成果，应在这个基础上再加工，使其"成完璧"。先生尔后能顺利地以明代田赋史为中心继续研究，最终成璧，是与陶先生的悉心支持分不开的。数十年后，先生谈及当年事，对陶先生知遇之恩的感激之情，依然溢于言表。

倚重与信赖，对一位刚走上社会的年轻人是雨露和阳光。陶先生的知遇，激发了先生的进取精神，也坚定了先生以学术研究为终身的职志。在陶先生的呵护下，这位年轻人孜孜不倦，只顾耕耘，不求闻达。

先生显得清癯文弱，但从他身上激发出来的工作热情与能量却是出人意表的。他一工作起来，便全神投入，犹如佛家入定，浑然不觉身外事。据李文治先生回忆，先生在四川李庄时，生活条件艰苦，但依然坚持白天工作八个小时，晚上还干到深夜。来访者已站在他的办公桌前多时，他仍未发觉。假日也舍不得休息。李先生习惯于星期日到他的办公室和他切磋学术，有时他忽然发问："今日是星期几？"工作精神之专注，已达到不知汉唐的地步！先生勤奋刻苦、奉献学术的精神，数十年坚持不渝。20世纪60年代初，我偶然于凌晨三四点钟从中山大学东北区15号寓所窗前走过时，先生书房的灯依然亮着。对生命依然只顾一味燃烧，不做积蓄和补充。1932年，先生与刘隽负责①从清内阁大库提调与财政经济有关之旧档案材

---

① 一说是由先生与汤象龙教授负责，见罗尔纲《忆梁方仲教授》，汤明檖、黄启臣主编《纪念梁方仲教授学术讨论会文集》，中山大学出版社，1990，第5页。

料，细心加以选择，并结合自己之研究课题进行摘录，编成大量卡片，费时年余，先后抄得三万余件。于一年多的时间内，在陈尘厚积、汗牛充栋的档案中挑选出三万余件，其工作之艰辛是可以想象的。他为深究一个问题，总是穷根刨底而后罢，哪怕是朋友提出切磋的问题。罗尔纲先生在研究清末吴沃尧的小说《九命奇冤》时，认为该小说所写多与史事不合。先生的家乡广东番禺县正是故事的发生地。于是罗先生便向先生请教。先生的判断是：当有其事，但"对这一件大命案的案情之是非曲直，自应以疑传疑为是"。大约两年之后，他终于在清代档案资料中找到两件记载《九命奇冤》的档案。根据这两件档案内容，可以证实《九命奇冤》所根据的梁天来兄弟家大命案的事是确实有的。打劫梁家的凶犯为强盗穿腮七等，强盗行凶是用火熏攻，致烟死多命，都是确有其事的。先生的帮助，为罗先生解开了研究中的疑团。而且，后来的研究者，都引以为据。罗先生在回忆这位老友的往事时，不胜感慨地说："方仲先生帮助朋友，帮助学生作研究工作都是这样。"（见《忆梁方仲教授》）

二　视资料为史学的生命

在他看来，求真、求实是史家的最高目标。而史料搜集的完备、资料真伪的考辨功夫，是求真、求实的基础。所以，大凡涉及重大研究课题，先生不仅采用史料特别审慎，而且对许多问题都要通过认真考据。据李文治先生回忆，先生在四川李庄工作时，发现有一条资料可做出两种解释。为此，先生查阅了大量的文献，并以之和同事认真地研讨，然后做出抉择。为了弄清"一条鞭法"，先生先后参考了一千余种历史文献。凡知道在国内，乃至在世界各地收藏的有关文献，他都想方设法去搜罗。搜集到如此浩繁的资料，如何驾驭它呢？先生采用做编年的方法。通过编年，可以发现各种记载的异同。经过详细考订，比较歧异，剔谬除误然后入表。从长编弄清历史事件的演变，再做出自己的判断。先生的许多论著，都经过这一步骤，然后据以写作。有的就以编年的形式发表，如所著《明代一条鞭法年表》。此表设有时、地、人、事和附注五栏。纪事栏，以一地一事为一条。附注一栏，注明出处，间附考证。纷繁复杂的"一条鞭法"，一经入表，可收一目了然之效。这种编年体例，早已有之。先生的贡献在于不仅把散乱的资料用年表的方法使其表现出一种线索，或一种趋向，而且对歧异的记载进行校勘，并"把纵向联系和横向探索结合一起，将纵向联系向前推进一步"①。

把史料视为史学的生命之源。资料的搜集，扩大其来源，并务求其完备。除正史、官书、政书、文集等外，注重搜罗散佚于民间的文书、档案、文物、契约、碑刻等资料。为了掌握更多的史料，总是趁在海外考察、研究之便，尽量利用时间到各国的图书馆去广为搜集。在日本，曾到宫内省图书寮、上野图书馆、东洋文库、金泽文库、静嘉堂文库、前田氏尊经阁等，查阅和抄录公私藏罕见之明代方志、文集，以及其他有关资料。资料的翔实和丰富，成为先生著作的一个重要特色，并一直为学界所称许。先生所写的书文，所做的论断，都是在详细占有资料的基础上做出的；最忌讳在脱离资料，或没有尽可能地占有资料的情况下，做漫无边际的推论和臆测。先生读他人的著作，不仅注意著者的结论，尤其重视著者所引用的资料。在先生读过的书中，每每发现他对著者所引用的资料做了校对，有时还夹有批语。

在他看来，原始资料是不能更改的，而结论却可随着资料发掘的不断增多而屡做改变。但是，这些资料也经历着史家让它复活的过程。先生善于把零散的、似乎互不相干的、不说明问题的资料按时、空、人、事串起来，使它说出话来，呈现出甚至是从未被人注意的历史现象。先生之所以注重民间文书、档案和民间俗本、平话之类的资料，是因为愈被视为平常、愈是大量发生的事情，愈易为正史、政书所忽略。而这些正是重建基层社会经济史所必需的史料。即使是虚假的资料，通过揭开其背后隐藏的意图、动机，说明伪造者当代的情形，也可获得新的真实史料。

---

① 李文治：《辛勤耕耘，卓越贡献——追忆梁方仲教授的思想情操和学术成就》，汤明檖、黄启臣主编《纪念梁方仲教授学术讨论会文集》。

三 励志坚操，追求正义与公正

"虽然诗亦吾家事，励志坚操望更殷。以邺命名唯此意，他年莫但作诗人。"这是先生为其长子命名而写的一首诗。先生为此诗序说："生长男于阳朔，唐代诗人曹邺素有桂省最伟大诗人之称，实则仅为二三流之作者。然作品颇反映现实，具有一定的进步意义，且邺居卑官，不惮利害得失，敢直言，有持操，殊堪纪念，因命名吾儿为承邺。"此诗以不惮得失、敢直言、励志坚操，来训勉其子，实际上也是先生终身所服膺的。先生自幼虽潜心于学术，但从不弃守对正义和公正的追求。早在就读北京崇实中学时，为了抗议校长动手打学生，宁可牺牲一年的学籍，也要转学，以表示对邪恶的愤慨和抗议。1931年九一八事变起，闻变，即赋《书愤九一八事变》古诗一首。诗云：

> 车隐隐，炮隆隆，隐隐传闻将军仓黄连夜走；
> 隆隆声是虏炮猖狂急进攻。何不急走没命宵逃将，早使授首传辽东！
> 呜呼！彼罪虽诛尚不容，彼罪虽诛尚不容。

先生热血盈腔，毅然参加了由曹禺先生带队的由十多位同学组成的清华大学学生抗日宣传队，前往保定、定县、石家庄一带进行挽救民族危亡的宣传。

当日本侵略军攻陷榆关之时，先生义愤填膺，写下了《榆关失守书愤》七律二首：

（一）

沈辽血泪尚斑然，又报长蛇荐食前。

九合兵车微管仲（注），百年祍发见伊川。

边关再撤屏藩后，筚路谁通上国先。

始说杞人非过虑，眼前大浸已稽天。

(二)

谁令拱首献雄关，铁案分明定若山。

生聚十年容有待，燕支一夺已无颜。

此当鼙鼓声多死，何日山河旧可还。

会见义师张挞伐，先诛首恶戮神奸。

(原注：时当局怜乞国联调解。)

诗中揭露了蒋介石拱手奉送国土，采取不抵抗主义的卖国行径，表达了作者肝胆欲裂的愤怒之情。1937 年 6 月，奉所长陶孟和命往日本做学术考察。恰逢卢沟桥事变发生，当此中华民族危亡之秋，先生毅然中断访日计划（原定留日一至二年），提前于是年 8 月中旬回国，共赴国难。先生随同社会研究所内迁，经长沙，历阳朔，迁昆明，后移四川南溪县李庄镇。在战争的年代，看到国民党军与日军交锋即溃，官场腐败；1939 年 7 月被派往川、陕、甘做为时八个月的社会调查，目睹边区革命政府的廉洁奉公，官兵上下一致、刻苦紧张的作风。经过比较，对共产党的印象是良好的。1944年 5 月，获美国哈佛燕京学社奖金前往美国进行学术考察。行前受命往重庆参加中央训练团 31 期集训班一个月。受训期间，冒着不发给出国护照的危险，拒绝加入国民党。1948 年，在所长陶孟和生病，先生受命署理所务期间，抗拒当局将所里图书、办公用品先迁往上海，以便再迁台湾的命令，表示不同腐恶势力同流合污。

先生之一生，生活俭朴，远离芬华逸乐，潜心学术，以读书、著述、传授为乐。在日本仅三个月，把日本著名的图书馆都走遍了。心里想的是："宝山频入手仍空，学海文瀛道不穷。且喜新知同此愿，狂澜倒挽使之东。"（见先生因卢沟桥事变发生，中断计划匆匆回国前写下的《为别东京、京都各地大学友人》诗）1944—1947 年在美、英留学期间省吃俭用，用省下来的哈佛燕京学社的奖金购买图书，回国后奉赠社会研究所图书馆。对先祖传下的托人保管于北京的一批古董字画文物，也未曾顾及，连其独子，也未曾同他说过，任其散佚。1956年已被评为二级教授，但依然是粗茶淡饭。住宅充满书籍，几乎无多余的家具。有一年冬天，挚友吴晗来访，先生穿的是一件陈旧的棉袄；应广州市市长朱光宴请，穿的还是这件棉袄，因而被警卫拒于门外。得失荣辱，可以不顾。唯有一点却含糊不得，即关乎正义与公正，关乎是非曲直，则非奋起抗争、分辩不可。先生曾说："从事学术可以不问政治，但是非曲直自有公论。"

1949年初，先生应岭南大学校长陈序经之请南下广州受聘于岭南大学，任经济系主任。1953年高校院系调整时，转入中山大学历史系任教授。1949年广州解放后，他拥护共产党，认真查阅马克思主义的原著，还重译过《资本论》第一卷第二十四章。以从事学术为职志的先生，除面对正义与公正必起而抗争外，从不过问政治。如此安分守己，理当能够平安地研究学术，发挥其所能。事实并非如此。在1958年掀起的"拔白旗，插红旗"运动中，被树为"只专不红"的典型。而招来横祸的真正原因当是：先生具有中国传统学人的特点，有留学英、美、日的经历，"学术人生"味太浓；自幼以读书、研究、追求知识为目的；尤其是抱有"学术价值永恒"的见解，在那特殊时期，这是不能被容忍的。从是年4月始，短短的两个月间，先生被贴的大学报超过2000张；批判其"错误思想"的大小座谈会达250余次；在全历史系停课三天专门召开的批判会上，受到60多位师生的先后批判。可以想象，清癯文弱的先生在心灵上承受着多大的压力和痛苦啊！在此情形下，先生还是表现了一个学人的正直，没有屈从趋时以求存。当时他本已自身罹难，却要起来为陈寅恪先生辩护，一直坚持"陈寅恪不能批判"，所以当时提出"批陈须先批倒梁"。先生和刘节先生成为当时公开替陈寅恪鸣冤的两个教授。学人本性难改。先生并没有汲取教训，在"文革"初时，同样也以生命担保吴晗的清白。他本已被戴上"反动学术权威"的帽子，又加上"为三反分子吴晗辩护"的罪名，其遭遇之惨酷，已不可以1958年"拔白旗"受到的批判相比拟了。

四　以《一条鞭法》建学术丰碑

罗尔纲先生在《忆梁方仲教授》一文中说："梁方仲教授在陶孟和先生创办社会调查所时就来工作。他专攻经济学，而博学多能，是陶孟和先生培养出来的一位著名的经济史学家，也是一位难得的通人。我研究文史，他就经常帮助我。"先生的确是一位"博学多能"的"通人"。他博古通今，国学功夫深厚，擅于诗词；他学贯中西，在哈佛大学、伦敦政治经济学院研究期间，受过西方经济学、历史学、社会学等学科的训练，眼界高远，视野广阔。但先生由博而返约，以明代田赋史作为自己专攻的目标。与此同时，对明代前后的历史也做必要的观照，在先生看来，非如此不能了解明代的史事在中国历史格局中的地位。先生认为，对某一历史事件或某一制度，不能孤立地进行研究，要同整个社会经济的发展变化联系起来考究。20世纪三四十年代的著作，已贯穿了这一观点。1949年以后，这一看法越发明确。先生说，各学科间本来存在着互相联系、互相渗透的关系。研究经济史离不开政治史和文化史，甚至同其他学科也有密切联系。没有广博的知识是不能适应专业的研究的。先生的"博"，正是为了更好地"专"。探讨某一问题，要从问题的各个方面的专题研究做起。在对明代田赋史的研究中，先生就是先从各个方面做专题研究。先生于1933年8月在《史地月刊》第8期，发表了《明代鱼鳞图册考》一文。鱼鳞图册，是明代征收田赋的依据。此文除利用《明史·食货志》《明太祖实录》等基本材料外，还利用大量地方志史料，论述鱼鳞图册的由来、内容和作用并阐述其与黄册的经纬关系。把这一问题推进了一步，得到国内和日本史学界的赞誉。日本东京大学仁井田陞教授称之为这方面研究的代表作。记得我在1993年访问日本横滨时，横滨大学的鹤见尚宏教授就同我谈及当年他读先生此文的感受。先生在此文之后，又围绕明代田赋史问题发表了一系列有分量的论文，如《明代户口田地田赋统计》《明代"两税"税目》《明代的户帖》《明代黄册考》《易知由单的研究》《明代粮长制度》《田赋史上起运存留的分划与道路远近的关系》等，都各有创见，为学界所称许。也许有人会认为，易知由单、两税税目、户帖等是一些小题目，不仅投射面有限，而且对建构总体史意义也不大。从社会效果上看似乎有其一定的道理，因为它不能概括可供借鉴的大范围的经验；但从学术功能上着眼，探讨一个小范围的题目，并从此折射出大千世界，因其功夫扎实，实证的可靠度高，反而更显得接近真实。一代史学大师陈寅恪正是以此见长，其影响随着时光的流逝而弥彰。至于囊括大范围的课题，由于涵盖面广阔，如果不就所涉及的众多问题，一一着手研究，必然以猜想代替实证，或借用他人的成果来拼凑而成。这是通论性的著作，往往学术生命短暂的缘由。先生主张先专题而后做综合研究，其理由正源于此。对学术成果的评估，主要以其学术价值为依据，而不以研究范围的大小来论定。

先生把田赋问题置于国家与基层社会之间的关系来探讨，进而把握明代的社会经济。先生以"一条鞭法"为中心，考究了明代田赋制度的变革及其对社会经济发展的影响。关于一条鞭问题便先后发表了《一条鞭法》《明代十段锦法》《释一条鞭法》《明代一条鞭法的论战》《明代一条鞭法年表》《明代江西一条鞭法推行之经过》等大文，用力最深。《明代一条鞭法年表》一文，参考的书籍，已逾千种，其中多罕见版本。先生在《一条鞭法》一文中，以锐利的眼光，考察了明代赋役制度的变革及其对社会经济演进的影响，指出一条鞭法"可以说是现代田赋制度的开始"，它"打破了二三千年来的实物田赋制度"，标志着货币经济的抬头，显示出 16 世纪中国传统社会内部历史发展的趋向。此文于 1936 年在《中国近代经济史研究集刊》发表之后，在国内外历史学界引起了巨大的反响。次年，在日本被译成日文于《历史学研究》杂志连续刊载。为了表彰先生在学术上取得的成就，1943 年 6 月，美国哈佛燕京学社授予一笔研究补助金，同时获得者有陈寅恪、陈梦家、邵循正、闻一多、汤用彤等九人。1945 年美国太平洋关系学会特约请王毓铨先生对该文进行英文草译，1956 年美国哈佛大学东亚研究中心将《一条鞭法》和《释一条鞭法》（1944 年发表）两文合并编译为英文本（经杨联陞教授校正）出版，作为"哈佛东亚丛刊"第一辑刊行。费正清教授为英译本写的"序言"中，高度评价了这一著作开辟历史材料搜集的卓识和分析材料的精细，以及由此所得出的透彻明确的结论。指出"这部专著是论及明朝后期赋税和劳役系统地改换为以银折纳制度迄今最深入的研究，它对于近代中国货币经济发展的所有研究有着奠基的作用"。在学术界只要提及一条鞭法的问题，就会自然地联想起先生。先生的《一条鞭法》，为学术界树立了一座不可磨灭的丰碑。

先生对明代粮长制度的研究，也同样做出了贡献。粮长为朱元璋所设，见载于正史。但在文献记载中互相歧异，矛盾百出。先生经过对繁杂混乱的大量史料做条分缕析的详细考订，论证了粮长制度的产生、演变和破坏过程。明确指出明中叶以前，粮长由地方首富，实即绅衿地主充当。其职责，除对所辖粮区赋税进行催征解运外，还包括丈量土地、编造鱼鳞图册、劝诫农耕，在有的地方还兼听理狱，或检举地方官吏不法事宜等，起基层政权的作用。这一制度主要推行于长江流域征漕各省，并不如正史所说通行于"天下"。明中叶之后，随社会经济的变化，粮长改为由农民充当，其性质也由"半官方"的性质转为对农民的封建徭役。先生还阐明了粮长制与里甲制的关系、粮长制的演变与整个社会经济的关系。关于这一问题，先生前后经历20年的反复思索和研究。《明代粮长制度》一文，第一稿发表于1935年，仅8000字。经过五易其稿，扩充成一部近10万字的专著，于1957年由上海人民出版社出版。此书一出，同样赢得史学界的赞誉。李文治先生说："这是一本高水平的学术著作。"林甘泉先生在《二十世纪的中国历史学》一文中，对此书也做了赞誉的评价[1]。

先生的最后一部巨著是脱稿于1957年的《中国历代户口、田地、田赋统计》一书。此书上起西汉，下迄清末，首尾两千余年。对历代户口、田地、田赋分门别类，综合编辑，制成统计表格235份。内分正编、附编、别编三部分。后附有度量衡之变迁、历代户口、田地升降比较统计图。每表之末有注明资料来源，且多附有详细注释。全书将近百万字。征引书目达325种，其中很多是大部头线装书，其数不下数千卷。据文治先生回忆，这

---

① 林甘泉：《二十世纪的中国历史学》，《历史研究》1996年第2期。

部巨著的图表，早在 20 世纪 30 年代已着手编制。40 年代初在四川李庄时，已见先生查阅古籍制表。此书至 1957 年方脱稿，可见也经历了二十多个春秋。此书提供了经过整理、考订的关于历代户口、土地和田赋的数据，对学术界的贡献是不言而喻的。每当面对这一部巨著，固然叹服先生的学识渊博，尤其敬佩其锲而不舍的毅力。没有"板凳甘坐十年冷"的精神，是不能完其功的。文质彬彬的先生竟能承受着如此艰难而巨大的付出。此书交稿后很快印出清样，原计划于 1962 年出版。因"文革"十年浩劫，竟拖至 1980 年才得以问世。遗憾的是此书出版时，先生已是墓草久宿，永远看不到、听不到史学界对它的赞誉了。此书甫出，史学界的名家，如杨联陞、全汉昇、佐竹靖彦、林甘泉、傅筑夫、彭泽益、谷霁光、李侃、宁可等，都交口称赞①。记得 1980 年，我作为一个青年学者出席由郑天挺先生主持的南开国际清史学术研讨会，聆听何炳棣教授做报告时，在限定的 15 分钟内，他竟用了 7 分钟来称赞先生的学术，对此书尤其赞誉有加。当时我想，先生如果还幸存，如果也在场，他一定会撤下眼镜，含有几分羞涩地笑道："过誉了，不敢当！不敢当！……"何先生满怀敬意地在《南宋至今土地数字的考释与评价》一文中称先生为"明代赋役制度的世界权威"。先生的《中国历代户口、田地、田赋统计》一书，作为中国经济史研究基础建设工程的巨著，正如哈佛大学杨联陞教授所说的："此书可见他的严谨而观其大，'眼光上下五千年'。同行用历代传下来的资料，非经过此书不可。明、清方志、档案等可能有资料修正，不过以全书而论，寿命应不下于《通考》。换句话说，数百年后还有人要参考的。"（1984 年 6 月 15 日杨联陞致梁承邺信）

五 带着未遂所愿的遗憾，匆匆走了

先生的一生，可谓为学术而生，为学术而死，是一位对学术执着追求、一丝不苟的儒雅学者。他忠诚于自己的专业，孜孜不倦，把一切无私地奉

---

① 参见汤明檖、黄启臣《梁方仲传略》，《梁方仲经济史论文集集遗》。

献给自己所追求的学术。他识见太高，追求的目标自当远大。早在青年时代，1934 年 5 月，先生便同好友吴晗、汤象龙、罗尔纲、夏鼐、谷霁光、孙毓棠、朱永庆、刘隽、罗玉东等组成"史学研究会"。稍后有张荫麟、杨绍震、吴铎等加入。此会提出三大主张：（1）研究"整个民族"为主体的"社会变迁史"；（2）先有"专门的研究，然后才有产生完整历史的可能"；（3）注重史料搜集，"没有大量的历史资料，是不可能写出好的历史的"。这些主张在当时不失为振聋发聩的声音，今天看来依然是我们所追求的目标。以上提及的"史学研究会"的成员，后来都是学术界某一方面杰出的专家。他们作为时代的精英，有这种超前的、高远的目标，实不足为奇。

值得注意的是，先生对当年提出的三大主张，终身服膺，一直孜孜不倦地追求。先生以田赋制度作为国家与基层社会之间的衔接点来研究，正是放眼于中华民族历史的总体，尤其着重于以农民为主体的基层社会变迁史。先生视资料为史学的生命，其著作以史料翔实而丰富见长，也正是服膺他和他的朋友当年提出的重视史料的主张。至于当年提出的先做专题研究，在此基础上做整体史研究的主张，先生也是遵循无误的。先生本计划在他围绕田赋史（包括明代以前的田赋史）已写出的专题文章的基础上，先完成《13—17 世纪中国经济史》，继而撰写《中国田赋史》，再进而写《中国经济史讲义》。

可惜天妒英才。解放后，先生在绵延不断的政治运动的缝隙中苦心孤诣，夜以继日，力图在有生之年，完成自己理想的目标。经过 20 世纪三四十年代，着重于四方求索和积累资料，五六十年代，学术的磅礴人生，正当展现。谁料"文革"十年浩劫，"反动学术权威""为三反分子吴晗辩护"等罪名，横加诸先生头上。超负荷的承受和折磨下，先生患了不治之症（肝癌），竟带着未遂所愿的遗憾，匆匆离去！留下的是史学界同仁的悲伤与叹息！

流年似水，恍惚间先生撒手人间已经 28 个年头了。但先生的音容笑貌、师生相处的情景，历历在目，宛然如昨。记得 1963 年，我被推选为中大研究生学生会主席，先生知道后，唯恐我对社会活动产生过多的兴趣而滋生官瘾，离开了学术的道路，于是找我做了一席语重心长的谈话。甚至说："要当官就不要当我的学生"。1984 年，当我面临困扰，有人拟请我去当某市的电视广播大学校长时，我之所以能做出前来广东省社会科学院历史所做专任研究人员的决定，这同先生当年"不要离开学术岗位"的告诫和教导，是有关系的。是先生与严中平先生商量，确定我的毕业论文以"徽州佃仆制"为题。当"文革"期间凶焰最炽烈之时，也是先生如同呵护婴儿般将我的研究生毕业论文藏入不为人所注意的羽毛球盒内，躲过"文革"被抄走的劫数而保存下来，才使我坚定地走向学术的道路，并在"区域社会经济史研究"的领域中耕耘了大半辈子。抚今追昔，其弟子益感师恩深重。1998 年 9 月，在上海全国经济史学会第四届年会上，与学长杨生民（首都师范大学历史系教授）相见倾谈，话题很快转入对先生的回忆。我俩共同的遗憾是，在极左思潮横行的岁月，先生没有机会按照自己的意愿教导学生，我们也没有真正学到先生的学术宏旨、精义。但先生对学生的那份厚爱之情和殷切的企望，我们是深刻感受的。莫说现在欲报无门，就是当时，也已感涌泉难报。生民兄说，1961 年，他假期回山西乡下老家，挖空心思，终于决定带一罐用糯米酿成的糟酒和一包鲜枣子，作为土仪，孝敬老师。对于生民来说，已是奢侈礼品了。不期回程在湖北路段遇暴雨受阻，困在途中，缺吃没喝的，实在耐不过，糟酒喝光了，枣子也所剩无几。将仅余下的已经干枯的这么一小把枣子，怀着忐忑不安的心情敬献老师时，老师不仅不嫌其寒酸，且边吃，边笑呵呵地连声说："好吃！好吃!"在1959—1962 年的困难岁月，政府给老师特殊补贴的二斤油和一点鱼肉，对虚弱的先生正是久旱渴望着的甘露，先生却总是请学生同他分享。至于精神上对学生的关爱更是数不胜数了。记得先生病重时，曾在病榻上对我嘱咐说："明春你回来，我还有学术的事情要向你交代。"此时正在"五七"干校劳动改造的我，次年（1970）春天干校进行所谓"清理阶级队伍"的政治运动，不准请假。先生却于 5 月 18 日，以 62 岁的学术英年，带着未遂所愿的遗憾匆匆走了。我经常想，先生数十年碌碌奔走于国内外图书馆搜集资料，与国内外的同行交流学术心得，学融哲经文史，识贯中外古今，孜孜不倦地上下求索，其目的正是实现其理想的目标，写出鸿篇巨制的信史（如《中国田赋史》《中国经济史》等）。如果没有十年浩劫，如果又能给先生一个宁静的环境，他怎会如此匆匆离去？他的理想不是可以实现了吗？

　　作者附记：本文脱稿后，曾得方仲先生部分同门弟子与再传弟子，以及私淑弟子审阅，并做补充、修订。在此顺致谢意。

　　1998 年 10 月 20 日脱稿，11 月 14 日定稿于广州天河北路 395 号幽篁室

　　　　　　原刊于张世林编《学林往事》下册，朝华出版社，2000。

斯人已去，精神永存

——纪念傅衣凌先生逝世 20 周年学术研讨会上的发言

　　傅衣凌先生离开我们，迄今已有 20 个年头了。他的音容笑貌，并没有因时光的洗刷、岁月的消磨而淡忘，相反，他走得愈远，愈为人们深切地记起，也愈加显得伟岸高大、鲜明耀眼。傅先生之所以赢得人们的敬重和景仰，是由于他为学为人的美德和人格魅力！

　　早在 20 世纪 60 年代初攻读明清经济史专业研究生时，导师梁方仲先生便指定傅先生的著作为必读书。对这位久已心仪、景仰的前辈，直至 1978 年才有幸在由他召集的在厦门大学举行的"文革"后首次中国社会经济史研讨会上谒见。此时此景，犹历历在目。他亲切地把我介绍给与会的前辈与同行，安排我在会上做讲演——这对于一个刚步入学术界的后学是一殊荣。还抽空单独接见我，蔼然可亲地给我谆谆教诲。尔后，傅先生每每着我来厦门大学参加由他举办的学术活动，并安排我给历史系的学生讲课。对后学的这种竭诚鼓励、奖掖扶持，可谓仁尽义至。

　　傅先生，作为中国社会经济史学的重要奠基者，晚年依然不遗余力地推动中国社会经济史的研究。1987 年底，他扶病前来深圳主持国际清代区域社会经济史研讨会，给国内外两百多位学者以很大的鼓舞。由于他的著作为港、台所盗印，他的学术竟能冲破当年对中国大陆的政治封锁而在海外传播。受他学术影响的海内外学者，因能在他主持的深圳学术会议上谒见而得到心灵的满足。使我们痛惜的是此会竟成为傅先生与学术界的诀别会。

　　傅先生的学术精深博大，我不可能在此做全面的回顾。我感受最深的是他不仅构建了独特的学术体系，而且有丰富翔实的史料支持。在我为《傅衣凌治史五十年文编》写的跋文中，已经简要地谈及。最近我为黄山学院编辑的大型《中国徽州文书》（影印本，清华大学出版社，2010）写的序文中，指出：

　　　　早在三四十年代，梁方仲、傅衣凌等学者已经看到散见于民间的"易知由单"、土地契约一类文书的学术价值。他们"于几微见世界"，"从木石觅文章"，从文书契约中看出大千世界。以此为基础，参证其他的文献资料，从小处着眼，从高处理解，以宏观的眼界作微观的分析，分别写出《易知由单的研究》《福建佃农经济史丛考》等有价值的著作。

　　我觉得时至今日，傅先生的研究方法，依然是我们学习的楷模。所以，我还要引用我20多年前在一篇跋文中写的一段话来表达我对傅先生的景仰之情。这段话是这样说的："我虽无缘受业于傅老，未得傅老耳提面命，但幸为私淑，即此一端，亦可自足。"
　　傅先生是中国社会经济史学的重要奠基者，是引领我们后学者前行的精神路标。在其著作中所体现的学术思想、治学方法，乃至学术规范，将成为后学者得窥学术门径，走向学术道路的指针。

　　　　2008年8月31日写于广州番禺洛溪新城海龙湾水如轩幽篁室

以档治史取得辉煌成就的典范

——纪念韦庆远教授明清史学术研讨会上的发言

今日，我们在这里举行的纪念韦庆远逝世一周年学术研讨会，是由广东省历史学会中国经济史专业委员会、中山大学历史系和广东省社会科学院历史研究所联合举办的。出席此会的有韦先生的好友、学生共七十多人。除广州本地以外，还有来自北京、天津、上海、厦门、台湾、香港、澳门等地的学者。我代表会议筹办小组对前来参加这一隆重的研讨会的学者，表示热烈的欢迎和衷心的感谢。

我们此会的主旨是为了追思、缅怀韦庆远先生，尤其是为了学习韦先生一生孜孜不倦地追求和奉献学术的精神；是为了传承和弘扬他"档房论史"（亦即以档治史）的业绩和丰硕成果；是为了高扬他把学术研究与对社会、对国家，对人类的终极关怀相结合的情怀。

韦先生的著作洋洋大观，十分丰富。专著就有十余部之多。就同辈学者论，是无以同他相比肩的。尤其难得的是，他孜孜不倦地追求学术的精神老来弥坚。他治史五十年如一日，甘于淡泊，甘于坐冷板凳，不与时逐；时移岁进，其志益笃，其功弥深，他对学术的专注和敬业精神令人感佩。退居广州后，学术研究的创获和建树愈加丰硕。这期间便推出了七部著作。对明清史学界的影响是深远的。

韦先生与广东学术界的联系始于 20 世纪 60 年代，当时他已经同梁方仲先生及其助手谭彼岸、汤明檖，以及黄启臣、鲍彦邦、叶显恩等有学术上的交往。70年代以后，多次在中山大学、广东省社会科学界联合会等做学术讲演，与广东的学术同仁结下了不解之缘。不仅如此，他对推动闽、粤学术上的合作也做出了重要的贡献。正如杨国桢先生在《典范如君 春风被我——追思韦庆远先生》一文中所说："1987年，韦先生又牵头联络北京、广东、福建三地研究清代社会经济史的中青年学者，合作编写由他和显恩兄为主编的《清代全史》第5卷叙述雍正元年至乾隆六十年（1723—1795）的经济史。20世纪80年代，闽、粤两地明清社会经济史的研究形成合力，掀起一个新的高潮，是和韦先生的热情推动分不开的。"90年代，他常住广州之后，对广东经济史学界更起到指导的作用。他的逝世对我们是一重大损失。

至于我本人，与庆远兄订交长达45年，其间未曾间断。在"文革"的动乱年代，他从江西干打石苦役回京后，被分到北京师范大学。中山大学曾派人往北京商调他南来，旋因中国人民大学复办而未果。他每来广州便同我交换对时局的看法。在"四人帮"横行的岁月，他便坚信这种政治局面必将结束，更难得的是在一片"批邓"声中，认为收拾残局者"非邓公莫属"。终其一生，他既潜心于学术，又始终关注人类社会面临的种种问题，这从他与朋友的交谈和通信中都体现出来。眼看祖国近几十年的辉煌成就，他喜形于色，津津乐道；目睹社会的腐败现象和种种陋习，他痛心疾首，忧心忡忡。表现了他对人类社会、人类命运的深切关怀。他到了晚年，四五点钟起床后，还一边漫步一边听美国之音等外国电台的广播。

我和韦先生，京穗之间，远隔河山，但时时不胜云树之思，彼此的心是贴近的。改革开放之后，我们之间的来往、通信、通话越发频密。庆远兄文思敏捷，来信动辄千言。彼此的两地书便达数百封之巨。他每来广州必下榻寒舍，更使我们有促膝倾谈的机会。

1994年他退居广州石溪，几乎每星期都彼此过从，以相见为快。2001年（？）他移居洛溪新城，与我同居一地，过从更方便了。后来我入住海龙湾，与他的住家丽江，更是一墙之隔。我们联合接待共同的朋友，我们经常沿丽江河畔，散步谈心。事无论巨细，都彼此交换意见。学术上，更是互相切磋。我虽尊之为师，但他却虚怀若谷。他的新作，譬如《张居正和明代中后期政局》《正德风云》等，每当写出一节或一章，往往着家人送来，让我先读为快。

关于韦先生一生的学术生涯，关于韦先生的为人为学，已经先后有高放、吴宝康、杨国桢、徐泓，以及他的嫡传弟子柏桦等人，做了详细的论述。这里我只谈一点简括的看法。韦先生的成就是多方面的，一个最大的特点是"以档治史"。他不仅出版了系列的清代历史档案的资料书，而且写出一批以历史档案为特色的历史著作。他的第一部论文集就以《档房论史文编》为书名。在发掘、整理、研究历史档案这一学术富矿中，做出了里程碑式的贡献。因而，他也就成为我国将治历史学与档案学相结合最好的专家。"文革"期间，他为了逃避"批儒评法"的政治化的所谓学术批判，借整理《红楼梦》历史背景为名，躲入故宫博物院明清档案部（今中国第一历史档案馆），搜集了大批珍贵的档案资料。此举，既坚持了独立自由的学术精神，尤其成就了他学术得以传世之功。

韦先生的学术成就，得到海内外学人的称赏和赞誉。他的大著《明代黄册制度》，20世纪60年代初，业师梁方仲先生表示称赏，并向我们推荐。与我同辈的外国学者，每每同我谈起当年读过此书受到的启发。见面称他为老师。就是大家所熟悉的美国学者黄仁宇，本比他要大十岁，在哈尔滨明史学术研讨会上，也亲来他住房，拜他为师，感谢他的著作给了自己启发。正因为韦先生成名早，同辈学者视他为前辈。如赵令扬教授，在1978年中山大学为他举办的学术报告会上，讲明史研究状况时，以韦先生与梁方仲、吴晗并列为一辈做介绍。由于我的介绍，赵氏到北京，不管当时的外事规定，径闯入韦先生无卫生间的住家，而引起轰动。美国学者陈张富美撰写的关于"宋至1900年经济社会史中美学者讨论会"的报道，也称韦先生为第一代，误列为与严中平、邓广铭、王毓铨等同辈，而称杨国桢和我等为第三代。也因为他的学术饮誉海外，他最早受聘为哈佛大学访问学者之一。再是他的《张居正和明代中后期政局》，在我看来是他学术的第二个高峰。此书荣获郭沫若中国历史学奖。评奖时，我是推荐者之一。我为

此书向给郭沫若中国历史学奖评奖委员会写了"推荐者意见",简述了我对此书的评价。(见本文附件)

韦先生淡泊耿介的为人风范也是令人景仰的。他在国内,乃至在国外讲学,生活都一样简朴。嚼得菜根,百事可做。他就是嚼得菜根的人。他理发每每光顾街边的三五块钱的理发师。为此韦太太多次要我规劝他到好一点的理发店。单从此就可以理解他的生活态度了。

韦先生驾鹤西去,但他的治学精神,他留下的学术硕果将永存!

写于 2009 年 5 月 15 日,广州

原刊于李庆新主编《师凿精神　记忆与传习——韦庆远先生诞辰九十周年纪念文集》,科学出版社,2019,第 36—39 页。

附件:为韦庆远教授《张居正和明代中后期政局》一书给郭沫若中国历史学奖评奖委员会写的"推荐者意见"

韦庆远先生的《张居正和明代中后期政局》一书,是经过数十年的资料积累,十几年的考据、思索、研究,苦心孤诣地写出的。韦先生已经先后出版了十几部专书(内有专著、论文集、教材、资料汇编等)。在我看来,此书是他继西方学者誉为经典的《明代黄册制度》(美国学者黄仁宇语)之后最能代表他学术成就的著作。

在着手撰写此书之前,韦先生已经就明代前中期的政治、经济、文化等各个方面做了专题研究,其成果已经分见于《明清史新析》《隆庆皇帝大传》等专书之中。他在总体把握明中期史事的基础上剖析传主,又通过论述传主反映处于社会转型时代的 16 世纪。

张居正身后的评价,一直是毁誉互见褒贬不一。为之作传者,不乏其

人。最有代表性的是 1911 年梁启超的《中国六大政治家》。此书把张居正与管仲、商鞅、诸葛亮、李德裕、王安石并列，加以褒扬。再是 1945 年朱东润的《张居正大传》。此书把张居正写成救世的杰出政治家。梁、朱都有感于时代，投入现实的情怀，借古人来抒发自己的政治理想，对张居正的评价虽然不乏精当的见解，但难免偏颇。韦庆远先生为了逃脱前人的窠臼，持平而公允地再现张居正，首先他没有满足于前人所引用的资料。他花大力气去做"钩沉搜隐"的功夫。他利用在美、英、日和中国港、澳、台等国家和地区访学、讲学的机会，搜寻所缺失的有关资料。他用功之勤，受到牛津大学的科大卫等邀请者的钦佩和赞扬。从本书所征引的史籍、资料看，已达近 400 种，其中地方志有 65 种，私人文集、书信 150 种，有关隆、万时期的历史档案图谱 10 种。他对史料的搜寻，能做到的他都竭尽其力了。对史料的考据和诠释，也是煞费苦心的。既要解读字面的意义，又要揭露作者在纸背的隐喻。尤其是张居正与部属、同僚的书信，如不了解当时的情景，不处身于当时与受书者同做感悟，是很难洞察书信的秘诀与隐喻的。其次，为了将张居正置于君臣、同僚、师友等人际关系环境中考察，对相关的人物约 60 人，分别立档，逐一加以审视、分析，以从中看出人际环境如何制约了传主的思想与行为，传主又如何改造客观世界，推出"隆、万大改革"的政治局面。这种写法是把传主分色，泼出一代风云。本书所达到的境界、作者的学术功底和涵养，于此体现。这就是所谓大家手笔。戴震所说的"考据、义理、词章"，本书皆兼得。

作者治史五十年如一日，甘于寂寞，甘于坐冷板凳，不与时逐。时移岁进，其志益笃，其功弥深。史坛上，或有数月出一部巨著，韦先生却十余年磨一针。此书对于学术界目下浮躁、急于求成之风，不失为一个针砭。他退居广州后，同居一地，作为后学，因得韦先生的垂爱，此书撰写过程中，每得一章或一节，便着家人送来舍下，让我先读为快。他写此书的甘苦，我最得知。此书所取得的成就和贡献，我前曾以"实、真、全、新"四字概括其特点，今当补充指出的是，此书堪称张居正研究的里程碑，代表了当今研究的最高水平。我认为就目前的研究水平而论，此书得奖是合乎条件的。

为人和为学的完美结合

——彭雨新先生百年诞辰纪念会上的发言

彭雨新老师离开我们，已有二十多个年头了。他的音容笑貌，并没有因时光的洗刷、岁月的消磨而被淡忘，相反，他走得愈远，愈为人们深切地记起，也愈加显得令人崇敬。这是因为彭老师在中国经济史学科中做出的贡献、留下的业绩是丰硕的。他作为中国经济史学界的前辈，在财政赋税等方面的建树是有目共睹、为学术界所共认的。他同汤象龙、梁方仲、傅衣凌、严中平、李文治、彭泽益等共同推进了中国经济史学科的发展。可以说，今天经济史学界的从业人员，是在他们直接、间接的培育下成长起来的。所以，值得我们深深地缅怀，值得我们用这样隆重的仪式表达我们的敬意。

彭老师是一位摆脱世俗功利，淡泊寡欲，一心致力于教学和奉献学术的纯学者。我入武汉大学时，彭老师正处盛年，但据当时的印象，他显得老成，印象最深的是他总穿着一件蓝色的棉袄，戴着一副深度的眼镜，不苟言笑，严肃而慈祥，不言而自威。

教课认真负责，一丝不苟。在当时极左思潮影响下，没有发挥彭老师所长，一度要他教我们英语课，他也自编讲义，精心教学、认真辅导。他给我们上的专题课，更受大家喜爱。他对学生认真负责，蔼然可亲，使我们感到如沐春风、如凌秋云。他不仅认真讲课，认真辅导、批改作业，甚至有时亲自将批改的学生作业送来学生宿舍。他指导刘克强同学做毕业论文的认真负责精神，就传为美谈，深深地感动着我们，并为我们所敬佩。回忆起我有幸在课堂上，在他家里，亲聆教诲，耳提面命的情景，犹恍惚如昨，历历在目，难以忘怀。

我 1962 年投入梁方仲老师门下做他的入室弟子，梁师经常同我谈及彭师，并要我经常同彭师联系请教。当我将一些习作呈递彭老师审阅批改时，彭老师总是认真批改，甚至以书信形式给我指导。80 年代初，有一次我回母校登门求教，他更是热情接待，当面给我谆谆教导，畅谈做学问之道。当时我年轻气盛，好参加种种学术活动。他深情地提醒我说："可不能当社会活动家啊！"说了一番鼓励我专心做学问的话。他的原话已经不能复述，意思我是明白的，且谨记于心。他是要我明白：做学问，就要专注，全情投入。在他看来，真正的学术，绝不能醉心于好新骛奇，或追求一时之轰动效应，而应当自甘寂寞，做长期冷静的探索。一旦将"做学问"置于喧嚣、浮躁、物欲的环境下，要做深沉和真诚的思考便是不可能的。他的教导，终身受用。

彭老师平生敬业、专注，勤勤恳恳，全情投入教学科研，心无旁骛。我说他是一个纯学者，理由就在此。彭老师的那种雍穆仪态、祥和气度，总是令我肃然起敬，使我深刻认识到"身教""行教"的力量及其价值。我们从彭老师身上可以看到为人和为学的完美结合，他是我们当老师的、当学术研究从业人员的楷模。

2012 年 9 月 12 日于广州

黄宗智先生八十大寿祝辞

黄宗智教授，今天是您的八十大寿，我偕同老伴刘翠东，专程从南陲广州到北疆首都向您祝寿来了。我们之所以不远千里前来向您拜贺，固然出自彼此交谊的缘由，但更重要的是对您为人为学的敬重和钦羡。

从我们整整四十年的交谊中，我亲切体会到：为人，您待人以诚，乐于助人；直言直语，不加掩饰，一派赤诚之心；您本出身于名门贵胄，却充满平民情怀。您为"三农"问题，先后撰写三部巨著，形成"三部曲"，以及关于法律史的四部厚重大著，都蕴含着对普通民众的深层关怀。尤其着力探讨中国农民的历史命运，苦苦求索农民的未来出路，对农民寄以深切的同情。

为学，您学贯东西，融通中外学派，具有做学问的大格局、大视野；又有做微观个案研究的锐利而细密的眼光。所写的关于"三农"和法律史方面的系列巨著，旨在从社会、经济和法律的实践历史中抽象出自己独特的理论架构。不难看出经过多年呕心沥血的努力，黄氏农村社会经济的理论已经形成体系，而且正在日趋充实和完善。

您的学问恢宏渊博。您学贯东西，融汇古今。治学的鲜明特色，是注重调查研究，从实践历史出发，倡导"经验与理论：中国社会、经济与法律的实践历史研究"；您主张历史与现实结合，力求理论创新，以及"从经验出发到理论再返回经验"的研究进路。鼓励学人思考中国问题，构建中国理论的主体性，展示中国的历史归趋。

您在同各学派之交流对话中，体悟和理解东西方文化之源流；择优采撷，融为一炉，创造新说。既勤奋耕耘于农村社会经济之一隅，又关注洞察学术的整体。您的学养、阅历、操守、才智和识悟，造就了您学术视野宽阔、广博用宏。您的学术成果，充满睿智，是罕见的大手笔，坚实而丰硕，非同凡响，充满元气淋漓之气象。

黄先生，您厚积薄发。1986年，您的精心之作《华北的小农经济与社会变迁》一经推出，便引起美国学术界的轰动，赞辞如潮。此书问世之后，后续之作，犹如涌泉，一发而不可收。您先后荣获美国历史学会费正清最佳著作奖（《华北的小农经济与社会变迁》）和美国亚洲研究协会列文森最佳著作奖（《长江三角洲的小农家庭与乡村发展》）。由于您骄人的业绩，1991年，年仅51岁，您已晋升为超级教授（Professor, Above Scale）。一颗学术的明星冉冉升起。

您在加利福尼亚大学洛杉矶分校（UCLA）荣休之后，满怀激情，带着使命，不远万里，回到祖国，创办"农村、农业、农民"问题研修班，授徒讲学。莘莘学者，闻讯而争奔门下，正在蔚成"三农研究"之学。且可望不断成长，成为中华民族学术园地的一枝奇葩。

作为您的老友，对您璀璨的业绩和辉煌的成就，在钦羡之余，借此八十大寿之盛典，献上最深沉的祝福：寿诞快乐，春晖永绽。

叶显恩率阖家拜贺

附记：2019年11月3日，中外学者在北京燕京大酒店举办庆祝黄宗智教授八十华诞酒会。此文，乃作者在酒会上的祝词。

遨游于学海，与东西方汉学家对话

——评介金应熙先生遗著《国外关于中国古代史的研究述评》

该书是根据广东历史学会原会长、广东省社会科学院副院长金应熙教授生前在广州暨南大学历史系研究生班讲授"国外关于中国古代史的研究述评"课程的讲稿和笔记，由其大公子金雨雁先生整理而成的。全书537页，41万余字，由内蒙古人民出版社于1995年4月出版。这是一部中国学者对东西方汉学家的著述比较全面地、系统地进行介绍和评论的开山之作。

本书论及的各国汉学家有900名，引用由各不同文种写成的著作、论文达1000部（篇）以上。实际上，他所涉猎的有关汉学的著作，远超此数。据金雨雁先生在该书"后记"中说，作者阅读东西方汉学家有关中国古代史的专著和论文达"数千本（篇）"，并"写下了数百万字的笔记"。由此可见金师为此书倾注了大量的心血。

学问之道，固不能单以模式、架构之新奇，放论之高超而邀宠，亦不能闭目塞听、关门造车而拒绝引进新的研究方法和吸收新的见解。人类科学技术的进步和人文学科的成就，本是在彼此间互相交流、互相启迪中取得的；其先后又有传承和发展的关系。随着交通的便捷，地球愈益变小，各地区间学术的相互交流和相互借鉴，也随之而越发不可或缺。作为一个学者，既要勤奋耕耘于学术之一隅，又要洞悉学术的整体。没有学贯中西的学识，没有高瞻远瞩的视野和情怀，没有自甘寂寞的艰苦劳作，恒久性的、世界性的著作，自成一说的名家，是不可能出现的。因此，与世界各国哲人宗师之交流，体悟和理解中西文化之本源，就成为提高学术水平的关键。由于受语言和其他条件的限制，每一位学者都遍览世界各国的有关汉学著作是困难的，所以介绍各国的研究动态，是一项必不可少的工作。金先生的新著《国外关于中国古代史的研究述评》一书，正是适应了这一需要。金先生在将尽可能搜罗到的有关中国古代史研究的论著进行通读的基础上，融汇、概括其精粹，循中国历史纵向演变的断代进行评述。根据每一朝代的社会、经济、政治问题，结合宗教、民族、思想、文化、科技等专题，有详有略地分设章节，有述有议，也提出相反的观点，以供对照。关于香港和台湾的研究成果，本是中华民族对自己历史的研究，不属国际汉学范围，基于历史的原因造成隔绝，也连带着讲，不作重点。

该书比较全面、准确地概括了国外汉学家对中国古代史的研究动向和成果。作者先在"绪论"一章中说明该书写作的宗旨，简介各国的汉学机构和学术流派，概述国际汉学的研究特点；继而按古代神话时代、前秦史、秦汉史、魏晋南北朝史、隋唐史、宋史、元明清史的顺序，各设专章评述。在每一章中，分专题按国别或地区做介绍与评论。各国的汉学机构、重要的汉学家及其代表作，大都做了评述。详略取舍，褒贬扬弃，甚具慧眼；既肯定国外汉学家的研究动向和研究成果的长处，又指出其局限性；既不做苛求，又不盲从，力求平实而客观。

金先生先在"绪论"中，辟专节对各国汉学研究机构和人员，以及各个学派进行评述，指出汉学的研究机构不断增多，人才济济，成绩卓著。世界各国具有不同的研究风格，春兰秋菊，各尽其妍。并着重介绍了美国、苏联、日本和西欧的研究机构和研究动态。他同意日本已故历史学家村松右次教授的看法，认为第二次世界大战以后，研究中国的中心迅速从西欧转移到了美国。到了20世纪80年代，美国研究中国的机构已超过二百所，专家队伍亦超过五千人。他指出美国的汉学研究带有国际一体化的趋向，兼容个人自由发展和集体协作的优点。对日本汉学的评价，他援引严绍璗先生的看法，认为就其深度和广度来说，都超过了除中国以外的其他国家和地区。对苏联则肯定了其注意填补薄弱点、空白点研究的优点。至于汉学研究历史悠久的西欧，作者称许其前期所取得的汉学研究成果，以及近来对中国古代文化研究的建树。对这些国家和地区的汉学研究做肯定的同时，又指出其各自的不足之处。对某些相对立的看法，金先生并没有做出肯定或否定的简单评判。对立的双方往往从不同的角度，对同一问题提出了有益的见解。因此，他力求全面地、不存成见地加以介绍。

金先生还对各国的汉学研究特点做了总的概述和评论。他认为：运用多学科的综合研究方法，将社会科学和自然科学的各门学科诸如经济学、社会学、人类学、民俗学、计量数学、高等数学、心理学、气象学等研究方法引进中国古代史的研究，从而收到拓展新领域或提出新见解的效果，是国际汉学研究的一个新特点。做多学科的综合研究，往往在各学科的边缘地带发现新问题。而新问题的突破点，也往往就在这些学科的交界处。但在运用多学科研究的同时，应当注意保持和突出历史学的特点。金师的这一见解显然是确当的。人类社会的方方面面本来很多，而且是交错在一起的。分立不同的学科，是为了研究的方便而人为设置的。这是出现多学科综合研究的缘由。但各门学科又各具使命。历史学之所以扩大对其他学科研究方法的容纳度，是为了推进其发展，完成其担负的使命，而不是减弱或取消其本身的特点。金先生还对各国汉学研究中所广泛运用的比较研究方法、重视地域研究和个案研究、注重从社会心态结构（mental structure）或个人思想变化来论述历史人物的成长和表现与不拘一格的多元思维方式等研究特点，也做了正面的评述。当然，方法只是研究的手段，关键在善于运用。运用的效果取决于个人的学养。

该书采取夹叙夹议的方法，在罗列各家的见解、研究方法，或综述各派的观点时，每每指点其得失，并发表己见，站在国际史坛的高度，与东西方的汉学家进行对话。学术本来就是一种对话，不仅与古人、今人对话，与洋人、后人对话，而且需要不断提高对话的层次，不断地推进学术的进步。对话，即争鸣。这是一种纠谬补阙的方法。要与国际汉学家对话，就必须遨游学海，兼学中西、古今。孤陋寡闻、抱守残缺者，谈不上与国人、洋人对话。博古通今、学贯中西如金先生者，自能胜任愉快。例如在该书第二章中，作者便就中国神话的资料、特点、其融合与演变、同邻近国家和地区神话的关系，以及专题研究等五个方面，与国际上有关的学者进行了对话。金先生先罗列各家之说，继而指出各家看法之得失、优劣，然后每每发表自己不同的看法，或做出补充。从该书作者与国际汉学家的对话中，不时可以看到金先生对一些问题的精辟见解。例如，许多中国的学者认为唐代的那些非郡望官僚大都为从均田农民内部分化上升的新生地主或商人，他们在唐中叶已经确立其地位。但日本学者吉冈真根据自己的研究结果，认为这些庶族地主直至唐玄宗时期，在中央政府仍然缺少影响。金先生基本同意吉冈真的意见。然而他做了补充，指出："唐代中叶，由均田农民时分化出来的新生地主（庶族地主）虽已出现，但是要到宋代才成为掌权的官僚阶层。"（见该书第 297 页）从该书中几乎到处都可看出作者采取述、评、论相结合的方法。这里的所谓"论"，即发表不同的见解，或做出补充。作为一个学者，如果就自己所研究的领域，对同行的著作进行述、评、论，并不困难。但要就漫长的民国以前的中国历史的方方面面的著作做出评论，则不是一般学者所能做到的了。这就是为什么我们所看到的评述论著，多只限于断代或专题范围。此书不仅体现了金先生发凡起例，开创了一代史学评论的新风，而且还表现了金先生学贯中西、博古通今的渊博学识，以及他孜孜不倦地追求学术的学者风范。

应当指出的是，金先生从事这一研究工作，不仅难度大，尤其需要有异乎寻常的奉献精神。要了解国外汉学的研究动态，除自身应具备学贯中西、博古通今的渊博学识，通晓多种语言的能力外；如何通过各种途径得到汉学的著作，也是不易克服的难题，中国实行改革开放前，尤其如此。金先生着手对这一课题的研究，如果笔者估计不误的话，早在 20 世纪 60 年代初已经开始了。他时任中山大学历史系主任，事务繁忙，每每为不能致力于学术研究而烦恼、兴叹。他除于假期自费前往北京看书外，就是利用去北京办公务的机会，进北京图书馆等大的图书馆看书。当时的广州是不易看到各国的汉学著作的。他本精通英语，并以能运用日、俄、法、西班牙、梵文等多种语言文字而受到学术界的赞誉，但他没有以此为满足。笔者有幸曾协助他主持编写《中国通史》的工作。1978年笔者陪同他前往北京、西安等地征求有关学者对《中国通史》稿本的意见时，途中的工作日程表中也列入学外文的项目。为掌握更多的语种，他虽已近花甲之年，但依然在攻读外文。这似与他正从事这一研究工作直接有关。据说拉丁语是他1980—1981年应邀在墨西哥讲学期间学会的。他还利用在国外的有利时机大量阅读了海外的汉学著作。在80年代前期为研究生开设的"国外关于中国古代史的研究述评"课程，显然是经过二十多年陆续精心准备的。

在金先生看来，真正的学术，不能醉心于好新骛奇，或追求一时之轰动效应，而应当是自甘寂寞、做长期冷静探索的结果。对文献的回顾，对前人成果的检讨，是必不可少的。中西文化，尽管各有其发展的道路，各具特点，但自15世纪以来，随着新大陆的发现、东方航线的开通，已经出现互相交汇、互相促进的局面，而且越来越强烈和明显。显然有感于此，他才断续地为此书的撰写前后花了二十余年的功夫。在该书的"绪论"中，他痛心疾首地追述了"左"的思潮横行的年代，史学界出现的裹目塞听、闭门妄自尊大，乃至于对国外汉学家"张冠李戴"地胡乱批评的现象。又如，他在介绍法国的年鉴学派时指出：年鉴学派新史学的核心是史学理论、方法论、手段和途径的创新，并不涉及史观和意识形态。这一点扩大了年鉴学派新史学对其他学派的容纳度。并说他之所以着意介绍这一学派，除给读者引荐其理论体系、研究方向和研究方法，以图收到"他山之石，可以攻玉"之效果外，还希望重视、研究其成果，以此拓宽我们的思路，做出更多创新的成果。可见他撰写此书的意图是十分明确的。早在"左"的思潮统制下的20世纪六七十年代，他已意识到中西文化交流的必要，而且已在躬身力行，尤显得难能可贵。

金师撰写本书，在我看来，还有另外的重要意图。这就是为编写中国通史做准备。他经常说，名家往往不愿致力于通史的编纂①，通史的编写往往由二三流的学者来承担；并发感慨说："通史无专家啊！"他主持编写的

---

① 按：他是指实际撰写，而不是挂名主编。

《中国通史》（杨荣国教授挂名主编）本于 1978 年得初稿，由中山大学出版科印行做教材。但他没有再做修改，并拒绝交由人民出版社出版。其中的一个重要原因，似同此书没有真正体现他的观点有关。他对学术的期许是甚高的。从他在该书中对各国汉学著作的评论中可见。在他看来，中国通史不仅应概括中国学者的最新研究成果，还应当将世界各国汉学家的研究所得囊括其中。他曾说，精通外语，能架设从局部研究上升为整体研究的桥梁，而中国史的研究只有在世界史研究的整体中做比较，才能得出公允的结论①。1980—1981 年他在墨西哥讲学期间用英文写的《简明中国古代史》②，应当也是以后有机会实施他撰写大型《中国通史》计划的一个准备。如果天假他以年，以他渊博的学识，出众的才华，不仅可为学术界留下大著名篇，就是一般人不敢染指的通史式的巨著，也是可以翘首期待的。

末了应当指出的是，该书毕竟是一部遗稿的整理，疏失、遗漏在所难免。例如第八章元明清史部分，对一些重要的著作还来不及介绍与评述。但顾及它既是一部未经作者定稿的遗著，加之国外汉学的学术领域是如此之广阔、浩繁，我们便没有理由对该书提出完美无缺的苛求了。再是校对欠缺精细，错别字、漏字颇多，建议再版时加以订正。

本文原刊于《学术研究》1996 年第 6 期。

---

① 见唐森、冼剑民《时代的先驱，学者的楷模——金应熙先生的治学思想与治史方法谈》，《暨南学报》（哲学社会科学）1992 年第 4 期。
② 此书于 1987 年由墨西哥学院出版社译为西班牙文出版。

评介《华北的小农经济与社会变迁》

　　美国加利福尼亚大学洛杉矶分校教授黄宗智博士的新著《华北的小农经济与社会变迁》（中文版），近日已由中华书局出版。此书英文版则由美国斯坦福大学出版社出版。全书分 3 编共 15 章和 3 个附录，书末附有引用书刊目录，计 27 万字。作者穷十年之功，数易其稿，终成这部专著。此书在 1985 年被美国历史学会评为东亚历史最佳专著费正清奖。从选题、资料运用、研究方法，乃至得出的结论，此书都独具一格，给人以耳目一新之感。

　　此书以华北地区为研究范围，深入分析了自清初以来三百年间（尤以 20 世纪 30 年代为重点）小农的特点、小农经济的结构及其演变的形式，分析了村庄与国家、士绅的三角关系及村庄结构的变化，旨在探讨小农经济的演变及其与社会变迁的关系。从清初至 20 世纪 40 年代，是一个从自然经济不断向商品经济演进的时代，也是一个从封闭社会日渐走向开放社会、面向世界的时代。小农经济是社会经济结构的基础。这期间，它到底是怎样演变的呢？其性质又如何呢？对此做一深入的探讨，无疑是很有意义的。小农经济的结构、特点，与社会经济、政治、思想文化等方面是联在一起，相互作用、相互制约的。它与农村政治斗争的形式、道路的关系尤为密切。中国共产党领导的中国革命采取的农村包围城市的道路，正是中国汪洋大海的小农经济的特点所决定的。中华人民共和国成立后，小农经济虽然经过改造，走向集体化的道路，但是它仍以强大的习惯势力影响到社会的各个方面。遗憾的是，对于小农经济，国内史学界还缺乏认真深入的研究。

各地所藏的丰富的土地改革档案，是研究 40 年代小农经济的宝贵资料，但一直未被党史和民国史的研究者所重视和利用，至少还没有见到过这方面的专著。这是值得深思的。社会经济的发展，尤其农业经济的发展，受到经济制度、政治体制、人口、生态环境等所构成的生态条件的制约。中国幅员辽阔，地区间存在着千差万别。因此，社会经济首先应该分区域进行研究，然后才有可能做全国性的综合研究。作者选择华北地区，尤以冀、鲁西北 33 座村庄为研究重点，是非常有意义的。做区域性的研究，便于对问题做全面的精细的考察和具体的分析，以免流于片面和空泛；便于做区域间的比较和综合，因而有利于把握社会经济变迁的全貌和特点；还可以防止以偏概全、拼凑史料、堆砌实例等流弊。

作者为此书广泛地搜集了中文、日文和西文的有关资料。参阅的书刊达 293 种之多，其中中文 95 种、日文 53 种、西文 145 种。作者于 1980 年来华做为期一年的研究，利用了中国第一历史档案馆所藏的清代刑科题本和宝坻县刑房文件的资料，又曾深入实地调查访问。通过实地调查，作者不仅加强了主观的感受和体验，而且将调查所得的数据同文献数据相互印证，还用以验证日本学者实地调查搜集的口述资料。这些数据，大部分已在 1935—1942 年由南满洲铁道株式会社（简称"满铁"）调查机关组织编纂成册。对于这一批存在着争议的数据，作者是在对之做批判性评价之后加以利用的（详此书第二章），他所引用的关于农作技术、劳动程序、作物组合型、耕作制度和畜力利用等农业生产方面的资料，有的也经过实地调查加以验证。应该说，对于史料的使用，作者的态度是认真的、审慎的。在运用这些史料时，或通过统计法来驾驭繁杂的史料，把巨量的数据包容到自己的著作之中，以用做定性、比较和发展趋势的分析；或经过消化，以自己的语言表述；几乎没有引用史料的原文，从而使论点和论据水乳交融，避免了用引文代替具体分析的弊病。

在研究方法上，作者采用了多元化的分析方法。如对小农经济的分析，就是把它置于高度复杂的人类社会整体系统的历史之中，进行多元化的分析。作者不是孤立地考察小农经济本身，而是兼及与之相联的人口压力、商业化、阶级分化、政治体制，乃至生态环境等问题，并指出小农经济的演变，不能归诸某一单独的因素，而是多种因素相互作用的结果。关于个体小农，则把它划分为不同的阶层进行分析，指出个体小农中各个阶层的特点。又把个体小农的各个阶层视为相互依存、相互关联的"密不可分的整体"，以进行综合考察。通过分析和归纳，把自己关于小农的看法同西方主要传统学派形式主义和实体主义的观点区别开来。作者能较准确理解并利用大量日文的资料，尤其是"满铁"的调查资料，经过量化整理，统计出大量的数据。这些数据中，有各类具体农户在田场所投入的劳力、畜力、肥料及其收益的统计，又有一个地区的抽样统计，或大面积的估算。运用这些数据进行各类农场耕畜的使用和生产率、劳动生产率的比较，从而对这些不同农户的农场做出定性分析。作者对华北小农经济的看法是：在人口压力、商业化、政治体制和生态环境等多种因素的交相作用下，小农经济逐渐发生演变。分化出来的富户（含经营式农场主和富农），没有发展成积累资本的资本家；下滑的贫农和雇农也没有发展成全新的无产者。因而小农经济的变化只限于自身所容许的范围之内，没有向新的生产方式演进。这一定性的看法是在一系列微观分析的基础上做出的，其结论也就不是无本之木了。作者在论述华北小农经济的细节时，往往注意与江南、珠江三角洲、四川平原等地区进行比较，指出其同异。又把华北小农经济的整体与西方的小农进行比较，指出"西方的小农分化过程归结于农村经济的全面转化；中国则是在小农经济范围内的进展，它所导致的不是资本主义工业经济，而是一个分化了的小农。"（凡引文未注明出处者，皆引自此书。）多元化、多层次、多侧面的观察，比较分析、微观分析和宏观分析的结合是贯穿全书的研究方法的一大特色。正因为如此，作者所论述的历史，就不是静态的平面的东西，而呈现出的是有血有肉、丰采多姿的面貌。

值得注意的是，作者对每一个问题的论述，几乎都先概述各主要学派的论点，指出其得失，取其所长，并提出自己的看法。在转述别人的论点时，也加以注明。这样，便区分了前人的成果和自己的贡献。科学研究，需要以前人的研究成果作为自己研究的起点，闭门造车，不利于学术的发展。从事科学研究的人，倘若成果不及前人，或仅与前人等同，就意味着重复乃至无效劳动。正因为如此，需要了解本专题的研究动态，交流信息。此书作者能如此熟悉各国的研究动态、各学派的观点，与他掌握多种语言，以及多年主编历史学杂志《近代中国》而同各国的学术界保持广泛联系，是有密切关系的。我们可以从此书看出他的视野的广阔和眼界的高远。

此书用了很大的篇幅，论述生产力和生态环境。这在国内很少有人这样做，而在西方的经济史研究中，却以此为主要内容。此书作者关于生产关系部分的论述，尤其是对阶级剥削关系的揭露，我们也许仍感不足，但在西方的学术界则已是曲高和寡了。东西方学术界在研究对象和研究方法上所存在的差异，无疑是出于各自的立场、观点之不同。在笔者看来，此书作者把生产力和生产关系结合起来考察的做法，是值得称许的。他在此书中的许多论述，尤其是关于生产关系方面的论述，是对珀金斯等人创立的哈佛经济史学派做出的反应。他的研究，有如异军突起，从而引起美国史学界的注目。此书堪称美国史学界治中国史同行的一本有独特学术见解的社会经济史专著。

在有关小农经济与社会变迁的许多问题上，此书所提出富有启发性的见解，对中国的史学界也是有参考价值的。

人口与小农经济的关系，是此书着重探讨的问题之一。作者没有辟专章单独讨论人口问题，而是把它和各个具体问题结合起来分析。附录二、三，分别汇集了有关人口和耕地面积的资料。从两者比较看，人均耕地面积总的趋势是不断递减的，说明人口对土地的压力不断加剧。到了18世纪，"每人所占耕地面积已从明初的15亩下降至4亩"。作者认为，人口压力推动了农业的商品化，因为商品性的农业可以为过剩的劳动力提供出路。然而，不断投入密集的劳动力，却促使农业内卷化①。为了解人口压力对家庭式农业的小农经济的影响，作者利用大量实地调查资料和清代刑科档案资料，对冀、鲁西北平原上的经营式农业和家庭式农业的历史做了比较分析。两种农场对人口压力的反应是不同的：经营式农场可以根据需要调整其劳

---

① "内卷化"一概念，详见此书第二编"经济内卷和社会分化"。

动力的数量，家庭式农场却常常无法做同样的调整，因为一个农户不能解雇自家多余的劳力。在生活的逼迫下，它不得不投入高密度的内卷性的劳动量。其结果是，边际报酬不断递减，乃至减低到维持自身生存工资的水平线下，从而导致一定程度的劳动松劲。贫农家庭农场的过剩劳力的其他出路是：一部分外出佣工，一部分从事商品化的家庭手工业，以补充家庭的收入。两者形成支撑其生活的两支拐杖，使之站立不倒。贫农家庭的外出佣工，加上因失去土地而从农村游离出来的数以百万计的游民，使社会上出现大量廉价的劳动力。这些廉价劳动力的存在，"抑制了经营式农场为节省劳力而作出资本（笔者按：指耕畜、农具、肥料、水利等设施）投资的兴趣"。同时，伴随着人口繁衍而出现的分家，往往阻碍一个家庭向经营式农场发展的可能；即使已经发展成经营式的农场，也往往因分家而回复到家庭式的农场规模。小农经济的演变模式，受到了人口等因素的共同制约。

作者对农村中出现半无产化与人口趋向的关系的问题，提出了"推测"，认为贫农经济的形成，对人口增长有抑制作用。这是由于其结婚率相对较低，死亡率却因生计艰苦而比较高。失去土地的雇农，大多没有结婚能力，"他们不是掺入一个正在成长的新生产方式的人，而只是快要从旧社会底层掉下的人"，他们往往仅此一代而绝，其人数由下沉中的贫农填补。随着阶级分化的加剧，贫农和雇农这两个社会阶层的人口比例的增高，会导致人口增长率的降低。作者这一看法，无疑是符合历史事实的。至于提出贫农家庭成员出外佣工，使其具有较早自立的能力，并使其较早结婚和生育子女，从而提高农村人口的生育率的观点，似尚可商榷。在中国南方的农村，长子有结婚的优先权。长子未婚，会影响其他儿子的婚姻。出外佣工的儿子同样受这一习俗的制约。何况出外佣工者，在诸子中，其家庭或社会地位都显得低下，更不可能因外出佣工，婚姻问题就可以破格先弟而后及兄。即使华北无此习俗，诸子的婚姻平等对待，也不会对出外佣工的儿子格外青睐。又诚如作者所指出的，一般地说，佣工的工资除维持自身生活外，已无裕如，或所剩无多。他是无条件自立门户，独自成亲的。

417

"佣工的收入扩大小农生计来源,因此,在一定程度上可能为人口增长提供了部分条件"之说,似有悖于历史事实,与作者其他论点有相左之处。

关于农业商品化的起因、道路及其性质,是此书着力探讨的问题,对此,作者有独到的见解。作者认为,在人口不断繁衍,土地相对不足的情况下,如有能提高耕作集约化程度,并能使单位面积收益增加一倍的作物,人们势必争相种植。种植商品性的农作物,正是可以达此目的。商品性家庭手工业的发展对原料的需求,又刺激了农作物的商品化。因此,"小所有者的经济体系",在清代经历了长期的农业商品化的过程。到20世纪,河北和山东西北部的小农经济,由于世界市场的需求,外国经济的侵略,以及国内的经济发展,其商品化越发加速。当地农业商品化过程,一般不是全盘由粮食作物转为经济作物,而是逐渐把比重增大的经济作物纳入一个高度复杂和多样化的系统里。作者把这一农业商业化的过程概括为三种具有各自性质的类型:第一种是由使用雇佣劳动的经营式农场主和富农推动的,属半资本主义的商品化过程;第二种是由于贫农为了生存而转向种植经济作物而引起的,这种是为谋生而非谋利式的简单商品生产;第三种则是由帝国主义侵略而推动的附属性的商业化,即20世纪20年代以后山东种植棉花和烟叶的类型。作者强调,这三种不同的商品化过程,不应不加区别全部等同于向资本主义的过渡。

作者将华北地区商品化的性质和资本主义的商品经济以区别,是必要和正确的。作者所说的第二种和第三种类型的农业商品化,是在封建地主土地所有制的基础上进行的,亦即在封建地主经济支配下的小农经济范围内进行的。他们都在自己所拥有的或租来的狭小田场上进行简单再生产,生产关系既没有改变,生产力也没有任何质的突破。正如作者所指出的:有的只是边际报酬的递减及边际劳苦的递增。这同英国小农分化为农业资本家与雇佣劳动者,而农业伴随着资本主义工业化而现代化的农村演变的古典形式是迥然不同的。作者这一见解同国内学者的一般看法,是没有什么分歧的。对于第一种类型即经营式农场主和富农所推动的商品化,作者认为属半资本主义的商品化过程,它是小农经济的组成部分,不应称作

"资本主义萌芽"。

为了论证这一观点，作者以第八章、第九章和第十三章的三章篇幅，对经营式农场进行考察。他从畜力的使用和农场生产率、劳动生产率等几方面，将经营式农场和家庭式农场两者之间的差别做了对比；对两者耕作过程、经营形式的利弊，也做了分析。还将搜集到的大量数据，通过统计方法处理，制成十二个表，进行量的比较，并探讨它不能在生产关系和生产力上发生质性突破的原因。作者认为，大凡农场规模发展到二百亩以上，便改为分小块土地出佃，土地拥有者坐享地租，变成封建地主。其追求的是通过仕商之途，跻入封建统治集团。而这一改变，又同中国的政治体制等因素有着密切关系。作者经过考察后得出的结论是，经营式的农场"并没有发展到具备资本主义企业最主要的特征阶段：成为一个为积累资本而积累资本的单位，从而推动生产力和生产关系上的新的突破。它仍然束缚于小农经济。是出租地主再生产的一条途径"。这一结论是通过大量的史实验证后做出的归纳。所以，对书中的这一论述，即使有异议，也不会感到言之无据。作者在这里把生产关系的变化同生产力的质性突破结合考察的做法，是值得重视的。至于作者认为经营式农场主或富农采用雇佣劳力所经营的商品性农业，不应称作"资本主义萌芽"，这就未免对"萌芽"的规格要求过高了。既然是"萌芽"，就意味着还不是完整的形态。作者曾用"半资本主义商业化"一词，似已承认有资本主义成分了。而一旦发展到资本主义的单纯商品经济，它也就不再是"萌芽"，而是资本主义的生产方式了。

作者还论述了商品化与社会分化的关系，指出商品性农作物的种植，利润固然大，投资也大，因而所担受的风险亦巨。"小自耕农中有少数人可借收益增加而沿着社会经济的阶梯向上爬，进行富农和经营式农作，其他人或下滑而沦为佃农、半雇农和长工。"作者论证富户（含经营式农场主和富农）和雇农队伍的增加，正是这种分化的结果。它使农村摆脱了过去"互惠性道义经济"的一面，"使生产关系从一种在相识的人之间面对面的长期性关系，改变为脱离人身的短期性的市场关系"。作者又指出，农业商品化和手工业商品化是交互作用的。商品化了的手工业，"与其说是像有的人说的那样成为过渡到资本主义工业的跳板，不如说是资本主义发展的碍障"。"旧式家庭农场经济汲取了商品性的手工业，使它成为自己的附加支柱。旧式的商业资本利用了只具低廉机会成本的家庭农场劳力，来和新式近代纺织厂竞争。在这个过程中商人耗去了一部分可能投入工业的资本，也占去了一大部分可以支撑近代工业的市场。"总之，商品化并没有导向资本主义，而是使小农经济内部加速分化。它使越来越多的小农半无产化。外国资本的入侵，"并没有引起小农经济基本性质的变化，只是使它沿着已经存在的、自生的道路而加速内卷化和商品化"。

此书关于华北自然村的研究，也是卓有见地的。秦汉以来，在地主制经济下，村落作为一个基层单位，星罗棋布地建置在中国广袤的土地上，它经历了两千多年而未衰。直到今天，依然作为行政区划分的基础，可见其牢不可破。遗憾的是，过去对之研究甚寡；相关的专题论著，更是寥若晨星。作者在此书二、十四、十五、十六等四章做了专论，足见其对村庄问题的重视。他介绍了海内外对村庄研究的成果，并指出其不足。学者们以前多从国家和士绅两个方面做二元的分析，认为两者伸入村庄的势力大小，是随着各自对地方控力的消长而转移的。作者摆脱了二元的分析模式，另辟蹊径，在分析村庄经济结构的同时，从国家、士绅和自然村内部势力的三角构架，考察自然村的政治结构。他认为摆脱士绅控制的根植于宗族组织的势力和掌握村庄权力的庶民地主或富户等，就是村庄中"存在着的自发领导"。它是一种不同于国家政权和士绅势力的村庄内部的自身势力。这些非士绅的村庄首领，不是民主产生的。他的权力同其土地财产一样，往往代代相传。但又是可以流动的，并非世袭的贵族阶层。村庄自身的权力结构，是伴随经济结构的变动而改变的。这些村庄的首领，一旦因分家或其他因素而家道中落时，便被新崛起的富户所替代。"只要村庄内生的权力结构继续存在，首事们多继续认同于自然村庄的利益，而不会甘愿作外界政权的代理人。"作者的这一论述，显然是为了纠正西方学者无视村庄内部存在的自身势力，以及否认有必要单独分析村庄的观点。在笔者看来，独立于国家政权和士绅势力之外的村庄内聚力，无疑是存在的，在南方宗族强固的地方，表现为自然村内的族权。对此，笔者拟另文论述。

作者根据 20 世纪 30 年代日本社会科学家到冀、鲁西北平原所搜集的 33 个村落的实地调查数据，按照经济结构的 12 种因素，将这些自然村分为高度商业化（商品性作物达 30% 以上）、中等商业化（商品性作物 10%—30%）、商业化较低（商品性作物 10% 以下）、高度发达的手工业、市郊村庄、移往东北的佣工家乡和遭受战乱蹂躏等 7 种类型（详此书附录一）。他认为，前四类村庄较有代表性，后三类则比较特殊。各类型的村庄均处于不断变动之中。他指出，大凡商业化程度低的村庄，都表现为内聚力强；伴随商业化而出现半无产化（或称贫农经济的形成）的村庄，则日益趋向松散化。雇农和贫农的出外佣工，以及富户、地主移居城市，是村庄整体关系松弛的原因，村庄对国家政权、士绅势力等外来压力所做的反应，是因其内结构之不同而异的。紧密内聚的自然村，大多团结起来共同应付之，甚至武装起来，进行自卫。松散的村庄则多任由外界势力服务的投机分子摆布。地方政府权力的扩张与村庄的半无产化，导致了国家与村庄的矛盾。有的村庄往往因而出现"土豪劣绅"与"恶霸"滥用职权，蹂躏村民。作者在这里将村庄分成不同类型，并分别对之做多侧面的立体的分析。

作者在此书中所采用的多元化、多样性的分析方法及其所取得的成果，在今天由青年史学工作者首先推动的中国史学改革的潮流中，无疑将会引起反响。多年来，我们往往习惯于注重研究某一历史问题的产生、发展和衰落的全过程，但对其兴衰过程每一阶段的横向联系的分析却注意不够。作者对于横向的联系，做了多侧面、多层次、多元化的分析；而从纵的方面做论述，却显得薄弱，亦即对小农经济从清初起三百年间的前后演变，勾勒得不够清晰，这虽然不完全是疏忽，同史料的欠缺亦有关系，但毕竟是一缺陷。然而，科学研究是永无止境的，我们不应该对一部著作提出白璧无瑕的苛求。

本文原刊于《历史研究》1986 年第 6 期。

《中国传统社会经济与现代化》序

  自从 19 世纪 40 年代西方列强用其坚船利炮打开古老中国的大门之后，"现代化"这个令人魂牵梦绕的字眼，一直拨动着中华儿女的心扉。企望有朝一日，中国也跨过现代化的门槛，以彻底洗刷鸦片战争以来因落后而挨打的耻辱。由于现代化是一历史的进程，其内涵是因时而异的。人们对它的认识，也经历一个逐渐深化的过程。关于这一问题，吴承明先生《现代化与中国 16、17 世纪的现代化因素》[①] 一文，可资参考。

  长期以来做"天朝大国"迷梦的中国人，是在英国战船的炮声中震醒的。西方的坚船利炮，给中国人民带来了近百年连绵不断的灾难。梦中挨打，醒来才朦胧地感到坚船利炮的威力。清明贤达如林则徐，承钦差抵达广州，便觉察到英夷的优势在于坚船利炮。于是，他下令仿造、购置西方的轮船。同时派人搜集有关西方的资料，由他的朋友魏源加以研究。魏源在《海国图志》中提出的"师夷之长技以制夷"的观点，应当说也表达了林则徐的看法。这里所说的"长技"即指西方先进国家的科学技术——"坚船利炮"，亦即"现代化"（"近代化"与"现代化"是同义语）。鸦片战争至辛亥革命期间，大致说来，中国的先进人士是把西化与现代化等同视之的。清代同治（1862—1874）中兴名臣曾国藩、李鸿章、沈葆桢等推动了以科技为主，以船、炮、路、矿为内涵的新政，历史上称他们为"洋务派"。他们先后设立安庆的军械所、上海的制炮局、南京的金陵兵工厂、

---

  ① 见叶显恩、卞恩才主编《中国传统社会经济与现代化：从不同的角度探索中国传统社会的底蕴及其与现代化的关系》，广东人民出版社，2001。

上海的江南机器局、福州的船政局、天津的械器局、大沽的新式炮台和招商局、上海的外国语言文字学馆，以及清季各省的西学局、电报局、铁路、矿务局、武备学堂、北洋海军、汉阳兵工厂等；在民间，也出现陈启源于1873年在广东南海创立的继昌隆机器缫丝厂，尔后又出现轮船航运业、商埠、码头、电灯、工矿、银行、百货公司等。这些都是谋求在近代中国实施现代化的尝试。

对现代化内涵的理解，从追求科技的进步，逐渐扩及政治体制的革新。诚然，也有人认识到，没有相应的政治体制的现代化，单做近代工业化的尝试是徒劳的。张之洞、康有为、孙中山，就是其杰出的代表。张之洞已经认识到"西技非要，西政为要"（《劝学篇》）。但是，他是一个首鼠两端、畏首畏尾的官僚，他既认识到政治现代化的重要，又没有站出来谋求清朝已病入膏肓的政治体制的改革，而且还提出"中学为体，西学为用"的主张。这说明他对西化只停留在"用"的层次上，还没有涉及"体"。小他21岁的康有为比他进了一大步。他搞的"戊戌变法"，就是主张"变法维新，君主立宪"，力图改革清朝的政治体制。比康有为小8岁的孙中山，提出的"驱除鞑虏，建立民国"，更是模仿西方，搞民族革命，建立美国式的政治体制，已是力图政治上西化了。在政治现代化上，他们一个比一个激进。但是，张之洞虽有学西方之心，却不能越旧政治体制雷池一步。康有为鼓吹英式的"君主立宪"，又同时搬出"今文学派"，以表示他的"变法改制"是"存亡继绝"，非属以夷变夏。孙中山也自认是"承继文、武、周公的道统"。这说明他们三位在追求现代化中，都无意将现代化置于历史传统的对立面，不自觉地受中国历史传统的影响和制约。

自鸦片战争以来的一段相当长的时期内，人们大都认为以欧美为模式的西化，就是现代化。持此看法者，如同古典现代化学派一样，把传统与现代当作一对互相排斥的概念来对待。他们没有看到传统在历史的长河中通向现在——尽管其间经过新陈代谢。他们把历史传统置之于不顾，认为只要全盘照搬，或移植西方的一套制度，就可以实现现代化。"西化"犹如万应灵丹，对任何地方都可适用。这显然是"西方中心论"的产物。这一看法，与新现代化论的文化主义观点是大相径庭。在新现代化论文化主义观点看来，传统与现代不仅同时存在，而且互相渗透，互相包容。传统依附历史，历史承载传统。传统不是如同历史般一去不复还。

"西化主义"，在中国前一个时期，已经几乎为人们所遗忘，但近来随着实施改革开放政策，与西方交往日趋密切，现代化即"西化"的看法，又甚浮尘上，颇有回潮的趋向。抱这一见解者，往往出自对西方文明的崇尚。而他们所谓的西方"文明"，又多从宫室的高崇、服饰的华美、外观的浮华着眼，没有把精神文明等指标包括在内。实际上，在现代化高度发达的国家生活过的人，已痛感这种"文明"的弊端。我觉得日本东京大学名誉教授沟口雄三根据自身的感受所说的一段话特别深刻，他说："物质的丰富带来了贫穷。车和充溢于生活中的电器制品，使真正充实的人类生活从人们中丧失了。电视夺走了家庭中谈笑的时间，'文明'的速度迫使人们计较时间，那种悠然自得、从容不迫的愉悦再也没有了。'文明'的贫穷不是金钱和物质的缺乏，而是精神生活的缺乏。"他指出："人们从维持生命的生活原点看到了近代文明的虚饰，在维持生活的最底线反而看到了人性的尊严。"① 在我们全面实施现代化中，难道还要重蹈西方现代化的这些缺陷吗？日新月异的、令人眼花目眩的科技创新，是祸？是福？尚待历史的检验。记得中华人民共和国成立初期，有人曾用"远处的工厂冒黑烟"的诗句，歌颂刚起步的工业。今日方知为发展工业而制造的"黑烟"正是污染环境，扼杀人类自身的恶魔。今日世界各国对加强环保意识的认同，就是因为工业化而付出惨重代价后取得的。

目前似一般能认同的看法是，现代化不仅仅是经济的增长，而且是一场深刻的全面的社会变迁；经历着由传统社会向现代社会演变的过程。其趋势是不断地向广度和深度推进：深度是由物质、制度、思想层次逐一推进，广度则包含知识、政治、经济、社会、心理等方面②。但是，这种演进

---

① 《中国研究月刊》1995 年 4 月号。
② 张玉法：《中国现代化的动向》，张玉法主编《中国现代史论集》第 1 辑，台北：联经出版事业公司，1980。

不是孤立的、封闭式的，而是在各自的演进中互相推动，互相促进。而且现代化的程度愈深愈广，彼此的互动关系便愈加密切。面对高度现代化国家物质和精神文明的冲击，正在发展中的国家因受其历史传统的制约，所做的反应是不同的。但是，它们都参照其传统，"择其所长"而模仿之，从而导致其自身社会的全面变迁，而这种变迁是为该社会的成员所认可、所接受的。所以，不同国度、不同地区的现代化当应有各自的内涵和特点，现代化并非就是统一的范式——西化。虽然我们说各国的现代化各有其特点，并且都将结出各有差异的现代化之果，但就其归趋而言却最终使各国彼此取长补短而趋向一体化，都结出知识经济和科技文化以及民主政治的现代化之果。这就是大家都共同汲取了国际上先进的物质和精神文明的成果之缘故。

当前，发展中的国家都面临实现现代化的问题，每个国家的现代化都根植于其历史传统，因而自当表现出各有特色。各地区和国家的现代化，可谓理一分殊，又呈现出最终归趋的会通。

现代是历史的延续和发展，传统与现代是连续的无法割裂的链条，现代化的进程与归趋，无疑要受到传统的制约。为了探讨传统与现代的关系，广东中国经济史研究会与海南省文化交流中心于1999年3月25日至27日在海口市联合举办"中国传统社会经济与现代化"国际学术研讨会。出席这次盛会的学者来自美国、日本等国家与中国大陆和台湾、香港地区。他们当中有在中国传统社会经济研究领域做出奠基性贡献的资深学者，也有正处盛年、学有根底的高等学校和科研单位专家、教授，还有充满朝气的后起之秀。他们都围绕本会议的宗旨，从不同的角度发表了自己的看法。令我们感到高兴的是，除了历史学家之外，还有经济学界、新闻出版界和企业界的专家和朋友们参加这次研讨会，并在会上贡献了他们对现代化的研究所得和亲身的体验。

受篇幅所限，我们从提交会议的论文中选出24篇，并将三位著名学者的访谈录作为附录，辑成这本集子。这些论文的作者、访谈者，从不同的角度对中国的传统社会和经济，或对其与现代化的关系做了探讨，提出了自己的看法。

中国经济史学会原会长吴承明先生（中国社会科学院经济研究所研究员）在会上做了题为《现代化与中国 16、17 世纪的现代化因素》的主题讲演。他首先指出"现代化"与"近代化"为同义语，并追述了人们对现代化内涵认识的历史过程。他认为 16 世纪西欧现代化因素出现时，人们尚无"现代化"这一概念，流行的主要是重商主义见解，以通过贸易增长一国的净收入为目的。18 世纪末工业革命后，工业化成为讨论的中心，重视新的技术装备。19 世纪以降，乃更注意资源的有限性，边际主义盛行。至 20 世纪前期，对现代化的认识集中于物质方面，忽视人和社会，强调国内生产总值（GDP）的增长，忽视这种增长所付出的代价。20 世纪 60 年代以来，新出现的科学技术给人以巨大的鼓舞，提出人力资本理论，重视智力投资。同时对人和社会状况做了深刻的反思，意识到现代经济以人和环境为牺牲的危机。从原来对经济的发展几乎是线性概念，到 70 年代变成结构主义；原来以人均收入衡量经济增长，此时也提出人文指数，预期寿命、男女平等都作为衡量指标。80 年代，提出精神文明问题，文化与公共道德纳入现代化范畴。90 年代，知识经济成为要务，同时，"拯救地球"、环保和持续发展成为急务。该文还就现代化问题历史观上的变化、西欧现代化的理论、中国现代化历史的研究，发表了看法。作者尤其对 16、17 世纪中国的经济、社会和儒学思想的变迁做了比较详细的论述，从这些变迁中找出中国历史上现代化因素，指出"经济上的现代化新因素须引起制度上的变迁才能保证其持续发展，经济和制度的变迁须从社会变迁上来验证，而所有这些变迁在最高层次上都要受占统治地位的文化思想所制衡（conditioned）。制衡有二义，一是不合民族文化传统的经济、制度变革往往不能持久；二是文化思想变革又常是社会和制度变革的先导，这种先导在思想史上称为'启蒙'。在西方，这种占统治地位的思想可概括为基督教文化，在中国则是儒学"。

资深学者方行先生（中国社会科学院经济研究所研究员）从宏观的角度，考察了中国传统社会的运行特点。在《中国封建社会经济的运行机制》一文中指出，中国封建经济的运行受到三个机制的制约，即封建国家通过政策、法令制度等来对经济做干预（是一只看得见的手），封建地主以地租与地租的再投资来对经济所做的干预（是另一只看得见的手），以及各个时期发育程度不同的市场经济（一只看不见的手）。国家干预、地主干预和市场机制既统一，又相对立。在中国封建经济的发展中，三者互相依存，互相制约，又互为消长，呈现出明显的阶段性。从秦汉至唐代中叶，国家干预占据主导地位。唐代中叶至明清时期，国家干预松懈，地主干预兴起，市场机制作用扩大。明代嘉靖、万历间（16世纪），封建经济开始了向市场经济的过渡。方行先生提出的三个制约封建经济运行的机制，以及其彼此消长而呈现出阶段性的理论架构，是一精辟、独特的见解。顺带指出的是方先生在该文中对中国经济史的研究内涵做出这样的规定："主要是探讨中国封建经济的结构、运行、机制和效益的历史发展过程。"这是不同于传统规范、别开生面的提法，值得学术界重视。

中国学术界所熟悉的黄宗智先生（美国加利福尼亚大学洛杉矶分校讲座教授）根据他最近的研究成果①做题为《中国法律制度的经济史、社会史、文化史研究》的学术报告。他指出，清代的法律制度是由背离和矛盾的表达和实践组成的。官方的表达和法律制度的实际运作，既矛盾又统一，既背离又抱合。清代的法律制度，一方面具有高度道德化的理想和话语，另一方面在操作中比较实际，能够适应社会实际和民间习俗。这是这个制度之所以能够长期延续的秘诀。我们既不能只凭它自己的表达和意识形态来理解它，也不能只凭它的实际行为而做出解释。要看到它表达和实践双方面的互相依赖和互相矛盾。他认为，从法律的表达看有保护弱者的儒家仁慈的一面，例如禁止"违禁取利"，借债利息限于月三厘内，规定地主不得私禁其佃农或对之用刑，等等。同时，又体现君主独揽大权，制定了一套犯禁惩罚的条规。仁慈和严厉两副面孔构成所谓"父母官"的形象；缺乏自主、任由官府摆布的老百姓，便是官方所表达的所谓"子民"。君主集权的意识形态防止法律制度向司法独立和保护公民权利的方向演变，法律制度始终随时可能受到行政权威的干预。诸如此类的看法，是耐人寻味和

---

① 黄宗智：《民事审判与民间调解：清代的表达与实践》，中国社会科学出版社，1998。

给人启迪的。不难看出，法律上父母官与子民的等级关系、缺乏司法独立和行政干预司法的传统，长期延续。黄先生同意新文化同行的看法，不要将西方的现代化当作全人类的准则，认为这样便忽视了帝国主义意识形态和文化的影响。研究中国（包括研究中国的现代化）需要寻找符合中国实际的概念和理论，不能盲目抄袭。

赵冈教授（威斯康星大学）在《垂直分工与现代化——从明清棉纺织业谈起》一文中，以明清棉纺织业为例，用历史的眼光审视了中、日两国近代化的差异及其后果。他指出，在实施工业化过程中，通常采用"水平分工"或"产业分工"的发展模式，与此同时辅以"垂直分工"，即将生产过程分解成若干工序，分别工序独立完成。日本的工业化顺利而快速，中国则迟缓而多波折。其原因固然很多，是否实行垂直分工是其一，甚至可能是极重要的一个因素。从中、日两国工业化过程之差异可以看出，中国是受了过剩人口之累，无法像西欧那样由"原型工业"转变成"现代工业"。日本则有长子继承制的传统，将过剩的劳动力排除到农村之外。而且，在工业化的过程中，日本企业家尽量利用垂直分工，将新式工业与旧的生产技术相配合，合理利用人力，将阻力化为助力。中国的新兴企业家则没有这种眼光，忽略了垂直分工的可能性，未能为大量的剩余劳动力安排出路。直到最近，乡镇企业兴起，才走上垂直分工的模式。

郑学檬教授（厦门大学原副校长）的《16—18世纪中国市场和市场经济门外谈》一文，从传统的角度，追述了市场经济孕育发展的过程。他认为市场经济孕育于宋代，萌发于明代中叶。明代的嘉、隆、万和清代的康、雍、乾两个时期，其萌芽规模已弥足称道。鸦片战争后至中华人民共和国成立前，中国已卷入国际市场，处于市场经济的初级阶段。1949年至1978年，由于"左"的政策的影响，出现重新自然经济化。1978年后，开始由计划经济转向社会主义市场经济。90年代后，市场的发育正向区域化、国际化、资本化方向前进。我们从郑教授的分析看，市场经济可以暂时退化，但其传统是不可以消失的。郑教授在该文中，还对16—18世纪中国的市场经济的积极方面及其缺陷做了分析。

吴量恺教授（华中师范大学历史系）的论文《中国传统商业经济的约旨与企业现代化的理念》，考察了中国商业的历史演变，认为历代皇朝都曾推行"重本抑末"的政策，企图限制商人和商业的发展，事实上商人和商业的经济力量不是日益削弱而是日益增大，社会地位不是日趋低下而是日益提高。之所以出现这种悖反的现象，是与历史发展的总趋势、商人道德和商业精神及其指导下的经营思想密不可分的。因此，在建构现代企业文化时，固然要借鉴外国的经验，但也不能不继承中国优秀的商业文化遗产。

以上数位学者，都做了长时段的或宏观的总体考察。更多的学者则从某一角度，或某一层面，对中国的历史传统做了探索。

关于市镇经济和商业流通方面，川胜守、韦庆远等十位先生从不同的角度探讨了传统和现代化的关系。川胜守先生（日本大正大学教授、九州大学名誉教授）将其多年研究所得，高度浓缩成《明清江南市镇经济与现代化》一文，先奉献给与会学者①。川胜教授在其大作中指出，苏州、嘉兴、湖州和杭州地区，从历史观之，早在宋代，市镇中已零星可见拥有产业都市的特质；明清时期，盛产生丝绢织品。现在江苏省苏州市、浙江省嘉兴市及湖州市吴兴正逐渐区域一体化。杭州市的经济快速发展正逐渐吸收附近的嘉兴、湖州两市之郊外农村。此地区经济发展的特征是投入的资本多为当地所挹注，接近私人资本的性质。其经济发展的好景气真是令人感动。16世纪至18世纪的江南地区的经济发展景况于今日完全复活，而且与首都北京、天津、山东、广东省的深圳、福建省的福州、厦门及上海等地区相异，展现出不同区域的经济潜力。这里，不难看出历史传统的延续性。

韦庆远教授（中国人民大学）的《明中叶从抑商到恤商、惠商的政策转变》一文，探讨了明中叶商业政策的转变。重本抑末，是中国古来的传统。明中叶（16世纪），进入了世界大航海的时代。新大陆的发现，东方航线的开通，预示着全球一体化的征兆。中国东南沿海地区的商品经济得到

---

① 其详细的研究成果，请参见川勝守『明清江南市鎮社会史研究：空間と社会形成の歴史学』汲古書院、1999。

蓬勃的发展，传统的商业正在发生转型。作者用具体的史实，说明明代自弘治以来，适应商品经济发展的客观需要而断续出现并逐渐高涨的重商、恤商思想，经历六七十年的酝酿，在隆庆中后期才被朝廷认可，并对原有的病商、扼商政策做了较大幅度的调整。

从总的演变趋势看，传统的承续是不可能消失与逆转的。但事实上历史的变迁却是纷纭复杂的，有时也会出现与历史演变趋势悖反的情形。李庆新研究员（广东省社会科学院）的《明前期市舶司制度的变态及其政治文化意蕴》一文即从管理海贸的政府机构市舶司的变异，探讨了明初一反唐宋海贸开放的传统，实行海禁、闭关的政策，市舶司这一机构也改变其传统的功能，从以管理海贸为职责转到成为"怀柔远人"，"固番人心，且以强中国"的政治手段。这种既违背中国传统，又与世界文明潮流相悖反的举措，结出中国在物质文化与技术、经济与制度等多方面落后于西方，阻碍现代化因素萌发的恶果。李玉梅副教授（香港教育学院）在《明代商业机构之启示》一文中，也力图通过明代官营、私营工商业之消长，以及明代商人组织和经济伦理之转型的论述，展示历史传统的延续及其对今日工商业现代化的启示。

商业网络，是商人借此做资金的筹集、商品的流通，以及处理与商业有关的人事（包括与官府）的关系图。明清时代占据商界鳌头的徽商与晋商取得成功的一个重要原因，就是凭借地缘与血缘等关系结成商业网络。商业网络的研究，日益受到学术界的重视。李培德博士（香港大学亚洲研究中心）在《19 世纪香港粤商之商业网络》一文中，以 19 世纪的香港粤商为例，对这一问题做了较深入的研究。他认为，借助网络这一既非市场，又非制度的独特形式来展开各种商业活动，可以将一个群体、一个地方的商业势力扩展到全国，甚至海外各地。这是网络的正面功能。但是，也不要忘记网络的背面，亦有自我制约和排他性强、使族群间产生摩擦的负面作用。看来，作为商业传统的网络，在现代化中似不仅不会消失，且可能将发挥更大的作用。

叶显恩（广东省社会科学院研究员）、林粲禄（台湾中正大学副教授）

在《粤商与广东的航运业近代化：1942—1910》一文中，则探讨了鸦片战争后广东航运业近代化的特点，以及粤商（主要为买办商人）所充当的角色。作者指出，广东航运业的近代化，是在西方列强以炮舰开道，辅以外交，以缔结条约而取得特权的条件下掀起的。粤商面对广州外贸中心地位的丧失，不平等条约宣告行商制度的死亡，没有如同闽商般无所作为，而是因应形势的变化，随同西商迁移上海，做战略转移。先从之学，再与之战。他们利用买办的特殊身份，为兴办近代化实业积累了巨量的资本。粤商在上海推进航运业的同时，由于在家乡有可供利用的机会成本、人力资源等优势，在西商难以涉足的中小河涌，以小轮船推进航运的近代化。他们中的代表者如唐廷枢、徐润、郑观应等在被迫开放的上海等口岸致力于航运近代化，与西商进行商战。他们尽管受到了一些人的诟病，但是在兴办实业，推进中国近代化上，的确做出了积极的贡献。

叶汉明博士（香港中文大学历史系副教授）在《20世纪初山东地方绅商层的形成：潍县的例子》一文中，以山东潍县为例，考察社会近代化的变迁中绅商合流的情形。潍县于1906年被开辟为对外通商的商埠后，加速了商业化的进程。纱布商、土布包买商、烟草买办等商业精英崛起的同时，传统士绅阶层也发生了蜕变。传统士绅善用固有的社会基础和文化资源，复参与始自晚清的现代国家建构工程，试图跻身议会、商会、新式教育事业等领导层，以更新其政治、社会力量，建立操控地方的新方式。面对世纪之交的内外挑战，地方领袖有很灵活的生存策略和很强的韧力。他们充分利用"现代化"语言的新资源，来重建自己的合法地位。叶教授的论文给我们提供了一个传统势力如何适应近代化转变的例子。

汤熙勇副研究员（台北"中研院"）的《战后初期台湾的海运与货物运输（1945—1949）》一文，就1945年日本宣布投降至1949年10月国民党政府逃往台湾前的一段时间，对基隆、高雄两大港口恢复的过程及其面临的困难，包括接收台湾船只及港口的实体即政府的角色及其功能，海运航线的建立与限制、船只的取得与经营等相关问题做了论述，并比较进出口货物在1945年前后的差异，进而分析海运与战后初期台湾港市的关系，以了解台湾港口的整体面貌。

朱德兰博士（台北"中研院"副研究员）提交会议的《从台拓档案看日据广东时期的中日合办企业》一文，根据庞大的《台湾拓殖株式会社》档案，并参照其他文献，对日本侵据广东期间，出自搜括中国资源以支持其侵略战争的需要，总部设在台北的台拓公司先是以日本侵略军军部嘱托的名义，前赴广东展开经济掠夺活动，继而为了有效供应日本侵略军粮草，又成立所谓"兴粤"股份有限公司的经过这一暂鲜为学术界所论及的课题做了论述。

现代化是相当漫长的历史过程。诚如吴承明教授前面所指出的，直至20世纪60年代人们才意识到现代经济是以人和环境的牺牲的危机而取得的。物质丰富了，但青山、绿水和蓝天却在日益消失，人的生活环境逐渐恶化。因此，环境保护是现代化进程中愈来愈受重视的问题。李根蟠等三位先生对这一问题从不同的层面做了探索。

李根蟠研究员（中国社会科学院经济研究所）对中国古代农业史的研究用力殊深，他提交会议的《先秦保护和合理利用自然资源理论及其基础——兼论传统农学在现代化中的价值》一文中指出，保护与合理利用资源的思想，早在原始社会过渡到文明社会之初即已萌芽。先秦时代和反映先秦时代的古籍中，有关记载比比皆是。这一思想是古代"三才"理论的重要基础。所谓"三才"，是中国传统哲学的一种宇宙模式。它把天、地、人看成宇宙的三大要素，彼此相互依存，反映了人与自然协调与统一的关系。"三才"思想应用于农业，使中国在土地利用率和土地生产率方面长期领先于世界，使中华文明成为唯一延续下来未曾中断的文明。中国优秀的传统农业包含的合理因素、价值和生命力，在现代化中正日益显露其优越性。这是一篇值得重视的论文。彭世奖教授（华南农业大学）的《从中国农业发展史看未来的农业与环境》一文，把中国农业的发展史概括为四个阶段。第一，掠夺式农业（原始农业），刀耕火种，以牺牲大片森林为代价，开创了人类的文明。这一破坏生态环境的行径，终为新的形式所替代。第二，能量循环式农业（传统农业），其最大的特征是通过施肥，使能量循环流动、多级利用，并结合其他精耕细作技术使土地久种不衰，产量不断提高，对人类生态起到相对稳定和净化作用。但因其缺乏外部投入，不能适应工业化的发展和人口的增加，又为投入式农业所替代。第三，能量投入式农业（现代农业），近数十年的中国农业，是从能量循环式走向能量投入式的农业，亦即从传统农业向现代农业转型。土地的垦辟，水利的兴修，化肥、良种等各种先进技术成果的采用，已使中国的农业取得了以占世界7%的土地，养活占世界22%人口的巨大成就。但与此同时也存在着很大的盲目性。如盲目毁林开荒、围湖造田，造成水土流失、土壤沙化、湖泊缩小。大量化肥和农药的投入，使土壤污染、土质下降，而且大量粪便和城乡垃圾成为可怕的污染源，使原来能量循环系统中断。没有内部能量循环流动的系统是不能持久的，因而也不可能持续发展。第四，新型的能量循环式农业（可持续发展农业）。这就是要使农业生态系统的能量能够循环流动，也就是把人畜粪便和工农业的废物进行资源化处理，使其加入农业生态系统的循环；建立起城乡之间能量循环流动的、生生不息的新型农业，使农业与环境处于和谐状态，协调发展，以共创人类未来的绿色文明。这是创造了辉煌历史的中国传统农业目前面临的出路。彭教授的见解当是切合实际的。刘正刚教授（暨南大学历史系）以《明清时期南方虎患考述》为题，从虎患角度考察了人与生态环境的关系。刘教授指出，虎吃人习性的养成，既有环境的关系，也有人为的因素。如果环境适合虎的生存，野生动物丰富，虎觅食容易，一般不会袭击人。明清时期人地矛盾尖锐，进而造成虎与人的矛盾也发展到对抗的地步，虎之为患因此出现。对于以破坏生态环境为代价取得经济的增长做出历史的反思，正是目前实施现代化中所应当注意的。

家族制度盛行于西周，唐末、五代因战乱而消亡；宋代，家族制度于民间重建，明清在东南沿海地区趋向庶民化和普及化。它成为农村基层社会的重要组织，其影响特别深远。作为一场深刻的全面的社会变革的现代化，自然涉及宗法式农村社会向现代化转变的问题。这当是近来学术界愈来愈重视宗族制研究的一个重要的动因。会上，栾成显、林济、陈支平从不同的侧面对之做了富有成果的探讨。栾成显研究员（中国社会科学院历史研究所）在《家族制度与中国古代社会经济》一文中指出，中国历史上家族制度的演变，既是该时代社会经济发展的产物，同时也对当时的经济、政治和文化等方面产生巨大的影响。诸子均分制对封建社会经济的发展和繁荣产生的历史作用不应低估。随着劳动生产力的发展，家族制度与社会经济的关系逐渐削弱。成熟的现代企业必须摆脱血缘关系的控制。现阶段家庭承包经营、家族企业等的存在有其历史的必然性。林济副教授（华南师范大学历史系）的《近代长江中游家族财产习俗制度略论》一文，利用近代存留的乡村习俗调查资料，以近代长江中游家族财产习俗制度为例，考察了家族制度下的财产经济关系。着重对一般财产关系的家族习俗制度（包括家族公产的习俗制度、处分私产的习俗制度和家庭财产分析的习俗制度）、立嗣与财产权的家族习俗制度（包括入继范围的习俗制度和继嗣权与财产继承习俗制度），以及婚姻与财产权的家族习俗制度（包括婚姻与财产关系习俗制度和招赘婚与财产权习俗制度）等做了论述。指出家族制度主要以习俗制度为特征，涉及家族精神生活、经济生活、社会生活的方方面面，全面深刻地反映了农村宗法社会人与人之间的关系。陈支平教授（厦门大学人文学院院长）的论文《流动的移民社会与松散的宗族组织——崇安农村社会的一个调查》，则以福建崇安县（今武夷山市）为个案，通过实地调查，参证以文献资料，对家族制度在传统农村社会组织的构成及其运作在不同地区的表现，提出自己的看法。陈教授运用丰富翔实的资料来说明，就整体而言，福建的宗族制度是比较完善而且盛行的，但其间也有一些地方的宗族组织显得相对松散，崇安即一例。宗族制的严密或松散，与一个地方的区位、生态环境的优劣，以及社会、经济、文化等方面的发展水平有关。

社会变迁，尤其是基层农村社会的变迁，近年来成为学术界的热门话题。中国农村社会必须从其传统中寻找现代化的道路。因此，学者们对基层农村传统的热衷，是理所当然的。滨岛敦俊、片山刚、陈春声从不同的角度对农村社会做了考察。

滨岛敦俊教授（日本大阪大学文学部）在大会上做的《从"民望"到"乡绅"——16、17世纪的江南士大夫》的书面报告，用明快通俗的语言，论述16世纪受大航海时代的影响，江南地区商业化兴起，士与民也由此开始明确分离。士从"民望"转化为享有特权转嫁其徭役、税粮于民众的"乡绅"。然而，读书做官，上升为乡绅，依然是平民的理想。传统的文化价值观念使民众依然维持对士、士大夫的尊敬。

片山刚教授（日本大阪大学文学部）在《清代民间社会和中央及地方政府——以广东省为主》一文中，对清代移住者转籍、编入图甲及其参加童试等问题做了探讨，指出珠江三角洲广府人社会中，存在着图甲制金字塔式的结构。移居此处者，必先得到当地大族的认可，并得加入图甲，实现"转籍"而本地化，继而得准参加童试，民籍考试资格是构成县级本地民众社会秩序的一大要素。这是"民间社会的迁移、定居的规范"。作者还指出，在移住者申请"转籍"以参加童试，后来转为设置"客籍"定额问题上，地方和中央处理的态度有所不同。他之所以对这一问题有浓厚的兴趣，是因为自1978年改革开放以来人口的流动愈加频繁。在土地使用权和企业经营权方面，还存在着本地民众和客民之间的差别。

陈春声教授（中山大学人文科学学院院长）的《乡村神庙系统与社区历史的演变——以樟林为例》一文中，以广东饶平县樟林为例，从社区早期发展与社庙系统的形成、火神庙创建与社区内部格局的转变、"官方庙宇"的建立及其意义和民间信仰的历史与社会心理内涵等方面，探讨了乡村神庙系统与社区历史的演变。陈教授指出，过去在传统中国民间信仰研究中常用的"信仰圈"或"祭祀圈"之类的分析性概念，并不足以表达乡村中神明信仰和庙宇运作的实际情形。在常见的分析架构之下，不管是"信仰圈"还是"祭祀图"，往往都被理解为一种比较确定的、可满足共时性研究需要的人群地域范围，而民间信仰的实际情形要复杂许多。此文描述了一个相互重叠的、动态的乡村庙宇系统数百年间的演变过程，以及这种演变所积淀的空间关系蕴含的地域权力支配和"超地域"的社会心理内容。

435

在"中国传统社会经济与现代化"研讨会外，我们还有幸得到许倬云、赵冈、苏耀昌等三位著名学者的慨允，就他们所研究的领域，分别从历史学、经济学、社会学方面做"传统与现代化"的访谈。

许倬云教授，美国匹兹堡大学原讲座教授、台湾"中研院"院士，学贯中外古今。虽然主攻古史，但没有忘情于对当今的关注。他学贯中西，博古通今。其学术多彩多姿，既有严肃的学术著作，又有寓意深邃的散文，还有政论、游记等方面的文章，深得学术界与广大读者的景仰。笔者虽尚无缘与许先生相见，但心仪久矣。本恭请许先生莅会指导，不期他因故不能出席。因此，托 1998—1999 年度在哈佛做学术访问的中山大学教授周大鸣博士，就传统与现代关系问题向许先生做专访。（周大鸣教授是主要从事区域文化和族群关系研究的正当盛年的人类学家）许先生围绕"传统与现代化"问题做了内容繁富、涵盖面广阔的谈话。其中妙语连篇，处处不乏独到精辟的见解。许先生对中国传统社会的特点，做出这样的概括：中国自秦、汉统一后，儒道意识形态，以文官系统与皇权相辅的国家体制，以小农耕细作与市场为交换主体的经济体系，以编户齐民为基础，有阶级却可相对流动的动态社会，家族与社区相叠的社会组织等，即思想、政治、经济、社会四项体系重叠相合，互为影响，构成一个紧密而稳定的多体系的文化复合体。这一看法应该说是比较符合历史实际的。在传统与现代化的关系上，许先生认为二者本是可以一脉相承的延续过程。中国的现代化之所以艰难曲折，是因为近百年来一直走激烈化的路，导致过去与未来割裂、切开，切来切去变成找不到过去，找不到脉络，也就找不到未来。这些见解的确发人深思、反省。由于许先生在其许多的论著里，反复强调中国文化、中国的历史传统源远流长，犹如流水一样，水流不断；挥刀斩水，斩不断奔腾不息的流水。所以，周教授以《斩不断的历史》做标题，是确当的。周大鸣教授不仅向许先生发问，而且也就这些问题发表了自己有见地的看法。从这一意义讲，这也是一篇对话录。

赵冈教授，多年来任教于美国威斯康星大学，是一位资深的经济学家。对中国经济史的研究建树甚丰，贡献殊多。采访者为暨南大学历史系教授兼副系主任刘正纲博士，他着力于移民等社会和经济史的研究，已有相关著作问世。

苏耀昌博士，原为美国夏威夷大学社会系教授兼系主任，1998 年秋应聘为香港科技大学教授，兼文学院副院长、社会科学部主任。是一位用力甚勤，成果丰硕的中年学者。早在 20 世纪 80 年代，他的《华南丝区：地方历史的变迁与世界体系理论》[①] 一书，已在中国大陆翻译出版，学术界对他并不陌生。对他做采访者，是华南师范大学历史系副教授林济博士。他致力于长江中游地区宗族制的研究，并已取得了显著的研究成果，已有专著问世，是一位有潜力的后起之秀。

　　　　本文为叶显恩、卞恩才主编《中国传统社会经济与现代化：从不同的角度探索中国传统社会的底蕴及其与现代化的关系》一书序言，广东人民出版社，2001。

[①]　苏耀昌：《华南丝区：地方历史的变迁与世界体系理论》，陈春声译，中州古籍出版社，1987。

《傅衣凌治史五十年文编》跋

　　杨国桢同志选编的《傅衣凌治史五十年文编》，承蒙著者和编者的雅意，余得有幸先睹。奉读一过，启迪殊多，受益良深。

　　傅先生著作鸿富，已刊行面世的有《明代江南市民经济试探》、《明清时代商人及商业资本》、《明清农村社会经济》和《明清社会经济史论文集》等著作，发表在学刊上的论文就更不胜枚举了。多年来，读傅先生的著作感受最深的是，傅先生著作中的史料十分丰富。他也很注意广辟史料来源，深入社会，实地调查。从民间的契约、账簿到口碑传说，广收博采；然后排比剔抉，刮垢磨光；终于搜集了许多正史、政书所未备的关于社会经济史的珍贵资料。方法上，他力求把生产力和生产关系两者结合起来考察，亦即把经济史和社会史的研究有机地结合起来，并且着力于区域的典型解剖，或进行地区的比较研究，以展示历史发展的不平衡性及多样性，避免以偏概全。他善于透过片段的史料，显示历史的归趋；又能从历史的趋向中看出具体史料的意义。他的立论富有新意，多发前人所未发。总之，傅先生治经济史的特点是，从整个社会着眼研究经济史，从经济角度研究社会史，因而区别于着重研究经济制度的传统经济史，并因此形成了有他自己特色的中国社会经济史的构架。

　　半个世纪前，陈寅恪先生曾经指出："一时代之学术，必有其新材料与新问题，取用此材料以研求问题，则为此时代学术之新潮流。治学之士得预于此潮流者，谓之预流（借用佛教初果之名）；其未得预者，谓之未入流。此古今学术史之通义，非彼闭门造车之徒所能同喻者也。"（《敦煌劫余

438

录·序》）陈先生把用新材料研究新问题，作为一个时代新学术标准，亦即一个人的学术是否入流的标准，不愧为真知灼见之言。我觉得傅先生的可贵之处，也就正在于他能够随着时代的潮流，不断地发掘新的材料，提出新的问题，做出新的探索。

傅先生半个世纪来治史取得的成就，已在国内外史学界产生了很大的影响。且不说国内，在海外，治中国明清经济史的学者往往把他的著作当作案头必备之书。他的著作如《明清时代商人及商业资本》等书，就因书肆缺货而为海外书商所盗印。有的学者宁可放下自己的研究，也要翻译他的著作，以广为介绍。他的一些未经审定的手稿，也被美国和中国香港的一些学人私相复印，广为传播。傅先生大可以为他半个世纪对中国史学的贡献而感到欣慰。

安徽童本道同志希望编辑出版一部反映傅衣凌先生治史历程的文集，以飨读者。为此事，曾经函商于我。今年8月，我在广州同国桢同志商讨了此事。不期两个月的短暂时间内，国桢同志便在傅先生已经出版的著作和尚待定稿的专著之外的大量文稿中选编出来了，而且还写了一篇热情洋溢、气势磅礴的序文。其用力之勤，令人叹服。

知其师，莫若其徒。作为傅先生的高足，杨国桢同志是深知其师的。因而，在序文中，对傅先生的治学历程及其取得的成就做了详备的论述。相信这篇序文将有助于理解这部"文编"和傅先生所开创的中国社会经济史学派。我虽无缘受业于傅老，未得傅老耳提面命，但幸为私淑，即此一端，亦可自足，为了表示后学对傅先生治史五十周年的敬意，欣然书此，是为跋。

1984年底作于广州天河路395号102室

收入《傅衣凌治史五十年文编》，厦门大学出版社，1989。

明代海外贸易史研究的巨大创获

——评介李庆新《明代海外贸易制度》一书

中国学术界，历来注重农耕经济的研究，海洋经济研究明显地滞后。这无疑是受制于中国历史发展的特点。

中国是一个半大陆半海洋的国家。中国既有大陆性的传统，即具有注重农耕，实施官僚政治和皇权专制的特点的农耕文化；又有海洋性的传统，即重视商业，富有冒险进取精神的海洋文化。这两种文化在中国既有交叉发展，又有先后发展的过程。大陆农耕文化发展早，且处于强势地位，其经历着从北到南的传播过程；海洋文化则相反，是从南逐步向北扩展。唐中叶出现的从广州经北江越大庾岭沿章水进赣江入鄱阳湖，经长江转运河抵京都的南北水运大通道的开通，正是为了适应海洋文化北扩的需要。这一水运大通道，也是海洋商业文化北渐的通道。它见证了海洋文化向北扩张的过程。曾有学者指出，唐代的扬州，是因广州海上贸易的需求而兴起并且导致其贸易繁荣的。海洋贸易发生根本性变化，始自 16 世纪中叶，这是由于新大陆的发现，东方航线的开通，西方商业殖民者的东来，东亚海域的贸易格局发生变化，出现了世界性海洋时代。

近年来海洋经济的研究，毕竟出现了令人兴奋的热潮。明代海洋贸易史，就是一热门研究课题。其新著迭出，营造了一代新学者做新探索的鲜活局面。多年疑惑不解，或朦胧不清的问题，都得到了各自不同的阐释。"众人诺诺，不如一人谔谔。"学术是在众人的互相切磋、辩驳、争论中推进的。新一代的学者，在前人的基础上，正做新的拓展、新的探索，并取得了新的创获、新的成果。

李庆新博士的《明代海外贸易制度》（社会科学文献出版社，2007年5月出版），就是有关海洋经济研究的一部值得称许的力作。该书是作者十多年来就海洋贸易问题，先做专题研究，然后不断深化拓展，最终取得的成果。

作者以丰富翔实的资料，严密的结构，比较清晰完整地勾勒了明代海外贸易体制及其从传统制度向近代制度转型的历史趋势，对海外贸易制度史的诸多问题提出了原创性的见解，从而使该书成为富有学术价值的海洋贸易史研究的基础性专著。

该书作者站在明代出现的全球海洋贸易圈的高度审视明代中国海洋贸易史，并将闽、粤等地区性的海洋贸易制度，置于全国政治、经济、文化的总体架构中，乃至于放在全球海洋贸易圈内做考察。广州贸易制度与月港、澳门体制等问题，历来众说纷纭，莫衷一是。至于其彼此间的异同与联系，更是混沌朦胧。作者不仅对各自体制的内涵、特点，分别做了比较清晰的阐述，而且对其彼此间的关系也做出了合理的解说。在这一问题上，既吸收了前人的研究成果，又在重要方面超越前人。对明代海洋贸易制度史的一些具体问题，也做出新的阐释，提出新的见解，例如"广中事例"、"澳票制"、广州澳门贸易"二元结构"、海道副使与贸易管理，华商对西方商业运作机制的借鉴与仿效等，都提出了独到的看法。

作者在书中指出，明中期以后，中国海洋贸易逐步从政治外交中游离出来，经济功能逐渐占据主导；世界海洋贸易大潮，使中国海洋贸易连同她的海洋贸易制度，卷入新出现的全球贸易圈，并推动其革旧鼎新，使之从古老的市舶司体制向近代海关制度转变；明代海洋贸易制度的调适，使海洋贸易成为促进东南沿海地区外向型商品经济发展的动力；等等。这些见解令人耳目一新。

明代朝廷将一切对外关系都掌握在政府手中，由是决定了所谓朝贡贸易、市舶司制度的兴起和衰落、近代海关的出现、开港贸易势在必行等，无不是首先从政治层面考虑，并必须由朝廷钦定。这就决定了一切举措和变动，必须聚焦到制度的嬗变上。因此，该书以制度史为核心，按前、中、后时期，分阶段进行探讨，突出不同阶段各不同的主客观形势和要求，以凸显有关典章制度必须因时而变，并进行一定幅度的调整转型。这是从历史实际出发，实事求是地把握、理解历史，从而使该书能够全面有序地深入论述。

在以制度史为核心的前提下，兼及社会史、经济史、港口史，采取综合运用多学科研究方法，多角度地探讨明代贸易制度的演变。这种将局部置于总体考察的总体史观研究方法，需要广博的知识，更需要眼界高远、视野广阔。其优点是站在高于庐山处看庐山，有可能见庐山真面目。可避免只见树木，不见森林。作者注重时下国内外各种学术流派的治学路径，也着意于西方制度学派的研究方法。但只用作参照、借鉴，没有硬搬。作者严格遵守深、细、准、实的治学原则，在理论建构和方法上都力求有所创新，有所突破。

开海贸易是对外关系一个重要的侧面。在明代的对外贸易中，相继出现了与葡萄牙、西班牙、荷兰、英国等西方各国的交往、交涉和冲突，是当时重大的新课题。该书作者广泛审读了华洋文献和参考了中外学者论著的论点，能够历史地持平地思考和评论有关问题，既有理有据地揭批有关西方各国通过"通商"以侵犯中国主权的企图和活动，但又没有从狭隘民族主义出发，"逢洋必反""见洋必骂"的偏激情绪。作者理性地论述当时发展对外贸易的历程，指出"通商"是历史发展的必然。由于抓住历史主流，防止偏颇，所以提高了该书的学术品位。

有鉴于明代的海洋贸易，主要是在广东和福建沿岸进行，作者以较大篇幅着重论述在这两个省区进行外贸的实况，以及有关商品的生产和营销状况，海外贸易对当地社会经济，以及民风民俗所产生的影响，等等。这显然是对两省区域社会经济史的重要充实。

该书的研究是奠定在丰富扎实的史实和广泛参酌中外有关论著的基础之上的。作者所利用的资料比较全面、丰富，功力深厚。中国的古代文献，包括正史、政书、文集、笔记、档案等，外文含葡萄牙文、荷兰文、英文、日文等中文译著，日、英文原著，还有近人研究成果，以及文物考古与田野调查资料，都在涉猎之列。参考和征引的中外文献达到400余种。在运用这些文献资料过程中，中外兼顾，尽可能完备地将不同文种的记载，综合排比，彼此参证，对各种歧异的记载和观点又进行了细致的参详比较和订正，然后做出理性的分析，引出平允的结论，体现出作者崇尚实学的学风。

2007 年 7 月 14 日于广州

与韦庆远合作，原刊于《中国史研究动态》2008 年第 3 期。

李庆新《濒海之地——南海贸易与中外关系史研究》序

　　中国学术界，历来注重农耕经济的研究，海洋经济研究明显地滞后。这无疑是受制于中国历史发展的特点。中国是一个半大陆、半海洋的国家。中国既有大陆性的传统，即具有注重农耕，实施官僚政治和皇权专制的特点的农耕经济；又有海洋性的传统，即重视商业，富有冒险进取精神的海洋经济。这两种经济在中国既有交叉发展，又有先后发展的过程。大陆农耕经济发展早，且处于强势地位，其经历着从北到南的传播过程；海洋经济则相反，是从南向北逐步扩展。唐中叶，由于大庾岭道的开通而出现的由广州溯北江越大庾岭沿章水进赣江入鄱阳湖，经长江转运河抵京都的南北水运大通道的开通，正是为了适应海洋经济发展的需要。这一水运大通道，也是海洋经济北渐的通道。它见证了海洋经济向北扩张的过程。

　　海洋贸易发生根本性变化，始自 16 世纪中叶，这是由于新大陆的发现，东方航线的开通，西方商业殖民者的东来，东亚海域的贸易格局发生变化，出现了世界性海洋时代。近年来，中国的史学界对海洋贸易的研究，毕竟出现了令人兴奋的热潮。其新著迭出，营造了一代新学者做新探索的鲜活局面。多年疑惑不解，或朦胧不清的问题，都得到了各自不同的阐释。"众人诺诺，不如一人谔谔。"学术是在众人的互相切磋、辩驳、争论中推进的。新一代的学者，在前人的基础上，正做新的拓展、新的探索，并取得了新的创获、新的成果。

　　该书作者李庆新教授，就是其中令人注目的一位。他是近三十年前我

444

在中山大学的学生。他在校时的情景，多已朦胧近乎忘却。唯有因他在班上属年幼辈，出自谦让而寡言，且有几分腼腆，朴实沉潜的形象，犹历历如昨。20世纪80年代以后，因缘而成同事。他讷言敏思，勤奋谦恭。他低调做人，彬彬有礼。"高明者多独断之学，沉潜者尚考索之功。"（章学诚语）庆新先生属于沉潜者类型，他的著作中，既尚考索之功，但也不乏独断之创见。

庆新先生早在80年代参加《广东通史》写作时，已经致力于南海贸易的研究。近年来，他首先推出的著作是《明代海外贸易制度》，继之又有《海上丝绸之路》一书问世。后者是以广大读者为对象发行的。其著作，深为学术界所称许。他奋力潜研，精勤爬梳，今又推出《濒海之地——南海贸易与中外关系史研究》一书。该书围绕南海贸易和中西关系问题，先论南越国至六朝，再重点论述唐代的广州贸易和岭南社会，对向被忽视的南汉做了详论，继而以大篇幅论述明清。于清代则着重于南海沿岸的中南半岛。从该书的内容看，没有特定的时空限制，篇目有大有小。乍看，颇有支离散漫之嫌。但仔细考究，觉得南海贸易和中西关系涉及面广，要就如此庞大浩繁的课题，写出一部系统的专著，单凭个人的心智是难以胜任的。庆新先生从实际出发，将潜心研究之心得、创获，先写成单篇论文。对讨论的问题，或详或略，拾遗补阙，平心持论。然后综汇成集，不求教科书式的系统、平衡和完整，也不是着意于构建模式或框架。他做学问如同他本人一样朴实坦诚，这种平实的治学态度是可取的。

其实，史无定法，绝难找到亘古不变的学术范式。纯粹的学术操作，是对学位学术论文的规范要求，是学术圈内薪火传承以求学术自身发展功能的要求。讲求系统，注重结构，对数据的罗列考量、事件的辨析梳理，都是必不可少的。但过分地追求形式，往往可能使内容窒息于形式，也可能导致铺张空浮。譬如，对某些问题，本缺乏研究，为了追求系统、完整，却从网上搜罗素材加以拼凑充数，自当使其作品因注入水分而膨胀。今天，正处于网络时代，网上信息充斥，眼花缭乱的资讯，检索即得。学术界面临的把信息转化为知识，将史料升华为学问的挑战是严峻的。学术界的从业人员较之以前更容易弄虚作假，坦诚平实的态度更显得可贵。

从该书我们可以看到，作者利用资料是比较全面、丰富的，显出功力的深厚。作者既重视文献搜罗，又注重做田野调查工作，以加强对文献记载的理解和敏感性。中国的古代文献，包括正史、政书、文集、笔记、档案等，外文含葡萄牙文、荷兰文、英文、日文等中文译著，日、英文原著，还有近人研究成果，以及文物考古资料，尤其是海洋沉船、海港遗址、海洋聚落等水下考古发掘的资料，都在涉猎之列。在利用资料方面的一个特点是能中外兼顾，尽可能完备地将不同文种的记载，考索排比，彼此参证，然后做出理性的分析，引出平允的结论。

该书以翔实的史料，采用实证和规范分析，展示了岭南地区经济文化的海洋特色。指出自秦平定岭南，经南越国、两汉和六朝的开发，岭南社会经济粲然改观，尤其在海外交通上独领风骚，是中国海外贸易的中心。以海洋贸易为根基，通过市舶而成为"天子南库"。该书还使我们领略到"战争、商业、海盗，它们是一丘之貉"这句欧洲格言包含的真理和诗意。正是南海贸易和清代的"海盗"，有力地推动了南海沿岸地区的开发和社会经济的进步。作者指出，地处中西交往前沿的岭南，大量汲取印度、波斯、阿拉伯和东南亚各地的文化，以充实自身，使岭南文化呈现出与内地不相同的文化内涵和文化特色。这不仅推进了古代海洋贸易和中西关系研究，而且对岭南经济文化的定位也有重大的参考价值。

作者在书中提出的区域研究的"外向视野"，是一个值得关切和注意的问题。

区域的划分，是依据研究的主旨而定的，可大可小，可与地方行政区划重叠，也可按照主旨的要求划定，不受行政区划，乃至国界的局限。南海贸易区域就是一个跨越国界的大区域。无论大小区域，都不能就区域论区域，当应有"外向视野"，亦即当具超越区域的视野，将所论的区域置于与之相关联的更大范围的历史总体中考察。站在历史总体的制高点审视，方能梳理出该区域的历史发展脉络和运作机制。该书所做的研究，正是勉力以此为鹄的。

应该书作者之邀，写下如上感想，权且为序。

2009 年 6 月 25 日于广州洛溪海龙湾幽篁室

本文收入李庆新《濒海之地——南海贸易与中外关系史研究》，中华书局，2010。

余思伟《中外海上交通与华侨》序

余思伟先生从 1981 年以来在国内外各学术刊物上发表的文章中，选出 23 篇 24 万多字，编辑成此书。作者是围绕着中外海上交通与华侨这一主题来编选的。全书为三编：第一编，东南亚史及其与中国的关系；第二编，中国古代对外海上贸易；第三编，梯航懋迁海外华侨与华人。从文章的内容看，每一部分各自成编，但三编之间也互有联系。

当我竟读这部书稿之后，十多年来的师生情结不断涌现，感慨多端。要而言之，一则以喜，一则以愧。喜的是，学生已有优异的表现，不负当年赏识之心。记得他在大学读书阶段，他善于提问题所表现出来的思维之活泼，所写的习作文字之流畅，已引起老师的注目。他刻苦攻读，尊师重道，执师生之礼甚恭。毕业之后，也时常来同我讨论学术问题。不期仅仅十余年间，据统计已写了二三百篇长短不一的文章，约得 130 万字，还写了一本小册子①，与别人合作编写三部工具书（《华侨华人大观》《香港旅游常识》《华侨华人大辞典》）、一部资料书（《中国古籍中有关新加坡、马来西亚资料汇编》），可见其用功之勤。愧的是，这些年来，自己学术上的长进甚寡，枉当年为人之师，不配为之作序。但是，"青出于蓝胜于蓝"，乃是自然规律，如果一代不如一代，学术何以演进？兴念及此，感到应当欢迎后辈超越前辈。所以我终以无限欣悦的心情为此书作序。

余思伟 1977 年毕业于中山大学历史系，后留校在东南亚历史研究所从

---

① 余思伟：《"千岛之国"的反殖怒火——爪哇人民大起义》，商务印书馆，1987。

事教学和科研工作。曾用两年多时间修完硕士研究生专业课程，经受系统的社会科学研究的训练。1984年调任广东省归国华侨联合会主办的《华夏》杂志副主编，还兼广东华侨历史学会副秘书长和暨南大学东南亚研究所特约研究员。他在中山大学从事东南亚史研究时，便着意于东南亚各国与中国的关系史。这样既可充分利用中国古籍的有关记载，又可收到扬长避短之效。又因东南亚各国与中国有源远流长的密切关系，唯有注意两者的交往，才能把握东南亚历史的总体。要加深了解东南亚各国与中国的关系史，必须研究中国古代的对外关系。古代的外交与外贸往往结合一起。朝贡贸易就是政治外交与经济外交合而为一的一种形式。因此，此书作者顺势研究了中国的海外贸易，以及主管海外贸易的市舶司制度。又因为海外贸易是华侨的传播器，海贸与华侨是互相关联的。最早的华侨，多是梯山航海、贸迁于海外各地的商人、船工和水手等，出于种种原因而在当地居留下来。当他们在当地站稳脚跟，而且当地又出现较优越的经济机会时，便通过乡情的吸引，把国内的乡亲也迁移过去。滥觞于海外贸易的华侨，又以东南亚地区出现最早，人数最多。因此，作者从研究东南亚史而兼及海上贸易，继而着力于华侨史的研究，是顺理成章的。此书虽是单篇论文的汇编，却是彼此有联系的一部专著。

从此书可以看到作者的治学方法，有其独特之处。首先，深入一点，然后向相关的方面扩展，终于形成相互关联的较大范围的专题。这一方法，可以充分利用掌握的资料，也有利于建立其专题的理论架构。对某一专题的基本史料掌握之后，可以从不同的视角做探讨，可以触类旁通，收事半功倍之效。作者能在短短的十年间取得如此丰硕的成果，而且有的文章还为美国、加拿大、荷兰、新加坡、泰国和中国香港、澳门等国家和地区的报刊所刊登或转载，显然同作者善于治学有关。

其次，力图贯古通今，联结现实与历史的关系。作者研究的本是古代的中外关系和华侨史，却寄意于现实的华侨社会。第三编的一些文章就是以当今的华侨社会为其内容的。历史学的功能，除其学术的传承之外，是否有社会的现实的使命呢？我一直在不断地思考检讨这一问题。所得的答案是肯定的。人们认识过去，首先出自现实的需要，人们认识的方式、角度，也反映了这种现实。现实是历史的发展，历史可帮助人们理解现实，帮助人们理解如何处于现实之中，还可帮助人们理解如何去争取未来。史学的意义即在于此。此书作者正是本着这一精神从事自己的研究的。

此书关于东南亚历史、中国的海外贸易和华侨等问题，不乏精辟的论述。作者在学术上所取得的成绩是显而易见的。书中的一些论文在学刊发表时，已有人在《中国历史学年鉴》和报刊上发表过评论。这里，我需要补充指出的是：他在治学上所体现出的方法论意义堪与他的研究成果相比美。当然，我也无意说他对每一个问题的看法都会得到读者的赞同。疏忽、舛误之处是在所难免的，我们不应当对一部著作提出尽善尽美的苛求。

1991 年 3 月 26 日书于广州天河北幽篁室

本文收入余思伟《中外海上交通与华侨》，暨南大学出版社，1991。

苏耀昌《华南丝区：地方历史的变迁
与世界体系理论》序

    该书作者苏耀昌博士，任教于美国夏威夷大学社会学系。1985 年 6 月，苏耀昌博士访问广州时，应广东省历史学会的邀请，做了一个关于顺德蚕丝县与世界市场取向关系的富有启发性的学术报告。他在区域性的历史研究如何与历史的整体相联系，以及历史学如何引进社会学的研究方法方面的见解，给与会者留下了深刻的印象。苏博士的这些见解，已经体现在他在纽约州立大学出版社出版的《华南丝区：地方历史的变迁与世界体系理论》一书之中。我觉得他提出的这两个问题，也是我国目前史学界需要认真探索的问题。

    人类社会的历史，固然有其客观的运行轨迹可寻，但它却呈现出光怪陆离、繁杂多变，各地区间又显得千差万别。因此，个案研究，专题研究和区域研究，是撰写汇通性历史整体的必要前提，也是最佳的途径。各地区之间的历史，是互相联系的；随着人类社会的发展，这种联系的总趋势是愈来愈密切、愈来愈广泛的。所以，区域性的研究，不能局限于本区域狭窄的小天地，必须放眼于历史的总体。

    中国的远古时代，小国寡民，鸡犬之声相闻，老死不相往来。随着社会的发展，各地区间的经济、文化的交流，便日益频繁，日益扩大起来了。以广东而论，战国之前已与中原有经济、文化交往；秦汉时期，与中原的联系有了进一步加强，并且已与南海各国相往来，甚至经此转口与印度洋沿岸相交通了。明中叶以降，广东沿海地区与南海对岸诸岛国，凭借舟楫可通商货，经济上的联系，较诸岭北各地，有过之而无不及。鸦片战争之后，广东沿海与海外的联系，更是遍及各大洲了。因此，广东明清史的研究，不仅要顾及中华民族历史的总体，而且要放眼于世界历史的整体。然而，目前国内尚缺乏这方面经验性的研究。苏博士的这本书正是将华南土丝产地置于世界历史的范围内来加以考察的。他既注意华南土丝产地社会内部阶级关系的变动及其对社会变迁的作用，又把华南土丝产地同世界市场取向联系起来，与资本主义世界体系核心国家的政治经济侵略联系起来，一并探讨。这种把区域性的历史与世界历史整体联系起来研究的方法，使我们发生了兴趣，并且希望介绍给中国的广大读者。

如前所述，人类社会的历史是繁杂多变的。研究复杂的事物需要相应多样化的方法。然而，中华人民共和国成立以来直至1976年粉碎"四人帮"之前，中国的历史学基本上采用了以阶级斗为纲的历史主线论的研究方法，因而，本是多彩多姿的历史被歪曲成一部简单的革命政治史。这显然是受"左"的政治路线影响的结果。随着"左"的政治路线的结束，学术的春天已经来临。我们正面临着从研究革命、政治转向研究整个社会的任务。客观需要我们借鉴或引入社会科学各个学科的研究方法，尤其是社会学的研究方法。历史学和社会学各有其研究的范围和分工，但都共同以人类社会为其研究对象。彼此间本应互相补充，互相促进。然而，社会学家往往以历史学沉溺于细枝末节的描述，忽略概括社会发展的构架和模式，觉得没有意义而不屑一顾；历史学家又认为社会学家尚未将历史现象的来龙去脉搞清楚，便轻下结论，急于建构模式和原则，因而也往往投以鄙视的眼光。彼此各持一端而相轻。近年来，西方的一些历史学家已开始感到各自的不足，希望两者相结合，互相取长补短。历史学如何引进社会学的研究方法，也是我们所感兴趣的课题。从该书看，作者因出身于社会学，固然重视理论构架的运用，追求社会历史经验规则的发现和解释，但又不忽视特定历史现象及其发展过程的描述。可见他是力图将社会学和历史学结合起来，使之起互补的作用。苏博士由社会学而兼治历史学，力图把两者结合的研究方法，恰恰是我们所要借鉴的。这就是我们之所以把该书介绍给我国读者的又一个原因。

了解外国学者的史学理论的见解，固然必不可少；但如果再阅读利用这些理论写作的史学著作，当然更有效。

基于以上的认识，我产生了将苏博士这部著作翻译出版的念头。值得庆幸的是，当我把这一想法同史学界的朋友商量时，得到了同仁的支持。正在厦门大学从傅衣凌教授攻读博士学位的陈春声先生，欣然表示愿意承担翻译，又得到热诚于中美学术交流的中州古籍出版社的鼎力支持，慨然答应出版。该书就是这样在各方面的支持、帮助下得以同读者见面的。

作者自称，该书运用世界体系的理论和动态的阶级斗争方法，研究华南土丝产地的历史变迁，力图回答国际上汉学研究中有争议的四个问题，即关于中国前资本主义形态的社会性质问题，士绅是创新还是保守的问题，资本主义世界体系动态对中国社会经济发展的作用问题和中国资产阶级的进步性和反动性的问题。为了回答这些问题，作者就资本主义世界体系的魔爪伸入华南土丝产地之前的社会形态及其之后所引起的社会变迁过程，按其历史顺序分为"前资本主义社会形态、卷入、农业商业化、工业化、无产阶级化和周期性发展"等六个步骤，逐一进行论述。苏博士对这些问题的见解，不乏精辟独到之处。例如，他把华南土丝产地社会变迁的历史过程置于多种矛盾的焦点之中进行考察，既考虑外力侵入与内力反应的这两种势力的互相激荡，又注意到该地区内部阶级结构的调整及其斗争所起的作用，以及随着机器缫丝业的兴起而出现的无产阶级所采取的斗争方式、特点等方面的见解，都以他敏锐的洞察力和深刻的分析力而给人以启发。还需要指出的是苏博士在书中运用的资料是丰富的。他不仅征引了大量的中外文资料，而且还几度到实地考察，搜集了不少口碑传说资料。以在当地考察得到的主观感受和体验，启发对文献记载的理解。正如他所说的，当他到实地考察后，对文献记载顿然敏感起来。他这种广辟资料来源，把文献记载和实地调查相结合的研究方法是值得称道的。从书中引用资料的丰富、广泛、多样，可见作者不仅付出了艰巨的辛勤的劳动，而且对问题的探索是认真的。

该书还较详细地介绍了西方流行的世界体系理论，以及运用这种理论进行地方史研究的得失，提出了作者补充的意见。每一章的后面都开列有中外的参考书目。这些对我们了解海外学者研究中国社会历史的情况，提供了有益的信息。

历史作为一门科学，它是没有国界的。因受国度、民族、阶级等因素的局限，历史学家对问题做出不同的回答，是在所难免的。只要认真研究、尊重史实，态度坦诚，得出不同的结论，皆应受到尊重。随着各国历史学家间交往的频繁、联系的加强、商讨的密切，自当互相取长补短，分歧也自然随之而日见缩小。该书所力图回答的前述四个饶有兴味的问题，在西方史学界，历来众说纷纭、莫衷一是。西方历史学家的某些观点，包括该书的某些观点在内，我们自然有不同意或不尽同意之处。但是，它可以使我们从中受到启迪，或激发我们做进一步的探讨，以提高我们的认识。

尚需说明的是，为方便起见，编者对该书的中文版逐一做了技术性的变动。

承本书作者之雅嘱，书此，是为序。

1986 年 12 月于广州康乐园

本文收入苏耀昌《华南丝区：地方历史的变迁与世界体系理论》，陈春声译，中州古籍出版社，1987。

塞纳河畔寻访莎士比亚书店

　　巴黎是欧洲最具人文精神魅力的城市。到了巴黎需要寻访、观赏的地方甚多，诸如卢浮宫、凡尔赛宫、圣母院、凯旋门、铁塔等。但我却先寻访了莎士比亚书店。

　　作为历史研究的从业人员，多年来养成习惯，即每到一处，都往往优先访问图书馆和逛街访书店。图书馆都各有其特色。譬如，美国国会图书馆，以藏书之丰富著称；更值得注意的是从该馆的创馆理念到组织构架，都是由第三任总统托马斯·杰斐逊提出的。日本的国会图书馆则以设备保管之精细见称。哈佛大学燕京图书馆却以入馆签名登记给人留下印象，事隔多年后当我再次进入该馆善本室时，还能很快查到我首次入馆的签名。我到巴黎后自然也不忘参观法国国家图书馆（简称 BNF），对其规模之庞大，印象深刻。如果说图书馆是蓄知识的水库，书店则是输送知识之沟渠。图书馆作为知识的浩瀚水库，正是由林林总总的作为知识沟渠的书店充当活水源头的。

　　2017 年 7 月我一到巴黎之所以对莎士比亚书店情有独钟，是别有缘由的。这家书店可不是一般意义上的书肆，而是富有传奇和浪漫色彩，兼有涵育文化、培养英才的功能，可谓一所弘扬人文精神的圣殿。

　　莎士比亚书店处于塞纳河左岸，在耸立右岸的圣母院斜对面。经过一座连接圣母院的小桥，沿着左岸边一线罗列的旧书画摊前走数十米便到一街边小广场，莎士比亚书店便在一栋楼房的底层。七月艳阳炎炎，当天已是 35℃。尽管室内没有空调，访客依然前后相继，纷至沓来，不受闷热影响。门口有一棵树如同伞状般伸展枝叶，仿佛在招引访客。一进店门，书香气息扑面迎来。傍依于墙壁的书架顶天立地，塞满书籍。其他所有可以利用的空间，哪怕是一小拐角，也用来摆满图书，只留一细微空间充当过道以寻找图书，空间的使用率达到了极致。店内本缺乏光线，古旧黝黑的木门、木窗、木架、木梯，益增其昏暗。皴裂和凸凹不平的墙壁，剥离的砖石，折射出其饱经风霜的历史和不畏风雨的风貌。书店的二楼别具一格，备有茶水、咖啡，还有睡床供临时寄宿。一般的访客是不接待的。

我和老伴在留法生赵翔的牵引下，在店内边走边浏览摆放着的琳琅满目的典籍。时而顺手取来翻阅，时而在过道拐弯的偏僻处驻足浮想，享受了一场丰厚的精神盛餐。

这家书店，是1919年，由一位充满童话般梦想的美国女郎名叫希尔维娅·毕琪的，不远万里来到巴黎创建的。书店最初定位为贩卖美国文学英文书。书店创建伊始，来了一位访客，他是爱尔兰作家，名叫詹姆斯·乔伊斯。乔伊斯正当落难之时，他不仅受到书店的接济，而且因书店的援手而改变了命运。他成为书店的常客。乔伊斯花多年心血撰写的一本与主流意识相悖的名为《尤利西斯》的书，在杂志上发表后，不仅遭到封杀，且受到主流舆论的责难。具有慧眼且有同怀心的毕琪小姐慨然以莎士比亚书店的名义将此书出版发行。不期此书大得读者欢迎，书店名声随之鹊起。

书店主人毕琪小姐心地善良，富有爱心、同情心，乐于助人。她的书店不仅卖书、借书，还备有咖啡、酒、睡榻等，兼具咖啡馆、旅馆等功能。它成为作家、落魄文人，尤其是不名一文的处于迷惘中的青年作家的栖身之所，对那些落魄的青年文学创作者给予一贯的支持。当年海明威、菲茨杰拉德、女作家葛楚德·史坦等都曾是书店的常客。乔伊斯的许多妙文就是在二楼窗前的小桌撰写的。

这位充满爱心、蔼然可亲的毕琪小姐，当人文遭到践踏时，面对邪恶势力，她表现出大义凛然的刚强性格和不屈的反抗精神。第二次世界大战期间巴黎陷落，她坚拒由美国大使馆安排她回国，执意守护书店。她不畏风险，收留一些逃难者，为这些人提供了温暖的避难所。当时有一纳粹分子要向她购买《芬妮根守灵夜》一书，她明知不卖的后果，但还是坚决拒绝了。因而书店遭到查封的横祸。她敢于对抗邪恶、维护正义的精神成为书店的另一品格。

毕琪小姐关于书店的经营理念、管理方法，以及书店的经营范围，使该书店与众不同，别具一格，富有传奇色彩。书店涵育人文，传承人文的精神，使其声名日隆，远播世界各地。世界各地访客慕名前来，希图一睹书店风韵，享受书店所散发的人文气息。

战后毕琪的书店在面临危机之时，来自美国的乔治·惠特曼，为了宣传革命思想，也在巴黎开了一家书店。他和毕琪的邂逅，是一种浪漫情怀和革命思想的相遇。他俩互为知音，彼此仰慕。1958年，毕琪慨然将享有盛名的莎士比亚书店之招牌让渡给惠特曼，取代惠特曼原先以其初恋情人"密斯拖拉"命名的店名。为了感念希尔维娅·毕琪，他将刚出生的女儿赐名为"希尔维娅"。

惠特曼是一位充满革命理想和革命情怀的马克思主义者，他在第二次世界大战后加入共产党。他把毕琪支持、接济落难者的办店精神发挥到了极致。他收容、庇护、接纳、款待那些有激进思想的青年和革命者。书店办成了免费的客栈。门口树下的小广场则可举行诗歌朗诵会。二楼可充当聚会的沙龙，又设有13床卧榻，先后接待过4000人左右。备有茶、咖啡，乃至有酒水等供应，洋溢着主人有难同当、有福同享、助人为乐的情怀。

毕琪和惠特曼的莎士比亚书店，一脉相承，融为一体。它不以追求利润为目标，涵育人文，传承人文，同情弱者，培养英才。许多落难青年曾在这里领受温暖，得到启迪。它成为文坛的圣地，也是读书人魂牵梦绕的精神家园，因而获评为"全球十大书店"之一。

我有幸亲炙这一圣地，感慨良多。首先想到的是作为一名商人，热衷于人文培育和传承，对有抱负有理想的青年给予扶持接济，这在中国商界史上也是不乏其例的。贾而好儒的徽商马曰琯兄弟、江氏二家（江春和江昉）和汪梧凤等都曾有此善举。他们建置充满人文景观和自然景观的花园山庄，并营造精巧的庭园斋馆、假山盆景，以供游憩观赏。室内摆设雅致，而且赏心悦目，尤其收藏有丰富的典籍和古玩文物，古色古香，充满书卷气。他们在自己的庭院、山馆中举行文会。侨居扬州的马曰琯所建的"小玲珑山馆"，便是负有盛名的名流文士聚会之所。汪梧凤在老家歙县西溪所建的"不疏园"，也是汇集一时名家的胜地。在这个名园讲学论道的宿儒名士络绎不绝。朴学大师戴震便曾受聘于此园，从"不疏园"所藏的极为丰富的典籍中得益甚多。徽商不仅为文人墨士提供求知问学、辩驳切磋的机会，而且营造了"儒风独茂"的文化氛围。这对人才的培养，对提高人的文化素质，对传承人文精神，是极为有利的。从此可见处于精神高地的士和居于财货之场之商，本可以做到异术而同心，即共同推进人文精神。我相信这种精神在当今的商界必将得到更大的发扬。

2017 年 7 月上旬写于巴黎

附录：我与区域社会史研究

——访叶显恩研究员

叶显恩，生于 1937 年 7 月，海南省临高县人。1962 年武汉大学历史系毕业，入中山大学随梁方仲教授读研究生，毕业后在中山大学任教。1984 年调广东省社会科学院，现任广东省社会科学院历史所明清经济史研究室主任、研究员，广东中国经济史学会会长。曾被聘为美国鲁斯（Luce）访问学者、加州大学洛杉矶分校（UCLA）客座副教授、美国东西方中心高级研究员、日本学振会高级研究员、大阪大学客座教授、瑞典隆德大学客座教授、香港新亚研究所客座教授等。先后主持国家重点项目"明清广东社会经济史研究""近代华南农村研究"等课题。专著有《明清徽州农村社会与佃仆制》《珠江三角洲社会经济史研究》《徽州与粤海论稿》等，主编兼撰稿的著作有《清代区域社会经济史研究》、《清代全史》第五卷、《明清广东社会经济研究》、《广东航运史（古代部分)》、《中国传统社会经济与近代化》、《大陆台商研究》等。在《中国社会科学》《历史研究》《中国史研究》《中国经济史研究》等国内学刊和国外书刊发表论文 100 余篇。

叶显恩研究员是我们最早访谈过的学者之一。1998 年的岁末，我和邓京力一起到广州中山大学参加"十九世纪的岭南"学术讨论会，聆听了这些华南的学者与国外和香港的历史学者、人类学者们一起讨论珠江三角洲地区的社会史问题，随后便访问了叶显恩研究员。叶老师非常热情、非常健谈，对于年轻的同志非常关爱，一直鼓励邓京力多参与和国外学者的交流对话。那次谈话至今已近 10 年了，但是这次谈话的路数与今天我的书的主题却是一致的，体现了近几十年来随着社会的变革，学者们也在不断地寻找自己学问立足点的过程。

和很多学者不同的是，叶老师在 20 世纪的 60 年代即已经走上了区域社会史研究之路。他在中山大学得到了著名经济史学者梁方仲教授的精心培养，从研究生的毕业论文开始就确定了区域社会史的方向。从那时开始，他在安徽等地深入调查，接触到了大量的徽州地方档案，写出了徽州佃仆制度研究的初步成果。到 70 年代后期，随着社会形势的变化，他不断推出自己的研究成果，并在 1983 年完成了《明清徽州农村社会与佃仆制》一书，得到了国内外学术界的好评。1984 年，他调到广东省社科院组建经济史研究室，他的研究重点也从徽州地区转向了珠江三角洲地区。他和广东的青年学者一起，和来自欧美、日本及我国台湾的学者一起，和历史学家、社会学家、人类学家们一起交流探讨，已经在珠江三角洲地区的社会史研究中获得了一系列的重要成果。

一　梁方仲先生引导我进入区域社会史研究领域

问：首先我们很想了解一下有关您个人的治学道路方面的情况。您是怎样步入经济史的研究领域的？

叶：1962 年，我武汉大学历史系毕业后，便到中山大学投入著名的经济史学家梁方仲门下，当他的入门弟子。梁先生先学经济学，后转治经济史。他不仅有深厚的家学渊源，而且曾先后到日本、美、英等国家进修，与同行交流，可谓学融哲经文史，识贯中外古今。他的学问博大精深，思考问题从大处着眼，治学却从小题着手，因而所论精到而且深入。他强调学风的扎实与研究方法的训练。得此良师，我实在太幸运了。我研究生的学位论文，是梁先生和他的好友严中平先生（时任中国社科院经济研究所副所长）商定的，题目为《徽州的佃仆制度》。在梁、严先生看来，1958 年后陆续发现的大批徽州契约文书，还没有人做较全面、系统的研究、利用，徽州传世的文献又甚丰富，它又是著名的徽商的故乡，对之做研究既可能有所突破，而且做进一步的拓展研究又会有广阔的前景。

问：梁先生怎样指导您做这项研究呢？

叶：1965 年，我随同梁师在北京搜集资料。经梁师的引荐，谒见了吴晗、向达、严中平、李文治、彭泽益等老前辈，并得到他们的教诲。严老就佃仆制问题给我谈了许多，并指定时当盛年的魏金玉先生具体指导。北大的许大龄先生不仅给我解答疑难，还将我需要的参考书送到我在京的寓所。当时在中华书局标点二十四史的唐长孺老师也就佃仆制问题给我做指导。有幸得如此众多的名师指点，有幸亲睹他们的治学风采，不仅当时激动不已，今日念及依然有如沐春风之感。

梁先生对我的论文写作计划做了具体的指导，让我在研读前人著作的基础上，确立自己的突破点，要了解有关资料的分布情况，并到徽州去做实地调查，搜集散置民间的文书契约和档案文献，注意访问长于地方掌故的老先生。这一教导成为我以后研究学术的规范。

于是，我便到了芜湖、合肥，搜集安徽师范学院、安徽大学及当地图书馆、博物馆的所藏资料。还到徽州的屯溪市、歙县、祁门、绩溪、休宁、黟县等地做实地调查和搜集资料。到了那里，除了到世家大族的村庄访问老农外，还访问了两位晚清的举人，即胡樵壁和程梦余先生。这次调查使我增加了许多感性的知识，并有可能对史料做出切实的解释。"文革"以后，我把经过业师精心审阅、批改写出的毕业论文，压缩后以《明清徽州佃仆制试探》为题在《中山大学学报》1979 年第 2 期上发表了。由于这篇文章采用了实证的研究方法，史料充实，所以颇得同行们的好评，并获得广东省社会科学研究优秀成果奖。

问："文革"以前的研究可以说已经取得了初步的成果，"文革"以后您又是如何拓展区域史的研究呢？

叶：这是有很大的不同的。建国后很长的时期，我们基本上是与外界隔绝的，像对法国年鉴学派的情况可以说一无所知。1977 年，美国耶鲁大学郑培凯先生来广州，1978 年美国加利福尼亚大学洛杉矶分校黄宗智教授访问中山大学，向我介绍了这一学派的情况和美国学者从事区域性专题研究的情况，这样也就更加坚定了我的信念——拓展关于徽州社会史的研究。1979 年春，我制订了扩大研究徽州社会史的计划，再次到安徽搜集资料并做社会调查，从而对徽州社会史有了更深一层次的了解，对许多疑难也得到了合理的解释。

1980 年 12 月，中美史学界首次在北京举行学术交流会，我有幸作为中国史学代表团的成员出席这次会。我提交的文章是《关于徽州佃仆制的调查报告》，就是把在祁门的查湾和休宁的茗州调查所得，参征以文献资料而写成的。这篇文章得到了与会者的赞赏。《中国社会科学》1981 年第 1 期上也刊登了此文（以《关于徽州的佃仆制》为题，英文本也同期刊出）。我决心继续扩展和深化这个问题的研究，并翻阅了中国社会科学院历史研究所未经整理的徽州文书档案。随着我对徽州地区历史资料掌握的增多，明清时期徽州农村社会的许多问题逐渐在我脑海中明晰起来，比如缙绅地主的强大、商业资本的发达、宗族土地所有制的发展和宗族势力的强固、封建文化的发达、佃仆制的顽固残存等。这些问题互相关联、互相作用。对以上这些问题要做出合理解释，必须将它们置之于徽州历史的总体中进行考察，并做区域体系的分析。我头脑中的这些问题在我的《明清徽州农村社会与佃仆制》一书中进行了探讨，诸如徽州的历史地理、资源、土地、人口的变动、徽州人的由来及其素质等问题都曾涉及。此书于 1983 年由安徽人民出版社出版。

问：您这部书出版以后，学术界的反响怎样？

叶：我这本《明清徽州农村社会与佃仆制》出版后，从国内外的书刊上见到有近 10 篇书评从不同方面对它进行了肯定。明清史学界老前辈傅衣凌先生与杨国桢教授联名写的书评中，对它给予了很高的评价，称此书"后来居上，超越前者，为我国社会经济史坛新添了一朵奇葩"。明史研究老前辈王毓铨先生在 1985 年全国明史研讨会的开幕词中称此书是"中国地区史研究之榜样"。复旦大学的伍丹戈先生阅后来函表示特别嘉奖，称赞此书犹如"空谷足音"。美国区域性"市场结构"理论的开拓者斯坦福大学的施坚雅（G. William Skinner）教授在美国见到我时说："您的新著，我读过了。我原也想选中国的一个地方做研究，看了您的书，我不做了。"我知道他正在进行宁波、绍兴地区的研究。他特意邀我在他的办公室中挂有刻写"宁绍研究计划"汉字的木牌前合影留念。此后，我应邀访问了美国、日本、瑞典等国家的大学和学术团体，与同行学者进行了交流，开阔了学术视野，增加了对国外汉学研究的了解。访问使我眼界豁然开朗，深感学术领域的广漠和多姿多彩。使我认识到学问之道不能闭目塞听、闭门造车，排斥引进新的研究方法和吸收新的见解。人类科学技术的进步和人文学科的成就，本是在互相交流、互相启迪中取得的。作为一个学者，既要在自己的领域中勤奋耕耘，又要洞悉学术的整体。没有学贯中西的学识，没有高瞻远瞩的视野和情怀，没有自甘寂寞的艰苦劳作，是不可能写出真正恒久的、自成一家的著作。所以，与世界各国学者之间的交流，体悟和理解中西文化的渊源，成为我提高自己学术水平的重要方面。

问：在徽州农村社会与佃仆制研究以后，您的研究方向又有了新的变化？

叶：是的。1984 年，我从中山大学转往广东省社会科学院组建经济史研究室。在那里，我与广州的同事，包括中山大学、暨南大学的同行，以广东省社会经济史研究会的名义，不定期地举行一系列学术报告会。邀请大陆、台湾和国外的学者来做学术报告。如黄宗智、滨岛敦俊、滨下武志、片山刚、魏斐德、郑培凯、科大卫、萧凤霞等。他们中间有历史学家、社会学家、人类学家，彼此之间互相交流、互相切磋。我和我的同事们像一块吸水的海绵，从海内外学者身上吸取许多有用的学术元素，经过自己的不断消化，做出有自己特点的学术成果来。

二　改革开放新形势下的区域社会史研究

问：珠江三角洲吸引您的地方在哪里呢？

叶：在徽州研究之后，我的区域社会史研究重点转移到珠江三角洲地区。之所以选择这里，固然有地缘的便利，更重要的还在于珠江三角洲所具有的独特的历史特点。它本是古代历史的边陲地区，明中叶以降一跃而成为经济发达的地区、中西文化的交汇地，又是走向海外的通道。在近代，由于资本主义浪潮的冲击，传统社会与资本主义世界体系互相冲突、适应的关系极为复杂。所以，探讨珠江三角洲经济的发展及其与当地的生态环境、人口增长、宗族组织、民间社团、文化风尚、价值观念等几个问题的相互关系，即研究经济发展与社会结构的变迁就是我们这个研究课题的主旨。对珠江三角洲进行区域体系的研究，有助于揭示这个中西文化冲突、交汇的地区，从守成到开拓，从传统到现代的底蕴。我们希望通过这一研究，揭示传统在当代转换的趋势，在历史与现状的研究中找出涵接点。

问：在珠江三角洲的研究上，您的研究路数和徽州研究一样吗？

叶：80 年代以后我虽然仍然进行的是区域性的研究，但从研究的指导思想看，已与做徽州的研究大不相同，是从新的角度进行的探讨。珠江三角洲地区直到明中叶才形成官僚士绅集团，所以留下的地方文献远比徽州要少，特别是反映清中叶以前的文书契约、账簿、族谱等不多，而海外学者、商人、传教士写下的反映近代商业社会情态的著作却相当丰富。基于这一情况，通过实地调查，考察文物遗址，搜集散佚于民间的文书档案、碑文及口述资料就显得十分重要和必不可少。

这些年来，我花费了大量的时间从事农村社会调查，同时搜集市、县所藏的资料。当我还在中山大学任教时，就鼓励学生以珠江三角洲历史的某一个专题为毕业论文题目，还曾带领学生到佛山等地做社会调查，搜集了广州市、佛山市档案馆、图书馆所藏有关资料，发掘出大量民间土地契约和一些藏于民间的未刊手稿。80 年代后，我每年几乎都有一段时间在珠江三角洲做社会调查，有的调查是与海外学者一起进行的，如当时是在美国匹兹堡大学、现在在哈佛大学的华琛，美国哈佛大学的孔飞力，当时在香港中文大学、现在在纽约大学的李弘祺，美国华侨历史学会的麦礼谦，美国杜克大学的穆素洁等。从 1989 年起，我和我广州的同事们与海外学者进行定点的社会调查，如与日本大阪大学滨岛敦俊、片山刚选定顺德龙江、大良、番禺万顷沙、台山赤溪、四九等地做调查；我与英国牛津大学的科大卫、美国耶鲁大学的萧凤霞共同主持的以番禺沙湾、三水卢苞、南海沙头为点所进行的民间信仰、民间宗教活动和民俗的调查。香港中文大学的"华南社会文化形态"研究计划，是一个庞大的计划，在这个项目中我也被聘为顾问，参加了部分活动。在这些调查中，中国学者主力是陈春声、刘志伟、陈忠烈、戴和、罗一星等年轻学者。在海外学者的带动下，中外学者合作调查，而且是不同学科的学者共同调查，合作很密切，对学术的交流十分有利，这是一种综合的学术训练，我从不同学科的学者身上学到很多东西。海外学者喜好搞文化的、民间的东西。我个人认为学术的东西应该是多样的，不要老是一个模式，都研究一个东西，还是要百花齐放。他们比较注重个案的研究，如一个寺庙、一个家族、一个宗族、一个村子，或者一个契约的解说等。也有的人跟我说，你要跟年轻人说说，不要跟着他们把历史学搞成社会学、人类学的附庸了，要保持历史学的独立性啊！这一点我是很清楚的。我们要吸收社会学、人类学的研究方法，但是要保持历史学的独立性，或叫历史学本位。我们还是要以文献为主，把社会调查的结果结合起来。他们是以社会调查为主，结合文献做分析。对这一点，广州年轻的学者是心中有数的，并且已在他们的文章中做出了回应。

　　问：我们看到一些区域社会史研究的成果属于一些地区或家庭的个案，您觉得这种研究的意义在哪呢？

　　叶：我觉得个案研究是非常必要的。具有典型性的个案研究，只要掌握充分的资料，做深入细致地分析，并引出合乎逻辑的富有新意的结论，就未必比发崇论高议的鸿篇巨制逊色。从大处着眼，小处着手的"小题大做"的研究方法，往往更显得充实，更能体现近代科学的实证精神。诚然，需要研究的个案多如牛毛，选题中个案的典型性及其内蕴，也是应该加以考虑而做出取舍的。陈寅恪先生的《柳如是别传》，虽是小题，但正如吴宓所指出：研究柳如是的身世与著作，"盖借此以察出当时政治（夷夏）、道德（气节）之真实情况，盖有深意存焉，绝非消闲、风流之行事"。其学术价值之巨大，是学人所公认的。我曾想搞一个家族史，能够反映一个家族多年来的演变，起码能倒溯二三百年。不期曾看到一些资料，尽管零星，但据此似却可建构一个从南宋至民国年间的地主家庭错综复杂的兴衰陵替史。当我把这一想法向有志于此道的同行谈及时，有位学者一听，竟顿然眉飞色舞，表示愿意卷起铺盖同我一起去做实地调查。近日有位年轻的学者，闻之也喜形于色，愿意一试。对于我们历史学的从业人员来说，有了实地调查材料，还要看有没有文献资料可以互相参证。有的人类学家不需要看文献材料，他们经过调查，就可以写文章了。当然，他们也可以批评我们，说不要那么相信文献材料。因为文献所记下的东西大都是一些特例的东西，一般日常发生的、属于通例的事情，在文献材料中是不会记载的，而这些恰恰是重要的。他们认为，他们观察的是通例，你那些文字记载的是特例。所以，我觉得我们不要轻易地批评人家，它作为一门学科，一定有它本身的长处，有它的理论基础。这正像他们看我们一样，也可以批评我们很多。所以，我觉得各门学科之间应该互相补充，而不是互相轻视。应该是在一起共事，在一起讨论问题，各取所长。

在广泛搜集有关珠江三角洲文献资料和进行社会调查的同时，还选择了一些问题做专题研究，尔后不断扩大研究面，并且再就一些问题进行交叉的研究。十几年来，我先后就北方士民的南迁与珠江三角洲的开发，广州市场的转型与珠三角的商品性农业、手工业的兴起，沙田的开发、宗教组织与商业化，水上运输与地方墟市网络，华侨、侨汇与珠江三角洲经济的演进等专题，在《中国社会科学》《中国史研究》《中国经济史研究》和港、台，以及国外学刊上发表了三十余篇论文。从这些论文中选出二十余篇编为《珠江三角洲社会经济史研究》一书，由台北稻乡出版社出版。我主编的《明清广东社会经济形态研究》于1985年由广东人民出版社出版。还与王赓武、许学强合著了《珠江三角洲历史、地理、经济情况及南洋华侨发展史》，1993年在香港印行。这些论著是从不同的层面上对珠江三角洲社会经济史做出阐释，以便进一步地做"区域体系"的综合研究。如果说，1983年出版的《明清徽州农村社会与佃仆制》一书是我对于区域体系研究的一个尝试的话，为了推进区域社会经济的研究，我很想通过对珠江三角洲的研究，在“区域体系”的研究方法上也有所推进。中华书局约我写的专著《珠江三角洲的商业化与社会变迁》一书，早已写出了初稿，由于认识的深化，现在还在重新改写之中。

三 区域社会史研究要向更高层次发展

问：回顾您整个的治学道路，可以说您的学术研究一直都是与区域研究联系在一起的，那么结合您的研究体验，您认为进行区域社会史研究的意义表现在哪里呢？

叶：承认历史发展的多样性，承认各个民族、各个地区有不同的发展道路和发展特点，是区域性研究兴起，并成为国际性学术潮流的原因，也是历史哲学从线性思维、因果决定论向多元化、或然性转变的产物。原先既然认为历史是严格按照既定的轨迹（规律）发展的，那么做地区性的研究就自当不受重视了。

今天，基于自然科学的飞速发展而引起的哲学思想和思维方式的变化以及学术趋向多元化，基于当前我国各地区实施现代化的需要，区域性的研究必然显出格外的重要。中国幅员辽阔，由于环境的作用与历史上开发的先后，各地区的社会、人文条件千差万别，其历史的发展表现出明显的差异性和地域的不平衡性。没有区域性的研究，就很难做全国总体史的研究。当然，我不是把区域性的研究视为总体史研究的铺垫，也不是把总体史看作区域性研究的叠加，而是认为区域性的研究和总体史的研究，既是互相参照、互相促进的，两者又是并存的。各有其功能，彼此是不能互相替代的。

我国自1978年改革开放以来，中央与地方的关系得到了较好的调整，对东南沿海地区实行了一系列特殊政策和灵活措施；西南、西北和其他内陆地区，也正采取措施加快开放步伐，地方自主权和积极性都得到进一步提高。区域性的研究自然有助于人们认识中国社会、经济、文化发展的地域特点，有助于加深对各个地区历史和现状的了解，从而为全国和各地区的现代化建设提供借鉴和启示。

学术研究的价值评判有着明显的主观性和时代感，受研究者的价值取向的严重影响。区域性的社会经济史研究是从 80 年代以后勃然兴起的。我国素以方志学的发达著称，地方志中记载了大量关于山川、形势、风俗、方物、职官、人物等内容，理应是推动地方史或区域史研究的良好基础。但直到改革开放前，地方史或区域史往往处于附庸的地位。区域史不同于地方史之处在于它研究的地域范围是根据题旨的要求来确定的，未必与行政区划相叠合。其研究的范围可以小到有经济、人文内在联系的某一山区或平原，也可以大到按经济联系或有地缘关系的跨国地域。法国年鉴学派率先做出举世瞩目的区域性研究成果，使区域性的社会经济史研究成为国际性的学术潮流。我国区域社会经济史的研究，随着改革开放的深入也日渐发展起来。这不仅需要坚持经济和社会结构的变迁是历史发展决定性因素的马克思主义观点，同时在研究方法上也要恪守历史的实证主义的精神，要通过切实的材料来证实历史。

问：在改革开放以后，随着国外学术思潮对我国的逐渐影响，许多搞区域史的学者也关注到文化问题，您如何看待这种趋势？

叶：我也注意到 80 年代末、90 年代以来，文化热兴起了，人们很关注地方的风俗、宗教活动等，国外也是一样的。从某种意义来说，中国学术发展的脉络是与国际学术发展的脉搏联系在一起的，因为不管你自觉不自觉，都会受到影响。在七八十年代时，美国的经济史研究突然转向社会经济史，比如硕士学位论文的选题大量转向社会经济史，而这种增加是以减少政治、外交的选题为代价的。到 80 年代末、90 年代，随着苏联体系的崩溃，他们觉得经济决定论受到了挑战，甚至西方马克思主义者也发生了动摇，有些第三代的马克思主义史学家也转向了文化史。我的一些朋友也开始转向了，有的转向搞法制史，研究中国的"民主与法制"的演变。这是一种潮流，觉得文化方面的因素影响大。到底是不是这样，我们也要审视。区域社会经济史的研究在中国依然兴盛，区域间的比较研究也因而得到比较顺利的发展。我认为，中国区域社会经济史的研究正朝着更高的层次在继续发展。

问：您所说的区域社会史朝更高层次发展应该如何做呢？

叶：我觉得最重要的是区域史的研究不能局促于一个狭小的天地，而必须放眼于总体的历史。中国史的研究要与世界史沟通。一是从业人员要相互沟通，把中国史的研究从中国人的专美，变成世界学者的公器。尽管我们对中国史的研究有自己的优势，但处理不当也会变成劣势。由于受自身历史的羁绊，可能会有"不识庐山真面目，只缘身在此山中"的问题。中外学者在共同研究中已经日益感受到彼此之间可以收到互补之效。二是要把中国历史置于世界历史的格局中来考察，才能看清其充当的角色和所起的作用。从事区域史研究的学者也要清楚地看到自己所研究的区域在整个中国史中是一个什么位置，才能促进区域社会史研究的深入发展。

问：感谢您接受我们的访谈。您所谈的这些不仅使我们了解了您个人的治学经历，同时也使我们了解了区域社会史研究的历史和现状，收获很大。谢谢您！

本文收入邹兆辰《为了史学的繁荣——对话当代历史学家》，首都师范大学出版社，2011

后 记

本集所收文章皆我专集未收之文稿，内有关于海洋文化、社会经济方面的思考，也有对我的导师和学术先贤的追忆和史学方法的探讨。涉及面广，内容杂芜。出自敝帚自珍，将之结集出版。如何为之命名，颇为踌躇。挚友林燊禄教授慨然赐名为《学思余沈》，颇为贴切，于是欣然接纳。

文稿写作时间，前后跨越四十余年。随着时代的进步，学术日新月异，学术理念和研究方法推陈出新，文风格式也有所变化。但是为了保持原貌，一仍其旧，不做改动。唯按新出版规定，需要改进引文注释，所引用的原文也需要校正。这些烦琐的工作，因耄耋之年，精力不支，难以胜任。幸得本院历史与孙中山研究所（海洋史研究中心）林旭鸣助理研究员牵头，负责编校工作，岭南古籍出版社助理编辑黎荣昇，本所助理研究员彭崇超、欧阳琳浩，硕士研究生谢瀚霆、宁广要、钟福志、朱逸枫等参加，使得文集编辑工作能顺利完成，特表谢忱！

本书出版得到广东省社会科学院大力支持，纳入了出版资助项目，本院历史所原所长李庆新研究员、科研处处长兼历史与孙中山研究所所长周鑫研究员做了大量工作，在此一并致以深深的感谢！

叶显恩

2024 年立夏于海南五尧村听竹园

图书在版编目(CIP)数据

学思余沈：社会经济史散论／叶显恩著. --北京：
社会科学文献出版社，2025.7. --ISBN 978-7-5228
-4866-2

Ⅰ. F129-53

中国国家版本馆 CIP 数据核字第 202546EC41 号

学思余沈
　　——社会经济史散论

著　　者／叶显恩

出 版 人／冀祥德
组稿编辑／宋月华
责任编辑／吴　超
文稿编辑／孙少帅 等
责任印制／岳　阳

出　　版／社会科学文献出版社·人文分社（010）59367215
　　　　　地址：北京市北三环中路甲 29 号院华龙大厦　邮编：100029
　　　　　网址：www.ssap.com.cn
发　　行／社会科学文献出版社（010）59367028
印　　装／唐山玺诚印务有限公司

规　　格／开本：787mm×1092mm　1/16
　　　　　印张：30.25　字数：446 千字
版　　次／2025 年 7 月第 1 版　2025 年 7 月第 1 次印刷
书　　号／ISBN 978-7-5228-4866-2
定　　价／128.00 元

读者服务电话：4008918866